Harald Heppner (Hg.)

HAUPTSTÄDTE
IN SÜDOSTEUROPA

Harald Heppner (Hg.)

HAUPTSTÄDTE IN SÜDOSTEUROPA

Geschichte – Funktion – Nationale Symbolkraft

BÖHLAU VERLAG WIEN · KÖLN · WEIMAR

Gedruckt mit Unterstützung durch
den Fonds zur Förderung der wissenschaftlichen Forschung

Die Deutsche Bibliothek – CIP-Einheitsaufnahme

Hauptstädte in Südosteuropa : Geschichte, Funktion, nationale
Symbolkraft / Harald Heppner (Hg.) – Wien ; Köln ; Weimar :
Böhlau, 1994
ISBN 3-205-98255-X
NE: Heppner, Harald [Hrsg.]

Das Werk ist urheberrechtlich geschützt. Die dadurch begründeten Rechte, insbesondere die der
Übersetzung, des Nachdruckes, der Entnahme von Abbildungen, der Funksendung, der Wiedergabe
auf photomechanischem oder ähnlichem Wege und der Speicherung in Datenverarbeitungsanlagen, bleiben,
auch bei nur auszugsweiser Verwertung, vorbehalten.

© 1994 by Böhlau Verlag Ges. m. b. H. und Co. KG., Wien · Köln · Weimar

Satz: Zehetner Ges. m. b. H., A-2105 Oberrohrbach

Druck: Berger, A-3580 Horn

Inhalt

Vorwort 7

Harald Heppner	„Hauptstadt" in Südosteuropa: Werdegang und Probleme	9
Éva Somogyi	Budapest als Hauptstadt Ungarns	29
Dan Berindei	Bukarest – Hauptstadt der rumänischen Nation	37
Vasile Neamțu	Das Werden der Hauptstadt im Fürstentum Moldau	55
Emanuel Turczynski	Czernowitz am Pruth, Hauptstadt der Bukowina	69
Harald Heppner	Hauptstadt in Moldawien – ein Problem?	87
Gunnar Hering	Die Metamorphose Athens: Von der planmäßigen Anlage der Residenzstadt zur Metropole ohne Plan	109
Zija Shkodra	Tirana – Capital City of Albania	133
Fikret Adanır	Skopje: Eine Balkan-Hauptstadt	149
Damir Agičić	Cetinje als Hauptstadt Montenegros	171
Dejan Medaković	Der Aufstieg Belgrads zur Haupt- und Residenzstadt	185
Božena Vranješ-Šoljan	Zagrebs Aufstieg zur kroatischen Hauptstadt	195

Zeittafel 209

Liste der Autoren 213

Vorwort

Die zur Geschichte gewordenen Ereignisse seit 1989 haben wesentlich dazu beigetragen, den Osten und Südosten Europas mehr als in den Dezennien davor ins Blickfeld allgemeinen Interesses zu rücken. Das Echo der zum Teil spektakulären Vorgänge hat gezeigt, daß über die historischen Eigenheiten dieses Teils des europäischen Kontinents große Unkenntnis besteht. Es kommt daher mehr denn je darauf an, daß sich auch die Historiker zu Wort melden, um derartige Defizite abzubauen.

Dieses Postulat erheischt, im Wege der Forschung die Charakteristika der Geschichte Ost- und Südosteuropas herauszufinden und zu begründen. Daraus evident werden einerseits die Ähnlichkeiten, andererseits und vor allem die Unterschiede zum westlichen Europa. Betrachtet man die Geschichte dieses Raumes global, fallen in Hinsicht auf das Anderssein im Vergleich zum Westen neben der ethnischen und kulturellen Buntheit vor allem die unausgereiften Strukturen und die konservierte Instabilität der Verhältnisse auf. Die Wechselhaftigkeit bzw. mangelnde Verfestigung der politischen, kulturellen, wirtschaftlichen und sozialen Verhältnisse hat, wie es scheint, vor allem zwei wichtige Wesenszüge der europäischen Entwicklung be- oder gar verhindert: die Stabilisierung von politischen und die Stabilisierung von sozialen Ordnungen. Es liegt daher nahe, solchen Gesichtspunkten mehr Aufmerksamkeit als bisher zu schenken.

Aus den zahlreichen, möglichen Ansätzen hiefür wurde für den vorliegenden Band die Frage ausgewählt, wann und wie die Hauptstädte in Südosteuropa entstanden sind. Dieser Gesichtspunkt knüpft an jenem Thema an, zu dem im Jahre 1983 Theodor Schieder und Gerhard Brunn eine Sammlung von Beiträgen über „Hauptstädte in europäischen Nationalstaaten" vorgelegt haben. Schieder hat in der Einleitung jenes Südosteuropa nicht behandelnden Bandes eine Reihe von Fragen gestellt: Worin das Wesen der Hauptstädte bestünde, welche Entwicklungsbedingungen den Hauptstädten zugrunde lägen, ob die Hauptstädte nationale Integrationswirkung hätten, inwieweit sie geistig-organisatorische Brennpunkte der Nationen seien, welche Rolle für deren Bedeutung die moderne Technik und Wirtschaft einnähmen, inwieweit sich deren Werdegang in der urbanen Ausgestaltung widerspiegle und welche politischen Konflikte das Ent- und Bestehen von Hauptstädten auslösen könne?

Die vorliegende Publikation setzt sich zum Ziel, diesen Fragen aus dem geschichtlichen Blickwinkel am Schauplatz Südosteuropa nachzugehen, ohne jedoch den Anspruch auf vollständige Beantwortung aller Fragen zu erheben. Dies ergibt sich zwangsläufig schon deshalb, weil die einzelnen Autoren in ihren Beiträgen unterschiedliche gedankliche Schwerpunkte angewandt haben: Einmal steht mehr die Ortsgeschichte, ein anderes Mal mehr die nationale Symbolkraft, ein drittes Mal mehr die landesgeschichtliche Funktion der jeweiligen Hauptstadt im Vordergrund. Andererseits wurden ganz bewußt keine human- oder verkehrsgeographischen Aspekte aufgegriffen, da dies zum Revier einer anderen wissenschaftlichen Disziplin gehört.

Dieses Sammelwerk verfolgt mehrere Zwecke. Einer davon besteht darin, Informationshilfe zu leisten, denn es gibt in diversen Lexika zwar Nachschlagemöglichkeiten, doch sind die vorhandenen Fachpublikationen über die meisten Hauptstädte sprachlich nicht allgemein zugänglich. Der zweite Zweck geht auf die eingangs gemachte Feststellung zurück, wonach die weit verbreitete Unkenntnis über diesen Teil Europas abzubauen sei; deshalb richtet sich dieser Band nicht nur an die Südosteuropa-Fachleute, sondern auch an alle anderen, die sich entweder für diesen Raum, seine Geschichte und seine Kultur oder für die Hauptstadtthematik als solche interessieren. Der dritte Zweck verknüpft sich mit der Überlegung, daß bei diesem Thema u. a. Spezialisten aus den südosteuropäischen Ländern selbst zu Wort kommen sollen, nicht nur wegen ihrer Kompetenz, sondern auch deshalb, um die unterschiedlichen Denk- und Schreibtraditionen widerspiegeln zu lassen. Schließlich – als vierter Zweck – soll diese Publikation dazu dienen, über alle politischen und geistigen Grenzen hinweg zu weiterer Zusammenarbeit anzuregen, ohne die die nach wie vor bestehenden Klüfte zwischen West und Ost nicht überbrückbar sein werden.

Für die Gestaltung dieses Bandes maßgeblich waren folgende Gedanken. Auch wenn bei der Frage, welches Land in welchem Zeitraum zu Südosteuropa zu zählen ist, nicht durchwegs allgemeine Einhelligkeit besteht, stecken jene Staaten den Betrachtungshorizont ab, die in der Fachwelt in den letzten Jahrzehnten als Bestandteile Südosteuropas gegolten haben (Ungarn, Rumänien, Bulgarien, Jugoslawien, Griechenland, Albanien). Nicht eingeplant waren jene Länder, die zwar Hauptstädte hervorgebracht haben, aber in der Vergangenheit bereits untergegangen sind (z. B. das Byzantinische und das Osmanische Reich). Ausgeklammert blieb weiters die Türkei, die ihre Hauptstadt seit 1923 nicht mehr in Europa und ihren Schwerpunkt außerdem in Kleinasien hat. Unberücksichtigt bleiben sollte auch das Beispiel der Slowakei, die nur in eingeschränktem Sinn als Bestandteil Südosteuropas gelten kann. Um der Tatsache gerecht zu werden, daß sich die südosteuropäischen Staaten zum Teil aus mehreren politisch-territorialen Einheiten zusammensetzten oder -setzen und daß es daher mehrere Rangkategorien von Hauptstädten (Bundes- und Landeshauptstädte) gab bzw. gibt, sind auch historisch gewachsene Teile von Staaten (innerhalb Rumäniens und des ehemaligen Jugoslawien) in die Betrachtung aufgenommen worden.

Die Hoffnung, ein möglichst lückenloses Kompendium vorlegen zu können, hat sich nicht erfüllt, denn aus verschiedenen Gründen fehlen mehrere Beiträge (z. B. über Siebenbürgen, das als spezieller Sonderfall gelten kann, über Bulgarien, Bosnien-Hercegovina und über Slowenien). Umso mehr deshalb wurde den Einzelbeispielen eine Einführung vorangestellt, die einen Überblick sowohl über den historischen Bogen als auch über die wesentlichsten entwicklungsgeschichtlichen Probleme zu vermitteln versucht.

Der Dank gilt allen, die am Zustandekommen dieser Veröffentlichung teilhaben, insbesondere dem Böhlau-Verlag für seine spontane Bereitschaft, dieses Werk in sein Programm aufzunehmen, dem Fonds zur Förderung der wissenschaftlichen Forschung für seinen namhaften Druckkostenbeitrag und Herrn Dr. Walter Lukan für das von ihm bereitgestellte Bildmaterial.

Graz, im September 1993   *Harald Heppner*

„Hauptstadt" in Südosteuropa: Werdegang und Probleme

Harald Heppner (Graz)

Wenn man, dem Verlauf der geschichtlichen Entwicklung folgend, zu dem Phänomen „Hauptstadt" vordringen will, empfiehlt es sich, an dieses Thema von außen heranzutreten. Unter diesem Gesichtspunkt stößt man zunächst auf den geographisch faßbaren Raum, der im Geflecht geschichtlichen Werdens eine unveränderliche Größe ist und am frühesten existiert hat. Mit der Landnahme bemächtigten sich die Menschen des Raumes und bedienten sich seiner, um daselbst zu wirtschaften, zu bauen und zu herrschen. In allen Fällen menschlichen Daseins im Raum kam es früher oder später zu Ordnungen, die das Leben erleichtern und das Gestalten erweitern sollten. Zu solchen Ordnungen gehören nicht nur die Abgrenzung einer Gesellschaft nach außen (Grenzen, Landesverteidigung, Embleme, Pässe, Staatsrecht usw.), sondern auch die vielfältigen Regulierungen innerhalb einer Gesellschaft. Zu den zahlreichen, auf das Innere gerichteten Ordnungen gehört – je nach Reifestadium der geschaffenen Organisationseinheit – auch das Hervorbringen von Brennpunkten, an denen sich Macht, Geist, Reichtum und Bevölkerung verdichten (Residenzen, Verwaltung, Bildungszentren, Verkehrsknotenpunkte, Industrieballungen, Handelsdrehscheiben u. v. a.). Eine solche Entwicklung breitete nach und nach ein ganzes Netz von Zentren über einen bestimmten Raum aus, die sich nach Größe, Bedeutung und Funktion voneinander unterscheiden. Schließlich entstand auch der Bedarf nach einer koordinierenden Schaltstelle, die sich hierarchisch über Land und Leute stülpte. Die Funktion eines solchen übergeordneten Zentrums, das den erreichten – oder auch bloß erstrebten – Grad an Organisation von Staat und Gesellschaft ausdrückt, übernahm unter neuzeitlichen Gegebenheiten die Hauptstadt eines Landes bzw. eines Staates.

In Südosteuropa verlief die geschichtliche Entwicklung im Vergleich zu Mittel- und Westeuropa in mancher Hinsicht völlig anders. Dies umfassend zu erläutern, übersteigt den Rahmen *eines* Beitrages jedoch bei weitem, sodaß an dieser Stelle lediglich jene Gesichtspunkte behandelt werden, die den Werdegang der Hauptstädte in Südosteuropa besonders auffällig machen.

I.

Das Entstehen der inner- und zwischenstaatlichen Ordnungen als eine der wesentlichsten Voraussetzungen für das Werden der Hauptstädte hat sich im östlichen Europa sehr stark verzögert, weil einerseits dieser Prozeß schon im Mittelalter später einsetzte als im Westen und weil andererseits imperiale Kräfte das Wachstum kleinstaatlicher Formen lange Zeit behindert oder überhaupt unterbrochen haben; deshalb geht die politische Ordnung in Südosteuropa erst auf das 19. oder gar erst auf das 20. Jahrhundert zurück. Dementsprechend widmet sich der erste Teil dieses Beitrages der Tatsache, daß die politische Raumordnung verhältnismäßig jung ist und daß die Hauptstädte zum größeren Teil auf keine allzu lange Tradition verweisen können.

Sowohl die mit der Übergröße des Römischen Reiches verbundenen, wachsenden organisatorischen Schwierigkeiten als auch die Vorstöße zahlreicher Völker aus nördlicher und östlicher Richtung (Germanen, Asiaten, Slawen) haben zum allmählichen Verfall der „römischen" Ordnung in Südosteuropa geführt.[1] Der aufwendig errichteten und noch mühsamer aufrecht erhaltenen Stabilität folgte ein Vakuum, das den Zuzug neuer Bevölkerung in den pannonischen und Balkanraum beschleunigt hat. Das Früh- und Hochmittelalter in Südosteuropa waren daher von zahllosen Anläufen erfüllt, Lösungen für den Aufbau einer neuen Raumordnung zu finden. Dabei standen sich drei Arten von Kräften gegenüber. Die älteste Kraft waren die Byzantiner, die sich als Traditionsträger der ehemaligen Ordnung um deren Wiederherstellung am Balkan, zeitweise aber auch an der Ostadria und in Pannonien bemühten und den Vorteil besaßen, auf dem kulturellen Erbe der Antike und auf Jahrhunderte alten Erfahrungen aufbauen zu können und hiemit bis ins 12. Jahrhundert vor allen Konkurrenten einen Vorsprung zu besitzen.[2] Die zweite Kraft stellen jene Mächte dar, die – ohne Tradition aus der Antike – ihren Schwerpunkt außerhalb Südosteuropas hatten und ihre Machtinteressen wenigstens teilweise in diese Nachbarschaft vorschoben; dazu gehörten das Deutsche Reich seit den Karolingern, Großmähren, Polen, die Kiewer Rus', Venedig sowie die Steppenherrschaften der Petschenegen, Kumanen/Polovcer und Mongolen. Die dritte Kraft waren die seit der Völkerwanderung in den südosteuropäischen Raum eindringenden Neusiedler (Slawen, Bulgaren, Magyaren). Ihre Versuche für den Entwurf einer neuen Ordnung standen unter einer doppelten Last: Einerseits erwuchsen sie größtenteils aus dem Widerstand gegen die von außen wirkenden Vorgaben und Einflüsse benachbarter größerer Mächte, andererseits widersprachen sie einander teilweise in räumlicher Hinsicht. Dies sind wesentliche Ursachen, weshalb erst im Spätmittelalter eine leidlich stabile Verteilung der Macht im Raum zustande gekommen ist. Bis dahin waren mit mehr oder weniger Geburtswehen Staatswesen in Ungarn, Moldau, Walachei, Bulgarien, Serbien, Bosnien und Ragusa entstanden. Daneben gab es noch Gebiete, die Randstaaten Südosteuropas (Byzanz, Venedig, Habsburger) angehörten, bzw. Völker, denen es nicht gelungen war, eigene staatliche Ordnungen einzurichten (Slowenen, Albaner) oder diese zu erhalten (Kroaten). Innerhalb der spätmittelalterlichen Staatenwelt Südosteuropas hatte einzig Ungarn den Vorteil, seit dem 10. Jahrhundert organisch gewachsen zu sein,

---

1 Einen allgemeinen Überblick bieten Georg Stadtmüller: Geschichte Südosteuropas. Wien 1950, ²München 1976; Georges Castellan: Histoire des Balkans XIVe–XXe s. Paris 1991; Werner Conze: Ostmitteleuropa. Von der Spätantike bis zum 18. Jahrhundert. München 1992; Edgar Hösch: Geschichte der Balkanländer. Von der Frühzeit bis zur Gegenwart. München ²1993. Zur Frühphase auch: Die Völker Südosteuropas im 6. bis 8. Jahrhundert. Hrsg. v. Bernhard Hänsel. München – Berlin 1987.
2 Georg Ostrogorsky: Geschichte des byzantinischen Staates. München 1963 (Nachdruck 1980) und Peter Wirth: Grundzüge der byzantinischen Geschichte. ²Darmstadt 1989.

"Hauptstadt" in Südosteuropa: Werdegang und Probleme

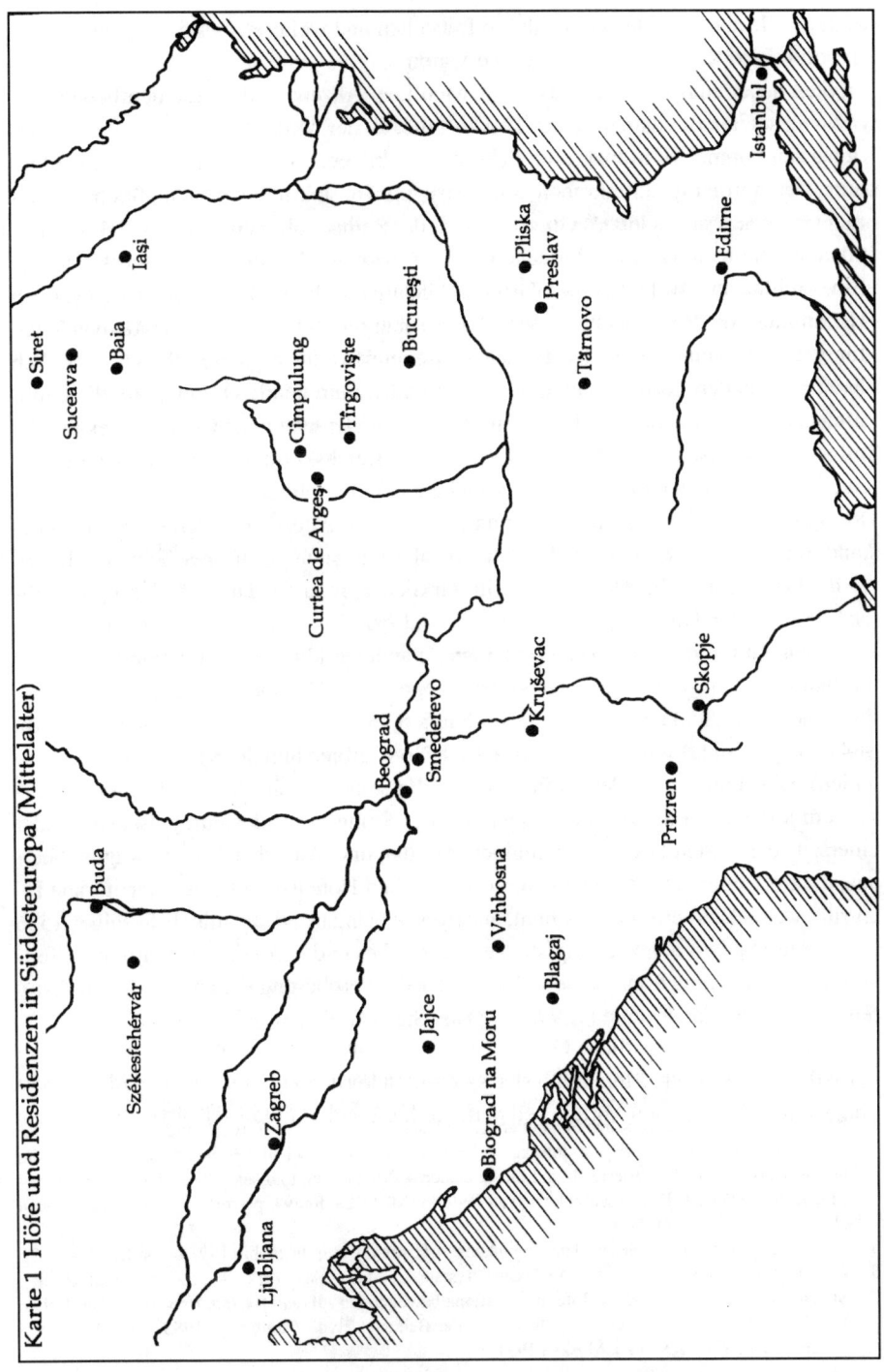

Karte 1 Höfe und Residenzen in Südosteuropa (Mittelalter)

während alle anderen Staaten bei ihrem Entstehen und weiteren Dasein weitaus stärkeren politischen Konjunkturen ausgesetzt waren.

Einen neuen und in jeder Hinsicht gewichtigen Akzent in der geschichtlichen Entwicklung setzten die osmanischen Türken[3], die, ab der Mitte des 14. Jahrhunderts von Kleinasien kommend, in mehreren Schüben vordrangen, die bis dahin mühsam aufgebaute Raumordnung untergruben und diese im 16. Jahrhundert schließlich zu Fall brachten, indem sie als letztes Glied der nach der Reihe eroberten Länder (Makedonien, Bulgarien, Serbien, Bosnien, Griechenland, „Albanien", Montenegro, als Vasallen Ragusa, Moldau und Walachei) den Großteil Ungarns in ihren Machtbereich einbezogen (Mittel-, Süd- und Ostungarn, als Vasall Siebenbürgen). Die zwischenstaatlichen Rivalitäten und die innerstaatlichen feudalen Streitereien, die zu dieser Wende erheblich beigetragen hatten, löste nun eine neue, von außen kommende Ordnung ab, die Großraumcharakter hatte und sich dementsprechend aus Elementen der Gemeinsamkeit aller Teilgebiete (Herrschaft der Osmanen, islamische Reichskultur) und aus Elementen der jeweiligen Regionen (Völker, Sitten, Sprachen, Konfessionen) zusammensetzte. Bis ins 18. Jahrhundert gab es zu dieser Ordnung keine echte Alternative, denn zum einen bestand trotz wachsender wirtschaftlicher, sozialer und auch politischer Schwierigkeiten für die betroffenen Südosteuropäer kein wirklicher Bedarf nach Veränderung in politisch-territorialer Hinsicht, zum anderen stand der Zugehörigkeit zum Osmanischen Reich vorerst nur die Zugehörigkeit zu einem anderen überregional, überethnisch und multikulturell ausgerichteten Staatswesen gegenüber (Habsburgerreich, Polen, Venedig). Diese Möglichkeit kam im 18. Jahrhundert teilweise zum Tragen, indem Ungarn, Siebenbürgen, die Bukowina, zeitweise auch Nordserbien und die Kleine Walachei (Oltenien) habsburgisch wurden, während Venedig seinen Besitzstand in Dalmatien verbreitern konnte.[4] In dieser Phase ragen aus der Reihe der südosteuropäischen Länder einerseits die beiden Donaufürstentümer (Moldau und Walachei)[5] sowie Ragusa[6] heraus, die trotz ihrer Zugehörigkeit zum osmanischen Hoheitsbereich ihre territoriale Integrität weitgehend erhalten konnten, andererseits Ungarn, da es mit Hilfe seines 1526 habsburgisch gewordenen Rumpfstückes (westliches und nördliches Ungarn) eine Teilkontinuität bewahren konnte, die sich nach der Rückeroberung der an die Türken verloren gegangenen Landesteile (1699, 1718) als Startvorteil erwies.

---

3 Als Überblicke Peter F. Sugar: Southeastern Europe under Ottoman Rule, 1354–1804. Seattle – London 1977; Josef Matuz: Das Osmanische Reich. Grundlinien seiner Geschichte. Darmstadt 1985.
4 Bezogen auf den habsburgischen Schauplatz siehe Harald Heppner: Die Entwicklungsmöglichkeiten für die südosteuropäische Gesellschaft infolge der habsburgisch-osmanischen Auseinandersetzungen des 16. bis 18. Jahrhunderts. In: Österreich und die Osmanen – Prinz Eugen und seine Zeit. Wien 1988 S. 203–218. Zu Venetianisch-Dalmatien zuletzt Ivan Pederin: Mletačka uprava, privreda i politika u Dalmaciji (1409–1797). Dubrovnik 1990.
5 Zur Einführung Vlad Georgescu: The Romanians. A History. Columbus/Ohio 1991 besonders S. 43–57.
6 F. W. Carter: Dubrovnik (Ragusa). A Classic Citystate. London – New York 1972 S. 196 ff. und 327 ff.
7 Stellvertretend für die Unzahl an Literatur: Nationalbewegungen auf dem Balkan. Hrsg. v. Norbert Reiter. Wiesbaden 1983, Barbara Jelavich: History of the Balkans. 2 vol. Cambridge 1983 sowie Balkany v konce XIX – načale XX veka. Moskva 1991.

Der neuerliche Wandel der territorialen und politischen Strukturen in Südosteuropa erfolgte im wesentlichen in zwei Etappen, die der Erste Weltkrieg voneinander trennt.[7] Bis 1914 haben sich dank des Wiederauflebens der Erinnerung an die vorosmanischen Verhältnisse, dank der Übernahme des aus dem westlichen Europa importierten Nationalstaatsgedankens und dank der Mithilfe der europäischen Großmächte schrittweise Griechenland (1830), Serbien (1878), Montenegro (1878), Bulgarien (1878/1908) und Albanien (1912/13) als selbständige Staaten aus dem osmanischen Reichskörper herauslösen können bzw. haben sich die Moldau und Walachei – nach ihrer Fusion 1859 unter dem Namen „Rumänien" – endgültig aus der seit dem 15. Jahrhundert bestehenden Unterordnung unter den Sultan entziehen können (1878). Die Parzellierung des Jahrhunderte lang auf Großreiche verteilt gewesenen südosteuropäischen Raumes setzte sich nach dem Zusammenbruch des Habsburgerreiches im Jahre 1918 fort. Einerseits profitierten von dessen Erbmasse schon bestehende Staaten (Serbien, Rumänien, Italien), andererseits tauchten nun neue Staaten auf (Tschechoslowakei, das verkleinerte Ungarn, SHS-Staat bzw. Jugoslawien). Entgegen den Erwartungen, mit dem Friedenswerk der Pariser Vororte eine stabile Ordnung getroffen zu haben, wiederholte sich unter veränderten Vorzeichen binnen weniger Jahrzehnte jedoch jener Vorgang, der während der langen Periode des Mittelalters bereits einmal abgelaufen war: der Ausbruch von Zwistigkeiten zwischen den südosteuropäischen Staaten wegen territorialer Ansprüche, nun verschärft wegen nationaler Minderheiten (Ungarn – Slowakei, Ungarn – Rumänien, Sowjetunion – Rumänien, Bulgarien – Rumänien, Bulgarien – Jugoslawien, Jugoslawien – Italien, Jugoslawien – Ungarn), und die Einbeziehung Südosteuropas in die Großraumpolitik auswärtiger Mächte (Deutschland, Sowjetunion, Italien) haben diese Ordnung 1939/1941 abermals zerstört. Die Regelungen ab 1944 haben den territorialen Status quo von 1919/20 zwar weitgehend wiederhergestellt[8], doch sind die mit dieser Ordnung verbundenen Probleme der Raumaufteilung mit dem Einrichten sozialistischer Regime in Rumänien, Ungarn, Tschechoslowakei, Bulgarien, Jugoslawien und Albanien und mit dem Ausbau der sowjetischen Machtsphäre auf große Teile Südosteuropas nur verdrängt, aber nicht behoben worden. Seit dem Zerfall dieser Regime und des Sowjetimperiums (1990) haben alte Gegensätze und Ansprüche neuerlich Auftrieb bekommen, sodaß die Raumordnung im Begriffe ist, einer neuerlichen Revision unterzogen zu werden.[9]

Am Beginn des Mittelalters gab es in Südosteuropa keine Hauptstadt außer Konstantinopel (Istanbul), das von Kaiser Konstantin dem Großen als neue Zentrale des Römischen Reiches (326–330) ausgebaut und von seiner politischen Stellung wie von seiner Ausstattung her als regelrechte Metropole gedacht war.[10] Bis 1453, ehe die Osmanen diese Stadt eroberten und sie nach dem kleinasiatischen Brussa (Bursa) und nach dem

---

8 Südosteuropa-Handbuch. Hrsg. v. Klaus-Detlef Grothusen. Bd. 1–7. Göttingen 1975–1993.
9 Vorderhand betrifft dies das ehemalige Jugoslawien und die ehemalige Tschechoslowakei.
10 Als ein Beispiel für einen, Epochen übergreifenden Überblick zur Rolle Konstantinopels siehe Reinhard Stewig: Byzanz – Konstantinopel – Istanbul. Ein Beitrag zum Weltstadtproblem. Kiel 1964.

europäischen Adrianopel (Edirne) zu ihrem neuen Zentrum machten, blieb Konstantinopel der institutionelle Mittelpunkt des Griechentums. Die Periode zwischen 1204 und 1261 stellt eigentlich keine Unterbrechung dar, denn obwohl während dieser Zeit die Kreuzfahrer die Stadt besetzt hielten und sie als Zentrum des sog. „Lateinischen Kaiserreiches" verstanden, empfanden die Griechen ihr Ausweichen in das kleinasiatische Nikaia, wo sich der Widerstand organisierte, nur als befristete Notlösung, ehe sie die Fremden aus „ihrer" Stadt wieder verdrängt haben würden. Im sonstigen Südosteuropa gab es, solange das Völker- und Machtgeschiebe anhielt und sich keine klaren politisch-territorialen Strukturen gefestigt hatten, weder die Möglichkeit noch den Bedarf nach Hauptstädten. Darüber hinaus fehlten überhaupt die Voraussetzungen zur Urbanität, da das Städtenetz und die dazu gehörige Bevölkerung aus der Antike außer im küstennahen Raum mehr oder weniger zur Gänze verschwunden war.[11] Dementsprechend konnten die neuen politischen Gewalten (außer zeitweise die Kroaten in Dalmatien im 11./12. Jahrhundert) bei ihrem allmählich entstehenden Bedarf nach festen Mittelpunkten nicht auf ein schon vorhandenes Städtewesen zurückgreifen.

In Ungarn[12] trug nach der Landnahme, nach der Absicherung nach außen und nach der Vereinigung der einzelnen magyarischen Stämme unter der Dynastie der Arpaden die Christianisierung dazu bei, ein erstes Zentrum im Lande zu schaffen. Dieses befand sich in Gran (Esztergom) an der Donau, wo einerseits das erste Erzbistum Ungarns seinen Sitz nahm, andererseits auch eine fürstliche Burg errichtet wurde. Die weitere Ausdehnung Ungarns nach Norden, Osten und Süden sowie die immer wieder von Osten her drohenden Einfälle asiatischer Reitervölker führten zwar dahin, daß die Dynastien (Arpaden, Anjou, Luxemburger, Hunyadi, Jagiellonen) weitere Residenz- bzw. Krönungsorte einrichteten, deren Standorte jedoch vorwiegend im sichereren Transdanubien beließen (z. B. Stuhlweissenburg/Székesfehérvár, Visegrád, Ofen/Buda[13]). Die eigentümliche politisch-administrative Entwicklung in Siebenbürgen, das als Bestandteil Ungarns eine gewisse Landesautonomie erlangte, führte mit Hilfe einer proporzartigen Raumverteilung für die Magyaren, Szekler und Sachsen zwar zu mehreren regionalen Zentren[14], aber zu keiner gemeinsamen Landeshauptstadt. Nach der Eroberung Mittelungarns durch die Türken und nach dem Erbfall der Stefanskrone an die Habsburger rückte der funktionale Mittelpunkt des übrigen Ungarn an dessen Rand (Preßburg/Pozsony/Bratislava als vorwiegender Sitz des ungarischen Landtages) oder überhaupt aus dem Land heraus (Wien als Sitz des Landesherrn). Dem Entschluß der kaiser-

---

11 Allgemeines zur Stadtgeschichte siehe Klaus-Detlef Grothusen: Südosteuropa – Städtewesen und nationale Emanzipation. In: Die mittelalterliche Städtebildung im südöstlichen Europa. Köln 1977 S. 1–18.
12 Erik Fügedi: Die Entstehung des Städtewesens in Ungarn. In: Alba Regia 10, Székesfehérvár 1970 S. 101–118; Towns in Medieval Hungary. Hrsg. v. L. Gerevich. Boulder, Colorado 1990.
13 Daß Ofen schon frühzeitig eine vorrangige Stellung eingenommen hat, zeigt András Kubinyi in seinem Buch: Die Anfänge Ofens, Berlin 1972 S. 99 f.
14 Siehe dazu die Ausführungen von László Makkai in: Kurze Geschichte Siebenbürgens. Budapest 1990 S. 228–229, wonach mit den wichtigsten sächsischen Städten Hermannstadt (Sibiu), Kronstadt (Brașov) und Bistritz (Bistrița) nur Klausenburg (Cluj) konkurrieren konnte.

lichen Regierung nach der Rückeroberung Ungarns (1684–1699 bzw. 1716–1718), den neuen administrativen Mittelpunkt in Ofen einzurichten, war zweifellos die Tatsache förderlich, daß sich der Sitz des türkischen Paschas zwischen 1541 und 1684 daselbst befunden hatte.[15]

In der Moldau und Walachei[16] standen die fürstlichen Residenzen mit dem Entstehen und dem Werdegang der beiden rumänischen Länder in engem Zusammenhang. In beiden Fällen ging der Anstoß zur Errichtung eines Staates im 14. Jahrhundert vom sichereren Gebirgsbereich aus, sodaß sich die ersten Standorte landesherrlicher Hofhaltung noch an diesen natürlichen Schutzgürtel anlehnten. In der Walachei waren dies zuerst Cîmpulung, dann Curtea de Argeş, in der Moldau anfangs Baia, dann Siret. Im Lauf der Festigung der Landesherrschaft und der Aufnahme internationaler politischer und wirtschaftlicher Kontakte rückten die Standorte der Höfe, der Verwaltung und der Kirche weiter ins Flachland hinaus. In der Walachei löste im 15. Jahrhundert zuerst Tîrgovişte, im Lauf des 16. Jahrhunderts allmählich und endgültig Bukarest (Bucureşti) die ältere Residenz in Curtea de Argeş ab, in der Moldau folgten auf Siret die Stützpunkte in Suceava und schließlich in Iaşi (Jassy). Dieser Status blieb bis 1861/62 aufrecht, ehe infolge der Union der beiden Länder (1859) Bukarest zur neuen Hauptstadt Rumäniens erhoben wurde.

Ein anderes Bild vermittelt der Blick auf die Entwicklung in Bulgarien.[17] Die Ende des 7. Jahrhunderts eindringenden, türkstämmigen Bulgaren hatten ihren Siedlungsschwerpunkt anfangs am Unterlauf der Donau, von wo sie ihre Herrschaft über die bereits zuvor zugesiedelten Slawen im Bereich zwischen Donau und Balkangebirge ausbauten. Erster Mittelpunkt des sich vergrößernden Chanats war Pliska im Flachland östlich des Balkangebirges. Das Ausgreifen im 9. Jahrhundert nach Thrakien und Makedonien, die allmähliche Assimilation der Bulgaren durch die Slawen sowie die Annahme des Christentums hätte eine Verlegung des Reichszentrums nahegelegt, doch wurde die neue Hauptstadt Preslav nur unmaßgeblich vom Standort Pliska's abgerückt errichtet. Infolge der Eroberung des sog. „Ersten Bulgarisches Reiches" durch die Byzantiner (1018) riß die Zentrumsfunktion von Preslav ab, wogegen die mazedonische Stadt Ohrid (Achrida) nun mehr Gewicht bekam, in der ein auch dem Bulgarentum gewidmetes Erzbistum verblieb. Während des sog. „Zweiten Bulgarischen Reiches" (1185–1393) befand sich der groß ausgebaute neue Herrscher-, aber auch Patriarchensitz in Tirnovo (Tărnovo). Abermals kam dem Sicherheitsmotiv entscheidende Bedeutung zu, denn diese Stadt befindet sich in den nördlichen Ausläufern des Balkangebirges, und die Zarenburg (Carevec) liegt auf einem fast uneinnehmbaren Hügel inmitten eines Mäanders des Jantra-Flusses.

Die Unwegsamkeit des Geländes, die Jahrhunderte lange politisch-territoriale Zersplitterung des serbisch besiedelten Raumes sowie die wiederholten Eingriffe der

---

15 L. Fekete: Buda and Pest under Turkish Rule. Budapest 1976.
16 Siehe dazu die Beiträge von Vasile Neamţu und Dan Berindei in diesem Band.
17 Vasil Gjuzelev: Hauptstädte, Residenzen und Hofkultur im mittelalterlichen Bulgarien 7.–14. Jh. (Vom Nomadencampus bis zum Zarenhof). In: Etudes balkaniques 27, Sofia 1991 S. 82–105.

Außenwelt (Byzantiner, Bulgaren, Normannen, Venetianer) haben in Serbien nicht nur erst spät (12. Jahrhundert) eine zentrale Gewalt (zuerst Großžupan, dann König und Zar) hervorbringen lassen, sondern haben auch das Entstehen eines überregional gewachsenen Zentrums verhindert. Die serbischen Herrscher richteten je nach Gebietserweiterung im 13. und 14. Jahrhundert immer wieder neue persönliche (z. B. Svrčin, Zvečan, Prizren) und kirchliche Residenzen (z. B. Žiča, Peć) ein oder griffen auf eroberte Städte zurück (vor allem Skopje)[18], doch nahmen mit dem Zerfall des Großserbischen Reiches und Zartums seit 1355 die zentrifugalen Kräfte neuerlich überhand und verhinderten eine Stabilisierung, bei der den peripheren Landesteilen ein gemeinsamer Mittelpunkt gegenüberstehen hätte können. Die eilig aufgebaute Festungsstadt Smederevo (Semendria) an der Donau diente dem serbischen Fürsten („Despot") zwar als zeitweilige Zuflucht vor den herandrängenden Osmanen (1430–1459), verlor mit dem Fall Serbiens jedoch wieder ihre Funktion. Belgrad („Griechisch Weissenburg") hingegen, das im Lauf der Jahrhunderte oftmals den Besitzer gewechselt hatte, befand sich damals in ungarischer Hand und diente als Brückenkopf zur Sicherung gegen Süden.

Eine nicht unähnliche Situation zeigt der Blick auf Bosnien. Das stark gegliederte, unwegsame Gelände, der lange Zeit fehlende politische Zusammenhalt der Bevölkerung sowie die Bestrebungen der Nachbarn (Kroaten, Ungarn und Serben), sich im Raume zu behaupten, bewirkte, daß sich eine zentrale Instanz (Banus) – als Statthalter auswärtiger Machthaber oder als Repräsentant bosnischer Landesinteressen – erst ab dem Beginn des 13. Jahrhunderts deutlicher herauszubilden begann, und der bosnische Herrscher sogar in der selbständigen und machtvollen Position, die er in der zweiten Hälfte des 14. Jahrhunderts gewonnen hatte, über kein Zentrum verfügte, dem ein hauptstädtischer Rang zukommt; auch hier waren mehrere Residenzorte über das Land verteilt (z. B. Blagaj, Bobovac, Vrhbosna, Jajce).[19]

Die Kroaten hatten seit ihrer Zusiedlung und Volkswerdung den Nachteil, auf zwei voneinander halb getrennte Räume aufgeteilt zu sein: auf Save-Kroatien und auf den Küstenstreif Dalmatinisch-Kroatien, der nur im Süden etwas breiter ist. Dalmatien umschloß zwar auch die an der Küste gelegenen, seit der Antike bestehen gebliebenen dalmatinischen Städte[20], doch gehörten diese nur zeitweise zum Hoheitsbereich der Kroaten, meistensteils zu Byzanz oder später zu Venedig. Es bestand zwar einige Zeit eine eigene kroatische Landeskirche mit Sitz in Nin, und die kroatischen Herrscher verfügten über mehrere Amtssitze (z. B. Biograd na Moru, Klis, Solin oder Omiš)[21], doch wurde es nicht möglich, die Küstenstädte mit ihrer urbanen Qualität auf Dauer zu

---

18 Constantin Jireček: Staat und Gesellschaft im mittelalterlichen Serbien I. Teil. Wien 1912 S. 6 f.; weiters die Beiträge von Dejan Medaković und Fikret Adanır in diesem Band.
19 Marko Vego: Naselja Bosanske srednjevjekovne države. Sarajevo 1957.
20 Ludwig Steindorff: Die dalmatinischen Städte im 12. Jahrhundert. Studien zu ihrer politischen Stellung und gesellschaftlichen Entwicklung. Köln – Wien 1984. S. 30 ff.
21 Ferdinand von Šišić: Geschichte der Kroaten. Zagreb 1917 S. 396 und die erweiterte kroatischsprachige Version: Povijest Hrvata u vrijeme narodnih vladara. Zagreb 1925 (Reprint 1990) S. 666.

„Hauptstadt" in Südosteuropa: Werdegang und Probleme

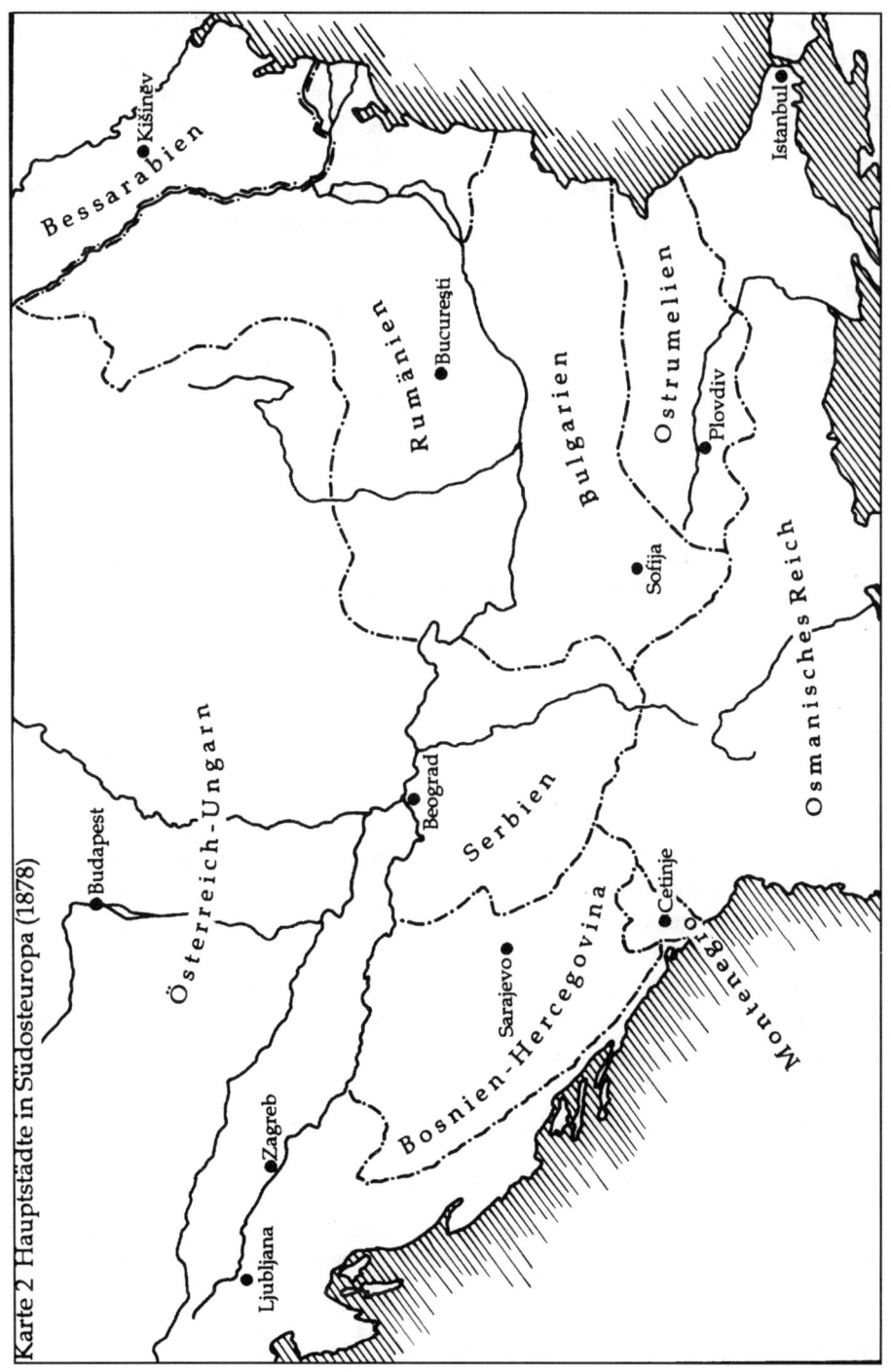

Karte 2 Hauptstädte in Südosteuropa (1878)

vereinnahmen und zentrale Reichseinrichtungen (Residenz, Kirche) dahin zu verlegen. Im pannonischen Teil Kroatiens fehlte es nahezu gänzlich an urbanen Traditionen. Erst mit der Gründung des Bistums in Agram (Zagreb) im Jahre 1094, der staatsrechtlichen Vereinigung Kroatiens mit Ungarn (1102), weiterer Zusiedlung und Rechtsaustattung (1242), mit dem allmählichen Verlust des Küstenraumes durch den Zugriff Venedigs (14./15.Jht), mit der Eroberung kroatischen Bodens durch die Osmanen (15./16.Jht) und mit dem Aufbau der kroatisch-slawonischen Militärgrenze, die unter die Hoheit des Wiener Hofes geriet, verlagerte sich der Schwerpunkt des Landes an die Save, ein Vorgang, der Agram allmählich zentrale Funktion verschaffte.[22]

Mit der Einbeziehung weiter Teile Südosteuropas in das Osmanische Reich verloren die bis dahin entstandenen Zentren entweder ihre Bedeutung und verödeten oder sie wurden in das nun neu heranwachsende Netz städtischer Siedlungen aufgenommen. Die hierarchische Verwaltung des Staates sah nur eine Spitze und daher nur eine Hauptstadt (Istanbul) vor. Eine Ausnahme machte allein die ehemalige Hauptstadt Adrianopel (Edirne), die sich beim türkischen Hof bleibender Beliebtheit, insbesondere während der Wintermonate und zur Jagdsaison erfreute.[23] Ansonsten richtete sich das Schicksal der Städte nach den Bedürfnissen des neuen Regimes.[24] Eine namhafte urbanisierende Funktion besaß das Militär, denn es begünstigte das Wachstum von Verkehrsknotenpunkten entlang der wichtigsten Versorgungsstraßen oder von Festungsstädten an den Grenzen. Daneben erforderte die sich im Lauf der Jahrhunderte auffächernde Territorialverwaltung ein immer dichteres Netz lokaler Zentren, die auch das Wirtschaftstreiben in und zwischen den Städten und die Bevölkerungsentwicklung prägten. Eine in eingeschränkter Weise hauptstädtische Rolle erhielten manche Siedlungen, als infolge der zerrütteten Situation im Osmanischen Reich zu Ende des 18. und in der ersten Hälfte des 19. Jahrhunderts lokale Machthaber eigene Hoheitsgebiete beanspruchten und ihre Amtssitze zu Mittelpunkten ihres Herrschaftsanspruches machten (Pazvandoğlu in Vidin, Kara Mahmud Buşatlı in Scutari/Shkodra, Alı Paşa in Janina/Joannina). An dieser Stelle gehört auch die kleine Ortschaft Cetinje genannt, die zum Zentrum des werdenden montenegrinischen Staates aufstieg. Voraussetzung hiefür war die seit dem 18. Jahrhundert zunehmende Verselbständigung dieser Region und der Übergang der führenden Kraft im Lande vom althergebrachten Bischofsamt („Vladika") auf den 1852 neu geschaffenen Thron des Landesfürsten.[25]

Als sich auf dem Boden des Osmanischen Reiches im 19. Jahrhundert Nationalstaaten zu bilden begannen, stellte sich zwangsläufig die Frage, welche der vorhandenen

---

22 Siehe hiezu den Beitrag von Božena Vranješ-Šoljan in diesem Band.
23 Matuz a. a. O. S. 102.
24 Dazu der Sammelband „La ville balkanique XV–XIX ss." Sofia 1970; Friedrich-Karl Kienitz: Städte unter dem Halbmond. Geschichte und Kultur der Städte in Anatolien und auf der Balkanhalbinsel. München 1972; mehrere Beiträge von Nikolai Todorov in: Derselbe: La ville balkanique sous les Ottomans (XVXIX siècles). London 1977; F. W. Carter: Urban Development in the Western Balkans 1200–1800. In: An Historical Geography of the Balkans. London – New York – San Francisco 1977 S. 176–182.
25 Siehe den Beitrag von Damir Agičić in diesem Band.

Siedlungen nun als neue – nationale – Zentren in Frage kämen. Die Überlegungen pendelten zwischen mehreren Gesichtspunkten (Abrücken von osmanisch geprägten Städten, Verkehrslage, Aufgreifen eigener historischer Traditionen, Raumangebot, momentaner oder zukünftiger territorialer Rahmen des Nationalstaates usw.) hin und her und führen vor Augen, daß die Standorte von Anfang an gar nicht feststehen konnten. Im Falle Griechenlands befand sich die Hauptstadt zuerst in Nafplion auf der Peloponnes, wenngleich alsbald Athen zur neuen und bleibenden Zentrale des Landes ausersehen wurde[26], eine Stadt, die damals wesentlich kleiner als Thessaloniki war, das jedoch noch Jahrzehnte (bis 1912) in osmanischer Hand verblieb. Auch im jungen Serbien befand sich der Mittelpunkt nicht von vornherein in Belgrad (Beograd), sondern anfangs in provinziellen Kragujevac in der Šumadija. Obwohl der serbische Fürst 1830 seinen Sitz in die Festungsstadt an der Donau verlegen konnte, zogen sich die letzten türkischen Repräsentanten von dort erst 1867 endgültig zurück.[27] Mit einer Verzögerung verlief die Entwicklung auch in Bulgarien. Der wechselhaften Lage im Jahre 1878 zufolge standen Philippopel (Plovdiv) und Sofia (Sofija) als Hauptstädte des neuen Staates zur Auswahl; aus Sicherheitsgründen tagte das bulgarische Parlament anfangs jedoch in der mittelalterlichen Hauptstadt Tirnovo.[28] In den ersten Jahren des Bestehens der jungen Hauptstadt Sofia blieb die Konkurrenz Philippopels aufrecht, weil letzteres nicht nur ein wichtiges Handelszentrum war, sondern auch die zentralen Einrichtungen Ostrumeliens beherbergte, eines Landes, das am Berliner Kongreß (1878) aus der Taufe gehoben wurde, um nicht den ganzen bulgarischen Raum den Osmanen auf einmal zu entziehen. Erst als die Bulgaren das autonome Ostrumelien mit dem jungen Fürstentum auf eigene Faust vereinigt hatten (1885), fiel diese Alternative weg. Unklar blieb die Frage nach dem Standort der Hauptstadt auch in Albanien, das 1913 als Produkt der albanischen Nationalbewegung und großmächtlicher Hilfe geschaffen worden ist. Da sowohl mehrere Gruppierungen im Lande um die Macht kämpften und in verschiedenen Städten ihre Organisationszentren hatten, als auch die Nachbarstaaten während des Ersten Weltkrieges das Land okkupierten, konnte Tirana erst 1920 zur Hauptstadt des befreiten Landes erhoben werden.[29] Betrachtet man Bosnien-Hercegovina, das 1878 als osmanische Provinz von Österreich-Ungarn okkupiert und 1908 schließlich annektiert wurde, als eigene Landeseinheit, zeigt sich, daß die neuen Behörden nicht zögerten,

---

26 Siehe den Beitrag von Gunnar Hering in diesem Band.
27 Siehe die Beiträge von Vladimir Stojančević und Petar Milosavljević in: Istorija Beograda Bd. 2. Beograd 1974 S. 81–106 und 107–156.
28 Mercia Macdermott: A History of Bulgaria 1393–1885. London 1962 S. 310.
29 Stefanaq Pollo u. a.: Histoire de l'Albanie des origines à nos jours. Roanne 1974 S. 208 und der Beitrag von Zija Shkodra in diesem Band. Als Einblick in die Geschichte wichtiger albanischer Städte siehe Karl Reddemann: Zur Geschichte der Städte Shkodër, Durrës, Tirana, Gjirokaster und Elbasan. In: Albanien. Beiträge zur Geographie und Geschichte. Münster 1986 S. 43–72 sowie Zija Shkodra: La ville albanaise au cours de la renaissance nationale. Tirana 1988.

Sarajevo als Mittelpunkt beizubehalten.[30] Obwohl diese Stadt dank ihrer urbanen Infrastruktur und ihrer wirtschaftlichen Bedeutung schon längst eine herausragende Rolle im Land gespielt hatte, befand sich erst seit 1850 der Amtssitz des osmanischen Statthalters (Vezir) wieder daselbst; zuvor hatte diesem seit 1699 die Stadt Travnik als Residenz gedient.[31]

Das Erfordernis, mit der Schaffung neuer Landeseinheiten auch neue urbane Mittelpunkte festzulegen, stellte sich nicht nur auf osmanischem Boden. 1774 wurde der Nordwestteil des Fürstentums Moldau von den Habsburgern annektiert und als „Bukowina" – teils als Appendix zur Provinz Galizien, teils als eigenes Kronland – dem übrigen österreichischen Länderkomplex angefügt. Die Notwendigkeit, eine Drehscheibe für die sogleich einsetzende Integrationspolitik zur Verfügung zu haben, ließ die unbedeutende Siedlung Czernowitz (Černivci, Cernăuți) zur wenn auch kleinen Metropole einer kaiserlichen Provinz aufsteigen.[32] Ähnlich verlief der Weg eines anderen Teiles des Fürstentums Moldau, Bessarabiens. Dieses Land zwischen Dnjestr und Pruth verleibte sich 1812 Rußland ein und machte aus dem Marktflecken Kišinëv (Chișinău) eine Gouvernementshauptstadt, die um die Mitte des 19. Jahrhunderts zu den größten Städten des Zarenreiches zählte.[33] Weiters gehört an dieser Stelle auch das Beispiel Dalmatien als neu entstehende Landeseinheit angeführt. Dieses ostadriatische Gebiet aus der Erbmasse Venedigs und der ehemaligen Handelsrepublik Ragusa (Dubrovnik) ist 1797 bzw. 1815 der Habsburgermonarchie angegliedert worden und hat wie die Bukowina oder Bessarabien einen administrativen Mittelpunkt gebraucht. Hiezu ausgewählt wurde die mit einer in die Antike zurückreichenden Tradition behaftete Stadt Zara (Zadar), die schon zu Zeiten der venetianischen Herrschaft Sitz eines Provveditore gewesen war.[34] Obwohl der Boden dieses neuen Dalmatien weitgehend ein Bestandteil des mittelalterlichen Kroatiens gewesen war, lehnte die Wiener Regierung ab, es mit Kroatien zu vereinigen, das zur ungarischen Reichshälfte gehörte.[35]

Mit dem Wandel der politischen Landkarte nach dem Ersten Weltkrieg traten auch für die Hauptstädte der südosteuropäischen Staaten bedeutsame Änderungen ein. Zum einen brachten die neuen Grenzen mit sich, daß die bestehenden Zentren mit nun größer oder kleiner werdenden Provinzialanteilen versehen wurden: Trianon-Ungarn z. B. verfügte nur mehr über rund ein Drittel seines früheren Bodens; Bukarest wurde Mittel-

---

30 Ferdinand Schmid: Bosnien und die Herzegovina unter Verwaltung Österreich-Ungarns. Leipzig 1914 S. 85.
31 Vladislav Skarić: Izabrana djela. Bd.1. Sarajevo 1985 S. 227 ff. Ein allgemeiner Überblick zum Städtewesen Bosnien-Hercegovinas zu dieser Zeit siehe Iljas Hadžibegović: Bosansko-hercegovački gradovi na razmeđu 19. i 20. stoljeća. Sarajevo 1991 S. 7–106.
32 Czernowitz. Eine Stadt im Wandel der Zeit. Hrsg. v. I. Bornemann, P. Tiefenthaler u. R. Wagner. München/Stuttgart 1988, weiters der Beitrag von Emanuel Turczynski in diesem Band.
33 Siehe den Beitrag über Moldawien von Harald Heppner in diesem Band.
34 T. Raukar u. a.: Zadar pod Mletačkom upravom. Zadar 1987 besonders S. 455–470.
35 Hodimir Sirotković: Die Verwaltung im Königreich Kroatien und Slawonien 1848–1918. In: Die Habsburgermonarchie 1848–1918. Bd. II: Verwaltung und Rechtswesen. Wien 1975 S. 470.

punkt Großrumäniens, das sich in etwa verdoppelte; Belgrad blieb nicht allein Zentrum des bisherigen Serbien, sondern stieg zur Hauptstadt Jugoslawiens (bis 1929 „SHS-Staat") auf. Zum anderen verloren infolge der Zusammenlegung bislang getrennt gewesener Länder mehrere Landeshauptstädte wenn schon nicht ihre reale Funktion, so doch zumindest ihre formale Rolle als amtliche Zentren: Dazu gehören Agram als Hauptstadt des ehemaligen Königreiches Kroatien, Sarajevo als Mittelpunkt des habsburgischen corpus separatum Bosnien-Hercegovina, Cetinje als Hauptstadt des Königreiches Montenegro (ebenso wie Czernowitz als Mittelpunkt des österreichischen Kronlandes Bukowina und Kišinëv als Hauptstadt des russischen Gouvernements Bessarabien). Gewisse zentrale Funktionen erhielten die Städte Laibach (Ljubljana), Agram, Banja Luka, Neusatz (Novi Sad/Ujvidék), Niš, Skopje, Cetinje, Sarajevo und Split (Spalato) infolge der Verfassung von 1929, als das Staatsterritorium außer Belgrad selbst in neun Banschaften geteilt wurde.[36] Eine dauerhaftere Ordnung kam jedoch erst nach dem Zweiten Weltkrieg zustande, als Jugoslawien eine föderale Verfassung erhielt, wodurch jede der nun geschaffenen sechs Teilrepubliken sowie die beiden autonomen Gebiete über eine eigene Haupstadt verfügten: Belgrad als Bundeshauptstadt und als Zentrum Serbiens, Agram als Zentrum Kroatiens, Laibach als Zentrum Sloweniens, das nun erstmals in der Geschichte der Slowenen staatsrechtliche Wirklichkeit geworden ist, Sarajevo als Zentrum Bosnien-Hercegovinas, das in „Titograd" umbenannte Podgorica[37] als neues Zentrum des wieder erstandenen Montenegro's, Skopje als Zentrum der neu geschaffenen Teilrepublik Makedonien, Neusatz als Hauptstadt der Vojvodina sowie Priština (Prishtina) als Hauptstadt der Provinz Kosovo.[38] Mit der neuerlichen Angliederung Bessarabiens an die Sowjetunion (1944) wurde auch Kišinëv – wie bereits 1940/41 – die Aufgabe übertragen, als Mittelpunkt der Moldauischen Sozialistischen Sowjetrepublik zu fungieren.

II.

Das späte Werden der hauptstädtischen Zentren in Südosteuropa ging mit einer langen und intensiven Berührung mit auswärtigen Einflüssen (Mitteleuropa, Mittelmeerraum, Osteuropa, Asien) einher, die Spannungsfelder nicht nur entstehen, sondern auch verwurzeln haben lassen – eine Tatsache, die zu den Charakteristiken Südosteuropas gehört. Jene Spannungsfelder werden vor allem von den Gegensätzen zwischen Tradition und Fortschritt und zwischen Bodenständigem und von außen Übernommenem getragen. Als diese Schwierigkeiten potenzierender Faktor kommt noch die ethnische Viel-

---

36 Johann Albrecht von Reiswitz: Die politische Entwicklung Jugoslawiens zwischen den Weltkriegen. In: Osteuropa-Handbuch Jugoslawien. Köln – Graz 1954 S. 84 sowie neuerdings bei Ljubo Boban: Hrvatske granice od 1918. do 1992. godine. Zagreb 1992 S. 31 und 37.
37 Infolge der jüngsten politischen Veränderungen ist die Stadt inzwischen wieder in „Podgorica" rückbenannt worden.
38 Südosteuropa-Handbuch Bd. 1: Jugoslawien. 1975 S. 35.

falt hinzu, die im Zeitalter des Nationalismus einerseits zwar beachtliche innovative Kräfte freigesetzt hat, andererseits aber einen hohen Tribut an Menschen, Zeit und Geldmittel gefordert hat.

Das Bedürfnis der „erwachenden" oder „wiedergeborenen" Nationen, eigene Rechte, eigene Einrichtungen oder eigene Staatlichkeit zu erwerben, hat u. a. zu dem Streben geführt, die „Aushängeschilder" neuen Daseins, d. h. die Hauptstädte derartigen Wünschen anzupassen.[39] Deren Verwirklichung zwang allerdings dazu, auf einen Widerspruch einzugehen, der auf die Gleichzeitigkeit von Nationalisierung und Modernisierung zurückgeht. Der Widerspruch besteht darin, auf aus dem europäischen Westen stammende Gestaltungsmodelle zurückzugreifen, die der Masse der jeweiligen nationalen Gesellschaft, zumindest in der ersten Zeit, fremd blieben.

Zur Anpassung der Hauptstädte an die neuen Ansprüche standen grundsätzlich mehrere Methoden zur Verfügung. Der sanfteste Weg bestand darin, alle der eigenen Nation dienenden Elemente (Gebäude, Namengut, Bevölkerung, Besitzrechte, Denkmäler usw.) allmählich hervorzukehren und zu fördern, ohne die sonstigen Elemente gezielt zu beseitigen. Eine andere Methode konnte den Erfolg jedoch steigern, um die Hauptstadt als Spiegelbild des Willens, der Stärke und des Prestiges der „Nation" erscheinen zu lassen: in diesem Fall mußten alle nicht in das gewünschte Bild passenden Elemente umgedeutet bzw. für das nationale Interesse vereinnahmt werden. Eine weitere Möglichkeit war, „fremde" Bestandteile überhaupt auszutilgen. Betrachtet man die Geschichte Südosteuropas im 19. und 20. Jahrhundert unter diesem Blickwinkel, lassen sich die Hauptstädte grob in vier Gruppen einteilen, je nachdem, wie bei dem Bedürfnis, die Hauptstädte den jeweiligen nationalen Vorstellungen anzugleichen, verfahren wurde.

Ein sanftes Angleichen an die Wünsche der „Nation" erfolgte in jenen Hauptstädten, die infolge einer Langzeitentwicklung zu nationalen Zentren aufstiegen. Dazu gehören z. B. Laibach[40], Agram und Budapest[41], die im Lauf des 19. Jahrhunderts eine neue Gestalt[42] bekommen haben, die ihnen, zeitlich mehr oder weniger parallel, den Anstrich

---

39 Siehe Agnes Ságvári: Stadien der europäischen Hauptstadtentwicklung und die Rolle der Hauptstädte als Nationalrepräsentanten. In: Hauptstädte in europäischen Nationalstaaten. München – Wien 1983 S. 165–180 sowie die einzelnen Beiträge in diesem Sammelband.

40 Als Beispiel für die dem wechselnden Zeitgeschmack folgende Anpassung des Namengutes siehe die u. a. Laibach berücksichtigende unveröffentlichte Diplomarbeit von Heike Gritsch: Gassen- und Straßennamen des deutsch-slowenischen Raumes als kulturhistorische Quelle im Vergleich. Graz 1992.

41 In Auswahl aus der zahlreichen Literatur Agnes Ságvári: Budapest. Die Geschichte einer Hauptstadt. Budapest 1974; Horst Haselsteiner: Budapest als Hauptstadt des ungarischen Reichsteiles der Habsburgermonarchie. In: Hauptstädte in europäischen Nationalstaaten. München – Wien 1983 S. 121–133; Dieter Klein: Budapest – Die Stadterweiterung der ungarischen Metropole im 19. Jahrhundert. Historismus, Jugendstil und die Suche nach einem ungarischen Nationalstil. In: Österreichische Osthefte 31, Wien 1989 S. 347–373; John Lukacs: Ungarn in Europa. Budapest um die Jahrhundertwende. Berlin 1990 sowie der Beitrag von Éva Somogyi in diesem Band.

42 Siehe Ákos Moravánszky: Die Architektur der Donaumonarchie 1867–1918. Budapest 1988 insbesondere S. 139 ff.

„Hauptstadt" in Südosteuropa: Werdegang und Probleme

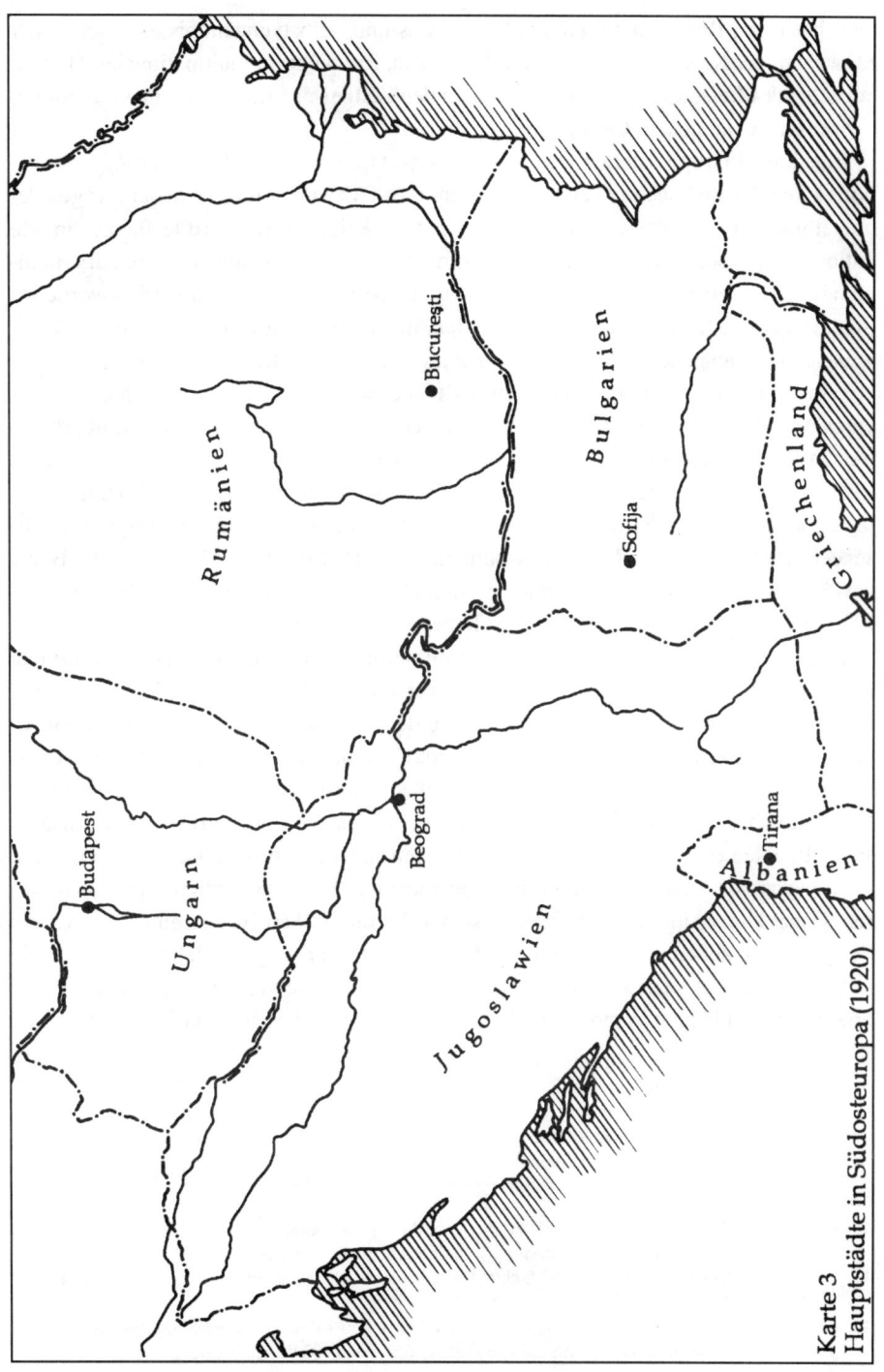

Karte 3
Hauptstädte in Südosteuropa (1920)

verschafft hat, Brennpunkte nationalen Lebens und Selbstverständnisses – sei es der Slowenen, der Kroaten oder Magyaren – zu sein. Ein nicht im multinationalen Umfeld entstehendes Beispiel sanfter Anpassung an den Zeitgeist stellt der Aufstieg der montenegrinischen Hauptstadt Cetinje dar.

Eine kleine Gruppe stellen jene Landeshauptstädte dar, die infolge der Regierungspolitik zwar einen beachtlichen urbanistischen Aufschwung erfahren haben, wegen der polyethnischen Bevölkerungsverhältnisse jedoch keine zentrale Rolle für bestimmte nationale Gruppen, sondern nur für bestimmte Regionen (Kronland, Provinz) übernommen haben. Dazu gehören die in österreichischer bzw. russischer Zeit groß gewordenen Städte Czernowitz und Kišinёv, die nach der Angliederung Bessarabiens und der Bukowina an den rumänischen Staat 1918 ihrer jeweiligen Focusfunktion verlustig gingen.

Eine dritte Gruppe bilden jene Hauptstädte, bei denen angesichts des Vorhandenseins einer polyethnischen und multikonfessionellen Einwohnerschaft zwischen überkommenen Traditionen und Modernisierungswillen Kompromisse gesucht wurden. Dies trifft für die Hauptstädte Bosnien-Hercegovinas und Makedoniens, Sarajevo und Skopje, zu, wo angesichts des hohen muslimischen Bevölkerungsanteils historisch gewachsene Einrichtungen und Lebensgewohnheiten (z. B. Moscheen, Wohnhäuser, Bazar usw.) trotz des beschleunigten urbanen Wandels nicht verschwanden, sondern schließlich sogar dazu beitrugen, touristisches Interesse zu erregen.[43]

Die vierte Gruppe umfaßt die größte Zahl der in Betracht kommenden Hauptstädte und zeichnet sich dadurch aus, daß in diesen Fällen der Bruch mit der Vergangenheit, d. h. mit der Zeit vor dem Zustandekommen der Nationalstaatlichkeit deutlich vollzogen wurde. Dazu zählen Athen, Sofia, Belgrad, Tirana und auch Bukarest. Die modernisierenden, dem Ideal nationaler Einheitlichkeit nachstrebenden Kräfte sorgten für eine weitreichende Beseitigung der an die osmanische Periode[44] erinnernden, historischen Bauelemente und des mit ihnen verbundenen, typisch orientalischen Kolorits, um einer neuen, am westlichen Geschmack angelehnten Gestaltung freien Raum zu schaffen. Daher kam es in diesen Städten im späten 19. und frühen 20. Jahrhundert zu einem tief gehenden äußeren und inneren Umbruch. In den vergangenen Jahrzehnten hat die mit der Politik der sozialistischen Regierungen einer gehende forcierte Urbanisierung erneut einen radikalen Wandel vor allem in den Hauptstädten bewirkt.[45]

---

43 Adolf Karger: Das „orientalische" und das „europäische" Sarajevo. In: Österreichische Osthefte 26, Wien 1984 S. 212–227 und der Beitrag über Skopje von Fikret Adanır in diesem Band.
44 Einen Einblick bietet beispielsweise Machiel Kiel: Osmanische Baudenkmäler in Südosteuropa. In: Die Staaten Südosteuropas und die Osmanen. München 1989 S. 25 ff.
45 Bezüglich Belgrads siehe Milorad Vasović: Anmerkungen zu aktuellen Entwicklungsprozessen in der Stadtregion von Belgrad. In: Österreichische Osthefte 26, Wien 1984 S. 228–239.

III.

Der dritte auffällige Gesichtspunkt bei der Betrachtung der Hauptstädte betrifft die Tatsache, daß Südosteuropa über eine große ethnische, konfessionelle und kulturelle Vielfalt verfügte bzw. verfügt. Im Gegensatz zum oben angesprochenen Gesichtspunkt, der sich der äußerlichen Adaption der Hauptstadt zum Brennpunkt nationalen Gestaltungs- und Geltungswillens gewidmet hat, zielt dieser auf die Grenzen einer solchen Bedeutung hin, und zwar deshalb, weil sich Staatsvolk und Nation nicht deckten bzw. decken. Da Ein-, Aus- und Binnenwanderungen über Jahrhunderte hinweg die unterschiedlichsten Völkerschaften zu Nachbarn haben werden lassen, entwickelte sich kein einziger Staat in Südosteuropa als von ethnischen Minderheiten freies Gemeinwesen.[46] Die mehr oder weniger zahlreichen Minoritäten haben die neuen Hauptstädte als Folgephänomen der entstehenden Nationalstaaten via facti zwar zur Kenntnis nehmen müssen, waren aber vor das Problem gestellt, daß sich diese zu Zentren für das jeweilige Mehrheitsvolk („Nation") gewandelt haben, nicht ebenso aber zu Einrichtungen und Symbolen der nach eigenen Ideen ausgerichteten Ordnung.

Auswege aus diesem identifikatorischen Dilemma, das z.T. erst der wachsende Druck der „nationalisierten" ethnischen Mehrheiten hervorgerufen hat, boten folgende drei Varianten. Eine Variante bestand in der Hinnahme des status quo, d. h. in der Unmöglichkeit, ein politisch abgesichertes, ausschließlich eigenes Zentrum einrichten zu können. Eine solche Situation führte zwangsläufig zu Stagnation, d. h. zu Verarmung und Beharrung in territorialen, geistigen oder „sozialen" Rückzugsgebieten, wie dies beispielsweise für die Träger der Fernweidewirtschaft zutrifft.[47] Eine solche Lage konnte allerdings auch zur allmählichen Assimilation von Seiten der politisch und zivilisatorisch überlegenen Mehrheit führen, wie dies bei den Minderheiten in Griechenland der Fall ist.[48] Eine andere Variante eröffnete die – freiwillig gewählte oder erzwungene – Emigration, d. h. das Verlassen des angestammten Siedlungsraumes, um meist jenen Staat aufzusuchen, der dem eigenen kulturellen oder nationalen Bewußtsein am ehesten entsprach. Dies gilt vor allem für die seit 1878 ins Osmanische Reich bzw. seit 1918 in die Türkei übersiedelten Mohammedaner[49] und für die Deutschen, die, soweit sie konnten, seit 1940 bzw. 1944 zum Großteil nach Deutschland oder Österreich abge-

---

46 Einen Überblick bietet Karl Kaser: Südosteuropäische Geschichte und Geschichtswissenschaft. Wien – Köln 1990 S. 39–84. Einen Querschnitt über die Problematik liefert neuerdings ein Tagungsband: Minderheitenfragen in Südosteuropa. Hrsg. v. G. Sewann. München 1992.
47 Arnold Beuermann: Fernweidewirtschaft in Südosteuropa. Ein Beitrag zur Kulturgeographie des östlichen Mittelmeergebietes. Braunschweig 1967 S. 196–202.
48 Südosteuropa-Handbuch Bd. III: Griechenland a. a. O. 1980 S. 378–382.
49 Eine Zusammenfassung seiner einschlägigen Forschungen über diese Frage bietet Alexandre Popović in dem Artikel „L'islam dans les Etats du Sud-est européen depuis leur indépendance". In: Die Staaten Südosteuropas und die Osmanen. München 1989 S. 309–318.

wandert sind.[50] Die dritte Variante stellt der – erfolgreiche oder mißlungene – Versuch dar, einen eigenen Weg zu gehen, d. h. der jeweiligen nationalen Gruppe einen eigenen politischen Rahmen mit einem symbolischen Mittelpunkt zu verschaffen. Entweder konnte dies mittels zeitweiliger Angliederung an das benachbarte Mutterland erfolgen, wie die Beispiele der ungarischen Minderheit in Siebenbürgen (1940) oder der rumänischen Mehrheit in Bessarabien/Bukowina (1918 bzw. 1941) belegen. Der andere Weg war die Verselbständigung. Dies trifft z. B. für die Slowaken zu, die ihr Siedlungsgebiet aus dem Länderkomplex der Stefanskrone erst herauslösen und Preßburg folglich erst zu „ihrer" Hauptstadt machen mußten[51], oder – 1990 – für die Russen-Ukrainer in Moldawien, die sich in eine separierte „Dnjestr-Republik" zurückziehen wollten[52], und für einzelne Teilrepubliken des föderalen Jugoslawien, die ihre Landeshauptstädte infolge der veränderten verfassungsmäßigen Lage zu Zentren der verselbständigten Republiken erhoben.[53]

Faßt man die in diesem Überblick aufgezeigten Aspekte zusammen, zeigt sich, daß die Hauptstädte Südosteuropas über noch keine so lange Tradition verfügen können, wie dies im westlichen Europa der Fall ist, weil die politisch-territorialen Voraussetzungen lange Zeit nicht in ausreichendem Maße bestanden haben bzw. sich immer wieder änderten. Weiters zeigt sich, daß die Hauptstädte wegen ihres überwiegend späten Entstehens einer zum Teil überstürzten Umgestaltung unterzogen wurden, die die Spuren älterer Zeiten, die an vornationale Verhältnisse erinnerten, weitgehend beseitigt haben. Schließlich zeigt sich, daß die ziemlich starke Fixation auf das Nationale die jeweiligen Hauptstädte zu Aushängeschildern der Mehrheitsvölker gemacht hat, sodaß sich die jeweiligen Minderheiten nicht in gleichem Maße mit diesen Brennpunkten der Politik, Wirtschaft, Gesellschaft und Kultur identifizieren konnten und können.

---

50 Einen Überblick gibt Alfred Bohmann: Menschen und Grenzen. Bd.2: Bevölkerung und Nationalitäten in Südosteuropa. Köln 1969 S. 65 ff., 152 ff., 266 ff., 349 ff.
51 1910 wurden in Preßburg nur 14,92% der Einwohner als slowakisch sprechend gezählt, siehe Ernö Deák: Das Städtewesen der Länder der ungarischen Krone (1780–1918). Bd. II/1. Wien 1989 S. 183. Beim Entstehen der Tschechoslowakei entstand daher die Frage der Ausrichtung und Zentrierung der Slowaken (Ladislav Lipscher: Verfassung und politische Verwaltung in der Tschechoslowakei 1918–1939. München – Wien 1979 besonders S. 84), die nach slowakischen Vorstellungen erst infolge der Zerschlagung des Gesamtstaates im März 1939 zustande kam, wodurch Preßburg formelle Hauptstadt wurde (Handbuch der Geschichte der böhmischen Länder Bd. IV. Hrsg. v. K. Bosl. Stuttgart 1970 S. 128 ff.). Als Quelle siehe das erste Heft von „Erste illustrierte repräsentative Propagandazeitschrift der Slowakischen Republik": Nové Slovensko/Neue Slowakei o. A. 1939.
52 Siehe den Beitrag zu Moldawien in diesem Band.
53 Slowenien – Kroatien – Serbien. Die neuen Verfassungen. Hrsg. v. Joseph Marko, Tomislav Borić. Wien – Köln – Graz 1991 S. 117, 251, 319.

"Hauptstadt" in Südosteuropa: Werdegang und Probleme

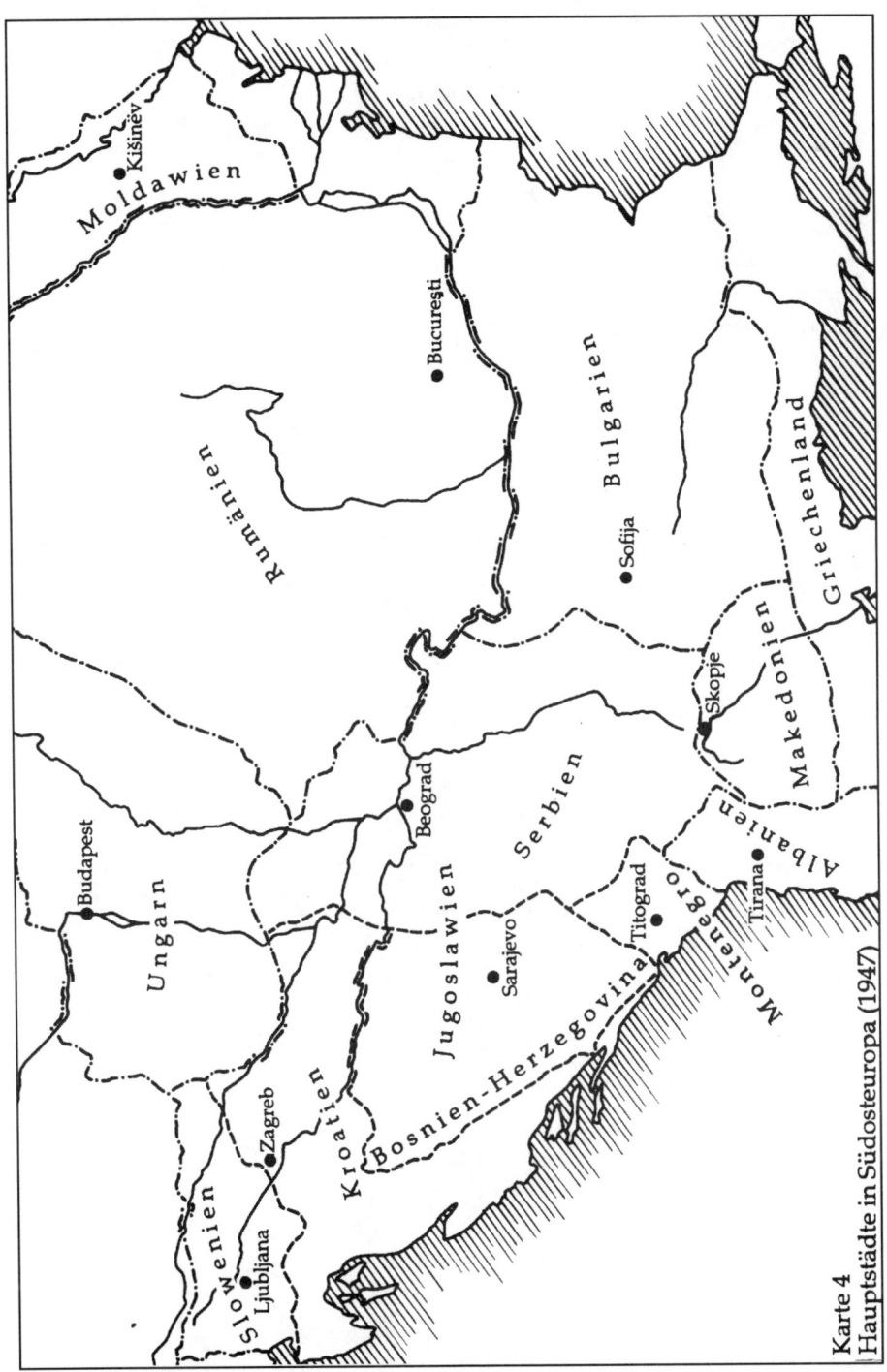

Karte 4
Hauptstädte in Südosteuropa (1947)

Budapest als Hauptstadt Ungarns

Éva Somogyi (Budapest)

Der mittelalterliche ungarische Staat und mit ihm der Reichtum und die Kultur Buda's (Ofens) wurden durch die türkische Besetzung (1540/41) zum Großteil zerstört. Als die verbündeten christlichen Heere die Stadt zurückerobert hatten (1686), mußte der Wiederaufbau praktisch von vorn beginnen.

Bereits Jahrhunderte zuvor hatten sich in Buda Deutsche und vor den Türken nach Ungarn geflüchtete Serben angesiedelt. Nach Pest kamen neben der in dieser Zeit zugesiedelten Bevölkerung aus dem Balkan hauptsächlich Deutsche, nach Óbuda (Alt-Ofen) hingegen, das von einer Stadt zum Marktflecken herabgesunken und in den Besitz der Familie Zichy gelangt war, vorwiegend Ansiedler aus Österreich und Mähren. Buda war jedoch nicht mehr das Zentrum des Landes, denn diese Funktion hatte Preßburg (Pozsony) übernommen, der Sitz der Verwaltung für die während der Türkenzeit zum Teil des Habsburgerreiches gewordenen nord- und westungarischen Gebiete. Am Ende des 18. Jahrhunderts setzte an beiden Ufern der Donau, auf dem Boden des alten Buda und Pest, ein großangelegter Wiederaufbau ein, sodaß die Stadt, die nun entstand, nicht einfach die Weiterführung der während der Türkenherrschaft unterbrochenen Entwicklung bedeutete, sondern die Geburt einer anders gearteten, modernen Stadt.

Eine moderne Stadt entsteht im allgemeinen mit dem Aufstieg des Bürgertums (sich erweiternde Warenproduktion, sich entfaltende kapitalistische Wirtschaft) und unterscheidet sich von der Stadt des Mittelalters ebenso sehr, wie sie gemeinsame Merkmale mit dieser aufweist. Die moderne Städteentwicklung begann mit dem Wegfall jener Bindungen, die die Stadt im Mittelalter zur Stadt haben werden lassen: mit dem Abriß der Stadtmauern, der Aufhebung der städtischen Privilegien, mit der Aufhebung der Einschränkungen zum Erwerb des Bürgerrechts. Während die moderne Stadt nicht nur Industriesiedlung und Marktzentrum, sondern auch Verwaltungszentrum der Region ist, fungiert die Hauptstadt als Zentrum der Gesetzgebung und Kultur und formt oftmals das Leben und die Denkweise der gesamten Gesellschaft.

Buda und Pest – deren Entwicklung während der Türkenherrschaft gelähmt war – sind im Verlauf des landesweiten Aufbaus im 18. Jahrhundert aus ihren Trümmern zu neuem Leben erwacht und sind zu einer Handels- und Bürgerstadt und, in geringem Umfang, auch zum Verwaltungszentrum geworden. Das Wachstum hat bereits im 18. Jahrhundert beachtlich zugenommen. Lebten zu Beginn des Jahrhunderts in der Doppel-Stadt insgesamt 20.000 Einwohner, waren es zur Zeit der Volkszählung Josephs II. schon 50.000, bis zur Jahrhundertwende sogar 60.000 Einwohner. Trotz dieses Wachstums blieben Buda und Pest Teile einer damals noch provinziellen Kleinstadt: nicht nur im Vergleich zur prunkvollen barocken Kaiserstadt Wien, sondern auch zum Sitz des ungarischen Landtages in Preßburg und sogar zu Debrecen, dem Zentrum der ungarischen protestantischen Nationalkultur. An eine Vereinigung der beiden Städte war vorerst noch nicht gedacht. Selbst als Joseph II. die ungarischen Verwaltungsorgane (die Statthalterei 1783 sowie die Hofkammer 1784) aus Preßburg in die historische Hauptstadt zurückverlegen ließ, betraf diese Maßnahme nur die Entwicklung Buda's. Obwohl sich Pest bereits damals, zu Ende des 18. Jahrhunderts, gebietsmäßig zu vergrößern begann, blieb es noch eine selbständige Handelsstadt. Zwischen den östlich vom historischen Stadtkern gelegenen Meiereien und Gärten entstanden neue Stadtteile, nämlich Terézváros (Theresienstadt, 1767) und Józsefváros (Josephstadt, 1777). Hier siedelten sich die aus der noch ummauerten Innenstadt verdrängten Kleinhandwerker, Pfuscher, Taglöhner und Arbeiter an, die ihre Gärten bestellten und noch kaum ein städtisches Leben führten. Am Ende des 18. Jahrhunderts erst setzte eine planmäßige Stadtentwicklung ein, indem Lipótváros (Leopoldstadt, ab 1790) auf der Basis von Plänen entstand und so zum Symbol der modernen Urbanisierung wurde. Um den neuen Funktionen – Zentrum des Geschäftslebens, Waren- und Wertpapierbörse sowie Banken – zu entsprechen, errichtete man breite Straßen und Plätze. Zu dieser Zeit wohnten hier aber noch reiche deutsche und griechische Händler, Beamte und Intellektuelle, die die aus Preßburg zurückverlegte Zentralverwaltung angezogen hatte. In der Nádor utca der Lipótváros schossen klassizistische Aristokratenpalais aus dem Boden, später kamen die Häuser des reich gewordenen jüdischen Bürgertums hinzu. Mit der Gründung dieses Stadtteils fiel um 1800 die Stadtmauer: 1789 das Vácer (Waitzener) Tor, 1794 das Kecskeméter Tor, 1808 das Hatvaner Tor. Offizielles Zentrum des Landes blieb zu diesem Zeitpunkt jedoch noch immer Preßburg, und der Geschäftsumsatz einiger Grenzstädte überstieg noch immer den der zukünftigen Hauptstadt.

Der Gedanke, das sich schnell entwickelnde Pest ohne äußere, staatliche oder höfische Unterstützung (was im Fall anderer Hauptstädte durchaus üblich war) spontan mit Buda zu vereinigen und beide zum Zentrum, d. h. zur Hauptstadt des Landes zu erheben, stammte ebenso wie der neue Name der Hauptstadt „Budapest" von István Széchenyi, dem großen Politiker und Denker des Vormärz. 1848 stiegen Buda und Pest zum politischen Mittelpunkt Ungarns auf. In den ersten Wochen der Revolution zog die erste verantwortliche ungarische Regierung von Preßburg nach Pest, und die erste ungarische Nationalversammlung tagte im Sommer 1848 im Pesti Vigadó (Pester Redoute).

Nach der Aussöhnung der ungarischen national-liberalen Politik mit Wien im Jahr 1867 begann – wie im ganzen Land – in der Hauptstadt eine beispiellose Entwicklung. Die Bevölkerung wuchs zwischen 1869 und 1910 von 270.000 auf 880.000 Einwohner, mit den Vorstädten zusammen sogar auf 1,1 Millionen an. 1873 erfolgte mit dem Zusammenschluß von Pest, Buda und Óbuda die Gründung der Haupt- und Residenzstadt Budapest. Zur Zeit des Ausgleichs waren drei Viertel der Häuser noch eingeschossig, am Vorabend des Krieges nur noch die Hälfte, 35% inzwischen zwei- und dreigeschossig. In den Innenbezirken baute man auch vier- bis fünfgeschossige Häuser (15% der gesamten Wohngebäude).

Schon in der ersten Hälfte des 19. Jahrhunderts hat sich die ursprünglich auf Lipótváros (Leopoldstadt) konzentrierende Urbanisierung in Richtung Teréz és Erzsébetváros (Theresien- und Elisabethstadt) verschoben, wodurch jene Stadtstruktur enstand, die bis heute bestimmend geblieben ist. In dieser Zeit wurde die in erster Linie repräsentativen Zwecken dienende Radialstraße (Sugár bzw. heute Andrássy út) mit ihren breiten Promenaden, Neorenaissance-Palais, standesgemäßen Geschäften und Kaffeehäusern angelegt, während es wegen wirtschaftlicher Schwierigkeiten ein Vierteljahrhundert dauerte, ehe 1896, im Milleniumsjahr, der Nagykörút (Großer Ring) mit einer Länge von 4,5 km vom Boráros tér bis zur Margaretenbrücke fertiggestellt war. Obwohl der Nagykörút in gewissem Sinn dem Wiener Ring ähnelt, hatte er damals doch eine andere Funktion. Der Ring bildete eine Trennlinie zwischen der barocken Innenstadt und den modernen Außenbezirken; die Ringstraßenwelt hingegen repräsentierte die Großmacht der Monarchie bzw. verkörperte die Harmonie zwischen kaiserlicher Tradition und bürgerlichem Reichtum. Demgegenüber verband der Pester Nagykóut die damals eher klassizistische, aber architektonisch auf keinen Fall mit Wien vergleichbare einheitliche Innenstadt mit den sich schnell integrierenden äußeren Stadtteilen. Der Pester körút (Ringstraße) ist im Gegensatz zum Wiener Ring nicht repräsentativ, denn es gibt kaum bedeutendere Gebäude (das Pester Opernhaus entstand in der Andrássy út). Seine Bedeutung ergab sich aus der wirtschaftlichen Funktion, denn hier wurden einfache Mietwohnungen mit bescheidenen Geschäften und Werkstätten gebaut. Die dem Ausgleich folgenden Jahrzehnte erweisen sich auch insofern als Ära einer explodierenden Urbanisierung, als in diesem Zeitraum die Grundlagen für den Kommunalbau gelegt wurden: Straßen- und Kanalisationsnetz, Wasser- und Gasleitungen. In dem für die Epoche so charakteristischen eklektisch-historisierenden Stil wuchsen öffentliche Gebäude wie Krankenhäuser, Schulen, Kasernen, Eisenbahnstationen und Badehäuser förmlich aus der Erde. Diese Bauwerke weisen mit jenen in vielen anderen Städten Ungarns, praktisch in der gesamten Habsburgermonarchie, verwandte Züge auf und erinnern an die lange Friedenszeit vor dem Ersten Weltkrieg.

Budapest hat seine kometenhafte Entwicklung im 19. Jahrhundert zum großen Teil der Tatsache zu verdanken, daß es gleichzeitig politisch-administratives, kulturelles und auch wirtschaftliches Zentrum des Landes geworden ist, und zwar nicht nur ein Handels- und Kredit-, sondern auch ein Industriezentrum. Diese Funktionen vereinten andere europäische Hauptstädte nicht unbedingt in sich, denn Prag, Bern, Berlin oder Warschau waren keine Industriezentren.

Den Prozeß der Hauptstadtentwicklung begleitete eine spezifische Erscheinung: Budapest wurde zu einer nationalen, nämlich ungarischen Stadt. Am Ende des 18. Jahrhunderts bewohnten Buda und Pest zum überwiegenden Teil noch Deutsche, sodaß der Anteil der magyarischen Bevölkerung bei knapp einem Fünftel lag. Zwei Drittel der Bevölkerung sprach auch 1848 noch deutsch, wobei sich ihre Zahl durch die deutsch sprechenden Juden noch vergrößerte. Innerhalb von sechzig Jahren änderte sich diese Situation jedoch grundlegend: Im Jahr 1910 bekannten sich 86% der 900.000 Hauptstadtbewohner als Magyaren, 9% als Deutsche und 2,5% als Slowaken. Da der gewaltige Zuwachs von Auswärtigen herrührte, umfaßte die Zahl der in Budapest Geborenen im Jahre 1910 nur 35%. Der große Zustrom aus einem Vielvölkerreich, wie es die ganze Habsburgermonarchie oder auch Ungarn im 19. Jahrhundert darstellte, in die Stadt hätte die Vielfalt der Nationalitäten noch vergrößern können, doch ist dies tatsächlich nicht eingetreten. Die zuziehenden Tagelöhner und Handwerker, die aus den ursprünglichen Dorfgemeinschaften ausschieden, wurden in der ungarischen Hauptstadt binnen einer Generation ebenso wie die deutschen und jüdischen Bürger, die beim Ausbau des modernen Budapest eine bestimmende Rolle spielten, zu Magyaren. Zweifellos lief in der zweiten Hälfte des 19. Jahrhunderts ein ähnlicher Prozeß auch in Prag ab, das sich zum Zentrum der tschechischen Kultur und des nationalen Bewußtseins entfaltete. Eine stürmisch aufsteigende Hauptstadt prägt überall die Lebens- und Denkweise der ganzen Gesellschaft und assimiliert unaufhaltsam Bevölkerung, besonders die nach oben strebenden gesellschaftlichen Schichten.

Trotzdem weist die Entwicklung von Buda-Pest auch in dieser Beziehung spezifische Züge auf. Das deutsche Bürgertum der Stadt verfügte niemals über eine bedeutendere aktive Kultur. Es erschienen zwar deutsche Zeitungen, und einzelne Schichten des Bürgertums verfügten über deutsche Bildung, doch wurde Buda-Pest nie zu einem deutschen Kulturzentrum wie Prag oder Brünn. Während es in Pest für das deutsche Theater und die Verlage keine ansässigen Autoren gab, versorgten Wien und deutsche Sprachgebiete im allgemeinen das sich schnell in das Magyarentum integrierende deutsche Bürgertum mit literarischen Werken. Wesentlich wichtiger ist, daß Buda-Pest 1848 zur Landeshauptstadt aufstieg, als die Konzeption eines bürgerlich-nationalen Staates entstand. Zum politischen Programm erklärt, erhob es die Doppelstadt zur Hauptstadt, zum politisch-kulturellen Zentrum des magyarischen Nationalstaates. Die Generationen, die ab 1867 den mehr oder weniger selbständigen Nationalstaat schufen, taten sehr viel für den Aufstieg von Budapest, auch und gerade für sein magyarisches Antlitz. Budapest wurde so nicht einfach zum Zentrum des Landes infolge der wirtschaftlichen Entwicklung in jener Epoche, sondern als Ergebnis einer bewußten Stadtpolitik.

Die rapide Entwicklung Budapests hatte aber nicht nur positive Seiten. Die Beziehung zwischen Stadt und Land, die in Ungarn die feudalen Überreste mitsamt der Zurückgebliebenheit des Dorfes bestimmten, gestaltete sich recht problematisch, weil es nur eine einzige wirkliche Großstadt im Land gab. Der Unterschied zwischen einer entwickelten Weltstadt, der im Maßstab des östlichen Europa auffallend modernen, westeuropäisch geprägten Hauptstadt Ungarns und der zurückgebliebenen, sich langsamer entwickelnden Provinz vertiefte sich nicht nur, sondern nährte den Widerspruch, den die Politik im 20. Jahrhundert für ihre eigenen, oft sehr widersprüchlichen Ziele auszunutzen versucht hat. Die spezifische Rolle Budapests im Leben Ungarns hat sich nämlich auch nach dem Ersten Weltkrieg nicht verändert. Mit dem Frieden von Trianon büßte das Land zwei Drittel seines Territoriums und sechzig Prozent seiner Bevölkerung ein. In diesem dramatisch geschrumpften Land verblieb ebenso wie im Nachkriegsösterreich eine überdimensionierte Hauptstadt, und die Einwohnerzahl erhöhte sich mit den aus den abgetrennten Gebieten herbeiströmenden Beamten und intellektuellen Mittelschichten noch weiter. Von den 7,8 Millionen Einwohnern Ungarns lebten 1,2 Millionen in der Hauptstadt, mit den direkten Vorstädten zusammen sogar 1,8 Millionen Menschen. Infolge des Verlusts der Industriezentren in Oberungarn und Siebenbürgen erhöhte sich die Rolle Budapests im Wirtschaftsleben noch, sodaß sein Anteil an der gesamten Industrieproduktion nicht mehr wie vor dem Krieg bei 28% lag, sondern bei knapp der Hälfte. Befand sich die Hauptstadt bereits früher im Kreuzungspunkt des Straßen- und Eisenbahnnetzes, hatte sich aufgrund der verringerten Entfernungen (die am weitesten abgelegene Provinzstadt war höchstens 200 km von der Hauptstadt entfernt) diese zentrale Rolle nun außerordentlich erhöht. Während es vor 1918/20 noch andere Industriestädte gegeben hatte, die sich zu Zentren einer Region entwickelt hatten (Preßburg/Pozsony/Bratislava, Temesvár/ Timişoara, Arad, Kolozsvár/Cluj/Klausenburg), war jetzt eine einzige Stadt übrig geblieben, die auf die weitere Umgebung wirtschaftliche Anziehungskraft ausüben konnte oder hätte ausüben können. Allerdings verlief die ökonomische Entwicklung des Landes nicht mehr so dynamisch wie in der zweiten Hälfte des 19. Jahrhunderts, und diese Verlangsamung zeigte sich in erster Linie darin, daß die Stadt, mangels ihrer finanziellen Kraft, in geringerem Maße als in den früheren Jahrzehnten fähig war, die Entwicklung der Provinz zu fördern. Der Unterschied zwischen Budapest und der Provinz weitete sich also zu einer Kluft aus.

Nach dem Ersten Weltkrieg verlangsamte sich das Tempo des Städtebaus. Die Tendenzen der modernen Architektur machten sich erst Ende der zwanziger Jahre in der ungarischen Hauptstadt bemerkbar. Nun wollten die Architekten ebenso wie in Weimar oder Dessau anstelle falschen Prunkes und übermäßiger Repräsentation die Ansprüche der Benutzer befriedigen. Das bedeutete Streben nach Einheit von Struktur und Funktion, d. h. die Ablehnung des Akademismus. Von Seiten der offiziellen Kultur- und Stadtpolitik wurden diese Bestrebungen jedoch nicht unterstützt, da man die modernen Richtungen als kosmopolitisch, wurzellos und mit den ungarischen Traditionen unvereinbar betrachtete. Weil gerade der Städtebau jener Kunstbereich ist, der ohne staatliches und städtisches Mäzenatentum nicht existieren kann, blieben dank der Förderung der öffentlichen Hand ein verspäteter Eklektizismus und neohistorische Stilrichtungen, hauptsächlich die Neobarock-Architektur, vorherrschend.

Dies hatte zur Folge, daß ein Teil der öffentlichen Gebäude weiterhin dem Geschmack des immer dürftiger werdenden Eklektizismus folgte, während sich beim Bau von Villen, ab den dreißiger Jahren auch von Mietshäusern, die neue Architektur ihren Weg ebnete. In dieser Zeit wurden die Wohnblocks nicht mehr in der Art von Mietskasernen wie zu Beginn des Jahrhunderts errichtet. In dem Bestreben, die Straßenfront besser auszunutzen, erhielten die Budapester Mietshäuser in den dreißiger Jahren nun nahezu generell Dielen für die Wohnungen, mit Hilfe wesentlich größerer Fenster eine bessere Beleuchtung sowie Erker und Balkons auf der Straßenseite. Indem die Vorhallen in den Erdgeschossen Marmorausstattung kleidete, standen die Luxuseingänge der

Gebäude im Widerspruch zum puritanischen Rationalismus der Wohnungen. Dieser Stil kam z. B. bei der Fortsetzung des Nagykörút im Stadtteil Buda zur Anwendung, bei einzelnen Abschnitten des Budaer Krisztina körút, bei Häusern und Plätzen im Stadtteil Lágymányos, in der Uj Lipótváros (Neue Leopoldstadt, siehe Szent István Park) und bei einigen charakteristischen öffentlichen Gebäuden auf dem Szabadság und Köztársaság tér. Diese in den dreißiger Jahren errichteten Gebäude prägen bis heute das Strassenbild des „modernen" Budapest. Zwischen den beiden Weltkriegen veränderte sich auch die gesellschaftliche Struktur der Stadt bedeutend. Wer es sich leisten konnte, übersiedelte ins Grüne in moderne Villen in dem neu geschaffenen zweiten und zwölften Bezirk, während das jüdische Großbürgertum vor allem in die Uj Lipótváros zog. Die Entwicklung von Lágymányos hingegen wurde, besonders während der Konjunktur vor dem Zweiten Weltkrieg, durch die Ansiedlung neuer Fabriken beschleunigt.

Der Zweite Weltkrieg ist nicht einfach irgendeine Zäsur in der Entwicklung Budapests. 1945 lagen das Land und die Hauptstadt, das Schaffen von Jahrhunderten, in Trümmern, denn fast 30% der Budapester Häuser sind zerstört gewesen. Es sah so aus, als ob alles von vorn begonnen werden müsse, aber auch, daß die nun zentral gelenkte Wirtschaft in der Lage sein werde, die Planlosigkeit der ungarischen Städteentwicklung zu beenden und die Überdimensionen der Hauptstadt aufzuheben. In den fünfziger Jahren gab es tatsächlich Bestrebungen, auch in der Provinz Industriezentren zu errichten, doch begünstigte der damals eingeschlagene Weg des wirtschaftlichen Aufbaus, besonders die verkrampfte Industriepolitik, die Verwirklichung dieser Ziele nicht. Der stark zentralisierte Staat selbst konservierte die besondere Rolle der Hauptstadt.

Die extensive Industrialisierung zog große Massen in die Hauptstadt, deren Zahl noch durch jene stieg, die vor der Zwangskollektivierung der Landwirtschaft in die Industrie und in die Großstadt flohen. Auch der größte Teil der innerhalb von ein bis zwei Jahrzehnten herangewachsenen, neuen intellektuellen Elite studierte in Budapest und ließ sich dann zum großen Teil dort nieder. 1949 wurden die Vororte verwaltungsmäßig angeschlossen, wodurch das aus 22 Bezirken bestehende „Nagybudapest" (Großbudapest) mit über 2 Millionen Einwohnern entstand. Mit diesem administrativen Schritt wuchs das Gebiet der Hauptstadt auf das Zweieinhalbfache an.

Für die letzten Jahrzehnte lassen sich zwei zeitlich voneinander trennbare Abschnitte der Stadtentwicklung unterscheiden. In den sechziger Jahren enstand unter dem Schlagwort der Wirtschaftlichkeit um das innere Stadtgebiet von Budapest ein Ring von grauen Beton-Wohnsiedlungen, um den aus der Vergangenheit geerbten, europaweit bekannten Wohnungsmangel der Großstädte zu lindern. Aber nicht nur die uniformierten Wohnsiedlungen gefährdeten das Stadtbild, denn der groß angelegte Bau neuer Wohnungen ging mit dem physischen Verfall, der Reduzierung des sozialen Status der historischen Bezirke (Erzsébet-, Teréz- und Józsefváros) und der Verarmung der Innenbezirke einher. Erst in den siebziger Jahren begann sich in Ungarn, und da besonders in der Hauptstadt, ein neues Bürgertum herauszubilden, dessen Entstehen den Bau von Einfamilienhäusern in den Vorstädten nach sich zog, womit ähnlich wie vor den Toren der westeuropäischen Großstädte Gartensiedlungen entstanden und entstehen. Sie dienen nicht mehr als Weg in die Großstadt, sondern deuten die Flucht aus der modernen Großstadt an.

Budapest ist in der ungarischen Geschichte und Gegenwart nicht einfach eine Großstadt, in der ein ungesund großer Teil der Landesbevölkerung wohnt, sondern ist auch ein Symbol. In der zweiten Hälfte des 19. Jahrhunderts war es das Sinnbild der stürmischen bürgerlichen Umgestaltung. Auf dem Stand der damaligen Entwicklung war diese Stadt identisch mit Europa, ein Hoffnungsschimmer, der es ermöglichte, die ganze Nation vom Komplex der Rückständigkeit zu befreien. Budapest war somit Sinnbild der Verbürgerlichung Ungarns, in der das fremde (deutsche und jüdische) Kapital und demzufolge auch das fremde (deutsche und jüdische) Bürgertum eine bedeutende Rolle spielten. Budapest hat daraufhin in dem von seiner Mentalität her so feudalen Ungarn eine neue Klasse geschaffen, eine selbstbewußte Arbeiterklasse, mit eigenen politischen und gesellschaftlichen Bestrebungen. Weiters hat Budapest großstädtischen Lebensstil hervorgebracht: neue Arbeits- und menschliche Beziehungen, „unmoralische" Vergnügungsplätze, eine liberale Presse, eine nach Europa orientierte Kultur mit einer intellektuell-künstlerischen Elite, die diese Kultur geschaffen hat, und ein relativ breites Bürgertum als sachverständiger Rezeptor dieser Kultur. Darüber hinaus war Budapest auch das Symbol der unüberwundenen Kluft zwischen Stadt und Land.

Budapest hat so viele Gesichter und Bedeutungen angenommen, daß ihm in der ungarischen Entwicklung ein außergewöhnlicher Platz zukommt, der die Beziehung zu Budapest zu einem geistigen, weltanschaulichen und politischen Glaubensbekenntnis hat werden lassen. Vertreter der konservativen Ideologie aus den zwanziger Jahren kritisierten, Budapest sei auf der Grundlage fremden, liberalen und radikalen Gedankengutes herangewachsen und sei kriminell, ja revolutionär. In den populistischen Tendenzen der dreißiger Jahre kam dann eine gut gemeinte, um die Existenz der Nation besorgte Gesellschaftskritik zum Vorschein, die das Elend und die Zurückgebliebenheit des Dorfes aufdeckte. Dazu gesellte sich parallel eine von romantischem Antikapitalismus geprägte Großstadtfeindlichkeit. Die populistischen Schriftsteller empfanden die großstädtische Massenkultur als zerstörerisch und waren der Meinung, die nationale Kultur könne ausschließlich durch die Wiederbelebung der Volkskultur erneuert werden. Im Gegensatz zu den Populisten mit deren hungarozentrischen Ansichten bewerteten die Urbanisten, vor allem die in der geistigen Atmosphäre der Hauptstadt lebenden Schriftsteller und Denker, den spezifischen Werdegang von Budapest und dessen Kultur als Bestandteil der universalen europäischen Entwicklung und vertraten die Meinung, das Ziel der ungarischen Kultur sei es daher, sich in der europäischen Kultur einen Platz zu verschaffen.

Möglicherweise ist es eine Störung des nationalen Bewußtseins, wenn heute, unter den neuen politischen Verhältnissen, die Eigenheiten der ungarischen bürgerlichen Entwicklung sowie ihre positiven und negativen Züge neu überdacht werden, wenn dabei der Gegensatz zwischen Urbanen und Populisten aus der Zeit zwischen den beiden Weltkriegen neu aufzuleben scheint und wenn allgemein die Haßliebe, die im Verhältnis zur Hauptstadt Generationen hindurch bestand, auch heute noch besteht.

Ausgewählte Literatur:

Budapest története Bd.IV.: 1848–1919. Hrsg.v. Károly Vörös. Budapest 1978.
Budapest története Bd.V.: 1919–1945. Hrsg.v. Miklós Horváth. Budapest 1980.
Péter Hanák: Verbürgerlichung und Urbanisierung. Ein Vergleich der Stadtentwicklung Wiens und Budapests. In: Derselbe: Der Garten und die Werkstatt. Wien 1992 S.17–58.
György Ránki: Budapest szerepe az ország gazdasági fejlödésében. In: Derselbe: Mozgásterek, kényszerpályák. Budapest 1983 S. 265–286.

Bukarest – Hauptstadt der rumänischen Nation

Dan Berindei (Bucureşti)

Die Stadt Bukarest steht auf einem Boden, der schon seit der Steinzeit von Menschen bewohnt war; zahlreiche archäologische Spuren belegen, daß hier schon im Paläolithikum und im Neolithikum Menschen gelebt haben. Auch die Bronze- und Eisenzeit sind durch zahlreiche archäologische Spuren belegt. Die Daker und Römer, später die Dako-Römer wie auch einige, vor allem slavische Wandervölker können anhand des Fundmaterials ebenso nachgewiesen werden. Seit dem 9. Jahrhundert, dem Beginn der Entstehungszeit des rumänischen Volkes, wurden protorumänische und danach rumänische Spuren gefunden.[54] Seit dem 14. Jahrhundert schließlich sind Kennzeichen urbanen Lebens festzustellen,[55] und um die Mitte des 15. Jahrhunderts ist Bukarest die Hauptresidenz des bekannten walachischen Fürsten Vlad Ţepeş, des berühmt-berüchtigten Dracula geworden. Aus der Zeit seiner Herrschaft (20. September 1459) ist das erste schriftliche Dokument erhalten, das in der Festung Bukarest ausgestellt worden ist.[56]

Im Verlauf der nächsten zwei Jahrhunderte wechselte die Residenz der walachischen Fürsten zwischen mehreren Städten, doch meist war sie in Tîrgovişte oder in Bukarest. Ab 1659 blieb sie dann endgültig in dieser Stadt[57], die eine wichtige politisch-militärische Rolle spielte. Zugleich stellte sie ein bedeutendes Wirtschaftszentrum zwischen Mitteleuropa und dem Orient dar, dem der spezielle Status, den die rumänischen Fürstentümer Walachei und Moldau der Hohen Pforte abgenötigt hatten, zugutekam. Die damals im Süden der Donau bestehenden Staaten der Griechen, Bulgaren und Serben waren im 14. Jahrhundert allesamt in osmanische Provinzen, sogenannte *Paşalık's,* verwandelt worden. Der Moldau und der Walachei hingegen war es, obwohl sie die türkische Oberhoheit anzuerkennen und somit Vasallen der Pforte zu werden gezwungen waren, doch gelungen, eigenständig bestehen zu bleiben und ihre Autonomie zu wahren: Unter anderem behielten sie ihre eigenen Fürsten, die führende Klasse der Bojaren, die Armee und eine Zeit lang sogar ihre eigene diplomatische Tätigkeit bei und somit auch die Möglichkeit eines von türkischen Einmischungen freieren Wirtschaftslebens, obzwar die Türken den rumänischen Export gewisser Waren (Getreide, Schafe, Schnittholz usw.) zeitweise ihrem Monopol unterwarfen.

Zu Beginn des 17. Jahrhunderts berichtete ein schwedischer Reisender über *„die Menge und Zahl des Volkes"* in Bukarest, die *„so groß waren, daß es schien, als hätten*

---

54 Siehe C. C. Giurescu: Istoria Bucureştilor. Bucureşti 1966 S. 25–41.
55 Ebenda S. 42 ff.; Dan Berindei: Oraşul Bucureşti, reşedinţă şi capitală a Ţării Româneşti. Bucureşti 1963 S. 13 ff.
56 Documenta Romaniae Historica. Seria B: Ţara Românească vol. I. Bucureşti 1966 S. 203–204.
57 Berindei: a. a. O. S. 64, 76.

sich alle Walachen dort versammelt".[58] Im Jahre 1640 schrieb der Mönch Baksici – gewiß übertrieben, aber dennoch aufschlußreich – der Stadt die Zahl von 12.000 Häusern und 100 Kirchen zu.[59] Im Jahre 1622 nannte der Pole Twardowski Bukarest eine *„berühmte Stadt"*[60], und für Paul von Aleppo, den Begleiter des Patriarchen Macarius von Antiochia, war die Residenz der walachischen Fürsten zwei Jahrzehnte später eine *„sehr große Stadt"*.[61] Zur Zeit des Fürsten Matei Basarab, gegen Ende der ersten Hälfte des 17. Jahrhunderts, belegt eine Urkunde den ersten Versuch der zentralen Behörde, die Ausdehnung der Stadt einzudämmen, indem die Stadtgrenzen mit Steinkreuzen markiert wurden, wobei es verboten war, jenseits dieser Demarkation neue Bauten zu errichten.[62] Tatsächlich aber konnte das weitere Wachstum Bukarests durch diese administrativen Maßnahmen nicht eingeschränkt werden.

Im Jahre 1702 beschrieb der englische Archäologe Chishull Bukarest folgendermaßen: *„Eine große Stadt mit einem originellen Aussehen. Die Stadtränder haben ein ärmliches Aussehen, mit in die Erde gegrabenen Wohnstätten, die unseren Kellern ähneln und mit Stroh oder Baumrinde gedeckt sind. Die besten Häuser befinden sich in der Nähe des fürstlichen Palastes und sind schön mit Schindeln gedeckt. Sie sind aus festem Stein erbaut und haben große Höfe und Gärten, die mit ganzen ... Eichenstämmen umgeben sind. Die Straßen erscheinen wie eine unendlich lange Brücke und sind restlos mit Eichenholzbrettern gepflastert ..."*.[63] Etwas mehr als ein Jahrzehnt später beschreibt der Italiener Anton Maria del Chiaro die Stadt wie folgt: *„Bukarest ist fast rund und hat einen ziemlich großen Umfang; die Zahl der Einwohner jedoch – die 50.000 nicht überschreitet – entspricht nicht der Ausdehnung der Stadt, denn die Häuser stehen vereinzelt und getrennt voneinander, wie Inseln, mit je einem Hof, Küche und Stall und besonders mit Gärten mit Obstbäumen, was dem Ganzen einen angenehmen, lebhaften Anblick verleiht"*.[64]

Nachdem die Türken infolge des Friedens von Karlowitz (Sremski Karlovci) die Vorherrschaft über Siebenbürgen eingebüßt hatten, führten sie 1711 in der Moldau und 1716 in der Walachei die Fanariotenherrschaft ein, in der Hoffnung, durch Beseitigung der einheimischen Fürsten ihre Position in den ihrer Oberhoheit unterworfenen rumänischen Fürstentümern zu festigen. Mehr als ein Jahrhundert über wurde Bukarest nun einer betonten Orientalisierung ausgesetzt. Gleichzeitig jedoch gewannen die Funktionen der Stadt unter den Bedingungen des Niedergangs der Feudalordnung und der beginnenden Entwicklung der modernen Gesellschaft an Bedeutung, vor allem deshalb, weil sich Bukarest, besonders seit Beginn des 19. Jahrhunderts, als die wichtigste Stadt

---

58 Călători străini despre țările române vol. V. București 1973 S. 64.
59 Ebenda S. 217.
60 P. P. Panaitescu: Călători poloni în țările române. București 1930 S. 2.
61 Giurescu: a. a. O. S. 71.
62 Călători străini despre țările române vol. VI. București 1976 S. 227.
63 Ebenda vol. VIII (1983) S. 199.
64 Anton Maria del Chiaro: Revoluțiile Valahiei. Iași 1929 S. 6–7, 9.

auf den von Rumänen bewohnten Territorien durchzusetzen begann. Der Grieche Kesarie Daponte verfaßte in einem Brief an den rumänischen Großbojaren Constantin Dudescu folgende, dithyrambische Beschreibung der Hauptstadt der Walachei in der Mitte des 18. Jahrhunderts: *„Von vorn, wie vom Sonnenaufgang erscheint das glänzende Bukarest, das goldene Bukarest, das süße Bukarest, der stolze und hochgelobte Thron der Herrscher".*[65] Die Stadt umfaßte außer dem Fürstenhof, der sich an jener Stelle erhob, wo Vlad Țepeș im 15. Jahrhundert den seinen errichtet hatte und zu dem ein neuer hinzugekommen war (der jedoch gegen Ende der Fanariotenzeit einer Feuersbrunst zum Opfer fiel), mächtige, mit hohen Mauern umgebene Klöster, Steinhäuser der Bojaren und Wohnbauten der Städter, zu denen tausende, in Zünften vereinigte Kaufleute und Handwerker zählten. Die um Kirchen gruppierten Vorstädte, die von Gärten umgebenen Häuser (alle Fremden waren von der hier angetroffenen Vegetation beeindruckt) bildeten ein Gesamtbild von malerischem Aussehen, das im Vergleich zu den städtischen Siedlungen in Mittel- oder Westeuropa ungewöhnlich anmutete.

Vom demographischen Standpunkt aus war nach Konstantinopel Bukarest das bedeutendste urbane Zentrum in diesem Teil des Kontinents. Im 18. Jahrhundert gab es nur unvollständige Bevölkerungszählungen in einigen Teilen der Stadt, und die ausländischen Reisenden gaben in den ersten Jahrzehnten des 19. Jahrhunderts Zahlen an, die zwischen 60.000 und 100.000 schwanken.[66] Im Jahre 1831, als die erste, auf nachprüfbaren Grundlagen vorgenommene Volkszählung stattfand, wurde eine ständige Bevölkerung von 58.792 Einwohnern verzeichnet, zu denen mehr als 10.000 zeitweise hier wohnhafte Personen hinzukamen, was einer Gesamtbevölkerung von rund 70.000 Einwohnern entspricht.[67] Zum Vergleich sei angeführt, daß in jener Zeit alle künftigen Hauptstädte balkanischer Staaten weniger als 20.000 Einwohner zählten. Athen z. B. zählte 1821 rund 10.000 Einwohner, Belgrad erreichte im Jahre 1846 erst 19.000.[68] Iași, die Hauptstadt der Moldau[69], umfaßte im Jahre 1822 auch nur 21.000 bis 22.000 Einwohner. Es muß jedoch hinzugefügt werden, daß die Einwohnerzahl von Iași in der unmittelbar folgenden Periode in sich beschleunigender Weise anstieg, sodaß diese Stadt 1845 etwa 60.000 Einwohner erreichte. Trotzdem hat sich schließlich nach dem Kriterium der Quantität Bukarest als die erste Stadt auf rumänischem Boden durchgesetzt. 1859 zählte Bukarest – im Vergleich zu den 65.745 Einwohnern von Iași – schon 121.734 Einwohner.[70] Auch zu den Städten Siebenbürgens war der Unterschied groß. Kronstadt (Brașov), die Stadt dieser Provinz mit der größten Einwohnerzahl und zugleich diejenige unter den städtischen Siedlungen, in die der Zuzug einer bedeutenderen Zahl von Rumänen gestattet worden war, zählte 1847 30.000 Einwohner, während

---

65 G. I. Ionescu-Gion: Istoria Bucurescilor. București 1899 S. 82.
66 Berindei: a. a. O. S. 142.
67 Nicolae Iorga: Istoria Bucureștilor. București 1939 S. 250.
68 Enciclopedia României vol. II. București 1938 S. 555.
69 Siehe den Beitrag von Vasile Neamțu in diesem Band.
70 Analele statistice. București 1860 S. 100–101, 108–109.

die beiden nächstfolgenden Städte des Landes, Klausenburg (Cluj) und Hermannstadt (Sibiu), etwa 24.000 Einwohner zählten. Die hohe Einwohnerzahl Bukarests spiegelte einerseits die Bedeutung seiner sozialpolitischen, nationalen und wirtschaftlichen Funktionen wider, die eindeutig über die Grenzen der Walachei hinausreichten, und verlieh ihr andererseits eine vorherrschende Stellung unter den Städten Südosteuropas.

Seit der zweiten Hälfte des 18. Jahrhunderts wurde das Erwachen zu nationalem Leben in allen exklusiv oder doch vorherrschend von Rumänen bewohnten Gebieten stufenweise offensichtlich. In Siebenbürgen spielte die „Siebenbürgische Schule" der rumänischen griechisch-katholischen Gelehrten bei der Herausbildung eines modernen nationalen Bewußtseins unter den Rumänen eine besondere Rolle.[71] 1791 fand dies seinen Niederschlag im Dokument „Supplex Libellus Valachorum", in dem die Forderung nach einer politischen Anerkennung der rumänischen Nation erhoben wurde, die, wie es im Text des Dokuments heißt, *„bei weitem die älteste ist unter allen Nationen Siebenbürgens"*, wobei gleichzeitig darauf hingewiesen wurde, daß sie [die rumänische Nation] zahlreicher sei als alle anderen zusammengenommen und daß sie den Großteil der öffentlichen Aufgaben zu tragen habe.[72] Diese Ideologie der „Siebenbürgischen Schule" überschritt die Grenzen Siebenbürgens und übte auch in den Fürstentümern Walachei und Moldau einen äußerst wirksamen Einfluß aus. Einer der Schüler der Choryphäen dieser kulturellen Strömung, Gheorghe Lazăr, sollte später, gegen Ende der Fanariotenzeit, in der sich in den Fürstentümern vor allem das Griechische als Kultursprache durchgesetzt hatte, in Bukarest als Organisator des Hochschulunterrichts in rumänischer Sprache wirken.[73]

Überall auf dem von Rumänen bewohnten Boden war die nationale Wiedergeburt angeregt worden. Teilweise fand sie sogar in den nationalen Aspekten des großen Aufstandes der siebenbürgischen Leibeigenen im Jahre 1784 ihren Widerhall und nahm im Verlauf der Revolution von 1821, die in der Walachei stattfand, aber auch in der Moldau und in Siebenbürgen ein starkes Echo fand, noch viel konkretere Gestalt an.[74] Bukarest wurde damals zur Drehscheibe der Revolution.[75] Hier hat Tudor Vladimirescu, der Führer der Revolution, fast zwei Monate lang seine revolutionären Kräfte konzentriert. In der Folgezeit war, nachdem die Türken die an der griechischen Revolution direkt oder indirekt beteiligten Fanarioten beseitigt hatten, in Bukarest wie auch in Iași, wo erneut rumänische Fürsten eingesetzt worden waren, eine prickelnde, sozialpolitische Atmosphäre zu verzeichnen: die Stadt bereitete sich darauf vor, die nationalen Funktionen der kommenden Etappe zu übernehmen.

---

71 I. Lungu: Școala ardeleană. București 1978.
72 David Prodan: Supplex Libellus Valachorum or the Political Struggle of the Romanians in Transylvania during the 18th Century. Bucharest 1971.
73 Emilia Șt. Milicescu: Gheorghe Lazăr (1782–1823). Cluj – Napoca 1982.
74 Dan Berindei: L'année révolutionnaire dans les Prinicepautés Roumaines. Bucarest 1973.
75 Derselbe: Mișcarea revoluționară din 1821 la București. In: București. Materiale de istorie și muzeografie IX, București 1972 S. 181–186.

Infolge des russisch-türkischen Krieges von 1828–1829 und des Vertrages von Adrianopel wurde die Autonomie der Fürstentümer erneut bekräftigt, wurden der Walachei die drei von den Osmanen besetzten Donaufestungen und vor allem Bräila rückerstattet, und verzichtete der Sultan auf die Aufrechterhaltung seines Monopols über die wichtigsten Erzeugnisse des Landes. Allerdings stieß die nationale Befreiungsbewegung auf die verschärften Machtbefugnisse der russischen Schutzmacht. Ab Ende des dritten Jahrzehnts des 19. Jahrhunderts und bis zur Revolution von 1848 wurden revolutionäre Organisationen in Lugos (Lugoj), Hermannstadt, Bukarest und Iași gegründet, die die Beseitigung der Adeligen (Bojaren) von der Macht, die Modernisierung, aber auch die staatliche Einheit und die Unabhängigkeit der rumänischen Nation anstrebten, die sich damals noch unter der Herrschaft des Osmanischen, des Habsburger und des Zarenreiches geteilt befand. Gleichzeitig kam es ab 1831 in den rumänischen Fürstentümern mit dem Organischen Reglement zu einer begrenzten Modernisierungsbewegung, die von der Schutzmacht auferlegt worden war und die den Bojaren, vor allem den Großbojaren, die Wahrung ihrer politischen Machtbefugnisse gewährleistete. Sowohl im Rahmen der nationalen Bewegung, als auch innerhalb des Modernisierungsprozesses hat sich Bukarest, die Hauptstadt eines der autonomen Fürstentümer der Rumänen und zugleich des künftigen „Piemont" der Nation, das im demographischen und ökonomischen Bereich wichtigste Zentrum im rumänischen Raum und übrigens auch einer breiteren europäischen Zone, als zentrale Stadt und als Wegbereiterin der nationalen Bewegung durchgesetzt.

Zahlreiche Kulturschaffende aus Siebenbürgen und vor allem Mitglieder des Lehrkörpers ließen sich in Bukarest nieder; außerdem wurde dieses Zentrum auch immer häufiger von den Führern der rumänischen Befreiungsbewegung in Siebenbürgen besucht. 1834, als in Buda die zweite Auflage der „Biblioteca românească" [Rumänische Bibliothek] von Zaharia Carcalechi gedruckt wurde, veröffentlichte der Verleger seine Eindrücke von einer Reise nach Bukarest, wobei er einerseits vor allem auf gewisse „mondäne" Aspekte einging, andererseits jedoch behauptete, die Macht der Rumänen liege in den Fürstentümern.[76] 1836 kamen der Kleriker und Gelehrte Timotei Cipariu und George Barițiu, besonders aktive Kulturschaffende aus Kronstadt und Schöpfer der rumänischen Presse in Siebenbürgen, in die Hauptstadt der Walachei. „*Bukarest*", beschrieb Cipariu seine Eindrücke, „*ist für einen Menschen, der Siebenbürgen nie verlassen hat, eine kolossale Stadt. Soviel kann ich sagen, daß, wenn Paris, London, Wien über schöne Außenansichten verfügen, ich das nicht beurteilen kann, denn ich habe sie nur auf dem Papier gesehen, doch kann man über Bukarest, unabhängig davon, ob du die Stadt von Băneasa oder von oben, von der Metropolie aus betrachtest, behaupten, daß es so schön und romantisch gelegen ist und aussieht, daß meine Augen sich nicht sättigen konnten*". Zweifellos finden in diesem Text auf diese Weise auch nationale Gefühle ihre Ausdrucksform. Für den scharfsinnigeren Barițiu war Bukarest hingegen

---

76 Derselbe: Orașul București a. a. O. S. 193.

„das Zentrum Rumäniens, die Hauptstadt eines Landes, ein Obdach für Kaufleute verschiedenster Nationen und eine Wohnung für Hunderttausende Einwohner".[77]

Die Idee der nationalen Vereinigung, sowohl in ihrer engeren Version als Union der beiden Fürstentümer, die sich unter osmanischer Oberhoheit befanden, als auch in der breiteren, des Zusammenschlusses aller Rumänen, hat sich in dieser Zeitspanne entschieden in den Vordergrund gedrängt. Der französische Diplomat Bois-le-Comte schrieb nach einem Besuch, den er 1834 in den Fürstentümern abgestattet hatte, folgendes: *„Die Schaffung eines Großfürstentums Dazien, das die beiden Fürstentümer vereinen würde, schien mir hier . . . der Ausdruck eines allgemeinen Wunsches zu sein".*[78] Vier Jahre später hob auch ein anderer Ausländer, diesmal der polnische Emissär Woronicz (Werner), der von Czartoryski in die Fürstentümer geschickt worden war, die Idee der integralen Vereinigung der rumänischen Nation hervor, indem er festhielt: *„Die Idee der Vereinigung aller Rumänen unter einem einzigen Zepter beschäftigt alle Köpfe. Diese Idee wird machtvoll von den Rumänen aus Siebenbürgen unterhalten, die hierher [in die Walachei] kommen, um Arbeit zu finden und ihre Fähigkeiten zu nutzen".*[79] Ein Jahr später vertrat der frühere französische Konsularagent in den Fürstentümern, Felix Colson, folgenden Standpunkt: *„Die Walachen in Siebenbürgen sind Rumänen und sie leben in der Hoffnung, sich mit ihren Brüdern aus der Moldo-Walachei zu vereinigen. Die Idee einer Vereinigung zieht immer breitere Kreise".*[80] Es ist kein Zufall, daß der junge, voll radikaler Ideen aus Frankreich zurückgekehrte Bojar Alexandru C. Golescu im Oktober 1838 einer Gruppe von Freunden aus Bukarest, das er *„la capitale future de la grande Dacie"* nannte, seine patriotischen Gefühle vermittelt hat, dadurch zugleich auch klarstellend, welche Rolle die Patrioten Bukarest schon im vierten Jahrzehnt des 19. Jahrhunderts zugedacht hatten.[81] Im gleichen Jahr erschien infolge der Bemühungen eines Siebenbürgers, des Professors Florian Aron, in der Hauptstadt der Walachei die erste rumänische Tageszeitung, die den durch dessen Anregung zur Vereinigung bedeutungsvollen Titel „România" trug, eine Tageszeitung, die, wie es in ihrem Programm hieß, *„an alle, die ihre Sprache sprechen und lesen"* [die rumänische Sprache] gerichtet war, *„sowohl hier im Vaterland"* [in der Walachei], *„als auch in den Nachbarländern . . . und ihr Name ist ein Beweis des Geistes, der sie beseelt".*[82]

Als Zentrum konspirativer und revolutionärer Pläne kam Bukarest für zweierlei Kräfte in Betracht, sowohl für jene nationale Bewegung, die Oberst Ioan Câmpineanu leitete, der eine enge Verbindung zum Prinzen Adam Czartoryski besaß, und die ihre

---

77 Vasile Netea: Timotei Cipariu şi George Bariţiu, călători prin Ţara Românească în 1836. In: Studii IX, Bucureşti 1958 S. 122, 128.
78 Documente privitoare la istoria Românilor. Hrsg. v. E. Hurmuzaki. vol. XVII, Bucureşti 1913 S. 394.
79 P.P.Panaitescu: Planurile lui Ioan Câmpineanu pentru unitatea naţională a românilor. In: Anuarul institutului de istorie naţională vol. III, Cluj 1926 S. 92–100.
80 Félix Colson: De l'état présent et de l'avenir des Principautés de Moldavie et de Valachie. Paris 1839 S. 265.
81 Cornelia Bodea: Lupta românilor pentru unitatea naţională, 1834–1849. Bucureşti 1967 S. 209, 211.
82 Alexandru Sadi-Ionescu, Nerva Hodoş: Publicaţiunile periodice româneşti vol. I. Bucureşti 1913 S. 606.

Tätigkeit gegen Ende des vierten Jahrzehnts des 19. Jahrhunderts entfaltete und die, entsprechend ihrer „Akte der Vereinigung und Unabhängigkeit" das Ziel verfolgte, die ganze Nation einschließlich der siebenbürgischen Gebiete zu vereinigen, als auch für die radikalere, republikanische Bewegung, die der junge Großbojarensohn Dimitrie Filipescu anführte, die sogenannte „Bewegung von 1840".[83] Die Unterdrückung der beiden Bewegungen konnte den patriotischen Aktivitäten dieser Art in Bukarest kein Ende setzen. Daher redete Barițiu 1842 öffentlich von der *"engen nationalen und religiösen Verbindung, die zwischen den siebenbürgischen Rumänen und demjenigen Teil der Nation besteht, die auf moldauisch-walachischem Boden lebt und herrscht" und verglich sie mit „einem starken Magneten"*.[84] Als 1843 die „Frăția" [Brüderschaft], eine Geheimgesellschaft, organisiert wurde, der es zukam, den Ausbruch der Revolution von 1848 in der Walachei vorzubereiten, aber auch die Beziehungen zu den von Rumänen bewohnten Nachbarländern unterhielt, spielte sich dies in Bukarest ab, und ebenfalls hier wurde zwei Jahre später, im Jahre 1845, die Literarische Gesellschaft Rumäniens gegründet, die Mitglieder nicht nur aus der Walachei, sondern aus allen rumänischen Gebieten aufnehmen sollte. Von Bukarest ging ein ganzes Gespinst kultureller Beziehungen aus. Die Publikationen der walachischen Hauptstadt waren in allen rumänischen Gebieten sehr verbreitet. „Magazin istoric pentru Dacia" [Historisches Magazin für Dazien], eine ab 1845 erscheinende Fachzeitschrift, die sich auch der nationalen Propaganda widmete, wurde nicht nur in der Walachei, sondern auch in der Moldau (300 Abonnenten) und in Siebenbürgen gelesen, wo sich die Abonnentenzahl auf rund 200 Personen belief.[85]

Zur Zeit der Revolution von 1848, die, was die Rumänen anlangt, in der Moldau, in der Walachei und in Siebenbürgen stattfand, hat Bukarest eine besonders bedeutende Rolle gespielt, denn in der Walachei, deren Hauptstadt Bukarest war, hatte man für mehr als drei Monate ein revolutionäres Regime eingeführt, dessen Zentrum sich in der Stadt am Ufer der Dîmbovița befand. Im Aufruf der walachischen Revolutionäre war übrigens die Gemeinschaft der acht Millionen Rumänen erwähnt worden, die zu jener Zeit in mehreren Länder zerstreut lebten und sich unter verschiedener Fremdherrschaft befanden, und es war Bukarest, wohin nicht nur Briefe und Anregungen aus der Walachei, sondern auch aus den beiden Bruderländern eintrafen, wie z. B. die Schreiben der moldauischen Revolutionäre, an deren Spitze das des Dichters und Patrioten Vasile Alecsandri, oder das des Banater Philosophieprofessors Eftimie Murgu, der in den Fürstentümern gewirkt hatte und in revolutionäre Tätigkeiten verwickelt war wie auch andere aus Siebenbürgen und der Moldau, z. B. Ioan Ionescu, stellvertretender Vorsitzender der walachischen Eigentumskommission zur Zeit der Revolution. *„Wenn das*

---

83 Zu den revolutionären Bewegungen von Câmpineanu und Filipescu: Cornelia Bodea: a. a. O. S. 11 ff.; P. P. Panaitescu: Planurile a. a. O. und G. Zane: Le mouvement révolutionnaire de 1840. Bucarest 1964.

84 „Foaie pentru minte, inimă și literatură" vol. V, Brașov 1842 S. 65–69, 73–77, 81–86.

85 Horia Nestorescu: Știri inedite privind tipărirea și răspîndirea „Magazinului istoric pentru Dacia" în țările române. In: Studii și articole de istorie XI, București 1968 S. 45–73.

Prinzip der Nationalitäten siegen muß", schrieb in jenem Sommer 1848 der walachische Revolutionsführer Dimitrie Golescu, *„und alles berechtigt uns zu dieser Hoffnung, so werden die Rumänen ein Volk von acht Millionen Menschen sein".*[86] Hinsichtlich der Persönlichkeiten aus Siebenbürgen, die während der Revolution in der Walachei eine bedeutende Rolle gespielt haben, muß Ioan Maiorescu erwähnt werden, der der Vertreter des revolutionären Regimes in Bukarest, tatsächlich aber der gesamten rumänischen Nation beim Frankfurter Parlament war, ferner Aron Florian, Präfekt des Kreises Dolj und der Stadt Craiova, der Hauptstadt Olteniens, schließlich Laurian, der einer der diplomatischen Emissäre des revolutionären Regimes von Bukarest war, bevor er erneut nach Siebenbürgen zurückkehrte, um sich an der Führung der rumänischen Revolution in diesem Land zu beteiligen. Einige Dutzend Jugendliche aus Siebenbürgen betätigten sich vor allem als Propagandakommissäre des walachischen revolutionären Regimes und kehrten nach der Niederringung der Revolution infolge der Intervention der osmanischen und russischen Truppen nach Siebenbürgen zurück, gemeinsam mit Dutzenden walachischer Jugendlicher, die mit der Waffe in der Hand an der Seite der rumänischen Revolutionäre in Siebenbürgen dann gekämpft haben.[87]

Während der Revolution in der Walachei war Bukarest ständig in Bewegung. Hier hatte die provisorische Regierung ihren Sitz und hier fand ebenfalls eine Reihe von Massenkundgebungen und Versammlungen statt, die am 13. (25.) September 1848 durch den Versuch von 100.000 Menschen aus Stadt und Land (die Zahl wird von ausländischen Konsuln angegeben) gekrönt wurden, den Einmarsch der türkischen Armee in die Stadt zu verhindern. Mit dem Datum des 13.(25.) Juli 1848 wurde im Bukarester „Pruncul român" [Rumänischer Säugling] folgendes veröffentlicht: *„Ja, vereint, nur vereint wird Rumänien erblühen; dann wird keine Kraft mehr verloren gehen, alle Fähigkeiten werden sich entwickeln und zum Glück des gemeinsamen Vaterlandes beitragen. Sehen wir nicht, daß Deutschland endlich sein wahres Interesse erfaßt hat? Und daß es dieses Interesse nur in der Vereinigung fand? So ist es; für jede Nation und umsomehr für uns gibt es keine andere Rettung als nur in der Vereinigung".*

Während der ersten Hälfte des 19. Jahrhunderts wandelte sich das Äußere von Bukarest ziemlich stark, denn es entstand eine bedeutende Anzahl neuer Gebäude. Die Bojaren, aber auch reiche Kaufleute haben sich besonders am Podul Mogoșoaiei – der heutigen Calea Victoriei – oder in dessen Nähe „moderne" Häuser gebaut. Es wurden auch manche öffentliche Gebäude errichtet, in den Vorstädten neue Kirchen. Vom Stil der Ausführung der Bauten zeigte die Stadt einen geradezu verwirrenden Anblick. Wohngruben, Häuser aus Lehmziegeln, Bretterbuden, aber auch Backsteinhäuser, aus Stein ausgeführte Kirchen und Paläste waren jetzt über die ganze Stadt verbreitet, auch tauchten nun zweistöckige Häuser auf.

---

86 Ion Ghica: Amintiri din pribegia după 1848 vol. I. Craiova o. J. S. 31–32.
87 Siehe Dan Berindei: L'an 1848 dans les Pays Roumains. Bucarest 1984 S. 85–87.

Im Verlauf weniger Jahrzehnte verzeichnete die Stadt einen bemerkenswerten demographischen Aufstieg, denn zwischen 1831 und 1859 hat sich die Bevölkerung von Bukarest fast verdoppelt. Dieses Wachstum hat die verschiedensten, komplizierten städtebaulichen Probleme mit sich gebracht: Trinkwasserversorgung, Straßenpflasterung, Brandbekämpfung, Hygiene, Stadtgrenzen, Überschwemmungen der Dîmbovița. Auch wurde es notwendig, in der Stadt mehrere Märkte anzulegen. Die Pläne einer solchen Systematisierung ließen sich indessen schwer in die Tat umsetzen. Trotzdem wurden Gebäude begradigt, „unnütze" Straßen und Gassen gesperrt und Straßen eingeebnet. Die Modernisierung der Stadt machte sichtlich Fortschritte. Die Straßen erhielten in beschleunigtem Rhythmus eine Pflasterung, man richtete neue Plätze ein und legte öffentliche Parks und Gärten an. Nachdem im Jahre 1814 der erste Auftrag zur Beleuchtung des Zentrums der Stadt ergangen war, wurde im Jahre 1856 die Beleuchtung mit „Hydrocarbur" (Lichtpetroleum) eingeführt. 1836 kam es zur Gründung des Naturhistorischen Museums, 1846 zum Beginn des Baus des Nationaltheaters. So fing Bukarest an, zu einer neuen und modernen Stadt zu werden.[88]

Nach der Zeit der Repressionen, die der Revolution von 1848 auf dem Fuße folgten, konnte die rumänische Nation die erste Etappe ihrer staatlichen Vereinigung verwirklichen. Bukarest spielte im Rahmen der unionistischen Bewegung der beiden Fürstentümer Walachei und Moldau, denen es 1859 gelang, miteinander zu verschmelzen, eine zentrale Rolle. Hier wirkte das Zentralkomitee der Vereinigung, das die gesamte Tätigkeit der unionistischen Bewegung in der Walachei lenkte und auch mit jener in der Moldau Verbindungen aufrechterhielt, von der man ständig Emissäre empfing. Ebenfalls hier hat im Herbst 1857 die ad-hoc-Versammlung der Volksvertreter ihre Tätigkeit entfaltet, in der Repräsentanten der verschiedenen sozialen Klassen und Schichten einstimmig das Unionsprogramm annahmen, das nicht nur die Vereinigung der beiden Fürstentümer, sondern auch ihre Umgestaltung in einen modernen Nationalstaat vorsah.[89]

Am 5.(17.) Januar 1859 wurde Oberst Alexandru Ioan Cuza, ein Teilnehmer der Revolution von 1848, zum Herrscher der Moldau gewählt. Obwohl es der quasi einmütige Wunsch der ad-hoc-Versammlungen der Volksvertreter in beiden Hauptstädten (Bukarest und Iași) gewesen war, erklärten sich nicht alle europäischen Großmächte mit der Vereinigung der Fürstentümer einverstanden. Deshalb kam es den Rumänen selbst zu, die Lösung in der Form einer doppelten Wahl zu finden, eine Tat, durch die die Großmächte vor eine, nicht rückgängig zu machende und vollendete Tatsache gestellt wurden. Die zweite, entscheidende Wahl fand in Bukarest statt, wo die Wahlversammlung, unter dem Druck von rund 40.000 Menschen, die gekommen waren, um die radikale Minderheit der Abgeordneten zu unterstützen, ihre Stimmen ebenfalls Cuza

---

88 Derselbe: Orașul București a. a. O. S. 157 ff.
89 Derselbe: Locul istoric al Adunărilor ad hoc. In: Studii XIX, București 1966 S. 23–31; Derselbe: L'union des Principautés Roumaines. Bucarest 1967 S. 131–150.

gab, wodurch Bukarest zur Symbol-Stadt der Vereinigung wurde.[90] Eben in jenen Tagen ist in einer zeitgenössischen Reportage die außerordentliche Begeisterung beschrieben worden, die an jenem 24. Januar (5. Februar) 1859 in Bukarest herrschte: *„Man hörte in der ganzen Hauptstadt nur mehr die lebhaftesten Bekundungen der Freude: ‚Es lebe Cuza! Es lebe unser künftiger Fürst!' tönte es von Mund zu Mund, von Herz zu Herz; die herzlichsten Umarmungen, die heißesten Küsse, der Ausdruck der begeistertsten Freude der Augen waren das einzige, was man auf allen Straßen sah, an allen Kreuzungen, auf allen öffentlichen Plätzen von Bukarest".*[91] Zweifellos fand in Bukarest damals die entscheidende Phase der Verwirklichung der ersten Etappe staatlicher Einheit statt; der so entstandene, neue Nationalstaat umfaßte rund drei Fünftel des heutigen Gebiets Rumäniens. Als Cuza im Februar 1859, einige Wochen nach seiner Wahl, nach Bukarest kam, wurde er in der neuen Hauptstadt von Zehntausenden von Menschen mit grenzenloser Begeisterung empfangen. Die Bedeutung der zweifachen Wahl und der Verwirklichung des Nationalstaates fand auch in der rumänischen Presse Siebenbürgens ihren Widerhall. Es ist kein Zufall, daß Alexandru Papiu Ilarian, ein siebenbürgischer Gelehrter, der sich in Bukarest niedergelassen hatte, ein Jahr später (1860) schrieb: *„Als Cuza zum Herrscher gewählt wurde, war die Begeisterung der Rumänen Siebenbürgens vielleicht noch größer als in den Fürstentümern".*[92] Die kleine Vereinigung kündigte die große an, die staatliche Vereinigung aller Rumänen. Übrigens offenbart das Faktum, daß die „Revista Carpaților" [Die Karpaten-Zeitschrift] ab 1860 zwei Jahre lang in Bukarest erschien, ebenfalls die Tatsache, daß durch die Union der Moldau und Walachei der Weg zur Vollendung der staatlichen Vereinigung der Nation eröffnet worden war.

Vier Jahrhunderte vor diesem entscheidenden Ereignis war Bukarest die Rolle der Hauptstadt des walachischen Staates zum ersten Mal zugekommen; zwei Jahrhunderte danach, im Jahre 1659, hatte die Stadt am Ufer der Dîmbovița diese Rolle endgültig übernommen. Infolge der Vereinigung der Moldau mit der Walachei hat die Stadt Bukarest – da die Großmächte bis zum Herbst 1859 die doppelte Wahl sanktioniert und danach, gegen Ende 1861, auch die politisch-administrative Vereinigung der beiden Länder zu einem einzigen staatlichen Organismus gebilligt hatten – auch im politisch-administrativen Bereich nationale Funktionen erworben. Die Wahl des Standortes der neuen Hauptstadt des rumänischen Staates zwischen Iași und Bukarest hat zwar zu einiger Diskussion geführt, doch sprach man sich schließlich fast einstimmig für die zweitgenannte Stadt aus. Im Sommer des Jahres 1859 erklärte der Moldauer Mihail Kogălniceanu, eine der bedeutendsten Persönlichkeiten bei der Schaffung des modernen Rumänien: *„Bukarest ist also das Haupt der rumänischen Städte, das Herz Rumäniens".* Die Zentralkommission von Focșani als oberstes Vereinigungsorgan erarbeitete

---

90 Berindei: L'union a. a. O. S. 165 ff.
91 Românul No. 11, București 27. Januar/8. Februar 1859.
92 [Alexandru Papiu Ilarian:] Memorand despre raporturile românilor cu nemții, cu slavii și cu ungurii. In: Revista pentru istorie, arheologie și filologie vol. I. București 1883 S. 145–146.

einen Verfassungsentwurf, in dem bestimmt wurde: *„Die Hauptstadt Rumäniens ist Bukarest, wo die Regierung ihren Sitz haben muß und wo die wichtigsten Staatsorgane residieren müssen".*[93] Im Januar 1862 wurde in Bukarest die erste vereinigte rumänische Regierung geschaffen, und zur gleichen Zeit und am gleichen Ort wurden die Arbeiten der ersten gesetzgebenden Versammlung Rumäniens eröffnet.

Die Herrschaft Alexandru Ioan Cuza's wie auch die ersten Jahrzehnte der Herrschaft seines Nachfolgers Carol von Hohenzollern waren eine Zeitspanne der Festigung und Behauptung, in der einerseits Rumänien die Strukturen eines modernen Staates erhielt und in der sich andererseits der Nationalstaat als eine unumkehrbare Realität und als der sichtbare Kern behauptete, um den sich die ganze Nation in einheitlichen Grenzen vereinigen sollte. Bukarest trat zugleich als die unanzweifelbare Hauptstadt des neuen Nationalstaates und der Nation hervor. Diese Bedeutung wurde u. a. durch die Gründung der Rumänischen Literarischen Gesellschaft (die spätere Rumänische Akademische Gesellschaft) hervorgehoben, die die erste Organisationsform der Rumänischen Akademie darstellt. 1866 gegründet, zählten zu deren Mitgliedern rumänische Gelehrte von überall. Noch mehr unterstrichen die nationale Bedeutung jene Veranstaltungen, die im Sommer 1867 anläßlich der ersten Sitzung stattfanden und die, den rein kulturellen Rahmen überschreitend, in den Rang bedeutender nationaler Aktionen aufrückten. Ein Jahr vorher sang die Zeitschrift „Familia" der Rumänen aus den rumänischen Provinzen Österreich-Ungarns anläßlich der Gründung der Gesellschaft ein Loblied auf das künftige Treffen rumänischer Gelehrter in Bukarest: *„Großartig wird dieser Tag sein, an dem die Vertreter der durch das Schicksal in sieben Länder zerstreuten Nation sich versammeln werden".*[94]

Im Sommer des Jahres 1867 – zur Zeit des österreichisch-ungarischen Dualismus – wurden die siebenbürgischen Mitglieder der Gesellschaft schon zehn bis fünfzehn Kilometer vor Bukarest von zahlreichen Pferdekutschen empfangen, die sodann zu einem langen Begleiterstrom anschwollen. Von hunderten Kaleschen begleitet empfing sie, als sie am Rande der Stadt eintrafen, eine große Volksmenge in begeisterter Stimmung. Eine derartige Kundgebung hatte Bukarest zum letzten Mal im Februar 1859 erlebt, als Cuza zum ersten Mal als Fürst hier eingetroffen war. Einer der Siebenbürger, Iosif Hodoş, dankte den Versammelten, die er *„freie Brüder aus dem freien Rumänien"* nannte.[95] Die Prozession, die die Gäste in die Stadtmitte geleitete, dauerte zwei Stunden, was auf den Umfang der Kundgebung schließen läßt. Abends fand auf dem Platz vor dem Nationaltheater neuerlich eine Veranstaltung bei Fackellicht statt, an der sich Tausende Menschen beteiligten. Am nächsten Tag fand die feierliche Eröffnung der neuen Gesellschaft statt. Timotei Cipariu, der alte Kanonikus, der drei Jahrzehnte vorher erstmals nach Bukarest gekommen war, hielt eine kühne Rede. *„Wir haben begon-*

---

93 A. D. Xenopol: Domnia lui Cuza Vodă vol. I. Iaşi 1903 S. 119.
94 Iosif Vulcan: Societatea literaria romana. In: Familia No. 11, Pest 15./27. April 1866.
95 Dan Berindei: Cultura naţională română modernă. Bucureşti 1986 S. 233.

nen unser Vaterland zu befreien", erklärte er, *"wir haben begonnen unsere Sprache zu befreien. Wir haben, meine Herren, erst damit begonnen, aber wir sind noch nicht fertig; wir müssen darin fortfahren und unser Werk zu Ende bringen"*. Seine Rede wurde laut einer zeitgenössischen Schilderung von donnerndem Applaus übertönt.[96] Im Saal der Eröffnungsfeier hing eine Karte mit allen von Rumänen bewohnten Provinzen. *„Die Moldau, Siebenbürgen, Walachei"*, schrieb der aus Hotin in Bessarabien stammende Historiker Bogdan Petriceicu Hasdeu in jenen Tagen in der radikalen Bukarester Zeitung „Românul" [Der Rumäne], *„existieren nicht auf dieser Erde; es gibt ein einziges Rumänien, das einen Fuß auf die Donau stützt und einen auf die entferntesten Züge der Karpaten; es gibt einen einzigen Körper und eine einzige Seele"*.[97]

Das nun gefestigte Rumänien näherte sich dem Augenblick der Erringung seiner Unabhängigkeit, die der Vollendung seiner staatlichen Einheit zur Voraussetzung diente. Während es im Jahre 1867 zum österreichisch-ungarischen Dualismus gekommen war, der die Position der siebenbürgischen Rumänen weitgehend beeinträchtigte, konnte sich in Bukarest im Hinblick auf die Vorbereitung der künftigen Vereinigung eine offene Tätigkeit entfalten. Im Mai 1867 wurde die Gesellschaft „Transilvania" [Siebenbürgen] gegründet, die im Verlauf mehrerer Jahrzehnte das Studium der jungen Intellektuellen aus Siebenbürgen unterstützte und auch eine nachhaltige Tätigkeit im Bereich der nationalen Propaganda entfaltete. Die gefestigte geistige Einheit der Rumänen wurde im Jahre 1877 neuerlich offensichtlich, als das rumänische Parlament in Bukarest am 9.(21.) Mai die Unabhängigkeit des Landes ausrief, jene Unabhängigkeit, die sodann auf dem Schlachtfeld an und südlich der Donau bekräftigt und beim Berliner Kongreß von den europäischen Großmächten anerkannt werden sollte. Die Rumänen von jenseits der Landesgrenzen verfolgten die Bukarester Ereignisse mit Begeisterung. *„Hunderte von Menschen"*, berichtete der Korrespondent der Zeitschrift „Familia", *„liefen mit klopfenden Herzen zum Hügel der Metropolie, um anwesend zu sein bei der Vollendung einer seit Jahrhunderten erwünschten Sache der absoluten Unabhängigkeit Rumäniens"*. Am nächsten Tag hieß es in der gleichen Publikation über die Atmosphäre in der Hauptstadt Rumäniens, *„... die Hauptstraßen leuchteten von den Trikoloren, die von den mit Teppichen und Blumen geschmückten Balkonen und Fenstern flatterten. Die Grüße lauteten nicht mehr ‚Bonjour' wie bisher, sondern ‚Es lebe das unabhängige Rumänien!' ... Abends um acht war die ganze Stadt beleuchtet ... sodaß es schien, als stünde die Hauptstadt in Flammen"*.[98]

Einige Monate später begrüßte die „Gazeta Transilvaniei" [Siebenbürgische Zeitung] von Kronstadt begeistert die Verleihung der rumänischen Staatsbürgerschaft an den rumänischen Offizier aus Siebenbürgen, Moise Grozea, der sich bei den militärischen Operationen vor Plevna ausgezeichnet hatte. *„Dem heldenhaften Hauptmann*

---

96 Ebenda S. 233–236.
97 Ebenda S. 236; „Românul", București 6. August 1867.
98 Familia No. 21, Pest 22. Mai/3. Juni 1877.

Grozea wurde gestern unter dem einstimmigen Beifall der Abgeordneten der Nationalversammlung die Staatsbürgerschaft verliehen".[99]

Als 1829 ein ausländischer Reisender Bukarest besucht hatte, notierte er relativ skeptisch: *„Sie ist keine europäische Stadt"*. Drei Jahrzehnte später, einige Tage nach der zweifachen Wahl des Fürsten Cuza, bemerkte ein deutscher Zeuge der rumänischen Realitäten, Heinrich Winterhalder, in einem Artikel: *„Wer die Mogoşoaia-Straße in der Nähe des Theaters sieht* [es handelt sich um die heutige Calea Victoriei und den imposanten Bau des Nationaltheaters, der um die Mitte des vorigen Jahrhunderts vom Wiener Architekten Heft errichtet worden war], *glaubt sich plötzlich in eine der ersten Hauptstädte Europas versetzt".*[100] Beide Bemerkungen spiegelten die Wirklichkeit, also den unzweifelhaften Fortschritt der Stadt wider, der auch im dritten Viertel des 19. Jahrhunderts anhielt, vor allem, nachdem Bukarest zur Hauptstadt des rumänischen Nationalstaates geworden war.

1877 betrug die Bevölkerungszahl der Stadt schon 177.302 Einwohner.[101] Die Unabhängigkeit Rumäniens sollte ihr jedoch noch bessere Entwicklungsbedingungen sichern als zuvor. Die Stadt war jetzt zur Hauptstadt eines unabhängigen Staates aufgestiegen, aber zugleich auch die eines „Piemont" einer ganzen Nation. Vier Jahrzehnte später, im Jahre 1916, lebten in der Stadt 381.279 Einwohner[102], während Iaşi Ende des 19. Jahrhunderts nicht mehr als 60.000 Einwohner hatte, eine Zahl, die Bukarest zur Zeit der Union der Fürstentümer schon überschritten hatte. Es ist selbstverständlich, daß in der moldauischen Stadt eine demographische Stagnation eingetreten ist, denn erstens ist die Hauptstadt nach Bukarest verlegt worden, und zweitens ist Rumänien von Anfang an kein föderativer, sondern ein zentralisierter Staat gewesen, dessen Institutionen man alle in der Hauptstadt konzentriert hat. Iaşi konnte daher nur seine kulturellen Funktionen und sein Hochschulleben wahren.

Was die Beschäftigung der Bewohner anlangt, verzeichnet die Statistik von 1878 in Bukarest 27.100 Kaufleute, 64.732 „Industrielle und Handwerker", 11.993 Arbeiter, 19.531 Diener und 50.977 Besitzer, Rentiers und Freischaffende.[103] In den ersten Jahrzehnten des 20. Jahrhunderts, so die Statistik, haben in der Stadt relativ viele Fremde gelebt; vor allem die Zahl der Juden ist in den Jahren 1878 bis 1904 durch ihren Zuzug aus Galizien über die Moldau fühlbar gestiegen – von 20.749 auf 50.000. Ebenfalls für 1904 sind 20.000 Katholiken und 10.000 Protestanten verzeichnet; dabei handelte es sich vor allem um Deutsche und Ungarn. Zu den 205.000 orthodoxen Rumänen kamen noch die aus Siebenbürgen zugewanderten griechisch-katholischen Rumänen hinzu.[104]

---

99 Siehe Liviu Maior: Transilvania şi războiul pentru independenţă (1877–1878). Cluj – Napoca 1977; Familia. Corespondenţe de la Plevna [Timişoara] 1977; De lîngă Plevna. Războiul de independenţă în presa Transilvaniei. Cluj – Napoca 1977.
100 Siehe Anmerkung 91.
101 Giurescu: a. a. O. S. 266.
102 Ebenda.
103 Frédéric Damé: Bucarest en 1906. Bucarest 1908 S. 157.
104 Ebenda S. 159–161.

Was die Deutschen betrifft, ist anzuführen, daß schon im Jahre 1574 ein französischer Reisender die Existenz einer lutheranischen Kirche in Bukarest verzeichnet hat. Ende des 18. Jahrhunderts hat ein deutscher Reisender, von Reimers, *„rund Vierhundert"* Deutsche erwähnt, und im Jahre 1824 hat ein anderer, Clausewitz, die wahrscheinlich übertriebene Zahl von 4.000 genannt. Ab 1845 erschien jedenfalls als erstes Periodikum in deutscher Sprache die „Bukurester Deutsche Zeitung".[105]

Die Hauptstadt Rumäniens erfuhr unter den Bedingungen der Unabhängigkeit einen vielseitigen Aufschwung. 1902 befanden sich von den 367 Industriebetrieben in der einstigen Walachei 178 in Bukarest.[106] Von besonderer Bedeutung waren auch der Handel und die Banken der Stadt. In städtebaulicher Hinsicht ist die Errichtung einer stets steigenden Zahl von öffentlichen und Privatbauten zu verzeichnen, was die ausländischen Beobachter dazu bewog, Ende des 19. und zu Beginn des 20. Jahrhunderts von Bukarest als von einem *„kleinen Paris"* zu sprechen. Die kulturellen Funktionen, die sich um die Universität und die Rumänische Akademie entwickelt hatten, trugen zur Bedeutung dieser Stadt bei, die nicht nur die administrativ-politische Hauptstadt des rumänischen Staates war, sondern auch jenes städtische Zentrum, in dem die nationalen Bestrebungen zusammenflossen. Es ist kein Zufall, daß 1899 in Bukarest 21.163 Untertanen Österreich-Ungarns gezählt wurden[107], vor allem Siebenbürger Rumänen, zu denen zweifellos auch Sachsen, Szekler und Ungarn aus dem Nachbarland hinzukamen. Zu den alten siebenbürgischen Hochschullehrern Aron Florian und A. T. Laurian, die an der Bukarester Universität unterrichtet hatten, waren junge Gelehrte aus Siebenbürgen und der Bukowina hinzugekommen: der Bakteriologe Victor Babeș, die Historiker Ioan Bogdan und Dimitrie Onciul, der Germanist Simion Mândrescu und der Geologe Gheorghe Munteanu-Murgoci.

Was die Rumänische Akademie betrifft, so hat diese in Bukarest zu jener Zeit ihre nationalen Bestrebungen offen an den Tag gelegt. 1891 erklärte der Historiker und Philologe Bogdan P. Hasdeu dem neuen siebenbürgischen Mitglied Iosif Vulcan, daß, wenn in der Akademie jemand *„rumänisch"* sagt, er damit die Karpaten auslösche.[108] Zwei Jahre später bewertete der Historiker A. D. Xenopol die Akademie als *„einen Schild für die Rumänen aus den unterjochten Provinzen"*, während für den Bukowiner I. G. Sbierea der wichtigste Zweck der hohen Institution 1908 in *„der kulturellen Einheit aller Rumänen"* bestand.[109] Indem er eine im Verlauf von mehr als einem halben Jahrhundert entfaltete Tätigkeit zusammenfaßte, hat der Schriftsteller Delavrancea 1916 hervorgehoben, daß die Akademie *„das virtuelle Bild des großen Rumänien sei"*.[110]

---

105 Sadi-Ionescu, Hodoș: a. a. O. S. 85.
106 Giurescu: a. a. O. S. 291.
107 Marele Dicționar geografic al României vol. I. București 1898 S. 694.
108 Analele Academiei Române. Partea administrativă. Seria II, vol. XIII, București 1891 S. 115–116.
109 Ebenda vol. XV (1893) S. 103; vol. XXX (1908) S. 148.
110 Ebenda vol. XXXIX (1921) S. 31–40.

Einerseits kamen die Situation der Rumänen von außerhalb der Grenzen des Nationalstaates und die Frage der Vollendung der Vereinigung nicht selten, direkt oder indirekt, in den Erörterungen des Parlaments und der Rumänischen Akademie in Bukarest zur Sprache. Andererseits gab es in der Hauptstadt des unabhängigen Staates als virtuellem Zentrum der ganzen Nation auch eine offene und offensive Tätigkeit, die die Vollendung der nationalen Vereinigung im staatlichen Bereich bezweckte. 1881 wurde die Gesellschaft „Die rumänische Irredenta" gegründet, die am 24. Januar 1882 den Namen „Die Karpaten" annahm.[111] Ein Jahrzehnt später entstand, ebenfalls in Bukarest, die sich breitester nationaler Sympathie erfreuende „Kulturelle Liga für die Einheit der Rumänen", die im In- und Ausland eine rege Tätigkeit entfaltete.[112] Im Jahre 1891 wurde in Bukarest die Denkschrift der rumänischen Hochschüler betreffend „die Lage der Rumänen in Siebenbürgen und Ungarn", die dann zwischen 1892 und 1894 verbreitet wurde, als in Österreich-Ungarn jene Krise ausbrach, die auf die Forderungen der Rumänen im Memorandum zurückging, fanden unter der Schirmherrschaft dieser Liga wiederholt Veranstaltungen statt, an denen sich Tausende Bukarester beteiligten. Im Juli 1892, anläßlich einer Festlichkeit, die dem siebenbürgischen Kämpfer Vasile Lucaciu in Bukarest gewidmet war, hat I. C. Grădișteanu, einer der Führer der Liga, diesem öffentlich erklärt: *„Doktor Lucaciu soll erfahren, und er soll auch unseren Brüdern von drüben die Überzeugung übermitteln, daß im freien Rumänien alle Alten und Jungen, vom Palast bis zur Hütte, ohne Unterschied der Partei, mit dem Herzen an ihrer Seite stehen und daß wir es verstehen werden, unsere Pflicht zu tun unter jedwelchen Bedingungen"*. Als Antwort darauf brachte Lucaciu einen Trinkspruch aus auf die „Vereinigung aller Rumänen".[113] Als im Frühling 1894 in Budapest der Prozeß der Memorandisten stattfand, schrieb die Bukarester Zeitung „Lumina" [Licht, Kerze] des Dichters Alexandru Macedonski über den Tag der Eröffnung des Prozesses: *„Der Tag des 7. Mai betrifft nicht nur jene, die an der Erarbeitung des Memorandums teilhatten, sondern jeden Rumänen, denn dieser Prozeß wird der rumänischen Nation gemacht"*.[114]

In Bukarest wurden auch andere Gesellschaften gegründet, z. B. das „Trajanische Dazien" im Jahre 1895 oder der „Kreis der Rumänen von jenseits der Berge" im Jahre 1908[115], die beide ebenfalls der Idee der Vereinigung der ganzen Nation dienten. Bedeutender waren jedoch die wiederholten Besuche, die die politischen Führer von jenseits der Landesgrenzen (I. Rațiu, V. Lucaciu, E. Brote, I. Coroianu) in Bukarest abstatteten und dabei des öfteren mit dem König und mit Staatsmännern Gespräche führten. 1906, als König Carol I. das vierzigjährige Jubiläum seiner Regentschaft feierte, war Bukarest Treffpunkt der Rumänen von überall her. Beim Begräbnis Königs Carol's im Herbst 1914 war auch die ganze Gruppe der rumänischen Führer aus Siebenbürgen

---

111 Petre Dan: Asociații, cluburi, ligi, societăți. București 1983 S. 171–174.
112 Vasile Netea, C. Gh. Marinescu: Liga culturală și unirea Transilvaniei cu România. Iași 1978.
113 Vasile Netea: Spre unitatea statală a poporului român. București 1979 S. 268–269.
114 „Lumina" No. 5, București 9. April 1894.
115 Vasile Netea: Spre unitatea statală a. a. O. S. 244, 247 ff.

zugegen und legte einen Kranz mit der bedeutungsvollen Inschrift nieder: *"Tiefer Schmerz und ungebrochene Hoffnung"*.[116]

Als der Erste Weltkrieg ausbrach, wurde Bukarest zum Zentrum einer intensiven und offensiven Bewegung für die Vollendung der nationalstaatlichen Vereinigung, sodaß die nationale Agitation in dieser Stadt, für die es nahe lag, zur Hauptstadt des in den Grenzen der Nation staatlich vollendeten Rumänien zu werden, immer mehr zunahm. Im November 1914 schufen jene politischen Führer, die für die Aufgabe der im August 1914 vom Kronrat beschlossenen Neutralität und für den Eintritt in den Krieg wegen der Befreiung Siebenbürgens und der Bukowina eintraten, die politische Formation „Die nationale Tat". Einen Monat später änderte die Kulturelle Liga ihren Namen in „Liga für die politische Einheit aller Rumänen", der ihre Ziele offen darlegte; zugleich wurden der Siebenbürger Vasile Lucaciu zu deren Vorsitzenden und der Historiker Nicolae Iorga zu deren Generalsekretär gewählt. Ebenfalls in Bukarest, im Rumänischen Athenäum, fand im März 1915 der Kongreß der Rumänen von jenseits der Landesgrenzen statt, dem eine Kundgebung Tausender Bukarester folgte. *"Hier, in der Hauptstadt Rumäniens"*, erklärte Vasile Lucaciu in einer Rede im Juni 1915, *"stellen wir mit unsäglicher Freude fest . . . daß wir das Recht haben, uns zu einem einzigen Land zu vereinigen"*.[117]

Nachdem Rumänien, das im Sommer des Jahres 1916 in den Krieg eingetreten war, von seinen westlichen Verbündeten isoliert und, von Rußland nur schwach unterstützt, dazu gezwungen wurde, seine Armee aus einem Teil des Landes abzuziehen, sodaß Bukarest 707 Tage lang unter Besatzung stand, erlebte im Verlauf des Jahres 1918 die rumänische Nation den großen Moment, sich endlich staatlich vereinigen zu können: Im Frühling 1918 schloß sich Bessarabien an Rumänien an, und in den letzten Monaten des Jahres vereinten die Bukowina und danach Siebenbürgen und das Banat ihre Geschicke mit denen des Königreiches Rumänien. Bukarest wurde so auch auf staatlicher Ebene zu dem, was es vorher schon virtuell gewesen war, zur Hauptstadt der Nation – eine Funktion, die dieser Stadt erhalten geblieben ist.

Seit sie den Status der Hauptstadt des – in einheitlicher, nicht in föderativer Form – vollendeten Nationalstaates errungen hat, ist die Entwicklung der Stadt durch einen hohen Rhythmus intensiven und vielseitigen Wachstums geprägt. Von 382.853 Bewohnern im Jahre 1918 ist die Zahl im Jahre 1930 auf 631.288 und im Jahre 1941 auf 992.536 angewachsen. Neben der Inbetriebnahme einiger bedeutender Unternehmen der Schwerindustrie begann man in Bukarest Telefonapparate, Glühbirnen und Kautschukwaren herzustellen und die Textil- und Speiseölindustrie aufzubauen. Die Systematisierung und Begradigung der Boulevards wurde fortgesetzt; eine Kette von Seen (Băneasa, Herăstrău, Floreasca, Tei usw.) wurde saniert und der große Park rund um den Herăstrăusee angelegt. Außerdem entstanden auch neue öffentliche Gebäude: die

---

116 Ebenda S. 507–508.
117 Ebenda S. 517.

Rechtsfakultät, das Innenministerium, das Wirtschaftsministerium, das Königsschloß (nach dem Brand von 1927) u. a. Im Jahre 1928 nahm der Bukarester Rundfunk seine regelmäßigen Sendungen auf.[118]

Am Ende des Zweiten Weltkrieges hat in Bukarest am 23. August 1944 zwar eine nationale Erhebung stattgefunden, doch ist das Land praktisch von der Roten Armee besetzt worden und der sowjetischen Ausbeutung anheimgefallen. Das kommunistische Regime, das Ende 1947 die Monarchie abgeschafft hat, behielt die Leitung des Landes bis zur Dezember-Revolution (1989). Während der letzten fünf Jahrzehnte hat sich in Bukarest die Zahl der Bevölkerung verdoppelt (2,130.908 Einwohner am 1. Juli 1990 allein in der Stadt). Man hat moderne Wohnviertel errichtet, den Industrialisierungsprozeß fortgesetzt und zahlreiche neue Betriebe geschaffen: 1957 z. B. das Fernsehen, seit 1985 die Untergrundbahn. Zwischen 1978 und Dezember 1989 wurde durch die unsinnigen Systematisierungspläne Nicolae Ceaușescu's jedoch ein ganzes Stadtviertel zerstört.

Seit der Dezember-Revolution sind diese Pläne gestoppt, doch erweist sich der Wiederaufbau der Stadt als sehr schwere Aufgabe. Mit Geduld und vielen Anstrengungen wird Bukarest trotzdem seine Wiedergeburt erleben, denn die geschichtliche Entwicklung liefert den Beweis für seine Lebensfähigkeit als Hauptstadt einer Nation, als erste Stadt Rumäniens, aber auch als eine wichtige Stadt Südosteuropas.

---

118 Dan Berindei, Sebastian Bonifaciu: Bukarest. Touristischer Reiseführer. Bukarest 1979 S. 20–21.

Das Werden der Hauptstadt im Fürstentum Moldau

Vasile Neamțu (Iași)

Man weiß, daß das heutige Gebiet Rumäniens in der Antike den Kern einiger mächtiger dakischer Staaten gebildet hat und daß ein bedeutender Teil davon infolge der Siege der Heere unter Kaiser Trajan im Römischen Reich eingegliedert wurde. Unter dem Druck der Wandervölker mußte Kaiser Aurelian im Jahre 271 auf die Provinz Dazien jedoch verzichten. Indem sie zu Dörfern wurden, sind die städtischen Siedlungen unter den neuen Bedingungen allmählich verschwunden, und das Organisationssystem der verbliebenen Bevölkerung hat sich im Lauf der Jahrhunderte unter der Kontrolle der Eroberer vereinheitlicht. Den gewohnten Rahmen, in welchem sich auch die rumänische Bevölkerung östlich der Karpaten entwickelt hat, haben die nach dem jus valachicum von *„guten und alten Leuten"*, von Richtern, Knesen, Vatamanen und Vojvoden geleiteten Dorfgemeinschaften gebildet. Am *„Weg der Widrigkeiten"*, wie ein moldauischer Chronist[119] plastisch schreibt, sollte das Land Moldau Etappen des Stillstandes und des Rückganges kennenlernen, die sich im Vergleich zu anderen, geschützten Zonen Europas als Verzögerung ihres Entwicklungsrhythmus äußerten. Die Städte, die östlich der Karpaten später als in anderen Teilen des Kontinents entstanden sind, waren aus leicht verständlichen Gründen Zielscheibe wiederholter Angriffe fremder Heere, und infolgedessen sind auch ihre Archive verschwunden. Das Fehlen aufschlußreicher, dokumentarischer Informationen führte nicht nur hinsichtlich der komplizierten Frage nach der Entstehung, sondern auch hinsichtlich jener über die Entwicklung und Rolle der mittelalterlichen Stadt innerhalb jenes geographischen Raumes, auf den wir uns beziehen, zu divergierenden Standpunkten. Infolge dieser Bedingungen haben einige systematische archäologische Forschungen eingesetzt, deren Resultate zeigen, daß sie zur Aufklärung dieser Fragen beitragen können.

Von den mittelalterlichen Städten der Moldau haben Baia, Siret, Suceava und Iași der Reihe nach die Rolle der Hauptstadt[120] gespielt, und deshalb ist auf sie die Aufmerksamkeit zu lenken. Bekanntlich wurde des öfteren behauptet, die Städte der Moldau

---

119 Grigore Ureche: Letopisețul Țării Moldovei. Ed. P. P. Panaitescu. București 1956 S. 61. Auf linguistischer und stilistischer Grundlage ist N. A. Ursu (Letopisețul Țării Moldovei opera lui Simeon Dascălul [I]. In: Anuarul institutului de istorie și arheologie XXVI/1, Iași 1989 S. 363–379) zu dem Schluß gekommen, daß die Chronik ein Werk des Simeon Dascălul ist, den man lange Zeit für einen Interpolator gehalten hat.
120 In sicherer Weise gemeinsam erwähnt sind Baia, Siret und Suceava in der ältesten russischen Chronik für die Zeit zwischen 1388 und 1391 (Alexandru Andronic: Orașe moldovenești în secolul al XIV–lea în lumina celor mai vechi izvoare rusești. In: Romanoslavica XI, București 1965 S. 209, 212–214). Andronic ist der Meinung, daß auch Iași in dieser Quelle auftaucht (ebenda S. 209–211), ein Umstand, den C. Cihodaru (Începuturile vieții urbane în Iași. In: Analele științifice ale Universității Al. I. Cuza, secția științe sociale XVIII, Iași 1971 S. 36–37) bestreitet.

seien das Ergebnis einer Gründung entweder von Seiten der Rumänen[121] oder von Seiten Fremder.[122] Die im Weichbild von Baia, Siret, Suceava und Iaşi durchgeführten archäologischen Forschungen haben aber – wie im Falle anderer mittelalterlicher städtischer Siedlungen – als Ausgangspunkt des langwierigen und schwierigen Prozesses der Urbanisierung sowohl eine dörfliche Phase[123] als auch eine des Übergangs offenbart, die von einigen Fachleuten „vorstädtisch", von anderen als Phase der „Marktflecken" oder „frühstädtisch" genannt wird. Unter diesen Bedingungen ist es nicht überraschend, daß einige spezifisch dörfliche Elemente (Planimetrie, Architektur, bedeutendes Schwergewicht der landwirtschaftlichen Beschäftigung usw.) auch in der entwickelten Stadt mehr oder weniger eindeutig aufgefunden wurden. Man hat festgestellt, daß eine bedeutende Anzahl städtischer Siedlungen in der Moldau den Namen jener Flüsse trägt, an denen sie liegen.[124] Das ist auch der Fall bei Siret, Suceava und Baia, letzteres auch unter dem Namen des Flusses Moldau bekannt. Wie auch in der Maramureş[125] oder in Haţeg[126] haben die moldauischen Siedlungen jene Rolle gespielt, Sitze einiger Tal-Knesate oder Vojvodate zu sein und demnach Anziehungspunkte nicht nur für die Bevölkerung der betreffenden Gebiete, sondern mit der Zeit auch für diejenigen aus entfernteren Regionen zu sein. Bis ins späte 14. Jahrhundert haben solche Siedlungen aber keine Befestigungen gehabt, da es die Wandervölker den Einheimischen nicht erlaubten, Schutzwälle zu errichten.[127]

Um die Hälfte des 14. Jahrhunderts näherte sich, hervorgerufen durch Bewegungen innerhalb der Goldenen Horde, durch den wachsenden Widerstand der unterjochten Völker und durch die von den ungarischen und polnischen Königen sowie von den

---

[121] N. Grigoraş: Dregătorii tîrgurilor moldoveneşti şi atribuţiunile lor pînă la Regulamentul Organic. Iaşi 1942 S. 13; derselbe: Despre oraşul moldovenesc în epoca de formare a statului feudal. In: Studii şi cercetări ştiinţifice XI/1, Iaşi 1960 S. 86 f.

[122] Man hat behauptet, daß „unsere Städte nicht von Seiten der Rumänen entstanden sind" (N. Iorga: Istoria industriilor la Români. In: Opere economice. Hrsg. v. Georgeta Penelea. Bucureşti 1982 S. 175), sondern auf der Grundlage slavischer Siedlungen (F. Grekul: Moldavskij gorod vtoroj poloviny XV veka. In: Voprosy istorii 11, Moskva 1949 S. 121) oder einige davon (Baia-Mulde, Siret, Suceava, Neamţ und Roman) auf der Grundlage deutscher Gründungen (Hugo Weczerka: Das mittelalterliche und frühneuzeitliche Deutschtum im Fürstentum Moldau. München 1960 S. 90–101, 125 usw.), ein Gesichtspunkt, den die meisten deutschen Historiker schon vorher vertreten haben.

[123] Mircea D. Matei: La ville médiévale et l'archéologie roumaine: état actuel des recherches. In: Dacia S. n. VIII, Bucureşti 1964 S. 283; Victor Spinei: Moldova în secolele XI–XIV. Bucureşti 1982 S. 218. Das Bestehen von Grenzen und Äckern der moldauischen Märkte, die bei Städtern gleichwie bei Dorfbewohnern (I. Toderaşcu: Unele precizări în legătură cu hotarul şi vatra tîrgurilor din Moldova sec.XIV–XVII. In: Analele ştiinţifice ale Universităţii, secţia ştiinţe sociale XII, Iaşi 1966 S. 153 f.) in Gebrauch waren, steht in Zusammenhang mit den ländlichen Anfängen der Städte in der Moldau.

[124] Constantin C. Giurescu: Tîrguri sau oraşe şi cetăţi moldovene din secolul al X-lea pînă la mijlocul secolului al XVI–lea. Bucureşti 1968 S. 72–73; P. P. Panaitescu: Introducere la istoria culturii româneşti. Bucureşti 1969 S. 282–290.

[125] Radu Popa: Ţara Maramureşului în veacul al XIV-lea. Bucureşti 1970 S. 143–166, 193–215.

[126] Derselbe: La începuturile evului mediu românesc. Ţara Haţegului. Bucureşti 1988 S. 156–184.

[127] Victor Spinei: Relaţii etnice şi politice în Moldova meridională în secolele X–XIII. Români şi turanici. Iaşi 1985 S. 64, 100, 193.

litauischen Fürsten errungenen Erfolge, das „Jahrhundert der tatarischen Herrschaft" östlich der Karpaten dem Ende zu. Ludwig I. von Anjou konnte aber, da er in weitläufige politische und militärische Projekte südlich des Karpatenbogens und in den Mittelmeergebieten eingebunden und schwierigen internen Problemen (Wanderung einer bedeutenden Anzahl von Rumänen, Sachsen, Szeklern, Magyaren und „Jazygen" östlich der Karpaten) gegenübergestellt war, nicht alle Früchte seiner, gegen die Tataren errungenen Siege ernten und begnügte sich daher damit, seine Kontrolle auf deren Kosten nur auf begrenzte Gebiete auszudehnen. Aus diesen schuf er unter der Führung des Vojvoden Dragoş (1347–1354)[128] eine Mark, während es dem König von Polen Kasimir III. gelang, das russische Fürstentum Halitsch zu besetzen, und während nicht lange danach auch die Litauer ihren Machtbereich zu Ungunsten der Tataren erweiterten, deren Herrschaft im Südosten der Moldau jedoch noch einige Zeit aufrecht blieb.[129]

Die langwierigen Unruhen, die wegen der Politik der Katholisierung und wegen der Begrenzung der Freiheiten der Knesen und Vojvoden in der rumänischen Gesellschaft in Transilvanien und in der Maramureş hervorgerufen wurden, blieben, indem sie auch die außerkarpatischen Gebiete erfaßten[130], nicht ohne Folgen. Bogdan, der Vojvode aus Cuhea, der schon lange als „notorisch Untreuer" betrachtet wurde, überquerte mit seinen Anhängern 1363 die Karpaten und richtete sich in Baia ein, wo sich auch fremde Elemente, vor allem Sachsen, „Jazygen" und später auch tatarische Sklaven niederließen. Auch wenn die ungarischen Heere erbitterte Kämpfe gegen den Ungehorsamen führten, wodurch die Siedlung dem Feuer zum Opfer fiel[131], konnten sie den gewesenen Vasallen König Ludwigs I. nicht zum Gehorsam zwingen. Im Gegenteil, nachdem Bogdan das zerstörte Baia verlassen hatte, besetzte er auch Siret, den ehemaligen Sitz der Vojvoden der Kleinen Walachei aus der ersten Hälfte des 14. Jahrhunderts und danach des Dragoş und des Sas (1354–1363), und ließ sich hier nieder. Der König selbst mußte am 2. Februar 1365 zugeben, daß er die *„Terra nostra Molduana"*[132] verloren habe.

---

128 Popa: Ţara Maramureşului a. a. O. S. 181–206; Ştefan S. Gorovei: Dragoş şi Bogdan întemeietorii Moldovei. Bucureşti 1973 S. 70–88; C. Cihodaru: Observaţii cu privire la procesul de formare şi de consolidare a statului feudal Moldova în sec. XIXIV. In: Anuarul institutului de istorie şi arheologie XVII, Iaşi 1980 S. 122; Şerban Papacostea: întemeierea Ţării Româneşti şi a Moldovei şi românii din Transilvania: un nou izvor. In: Geneza statului în evul mediu românesc. Cluj – Napoca 1988 S. 79–96; derselbe: O întregire documentară la istoria întemeierii Moldovei. Ebenda S. 69–75.
129 Spinei a. a. O. S. 259–260, 268–269, 274–278. Geld der Goldenen Horde erfaßte den Nordwesten der Moldau nicht, doch bezeugt die Existenz von Keramik byzantinischer Machart im 13. und 14. Jahrhundert in Baia und Suceava (Eugenia Neamţu, Vasile Neamţu, Stela Cheptea: Oraşul medieval Baia în secolele XIV–XVII (I). Iaşi 1980 S. 101–102 und (II) Iaşi 1984 S. 160–166; Mircea D. Matei: Civilizaţie urbană medievală românească. Bucureşti 1989 S. 51–52).
130 Die Gründung früher Klösterzentren der Franziskaner in Siret und Baia steht nicht unbedingt mit dem Erscheinen städtischer Siedlungen in diesen Gebieten in Verbindung, sondern mit dem Vordringen der katholischen Kirche.
131 Neamţu-Neamţu-Cheptea a. a. O. II S. 245.
132 Documenta Romaniae Historica. Seria D/Bd. 1. Bucureşti 1977 S. 50.

Der bescheidene Sitz Bogdans im Moldautal war das erste Zentrum rumänischer Unabhängigkeit östlich der Karpaten. Die Tatsache, daß von hier, von der „*Terra Molduana*", der Sammlungsprozeß der rumänischen Knesate und Vojvodate ausgegangen war, erklärt die dem noch vor 1392[133] vereinigten Land gegebene Benennung „*Moldova*". Nachdem Bogdan (1363–1367) Baia verlassen hatte, wo sich Fremde, vor allem Sachsen niedergelassen und zur Beschleunigung der Urbanisierung[134] beigetragen hatten, kehrten weder er noch die ihm nachfolgenden Herrscher dahin zurück. Die Stadt Baia, ab 1413 Bischofssitz, wurde in den verschiedenen Quellen des 15. Jahrhunderts zur Erinnerung an ihre Rolle bei der Vereinigung des Landes als „Hauptstadt" der Moldau[135] angegeben.

Im heutigen Weichbild der Stadt Siret haben die archäologischen Forschungen zur Entdeckung einiger Spuren mittelalterlicher rumänischer Besiedlung geführt, die noch aus dem 10. bis 13. Jahrhundert stammen.[136] Demnach ist die Siedlung von Siret zum Zentrum eines moldauischen Vojvodats (Valachia Minor[137]) geworden, eine Tatsache, die sich positiv auf ihre Entwicklung ausgewirkt hat. Die mit dem Urbanisierungsprozeß verbundenen Fragen sind beim heutigen Stand der archäologischen Forschungen

---

[133] Documenta Romaniae Historica Seria A/I. Bd. Bucureşti 1975 S. 3.
[134] Baia, aber auch Siret, Tîrgu Neamţ und Suceava sind von einigen Historikern zu Recht als „deutsche Städte" angesehen worden (Raimund Friedrich Kaindl: Geschichte der Deutschen in den Karpatenländern. Bd. II. Gotha 1907 S. 367 f.; E. Fischer: Die Kulturarbeit des Deutschtums in Rumänien. Hermannstadt 1911 S. 85 f.; Hugo Weczerka a. a. O. passim; N. Iorga a. a. O. S. 476–477 u. a.). Von den zwei Siegel von Baia, die als Zeugnis des Alters der Stadt genannt werden, stammt eines aus dem letzten Jahrzehnt des 14. Jahrhunderts, das andere aus der zweiten Hälfte des 15. Jahrhunderts (Renate Möhlenkamp: Die ältesten Siegel moldauischer Städte. In: Jahrbücher für Geschichte Osteuropas 29, Stuttgart 1981 S. 352). In fünfundzwanzig Jahren archäologischer Forschungen sind in Baia keine mittelalterlichen Spuren der Rumänen aus der Zeit vor dem Ende des 13. und vor Anfang des folgenden Jahrhunderts gefunden worden. Andererseits ist es vermutlich schwer anzunehmen, die Residenzen der Vojvoden von Baia, Siret und Suceava seien in rein deutsche Städte verpflanzt worden. Am 7.August 1413 heißt es: „in civitate Moldaviensi . . . pro majori parti habitant scismatici et infideles" (I. C. Filitti: Din arhivele Vaticanului. I. Documente privitoare la episcopatele catolice din Principate. Bucureşti 1913 S. 30). Die Deutschen sind in die Siedlungen der Rumänen höchstwahrscheinlich um die Mitte des 14. Jahrhunderts gekommen, haben den Prozeß der Urbanisierung beschleunigt (Lia şi Adrian Bătrîna: Unele opinii privind aşezarea saşilor la Baia în lumina cercetărilor arheologice. In: Cercetări arheologice VI, Bucureşti 1983 S. 239–258; Neamţu-Neamţu-Cheptea a. a. O. I–II Iaşi 1980, 1984) und prägten dem System der Städteorganisation in der Moldau ihren Stempel auf, einem System, bei dem die lokalen Elemente nicht fehlten. In Baia wie auch in den anderen Siedlungen haben diese in der gewählten Führung der Stadt bedeutende Positionen behalten.
[135] Im Jahre 1413 „Civitate Moldaviensi . . . caput est ipsius patrie" (Filitti a. a. O. S. 30), in der Siegellegende mit gotischer Minuskel aus der zweiten Hälfte des 15. Jahrhunderts „sigillum capitalis Moldavie" (Möhlenkamp a. a. O. S. 352), in der zweiten Hälfte des 15. Jahrhunderts auch „Mulda, ein Hauptstadt muldener Land" (C. Chiţimia: Cronica lui Ştefan cel Mare. Bucureşti 1942 S. 38).
[136] M. D. Matei: Cîteva consideraţii pe marginea începuturilor oraşului Siret, în lumina celor mai recente descoperiri arheologice. In: Revista muzeelor şi monumentelor. Monumente de istorie şi de artă 2, Bucureşti 1986 S. 20.
[137] Ştefan Pascu: Contribuţii documentare la istoria Românilor în sec.XIII şi XIV. In: Anuarul institutului de istorie naţională X, Sibiu 1945 S. 191; Gorovei a. a. O. S. 89–90; Cihodaru a. a. O. S. 135; Spinei: Moldova a. a. O. S. 41.

zwar noch von einigen Vermutungen[138] belastet, doch müssen wir festhalten, daß die Daten bezüglich der Struktur der Siedlung, der Zivilarchitektur und der Befestigungen[139], die die Archäologie geliefert hat, nicht uninteressant sind. Mit der Zeit, auf jeden Fall im 14. Jahrhundert, wurde Siret durch die allmähliche Einpflanzung einiger „*hospites*" (vor allem Deutsche und Armenier) eine polyethnische Siedlung[140], wobei ihre urbane Entwicklung durch die Anwesenheit von Dragoş und Sas, Vasallen des Königs von Ungarn, und nach 1363 von Bogdan und seinen Nachfolgern beschleunigt wurde. Dazu kam die Rolle als Zollamt auf dem Handelsweg von internationaler Wichtigkeit, die zum ersten Mal im Jahre 1382 erwähnt wurde.[141] Die Gründung des katholischen Bistums in Siret im Jahre 1371 trug zum Wachsen der Bedeutung der Siedlung bei, in der das kulturelle Leben immer intensiver pulsierte. Diese Gründung ging auf das Betreiben des Nachfolgers Bogdans, Laţcu (1367–1375)[142], zurück, der den von Ludwig I. von Anjou, welcher 1370 auch König von Polen geworden war[143], ausgeübten Druck durchkreuzen und daher päpstliche Hilfe erlangen wollte.

Bei Einfällen aus Richtung Bistriţa und Rodnatal, d. h. aus Richtung Siebenbürgen[144], oder aus Richtung Polen über das benachbarte Fürstentum Halitsch, das sich nun, gegen Ende des 14. Jahrhunderts, unter der Herrschaft des in Krakau residierenden Königs befand, boten weder Baia noch Siret genügend Sicherheit. Dem Nachfolger Laţcu's, Peter I. (1375–1391), einer hervorragenden Persönlichkeit in der Geschichte der Moldau in der zweiten Hälfte des 14. Jahrhunderts, gelang es wahrscheinlich oftmals mit Gewalt, die verschiedenen Vojvoden zu beseitigen, unter ihnen auch jenen von Suceava, wohin er daraufhin seinen Sitz verlegte. Allmählich breitete sich das Land Moldau bis zu seinen natürlichen Grenzen aus, in denen es sich bis 1484 halten konnte: zwischen den Karpaten, Donau, Schwarzmeer, Dnjestr und Ceremuş. Genau wie Baia und Siret hatte sich Suceava aus einer rumänischen dörflichen Siedlung heraus ent-

---

138 Siehe Anmerkung 136.
139 Ibidem S. 23; Lucian Chiţescu: Cercetările arheologice din oraşul Siret. In: Revista muzeelor şi monumentelor XII, Bucureşti 1975 S. 48–53; Alexandru Rădulescu: Die Keramik von Siret (14.Jh.). Zur archäologischen Erforschung der moldauischen mittelalterlichen Stadt. In: Dacia S. n. XVI, Bucureşti 1972 S. 225–242.
140 Auch die orthodoxen, katholischen und armenischen Kirchen von Siret bezeugen den polyethnischen Charakter der Siedlung (Simeon Reli: Oraşul Siret în vremuri de demult. Cernăuţi 1927 S. 22; Giurescu a. a. O. S. 273–274).
141 P. P. Panaitescu: La route commerciale de Pologne à la Mer Noire au Moyen Âge. Bucureşti 1934 S. 4.
142 Documente privitoare la Istoria Românilor. Ed. Eudoxiu de Hurmuzaki. Bd. I/2. Bucureşti 1890 S. 160; Die Kirche des heiligen Johannes des Täufers, die mithilfe des Fürsten erbaut wurde, stellte ein Wallfahrtsziel für die katholischen Gläubigen dar (Renate Möhlenkamp: Ex Czeretensi civitate. Randnotizen zu einem in Vergessenheit geratenen Dokument. In: Anuarul institutului de istorie şi arheologie XIX, Iaşi 1982 S. 108 f.).
143 Laţcu vermochte in diesem Fall der Ausdehnung der Oberherrschaft Ludwigs von Anjou über die Moldau zu entkommen (Ştefan Gorovei: Poziţia internaţională a Moldovei în a doua jumătate a secolului al XIV–lea. In: Anuarul institutului de istorie şi arheologie XVI, Iaşi 1979 S. 191, 196–198).
144 Pavel Binder: Drumurile şi plaiurile Carpaţilor Orientali. In: Studii şi articole de istorie XX, Bucureşti 1972 S. 66–74.

wickelt[145], die im 14. Jahrhundert wahrscheinlich mit hölzernen Wohnhäusern und Schutzgräben samt Palisade und Wall versehen war. Schon in der alten, vojvodalen Siedlung hatten sich fremde „Gäste", vor allem Deutsche und Armenier, niedergelassen gehabt, zu denen sich mit der Zeit auch Angehörige anderer Völker (Magyaren, Russen, Griechen, Italiener usw.) hinzugesellten, die zur Entwicklung der Stadt beitrugen. Es ist sehr wahrscheinlich, daß Peter I. vor allem die geographische Lage Suceava's in Betracht gezogen hat, als er sich damals entschied, das Zentrum seiner Macht dahin zu verlegen, wobei er seine Mutter, eine Schirmherrin der Dominikaner, in Siret zurückließ.[146]

Da er infolge der Erweiterung der moldauischen Grenzen und der Eröffnung des moldauischen Teils jenes großen Handelsweges, der über Lemberg die Verbindung der Hansestädte mit den genuesischen Schwarzmeerkolonien und weiter mit dem Orient herstellte[147], über bedeutende Hilfsquellen verfügte, hat der Herrscher eine Reihe von Entscheidungen getroffen, die nicht nur den Werdegang Suceava's, sondern auch des gesamten Staates prägten, dessen Oberhaupt er war. Als Folge der Vereinigung drang in den Nordosten der Moldau, wo lange Zeit mitteleuropäische Münzen[148] dominiert hatten, nun die in den genuesischen Kolonien der nördlichen Schwarzmeerküste geprägte Münze ein.[149] Mehr noch, der Herrscher begann seine eigene Münze nach dem Gewichtssystem der genuesischen Münzausgaben von Kaffa oder Licostomo/Chilia zu prägen.[150] Das Einkommen, das aus der Verwertung der auf den eigenen Ländereien hergestellten Güter, aus den von den Bewohnern der Dörfer und Städte gesammelten Steuern sowie aus den Zollgebühren herrührte, wurde mit Geschick sowohl zur Errichtung einiger wichtiger Bauten militärischen und religiösen Charakters als auch zur Fe-

---

145 Hinsichtlich des Zeitpunkts des Baus der ersten Fortifikationen um Suceava sind die archäologischen Daten nicht schlüssig.
146 Documenta Romaniae Historica Seria A/1 a. a. O.S. 1–2. Sowohl Baia als auch Siret haben bis in die zweite Hälfte des 15. Jahrhunderts die Rolle von Zollpunkten auf den internationalen Handelswegen durch die Moldau bewahrt, doch nicht als Zweitresidenzen des Landesherrn. In ihrer Umgebung haben sich keine, für die Versorgung fürstlicher Höfe notwendigen Dorfgürtel gebildet (D. Ciurea: Organizarea administrativă a statului feudal Moldova (sec.XIV–XVIII). In: Anuarul institutului de istorie şi arheologie II, Iaşi 1965 S. 194–223 und Annex).
147 N. Iorga: Istoria comerţului cu Orientul. In: Opere economice a. a. O. S. 262; Panaitescu: La route a. a. O. S. 172 f; Gheorghe Brătianu: Marea Neagră. Ed. Victor Spinei. Bucureşti 1988 S. 140–144. Für den Verlauf der Wege zwischen den Hansestädten und Lemberg siehe Friedrich Bruns, Hugo Weczerka: Hansische Handelsstraßen. Weimar 1967 S. 687–690 und Friedrich Bruns/Hugo Weczerka: Hansische Handelsstraßen. Köln – Graz 1962 Karte VII.
148 Spinei: Moldova S. 213–216; Vasile Neamţu, Stela Cheptea: Contacte între centrul şi sudestul Europei reflectate în circulaţia monetară de la Baia (secolele XIV–XV). In: Românii în istoria universală I. Iaşi 1986 S. 18–30.
149 Octavian Iliescu: Moneda în România. Bucureşti 1970 S. 25.
150 Die Tatsache, daß Peter I. seinem Oberherrn Vladislav Jagiello, dem König von Polen, dreitausend französische Silberrubel (Mihai Costăchescu: Documente moldoveneşti înainte de Ştefan cel Mare II. Iaşi 1932 S. 604), eine Summe im Gegenwert von 538,38 kg Feinsilber oder 51,517 kg Feingold (Octavian Iliescu: Le prêt accordé en 1388 par Pierre Muşat à Ladislas Jagellon. In: Revue roumaine d'histoire XII, Bucureşti 1973 S. 123–138) leihen konnte, zeigt klar die Einkünfte des Fürsten.

stigung der politischen Verbindungen zu Polen verwendet, dessen Suzeränität sowohl Peter als seine Nachfolger anerkannten, um dem von Ungarn ausgeübten Druck standzuhalten.[151]

Während der Herrscher in seiner Residenzstadt anfänglich nur eine Wohnstatt aus Holz anlegen ließ, errichteten seine Nachfolger allmählich einen Hof mit Mauern, dem es weder an Komfort noch an Luxus mangelte.[152] Die Aufmerksamkeit Peters I. konzentrierte sich auf die Fragen der Landesverteidigung und auf die Erfüllung der Forderungen der orthodoxen Kirche. Er ließ in Suceava zwei Steinburgen bauen – eine im Nordwesten der Stadt, die andere, die Fürstenburg im Südosten.[153] Die Letztere sollte von Stefan dem Großen (1457–1504) ausgiebig vergrößert und befestigt werden, sodaß sie 1476 den Eroberungsversuchen Sultan Mehmets II., 1485 Peter Hronoda's und 1497 Jan Olbrach's standhalten konnte. Lange Zeit als uneinnehmbar betrachtet, sollte die Fürstenburg, ehe sie auf Befehl der Türken zerstört werden mußte[154], in dem Verteidigungssystem der Moldau bis 1675 eine bedeutende Rolle spielen.

Mit der Erweiterung seiner Herrschaft „von den Bergen bis zum Meer" hat sich Peter I. bemüht, in der Moldau die Stellung der Orthodoxie zu stärken, indem er den Bischof von Cetatea Albă, Iosif, als Metropoliten von Suceava[155] seinen Verwandten aufdrängte, ein Schritt, der einen langwierigen Konflikt mit dem Patriarchat in Konstantinopel nach sich zog. Erst einer seiner Nachfolger mit besonderen Verdiensten für die Kirchenorganisation des Landes, Alexander der Gute (1400–1432), setzte diesem Konflikt schließlich ein Ende.[156] Die Überführung der Gebeine des heiligen Ioan von Cetatea Albă nach Suceava[157], die Toleranzpolitik gegenüber den Hussiten[158] und die Organisation der armenischen Kirche in der Moldau, an deren Spitze er 1401 Ohanes als Bischof anerkannte, indem er diesem einen „Sitz in Suceava, in unserer Burg" gab[159], definieren klar die Richtlinien der religiösen Politik dieses Nachfolgers von Peter I.

---

151 C. Racoviţa: Începuturile suzeranităţii polone asupra Moldovei (1387–1432). In: Revista istorică română X, Bucureşti 1940 S. 237–329.
152 M. D. Matei, Emil I. Emandi: Cetatea de scaun şi curtea domnească din Suceava. Bucureşti 1988; Mircea D. Matei: Civilizaţie a. a. O. S. 74.
153 Gh. Diaconu, N. Constantinescu: Cetatea Scheia. Bucureşti 1960.
154 M. D. Matei, Al. Andronic: Cetatea de scaun a Sucevei. Bucureşti 1965 S. 36–41. Zur Beherbergung von Erde ist am Plateau der Festung eine Holzkonstruktion errichtet worden (Radu Popa, Monica Mărgineanu-Cîrstoiu: Mărturii de civilizaţie medievală românească. Bucureşti 1979).
155 Zu dem stark diskutierten Problem der Gründung der Metropolie der Moldau siehe zuletzt die Beiträge von Şerban Papacostea (Întemeierea Mitropoliei Moldovei: implicaţii central şi est europene), Răzvan Theodorescu (Implicaţii balcanice ale începuturile Mitropoliei Moldovei) und Ştefan S. Gorovei (La începutul relaţiilor moldobizantine: Contextul întemeierii Mitropoliei Moldovei) in: Românii în istoria universală II/1. Iaşi 1988.
156 C. Cihodaru: Alexandru cel Bun. Iaşi 1984 S. 185–188.
157 Constantin C. Giurescu, Dinu C. Giurescu: Istoria Românilor. Bd. 2. Bucureşti 1976 S. 108–109.
158 Cihodaru: Alexandru a. a. O.S. 189 f.
159 Documenta Romaniae Historica A/I a. a. O. S. 21.

Suceava erweiterte sich über die alten Befestigungen nach Westen und erhielt im ersten Drittel des 15. Jahrhunderts neue Verstärkungen in derselben Technik.[160] Nach einer langen Ruheperiode hatte die Stadt, die durch die von den einfallenden Heeren in den Jahren 1476, 1485 und 1497[161] verursachten Brände zerstört worden war, die Kraft, sich jedes Mal wieder aufzubauen. Da sie an dem Handelsweg lag, der von Lemberg durch Baia nach Bistriţa oder südwärts nach Kronstadt (Braşov), nach der Walachei und zu den Donau- und Schwarzmeerhäfen führte, bekam die Stadt, die die Residenz des Herrschers beherbergte, ein lebensfähiges Netz von Straßen und Marktplätzen, wo sich die Händler aus dem In- und Ausland trafen. Die Bewohner (Rumänen, Armenier, Deutsche, Magyaren, Polen, Griechen und Italiener), entweder nach Volksgruppen (Große armenische Gasse, Russische Gasse usw.) oder nach Berufen gegliedert, bildeten ebenso wie in anderen europäischen Städten ein interessantes Mosaik. Ihre orthodoxen, armenischen und katholischen Kirchen waren nicht, wie Angeolello, der Schatzmeister des Sultans Mehmet II., behauptet hatte, vor 1476 nur aus Holz gebaut, sondern, gemäß archäologischen Daten, die aus den Forschungen an der Kirche von Mirăuţi gewonnen wurden, auch aus Mauern. Leider sind die Kirchen von Suceava aus der Zeit vor dem 16. Jahrhundert nicht erhalten geblieben. Die aus Holz gebauten sind bei den bereits erwähnten Belagerungen zu Asche geworden; auch die gemauerten Kirchen, deren Spuren von den Archäologen noch entdeckt werden könnten, blieben sicherlich nicht verschont; interessante orthodoxe und armenische Kirchen aus dem 16. und 17. Jahrhundert haben aber überlebt. Einige von ihnen wie die dem heiligen Georg geweihte Metropolitankirche, in der die Gebeine des heiligen Ioan aufbewahrt werden, stellen sowohl vom architektonischen Standpunkt als auch durch ihre Malerei eine bemerkenswerte Leistung dar. Wertvoll sind auch die Kirche des heiligen Dumitru, eine Stiftung des Fürsten Petru Rareş, die Auferstehungskirche, die armenische Kirche des heiligen Simeon und viele andere.[162]

Außer als Residenz der moldauischen Herrscher und als Sitz des Metropoliten hat sich Suceava auch als bedeutendes Wirtschaftszentrum durchgesetzt. Den entfernten dörflichen Ursprung der Stadt widerspiegelnd, haben die Bewohner die Beschäftigung mit Landwirtschaft nicht aufgegeben, der sie auf dem „Acker des Marktfleckens" nach-

---

160 Das Ausmaß des durch die Festungsmauer umschlossenen Bodens überstieg im 14. Jahrhundert nicht 3–4 ha (M. D. Matei, L. Chiţescu: Nouvelles données du problème de l'apparition des fortifications des villes moldaves au moyen âge. In: Dacia S. n.XI, Bucureşti 1967 S. 321–330 und Abbildung 1.) Für die Fortifikationen des 15. Jahrhunderts, wie sie Angeolello anläßlich des Feldzugs Sultan Mehmet's II. in die Moldau im Jahre 1476 beschrieb, siehe Călători străini despre tările romăne Bd. I. Bucureşti 1968 S. 137 und Elena Busuioc: Şanţul de apărare al oraşului Suceava din secolul al XV-lea (raport definitiv). In: Materiale şi cercetări arheologice IX, Bucureşti 1970 S. 401–406.
161 Gh. Diaconu: Observaţii cu privire la urmele vechiului tîrg al Sucevei în vremea marilor asedii otomane şi polone din veacul al XV–lea. In: Studii şi materiale de istorie medie 1, Suceava 1956 S. 267–288.
162 Ioan Caproşu: Vechia catedrală mitropolitană din Suceava. Iaşi 1980; Matei: Civilizaţie a. a. O. S. 113114; Emil Ioan Emandi, Mihai Ştefan Ceauşu: Să nu dărîmi dacă nu ştii să construieşti. Rădăuţi-Iaşi 1991 S. 52–62.

gingen.[163] Wichtig ist jedoch die Tatsache, daß die Anwesenheit der Herrscher, der Hofleute und Kleriker das Handwerk und den Handel in steigendem Maß entfalten ließ. Die urkundlichen und archäologischen Daten bestätigen, daß in Suceava verschiedene Handwerke ausgeübt und daß in der Technik Fortschritte erzielt wurden.[164] Das Erscheinen eigener Handwerksviertel[165] wie auch die Entdeckung einiger Erzeugnisse von hochrangiger Qualität, die hier hergestellt wurden, bestätigen diesen Werdegang, doch befanden sich im Vergleich zu bestimmten Erzeugnissen ausländischer Werkstätten die moldauischen auf einem tieferen Niveau. Das von Alexander dem Guten den Lemberger Kaufleuten erteilte Handelsprivileg, das von seinen Nachfolgern bestätigt oder erneuerte wurde, setzte die Rolle Suceava's als Hauptzollamt fest.[166] Derselbe Herrscher hat ein leider verlorenes Handelsprivileg den Kaufleuten aus Kronstadt (Brașov)[167] erteilt. Bis in die späten Jahrzehnte des 15. Jahrhunderts bewahrten die Lemberger und Kronstädter Kaufleute die von Alexander dem Guten gebotenen Vorteile, ohne daß sich die moldauischen Kaufleute ähnlicher Rechte in Polen oder Siebenbürgen erfreuen konnten. Es trifft allerdings zu, daß Suceava im Handel mit Lemberg Stapelrecht besaß, doch galt dieses nur für Tuchwaren.[168] Dieses Stapelrecht war, wenn wir es mit der Lage der anderen Städte vergleichen, wo nur der gewöhnliche Zoll beglichen wurde, offensichtlich eine Form der Gunsterweisung.

Suceava hat trotz der exzentrischen Lage länger als Baia und Siret seine Rolle als hauptsächliches politisch-administratives und religiöses Zentrum der Moldau behalten, vielleicht auch dank der Burg, die ein wichtiger Stützpunkt gegen äußere Bedrohungen geworden war. Dennoch war die Moldau 1456 gezwungen, sich dem dar-ul-ahd-Status zu unterwerfen, der ihr im Tausch gegen die Zahlung eines Tributes die territoriale Integrität, innere Autonomie, Handelsvorteile auf dem Markt des Osmanischen Reiches und die Protektion des Sultans sicherte.[169] Im Versuch, dieses System aufzuheben und

---

163 Im Jahre 1453 hat Alexander II. (der Starei Fevronia des Klosters von Iațco) gestattet, ein Dorf mit Menschen *„aus dem Ausland"* oder *„aus unserem Land"* zu gründen, und ihr neben anderen Erleichterungen erlaubt, *„Getreide zu haben und zu säen und das Heu auf dem Acker des Marktes Suceava zu mähen, wie auch die Marktbürger"* (Documenta Romaniae Historica A/II, București 1976 S. 39).
164 Ștefan Olteanu, Constantin Șerban: Meșteșugurile în Țara Românească și Moldova în evul mediu. București 1969 passim; Matei: Civilizație a. a. O. S. 85, 88–91, 93, 96–97, 104–105, 112, 138 f.
165 M. Nicorescu: Date noi privitoare la cartierul meșteșugurilor din Suceava. In: Studii și cercetări de istorie veche 13, București 1962 S. 81–86; Matei: Civilizație a. a. O. S. 97; Emandi-Ceaușu a. a. O. S. 78.
166 Costăchescu a. a. O. S. 633–636. Das Privileg von 1408 ist im Jahre 1434 bestätigt (ebenda S. 670–673) und 1456 erneuert worden (ebenda S. 793–795), das letzte Mal 1460 (Ioan Bogdan: Documentele lui Ștefan cel Mare II. București 1913 S. 277–282).
167 Costăchescu a. a. O. S. 677.
168 Papacostea a. a. O. S. 188–189.
169 P. P. Panaitescu: Pe marginea folosirii izvoarelor cu privire la supunerea Moldovei la tributul turcesc (Vaslui 1456). In: Studii 5/3, București 1952 S. 190–191; Mihai Maxim: Cu privire la statutul de 'ahd' al țărilor române față de Poartă. In: Revista de istorie 9/6, București 1956 S. 523–533; Tahsin Gemil: Românii și otomanii în secolele XIV–XVI. București 1991 S. 20, 138139. In Verbindung mit der 1456 geschaffenen Situation kann die Angleichung der moldauischen Währung ins osmanische Geldsystem erfolgt sein (Matei Cazacu: L'impact ottoman sur les pays roumains et ses incidences monétaires (1452–1504): Revue roumaine d'histoire 12, București 1973 S. 159 f.).

auch die benachbarte Walachei der Kontrolle der Pforte zu entziehen, hat Stefan der Große zwar einen langen und schweren Krieg gegen die Türken begonnen, hat sich, obwohl er epochale Siege errang, wegen mangelnder Unterstützung durch die Christenheit jedoch dem Schicksal beugen müssen. 1484 besetzte Sultan Bayezit II. Chilia und Cetatea Albă (Akkerman), die letzten Hafenstädte an der Küste des Schwarzen Meeres, die noch in den Händen der Christen geblieben waren, und zwang die Moldau, 1486 zu ihrem dar-ul-ahd-Status zurückzukehren.[170] Der „moldauische" Weg, der von den Karawanen der Händler frequentiert worden war, die die Waren des Abend- und Morgenlandes beförderten, verlor seine ursprüngliche Bedeutung, wobei das Schwarze Meer zu einem türkischen Binnensee wurde.[171] Infolge der Besetzung der Stadt Tighina (Bender) infolge des Feldzuges Sultan Soliman's des Prächtigen im Jahre 1538 gegen Petru Rareş (1517–1538 und 1541–1546) und infolge der Umwandlung ihres Territoriums in eine „Raya" (osmanisches Staatsgebiet) verstärkte sich die Kontrolle der Pforte über die Moldau. Die Mißachtung des Rechtes der Bojaren, ihren Herrscher zu wählen – der Thron wurde immer öfter an den Meistbietenden verkauft – , die allmähliche Steigerung der Landespflichten und die Umleitung des Handels nach Konstantinopel hatten verhängnisvolle Folgen, da sie den orientalischen Einfluß zu Ungunsten der Kontakte mit Mittel und Westeuropa verstärkten. Die Rolle Suceava's als politisch-administratives Zentrum des Landes mit seiner lange Zeit als uneinnehmbar geltenden Burg, die 1563 bei der Belagerung des Despot (1561–1563) durch die aufständischen Bojaren[172] jedoch ernsthaft beschädigt wurde, schwand im letzten Jahrzehnt des 15. Jahrhunderts immer mehr dahin.[173] Es folgte eine Etappe langwierigen Suchens, bis sich die Herrscher entschlossen, ihre Residenz endgültig näher an das geographische Zentrum der Moldau und an die Türkei zu verlegen, in die Stadt Iaşi im Unterland (Ţara de jos).[174] Iaşi, bis zur Vereinigung mit der Walachei im 19. Jahrhundert die neue Hauptstadt der Moldau, wurde auch zum Zentrum der orthodoxen Kirche, und so lag der Sitz des Metropoliten neben dem Fürstenhof. Die römisch-katholische Glaubensge-

---

170 Ştefan S. Gorovei: Moldova în „Casa păcii". Pe marginea izvoarelor privind primul secol de relaţii moldo-otomane. In: Anuarul institutului de istorie şi arheologie XII, Iaşi 1980 S. 629–667.
171 Brătianu a. a. O. S. 294.
172 Eugen Stănescu: Le coup d'état nobiliaire de 1538 et son rôle dans l'asservissement de la Moldavie par l'Empire ottoman. In: Nouvelles études d'histoire. Rome 1955 S. 241254; Gemil Tahsin: Agresiunea otomano-tătaro-poloneză şi căderea lui Petru Rareş. In: Petru Rareş. Bucureşti 1978 S. 159; derselbe: Românii a. a. O. S. 42–43; Ştefan S. Gorovei: Petru Rareş. Bucureşti 1982 S. 155–156.
173 Im Jahre 1587 bestätigte Ioan Czimor Decsi de Baranya, daß die Burg noch war (Călători străini despre ţările romăne Bd. III. Bucureşti 1971 S. 216).
174 I. Minea: Alexandru Lăpuşneanu şi Iaşii. In: Însemnări ieşene VI/4–6, Iaşi 1936 S. 304–310; D. Ciurea: Iaşii în secolul XVII. In: Mitropolia Moldovei şi Sucevei XXXIII/8–9, Iaşi 1957 S. 648 f; Vasile Neamţu: Stabilirea capitalei Moldovei la Iaşi. In: Analele ştiinţifice ale Universităţii XIV, Iaşi 1968 S. 111–125. Am Ende des 16. Jahrhunderts bestätigte Trifon Korobejnikov, daß die Türken den Fürsten nicht in Suceava zu wohnen erlaubt haben, daß die Stadt nahe der Grenze zu Litauen sei gleichwie die Fürsten der Moldau weder zum Kaiser noch nach Litauen flüchten dürften (Călători străini III a. a. O. S. 353).

meinschaft, die zahlenmäßig immer kleiner wurde und von Widerständen erschüttert war, verlegte ihren Bischofssitz – nun den einzigen – jedoch nach Bacău.[175]

Das Gebiet von Iași am Unterlauf des Bahlui, wo die Tiefebene an das zentrale Hochland stößt, ist seit dem Paläolithikum bewohnt gewesen[176], aber erst spät, in der zweiten Hälfte des 14. Jahrhunderts, tauchen die ersten Anzeichen eines Urbanisierungsprozesses in der dortigen dörflichen Siedlung auf.[177] Zum Unterschied von Baia (Mulde, Moldavia), Siret und Suceava, die den Namen der Flüsse tragen, an deren Ufern sie entstanden sind, hat der Name Iași, über den es verschiedene Erklärungen gibt[178], keinen Bezug auf den Fluß, an dessen Ufern die Siedlung liegt, da die Vojvodate im Tal des Bahlui ihr Zentrum höchstwahrscheinlich weiter nordwärts hatten und, wie auch Baia, zwei Namen trugen: Hîrlău und Bahlui (Bahlovia).[179] Der Gürtel zahlreicher Dörfer um Iași spielte in der Stadtwerdung eine bedeutende Rolle. Die Stadt erscheint schon 1408 für die nach Chilia, Cetatea Albă und Kaffa führenden Wege[180] als wichtiges Zollamt. Als Herberge der zum ersten Mal am 8. Oktober 1434 erwähnten[181] und höchstwahrscheinlich von Alexander dem Guten erbauten Residenz des Landesherrn begann Iași in der Führung des Landes erst nach 1495 eine immer hervortretende Rolle zu spielen.[182] Die Erwähnung der Markgrafen von Iași in den Urkunden (1551–1552)[183] des Ștefan Rareș erlaubt die Annahme, daß hier eine Burg gebaut wurde, wogegen einige fremde Reisende behaupteten, der „*türkische Sultan erlaubt es nicht, hier eine Burg zu errichten*".[184] Die intensiven archäologischen Forschungen haben vorläufig zu keiner Entdeckung solcher Bauten geführt.

---

175 Trotz der Bemühungen Alexander Lăpușneanu's (1552–1561 und 1564–1568) (N. Iorga: Istoria comerțului românesc. București 1925 S. 535) spiegelt sich der Verfall von Baia und Siret, der schon früher eingesetzt hatte, im Rückgang der Zahl der Katholiken wider, die teilweise Orthodoxe wurden, aber auch im Verschwinden der Bischöfe. Das einzige römisch-katholische Bistum in der Moldau im 16. und 17. Jahrhundert verblieb in Bacău (Radu Rosetti: Despre unguri și episcopiile catolice din Moldova. In: Analele Academiei Române. Memoriile secț. istorice. Seria III. Bd. XXVII. București 1904–1905 S. 315; Romulus Cândea: Der Katholizismus in den Donaufürstentümern. Leipzig 1916 S. 28; derselbe: Catolicismul în Moldova în secolul XVII. Sibiu 1917).
176 Eine gute Zusammenfassung der geographischen Bedingungen dieses Gebietes bei Alexandru Andronic: Iașii pînă la mijlocul secolului al XVII-lea. Iași 1986 S. 20–21.
177 Ebenda S. 21, 29.
178 Über die verschiedenen Interpretationen zum Toponym „Iași" siehe C. Cihodaru in: Istoria orașului Iași. Bd. I. Iași 1980 S. 47–52; Alexandru Andronic: Iașii a. a. O. S. 30–35; Dan Bădărău, Ioan Caproșu: Iașii vechilor zidiri. Iași 1974 S. 25–31.
179 Andrei Veress: Documente privitoare la istoria Ardealului, Moldovei și Țării Românești. Bd. I. București 1929 S. 28, 159; Călători străini I S. 392, II/1970 S. 238, 258.
180 Siehe Anmerkung 167.
181 Documenta Romaniae Historica A/I a. a. O. S. 187.
182 Neamțu: Stabilirea a. a. O. Annex 1.
183 Documente privind istoria României. Seria A (Moldova). Veacul XVI/Bd. II. București 1951 S. 11, 13, 14 u. a.
184 Călători străini a. a. O. Bd. III S. 352. A. Andronic ist der Meinung, daß schon im 16. Jahrhundert der Fürstenhof eine echte Festung gewesen war (derselbe: Iașii a. a. O. S. 46 f).

Wie auch die anderen Städte der Moldau bekam Iași schon seit dem 14. und 15. Jahrhundert ein polyethnisches Aussehen, wobei sich dieses mit dem Gewinn der Hauptstadtfunktion noch verstärkte. Mit dem Hinweis, die Stadt liege *„genau in der Mitte der Moldau"*, bemerkte Marco Bandini, daß die Bewohner zur Zeit der Herrschaft Vasile Lupu's (1634–1653) zum Großteil Rumänen, dann Magyaren, Armenier, Griechen, Bulgaren, Albaner, Türken, Tataren, Polen, Ruthenen, Sachsen, Moskoviter und einige Italiener seien.[185] In einigen Fällen schlossen sich die fremden Bewohner auf der Grundlage der Volksgemeinschaft zusammen (Russengasse, Serbengasse, Kronstädter Gasse, Leipziger Gasse, Armeniergasse), doch deuten ihre Gruppierungen eher die Benennung der Straßen nach den Handwerksberufen (Kittereigasse, Kürschnergasse usw.) oder überhaupt die Handwerksviertel (Federeiviertel, Gürtlerviertel, Besohlerviertel, Schusterviertel usw.) an.[186] So wurden Marktplätze und Karawansereien für die Unterbringung der Reisenden angelegt, ebenso Bojarenhäuser, Kirchen und Klöster.[187]

Die städtische Siedlung erweiterte ihre Oberfläche erheblich und schloß in ihrem Umkreis auch einige dörfliche Siedlungen ein. Die Ausdehnung der Stadt erreichte allerdings erst im 17. Jahrhundert größere Ausmaße, als auch die Bevölkerungszahl stark angewachsen war.[188] Infolgedessen ließ Ștefan Tomșa 1612 anstelle der alten Befestigungen, bestehend aus Graben, Wall und Palisade aus der Zeit Stefans des Großen[189], die nicht mehr verwendet und überholt waren, *„einen großen Graben um Iași herum machen"*.[190] Die Residenz aus der Zeit Alexanders des Guten (wie auch die ganze Stadt) fiel im Lauf der verschiedenen Kriege mehrere Male dem Feuer zum Opfer, wurde demzufolge immer wieder aufgebaut und bekam daraufhin langsam das Aussehen einer Festung. Sie bot dem Landesherrn und seiner Familie eine gewisse Sicherheit und war nicht ohne Komfort oder sogar Luxus.[191] Weder die Wohnungen der Boja-

---

185 Călători străini a. a. O. Bd. V/1973 S. 327–328.
186 Olteanu-Șerban a. a. O. passim; Bădărău-Caproșu a. a. O. S. 37–38; Cihodaru in: Istoria orașului Iași a. a. O. S. 92, 101; Vasile Neamțu ebenda S. 115, 118, 120, 121, 124–125, 127 etc.
187 Neamțu ebenda S. 131.
188 Am Ende des 16. Jahrhunderts hat sich die Oberfläche der Stadt im Vergleich zum Ende des 15. Jahrhunderts verdreifacht (Al. Andronic: Contribuții arheologice la istoricul orașului Iași în perioada feudală. In: Arheologia Moldovei I, București 1961 S. 273, fig. 1). Später, im 17. Jahrhundert, hat sich außerhalb des Unteren Markts der Obere Markt gebildet, und sind neue, befestigte Plätze und Straßen entstanden. Obwohl die Zahlenangaben der fremden Reisenden über die Bevölkerung von Baia, Siret und Suceava im 14.–16. Jahrhundert mit großer Vorsicht zu betrachten sind, treffen jene über Iași für das 17. Jahrhundert annähernd zu. Unter Berücksichtigung von durch Zerstörungen und Epidemien bestimmten Schwankungen hat sich die Bevölkerung der Stadt gemäß den Wohnstellen zwischen dem zweiten und fünften Jahrzehnt des 17. Jahrhunderts auf 40.000 bis 60.000 Bewohner belaufen, hat bis Anfang des 18. Jahrhunderts aber auf 20.000 Bewohner abgenommen (Cihodaru in: Istoria orașului Iași a. a. O. S. 87–89).
189 Andronic: Iașii a. a. O. S. 52–53.
190 Veress a. a. O. Bd. VIII/1935 S. 281–282.
191 Al. Andronic, Eugenia Neamțu, M. Dinu: Săpăturile arheologice de la curtea domnească din Iași. In: Arheologia Moldovei V, București 1967 S. 200278; dieselben: La résidence princière de Jassy. In: Dacia S. n. XIV, București 1970 S. 335–388; Bădărău-Caproșu a. a. O. S. 41–44; Cihodaru in: Istoria orașului Iași a. a. O. S. 56–57, 118–134; Andronic: Iașii a. a. O. S. 46–73. Die Grabungen sind unter Leitung von N. Pușcașu wieder aufgenommen worden.

ren, die oftmals ihre aus Holz gebauten und mit Schindeln gedeckten Gutshöfe aus der dörflichen in die städtische Umgebung verpflanzten, und noch weniger diejenigen der Handwerker und Kaufleute konnten mit dem Fürstenhof wetteifern. 1659 bemerkte Evliya Çelebi den Umstand, daß es in der Stadt 1060 Keller gäbe, über welchen sich Wirtshäuser befänden, und daß man Schwierigkeiten mit der Wasserversorgung habe.[192]

Im Gegensatz zu den Wohnungen der Städter stellen die befestigten Kirchen und Klöster innerhalb und außerhalb der Stadt bemerkenswerte Leistungen der moldauischen Architektur und Kunst aus der Zeit zwischen dem 15. und der zweiten Hälfte des 17. Jahrhunderts dar. Die Kirchen des heiligen Nikolaus im Komplex des Fürstenhofes, Galata, Trei Ierarhi und Golia sind nicht nur repräsentative Bauten dieser Entwicklung, sondern sind auch erhalten geblieben.[193]

Zum Rang einer Hauptstadt erhoben, wurde Iași schon ab dem Ende des 16. Jahrhunderts und danach das bedeutendste Wirtschaftszentrum des Fürstentums. Das landwirtschaftliche Hinterland, das besonders ausgedehnt war, konnte, wenn wir es mit dem der anderen moldauischen Städte vergleichen[194], einen Großteil des Lebensmittelbedarfs der zahlreichen Bevölkerung befriedigen. In keiner anderen Stadt dieses Landes kam es zu einer größeren Anhäufung von Handwerkern als hier. Die Fortschritte auf diesem Gebiet widerspiegelnd, teilten sich die Grundhandwerke infolge Spezialisierung, und es wurden Zünfte gebildet.[195] Die lokalen Erzeugnisse fanden neben denen des Orients und des Westens an den wöchentlichen Markttagen und vor allem an den Jahrmärkten zahlreiche Käufer. Diese waren entweder vom sozialen Gesichtspunkt (Bojaren, Geistliche, verschiedene herrschaftliche Knechte, Handwerker, Kaufleute, Zahlmeister, Geldwucherer, Bauern, Leigeigene usw.) oder von der Volkszugehörigkeit aus (Sachsen, Magyaren, Polen, immer mehr Türken, Griechen, Albaner, Levantiner usw.) eine bunte Menge, die in den Gassen und Plätzen der Stadt herumschwärmte und mittels Steuerleistung der Herrschaft ein bedeutendes Einkommen einbrachte.[196] Von den fremden Heerscharen nicht unverschont geblieben, wurde Iași nicht selten, vor allem seit dem letzten Viertel des 16. Jahrhunderts, zum Mittelpunkt des Machtkampfes und einiger sozialer Bewegungen von großem Ausmaß.[197] Die Herrscher, ihre Beamten sowie meistens zusammen mit jenen von Konstantinopel eingereiste Fremde[198] brachten das Land an den Rand des Abgrunds – sei es mit immer höheren Steuern, die sie den Bewohnern auferlegten, um die Ansprüche der Türken zu befriedigen, sei es, um sich die notwendigen Reserven für die Wiedererlangung des versteigerten Throns zu ver-

---

192 Călători străini a. a. O. VI/1976 S. 484–485.
193 Bădărău-Caproșu a. a. O. passim.
194 Cihodaru in: Istoria orașului Iași a. a. O. S. 146–173.
195 Olteanu-Șerban a. a. O. passim.
196 Siehe Anmerkung 194 (passim).
197 Ebenda S. 207 f.
198 Ioan Caproșu: O istorie a Moldovei prin relațiile de credit pînă la mijlocul secolului al XVIII–lea. Iași 1989.

schaffen, sei es, um die bei verschiedenen Wucherern, meistens Türken und Griechen, mit hohen Zinsen kontrahierten Darlehen zu begleichen. Dies rief soziale Unruhen weiten Ausmaßes hervor, deren Mittelpunkt nicht selten und nicht zufällig die Hauptstadt der Moldau wurde.[199]

Durch ihre polyethnische Zusammensetzung stellten die Städte der Moldau wie in anderen Ländern europäische Synthesen dar, wahre Laboratorien, in denen der Austausch von Ideen und das Entstehen von Denkformen möglich wurden, die sich von denen des dörflichen Milieu's unterschieden. Im urbanen Umfeld der Moldau setzte man sich intensiv für die Anreicherung der Kultur ein. Außer den Klosterschulen gab es in einigen Städten auch Schuleinrichtungen elementaren und mittleren Grades. Despot gründete ein Kolleg in Cotnari[200], und Vasile Lupu legte mit Hilfe des Moldauers Petru Movila, der Metropolit von Kiev geworden war, den Grundstein eines Kollegs in Iaşi.[201] Schon im 15. Jahrhundert besuchten Jugendliche aus Baia, Siret, Suceava und Iaşi die Vorlesungen einiger ausländischer Universitäten.[202] Später sandten einige Bojaren ihre Kinder zur Ausbildung an das Kolleg in Bar (Polen). Als Folge dieser Bemühungen wuchs die Anzahl der gebildeten Menschen in der Moldau erheblich. Diese Tatsache spiegelt sich wider in der Teilnahme einiger von ihnen an der Diskussion über religiöse Fragen, die die europäische Gesellschaft bewegten, in dem konstanten Anwachsen der Kanzleiurkunden und auch in einigen Büchern religiösen oder säkularen Inhalts, von denen etliche auch gedruckt wurden. In dieser weitläufigen kulturellen Entwicklung hielt Iaşi, nachdem es zur Hauptstadt des Landes geworden war, eine besonders wichtige Stellung ein, die es in den folgenden Jahrhunderten noch erheblich festigte.

---

199 Derselbe: Despre politica internă a lui Radu Mihnea şi răscoalele ţărăneşti din prima domnie în Moldova (1616–1619). In: Studii şi cercetări ştiinţifice XIII/1, Iaşi 1962 S. 81–104; V. Neamţu: Răscoala din Moldova din primăvara anului 1633. In: Analele ştiinţifice ale Universităţii II/1–2, Iaşi 1956 S. 19–34; derselbe: Frămîntări sociale în oraşul Iaşi în primele decenii ale secolului al XVII–lea. In: ebenda III/9/1963 S. 57–69; C. Cihodaru: Răscoala din anul 1653 în Moldova. In: ebenda XIV/1968 S. 103–109; N. Grigoraş: Marea răscoala populară din Moldova din anii 1671–1673. In: Studii şi cercetări ştiinţifice XIII/2, Iaşi 1962 S. 209–237.
200 St. Bârsănescu: „Schola latina" de la Cotnari. Biblioteca de curte şi proiectul de academie a lui Despot vodă. Bucureşti 1957; Istoria învăţămîntului în România. Bd. I. Bucureşti 1983 S. 121–122.
201 Ebenda S. 156–158.
202 Radu Manolescu: Cultura orăşenească în Moldova în a doua jumătate a secolului XV. In: Cultura moldovenească în timpul lui Ştefan cel Mare. Bucureşti 1964 S. 80–81.

Czernowitz am Pruth, Hauptstadt der Bukowina

Emanuel Turczynski (München)

In der wirtschafts- und sozialgeschichtlich komplexen Übergangszone zwischen Ostmittel-, Ost- und Südosteuropa als Ansiedlung im 12. Jahrhundert entstanden, wurde Czernowitz (Černivci) urkundlich erstmals 1408 erwähnt, als das Fürstentum Moldau seine Machtstruktur gefestigt hatte. Die Entwicklung zu einem Marktflecken seit 1456 und die Übernahme deutscher Stadtrechtsformen seit 1599 ist auf die günstige Verkehrslage an den Handelsstraßen von Mittel- nach Südosteuropa und dem Orient zurückzuführen.[203] Als der bekannte kroatische Naturforscher Boscowich (Bosković) in Begleitung des englischen Gesandten von Konstantinopel durch die Donaufürstentümer nach dem Westen reiste, zählte Czernowitz um 1768 etwa tausend Einwohner in zweihundert Häusern. Die Mehrheit bildeten Rumänen – damals „Walachen" oder „Moldauer" genannt –, Ruthenen (Ukrainer) und Juden; Armenier, Polen und christliche oder muslimische Levantiner bildeten kleine Minderheiten. Kirchen, mosaische Bethäuser und ein viel frequentierter „Türkenbrunnen" bereicherten das bunte Bild des morgenländischen Marktfleckens an der Grenze zwischen dem Fürstentum Moldau, Polen und dem Zarenreich.[204]

Der Aufstieg zu einer ostmitteleuropäischen Kreisstadt begann 1774, als die Bukowina, bis dahin der nördliche Teil der Moldau, aus der osmanischen Oberhoheit entlassen und Österreich angegliedert wurde. Die seither einsetzende administrative und gesellschaftliche Modernisierung dieser 10.442 km^2 umfassenden Provinz spiegelt sich besonders deutlich in der Geschichte dieser Stadt wider, die von dem Befehl an die 1774 einrückenden österreichischen Truppen *„... gegen Landinwohner beliebt und gefällig zu sein ..."* profitierte.[205] Der Umbruch zur Moderne begann noch während der österreichischen Militärverwaltung und der vorübergehenden Zugehörigkeit der Bukowina als selbständiger Kreis zu Galizien, erreichte aber seinen Höhepunkt, als das Land 1848 zum eigenständigen Kronland und Czernowitz zur Landeshauptstadt aufstieg. Die Ausrichtung nach Vorbildern Mitteleuropas erfolgte in einem Tempo, dem die Peripherie der Bukowina nur langsam folgen konnte. Viele heimische Bojaren waren durch das osmanisch-fanariotische Kondominium nicht nur in Kleidungs- und Umgangsformen mit dem orientalischen Lebensstil verwachsen. Daher setzte nach 1774 zunächst eine

---

203 Weczerka, Hugo: Das mittelalterliche und frühneuzeitliche Deutschtum im Fürstentum Moldau von seinen Anfängen bis zu seinem Untergang (13.–18. Jahrhundert) (= Buchreihe der Südostdeutschen Historischen Kommission Bd. 4). München 1960 S. 115 f.
204 Boscowich, Joseph: Journal d'un voyage de Constantinople en Pologne fait à la suite de Mr. Jaq. Porter, Ambassadeur d'Angleterre. Lausanne 1772 S. 131, 303.
205 Kaindl, Raimund Friedrich: Geschichte von Czernowitz von den ältesten Zeiten bis zur Gegenwart. Festschrift zum sechzigsten Regierungsjubiläum Sr. Majestät Kaiser Franz Josephs I. Czernowitz 1908 S. 39, 135 f.

Abwanderung moldauischer Bojaren und Kleriker ein, bis dann eine verstärkte Rück- und Einwanderungswelle begann, die das ganze 19. Jahrhundert anhielt.

Das Stadtbild entwickelte sich innerhalb von zwei Generationen zu einem für diese Region eindrucksvollen Panorama auf einer leicht ansteigenden Höhe. Um die Infrastruktur mitteleuropäischen Normen anzupassen, wurde bereits 1783/84 die Anstellung eines Abdeckers veranlaßt, um die im Orient verbreitete Hundeplage (insbesondere tollwutverdächtige Hunde) zu bekämpfen, ferner, um frei herumlaufende Schweine einzufangen und Unrat von den Straßen und Gassen wegzuschaffen. Nicht minder wichtig war die 1788 erlassene Bau- und Feuerpolizeiordnung, um die Gefahr von Feuersbrünsten zu reduzieren, denn wie in den Städten der Moldau und Galiziens herrschte die Holzbauweise vor, und nur Lemberg zählte im weiten Umkreis als Stadt um 1773/74 dreihundert Häuser. Steinhäuser waren in Czernowitz daher zunächst selten, denn es fehlte nicht nur an gebrannten Ziegeln, auch gelernte Maurer waren kaum zu finden.

Zur Fürsorge für die Sicherheit und Gesundheit der Stadtbewohner wurde die Wasserversorgung seit 1786 durch die Anlage von 30 neuen Brunnen gesichert und ein Distriktsoberchirurgus angestellt, der u. a. auch die Heranbildung ordentlicher Hebammen zu überwachen hatte, ehe 1809 eine staatliche Hebammen-Lehranstalt eingerichtet werden konnte. Ein k.k. Bauamt mit einem Kreisingenieur an der Spitze sorgte für die Modernisierung des Bauwesens und für den bis dahin arg vernachlässigten Straßenbau, um den Anforderungen des engmaschigen Netzes von Postämtern Genüge zu tun. Von besonderer Bedeutung für die Urbanisierung wurde die Einrichtung eines Grundbuchamtes, das die Rechtspflege erleichterte, denn bis dahin waren Grenzstreitigkeiten zwischen Nachbarn wegen ungeklärter Eigentumsverhältnisse ein gravierendes Problem gewesen.[206]

Um breite Schichten der Bevölkerung aus dem Zustand unverschuldeter Unwissenheit zu befreien, beschloß der Hofkriegsrat in Wien bereits 1780 die Einrichtung eines Schulfonds für die Bukowina zwecks Anstellung von Lehrern für die *„walachische und teutsche"* Jugend. Vier Jahre später wurden je eine Hauptschule in Czernowitz und Suczawa (Suceava) eingerichtet und 1790 ebendort zwei deutsch-jüdische Normalschulen. Um die dringend erforderliche Alphabetisierung zu fördern, wurden rumänische Lehrer auch aus Siebenbürgen berufen. Lange bevor in Bukarest und Jassy (Iași) systematische Lehrbücher für den Unterricht der rumänischen Sprache existierten, verfaßte Anton de Marki 1810 in Czernowitz die erste rumänische Sprachlehre in deutscher und rumänischer Sprache. Den aus Jassy, der Hauptstadt der Moldau, über Czernowitz nach dem Westen reisenden Bojarensohn Mihail Kogălniceanu hat 1834 diese Kreishauptstadt angezogen. Er schrieb an seinen Vater, daß ihn die Sauberkeit des Städtchens und die Stattlichkeit der Wohnhäuser, die ihm wie Paläste vorkamen, tief beeindruckten. Vor allem die sorgfältig gepflasterten Straßen setzten ihn in Erstaunen.

---

206 Kaindl: ebenda S. 86, 48 und Glassl, Horst: Das österreichische Einrichtungswerk in Galizien (1772–1790) (= Veröffentlichungen des Osteuropa-Instituts München Bd. 41). Wiesbaden 1975 S. 154 ff.

Der für moldauische Verhältnisse fortschrittliche Ackerbau in der Bukowina veranlaßte ihn zu der Feststellung, daß bei ähnlicher Bewirtschaftung der Felder in der Moldau die Bauern dort nie mehr Hunger zu leiden hätten.[207]

Die Verwunderung Kogălniceanu's ist verständlich, denn bereits 1778 war für Czernowitz eine Bauordnung und 1786 eine Vorschrift über die Errichtung steinerner Häuser mit Feuermauern und weiten Schornsteinen erlassen worden. Kaminkehrer und Nachtwächter sorgten seit 1783 für die Vermeidung des Ausbruchs von Feuersbrünsten. Daher hatte ein Korrespondent des Göttinger „Staats-Anzeigers" schon 1781/82 Czernowitz als *„eine feine . . . mit vielen neuen Häusern bebaute, volkreiche Stadt"* beschrieben.[208] Kurze Zeit später wurde eine Verordnung über die Stadtbeleuchtung erlassen und ein „Erleuchtungsaufseher" angestellt. Breite Straßen wurden angelegt, um das zum Zentrum des Kreises gewordene Czernowitz mit den anderen Städten und Märkten der Bukowina, aber auch mit Siebenbürgen und Galizien zu verbinden. Alleebäume säumten die Verbindungsstraßen zu den Vororten, die ihren bäuerlich-ländlichen Charakter behielten. Allmählich erhielt das Städtchen ein eigenes Kulturprofil. Sowohl die günstigen sozialen Aufstiegsmöglichkeiten als auch die niedrigen Lebenshaltungskosten erleichterten leistungswilligen Arbeitskräften die Niederlassung. Begünstigt durch die bis 1830 gewährte Rekrutierungsfreiheit, hatten sich *„vermögliche Kaufleute . . . Professionalisten und Handwerker"* zu einer Interessensgemeinschaft zusammengeschlossen, um die Stadt und deren Umgebung von marodierenden Soldaten und Räuberbanden zu schützen. Spätestens seit 1817 bestand ein „Bürger-Corps", das anläßlich der Reise Kaiser Franz' I. um die Genehmigung ansuchte, sich aus eigenen Mitteln mit Uniformen ausstatten zu dürfen.[209]

Eigeninitiative zur Wahrnehmung von Aufgaben, die der Gemeinschaft dienten, gehörte seither zu jenen Erscheinungen, die in Verbindung mit staatlichen Fürsorgemaßnahmen für stabile Verhältnisse und Ansätze bürgerlicher Eigenständigkeit sorgten. Begünstigt durch eine Gesellschafts- und Rechtsordnung, die Handwerkern und Bauern ein gutes Fortkommen bei erhöhter Rechtssicherheit gewährten, wuchs die Bevölkerungszahl der Bukowina infolge von Zuzug aus den Nachbarregionen und durch gezielte Ansiedlungsmaßnahmen von 11.421 Familien (ca. 57.000 Menschen) im Jahre 1775 bis 1830 auf 58.859 Familien mit 287.299 Seelen und bis 1857 auf 93.469 Familien mit 456.920 Menschen.[210] 1861 lebten in Czernowitz einschließlich der Vorstädte 21.667 Einwohner, die sich wie folgt nach Sprach- und Glaubensgemeinschaften verteilten: 9.177 Rumänen, 4.113 Ruthenen, 6.944 Deutsche, 4.678 Israeliten, 171 Armenier und

---

207 Kogălniceanu, Mihai: Scrisori din vremea studiilor. Hrsg. v. V. Haneş. Bucureşti 1934.
208 Schlözer, August Ludwig: Von und aus der Bukowina. In: Staats-Anzeigen. 1. Bd. Göttingen 1782 S. 54 und 152 (Dieser Bericht stammt von einem nicht genannten, österreichischen „Obristleutnant" aus dem Jahre 1781).
209 Bericht an Graf Sedlnitzki, Lemberg 1.Juni 1817 (Österreichisches Staatsarchiv Wien, Allgemeines Verwaltungsarchiv, Polizeihofstelle 928/1817).
210 Beck, Erich: Das Buchenlanddeutschtum in Zahlen. In: Buchenland. Hundertfünfzig Jahre Deutschtum in der Bukowina. München 1961 S. 73–87.

1.262 Sonstige.[211] Seither wuchs die Stadt, die 1864 eine neue Gemeindeordnung und 1866 eine Berufsfeuerwehr erhielt, zu der 1870 eine freiwillige Feuerwehr hinzukam, und trug somit der 1869 erlassenen neuen Bauordnung Rechnung.[212]

Die Begeisterung Kogălniceanu's ist ebenso verständlich wie die des Bremer Kulturgeographen und Stadtbibliothekars Johann Georg Kohl, denn beide näherten sich der Stadt von östlichen Gefilden her. Kohl schrieb: *„Die Stadt liegt auf dem hohen rechten Ufer des Pruth, ist nach Art der deutschen Städte eng gebaut, hat schmale Gassen, hohe spitze Häuser, noch höhere Kirchen und Kirchtürme, und so präsentiert sie sich denn, aus den Pruthebenen ... angeschaut, recht stattlich und städtisch ... Alles ist deutsch steinern geworden; Chausseen, Pappel- und Lindenalleen führen zu den Vorstädten hin, die aus freundlich gestrichenen Häusern bestehen ... Mit dem Überschreiten der österreichischen Grenze und der Kosakenlinie waren wir mit einem Zauberschlag Deutschland, Wien, Berlin, ja Paris, Spanien und Italien näher gerückt als vorher bei Hunderten von Wersten ... Nirgends so schroff wie hier schien uns russisches und deutsches Wesen einander gegenüber zu stehen ..."*[213] Es waren aber nicht nur Äußerlichkeiten, die Kohl beeindruckten; auch das fröhliche Leben und die gute Küche in den Gasthäusern fielen ihm auf. *„... Alle russischen Beamten aus Chotin, Kamenjez und dem benachbarten Bessarabien kommen, wenn sie sich einmal gütlich thun wollen"*, und wenn sie Urlaub erhalten konnten, *„auf ein paar Tage nach Czernowitz"*. Was den Bremer Gelehrten genauso beeindruckte, *„waren ein paar junge gebildete Moldauer, enthusiastische Patrioten in österreichischen Diensten"*.[214] Die Einstellung moldauischer Beamter in österreichische Dienste hatte Tradition, seit Vasile Balş zum Kreishauptmann ernannt worden war und seit 1840 kontinuierlich Rumänen in führende Positionen berufen wurden.[215] Die polyethnische Zusammensetzung der Stadtbewohner blieb erhalten, ebenso der Anteil der Moldauer, Juden, Polen und Deutschen beim Ausbau der Stadt zu einem Kulturzentrum ostmitteleuropäischer Prägung.

Die 1786 in Suczawa eingerichtete Klerikalschule für die Ausbildung des orthodoxen Priesternachwuchses wurde 1789 nach Czernowitz verlegt und bildete bis 1818 etwa 500 Schüler für den Seelsorgeberuf aus. Für die aufstrebende Jugend wurde 1808 ein Gymnasium gegründet, das 1814/15 mit der Philosophischen Lehranstalt seine Er-

---

211 Hauptbericht der Handels- und Gewerbekammer für das Herzogthum Bukovina nebst der topographisch-statistischen Darstellung des Kammerbezirks und Schluß des Jahres 1861. Czernowitz 1862 S. 104.
212 Kaindl: Geschichte von Czernowitz S. 120, 132, 136.
213 Vergleiche hiezu die Äußerung Fanny de la Rochefoucauld's, die 1837 die Stadt besuchte: *„Une fois à Czernivitz, première ville allemande, on éprouve une joie intérieure à retrouver les routes civilisées, et, enfin, l'Europe du 19ème siècle"*, siehe Gilles M., Bardy P. A.: Fanny de la Rochefoucauld dans la Moldavie de Mihail Sturdza, en Besarabie et en Bucovine. Impressions inédites d'une comtesse. In: Revue des études sud-est européennes XXX, Bucarest 1992 S. 329.
214 Kohl, Johann Georg: Reisen im Innern von Rußland und Polen. Bd. 3: Die Bukowina, Galizien, Krakau und Mähren. Dresden – Leipzig 1841 S. 13, 132–136.
215 Prokopowitsch, Erich: Die rumänische Nationalbewegung in der Bukowina und der Dako-Romanismus. Graz – Köln 1965 S. 18, 36 f., 39, 61, 75, 112.

gänzung fand. Den Bemühungen der Bischöfe Danilo Vlahović (gest. 1822) und Isaia Baloşescul gelang es, die Errichtung eines Priesterseminars am Sitz ihres Bistums in Czernowitz zu erwirken, das als höhere theologische Lehranstalt nach dem Vorbild des griechisch-unierten Seminars eingerichtet wurde.[216] Eine achtsemestrige Ausbildung sicherte der neuen theologischen Elite der Rumänen und Ukrainer der Bukowina ein hohes Niveau von Allgemeinbildung. Dank der Bereitschaft zur Selbsthilfe wuchs auch die Bibliothek dieser Lehranstalt.[217]

Aber nicht nur für die Orthodoxen wurde gesorgt. Für die Angehörigen der römisch-katholischen Kirche war bereits 1814 eine Pfarrkirche und für die kleine Gemeinde der Unierten 1820 eine griechisch-katholische Kirche in Auftrag gegeben worden. In der Vorstadt Rosch, wo seit 1786 eine deutsche Kolonistengemeinde existierte, entstand der Mittelpunkt des kulturellen Lebens der Evangelischen, bis dann auch in der Kreishauptstadt eine Holzkirche und zwischen 1843 und 1849 mit Hilfe des Zentralvereins der Gustav-Adolf-Stiftung der Bau einer ansehnlichen Kirche folgte.[218] Die evangelischen Einwanderer hatten in der Vorstadt Rosch nicht nur ein blühendes Gemeindeleben entwickelt, sondern auch jenen Obst- und Gemüseanbau heimisch werden lassen, der „*eine ordentliche Menage zu führen*" ermöglichte, wie der aus dem Baltikum stammende Schriftsteller Julius Eckardt registrierte, der 1870 Czernowitz besuchte und die von J. G. Kohl geschilderte Vorliebe russischer Beamter und Offiziere aus den benachbarten Grenzorten für die gute Küche der Gasthäuser von Czernowitz verständlich macht.[219]

Die Israeliten der Bukowina, deren Zahl von 2.906 Personen im Jahre 1774 bis 1840 auf 10.293 gestiegen war, hatten in Czernowitz mehrere Bethäuser, denn ihre Zahl betrug im Jahre 1861 dort schon 4.678 Seelen.

Zu dem Aufstieg von Czernowitz zu einer Stadt mit einem besonderen Kulturprofil haben die im Wettbewerb mit anderen Glaubensgemeinschaften stehenden Geistlichen aller Konfessionen ebenso beigetragen wie die höheren Verwaltungsbeamten, Richter, Teile des einheimischen Adels und die Bürgerschaft. Stellvertretend für viele österreichische Beamte sei hier das Wirken von Karl Umlauff erwähnt, das für das überethnische Kulturprofil der Stadt eine ausgesprochene Langzeitwirkung ausübte. Seit seiner Ernennung zum Präsidenten des Stadt- und Landrechts im Jahre 1837 wirkte er auch als ehrenamtlicher „Direktor der Philosophischen Studien" und erwarb sich besondere Verdienste um den Ausbau der Schulbibliothek, um das Musikleben in der Stadt und die Lesegesellschaft „Areopag", die sich zunehmender Beliebtheit erfreute. In seinem

---

216 Morariu, Constantin: Culturhistorische und ethnographische Skizzen über die Rumänen der Bukowina. In: Romänische Revue, Reşiţa – Wien 1881 S. 77 f.
217 Turczynski, Emanuel: Orthodoxe und Unierte. In: Die Habsburgermonarchie 1848–1918. Bd. IV: Die Konfessionen. Wien 1985 S. 399–478, hier S. 424.
218 Lebouton, Ekkehart: Die Evangelische Pfarrgemeinde A.B. Czernowitz. Sonderdruck aus dem Jahrbuch der Gesellschaft für die Geschichte des Protestantismus in Österreich Jg.84, Wien 1968 S. 3.
219 Eckardt, Julius: Czernowitz und die Bukowina. In: Jungrussisch und Altlivländisch. Politische und culturhistorische Aufsätze. Leipzig 1871 S. 258–271, hier S. 263.

Haus wurden Werke von Beethoven, Haydn und Mozart aufgeführt und mit seiner Musikbegeisterung, die er auf das Bildungsbürgertum zu übertragen verstand, bereitete er den Boden für die seit Beginn der vierziger Jahre zunehmende Zahl von Operngastspielen, die sehr gut besucht waren. Im Hause Umlauff trafen sich bei musikalischen Veranstaltungen sowohl der römisch-katholische Stadtpfarrer, Dechant Anton Kunz, als auch der griechisch-orthodoxe Bischof Eugen (Eveny) Hacman, der Tempel-Kantor Ketten und die Honoratioren der Stadt.[220] Aber die hohen geistlichen Herren, zu denen auch der evangelische Pfarrer gehörte, trafen sich gelegentlich auch mit dem Landesrabbiner zu dem in der Bukowina beliebten Tarockspiel und bildeten frühzeitig eine wahrhaft ökumenische Quadriga, wie aus berufenem Munde überliefert wurde.[221] Als Theophil Bendella, Rektor des griechisch-orthodoxen bischöflichen Seminars in Czernowitz sein Büchlein über die Bukowina veröffentlichte, gab er dieser Atmosphäre der gegenseitigen Toleranz mit den Worten Ausdruck: *„. . . kaum dürfte es ein zweites Ländchen von so kleinem Flächeninhalte geben, das so viele Völker und Religionen neben einander in ungetrübter Eintracht leben sieht".*[222]

Aber nicht nur das geistlich-geistige Klima machte gute Fortschritte, auch der Ausbau städtischer Anlagen wurde nicht vernachlässigt. Nachdem bereits 1830 der „Volksgarten" nach Wiener Vorbild angelegt worden war, erfolgte am 19. April 1843 die Grundsteinlegung für das Rathaus, das von dem Kreisingenieur Adolf Marin und dem Stadtbaumeister Andreas Mikulicz bis 1847 fertiggestellt wurde. Damit erhielt der „Ringplatz", der ein repräsentativer, viereckiger Platz ist und auf dem seit 1827 eine Marienstatue stand, einen eindrucksvollen Abschluß.[223] Die Architekten Marin, Mikulicz und Borkowski haben mit ihren Pläne für die Biedermeierhäuser, an denen der Steinmetzmeister Legurlutz die Reliefplastiken herstellte, Baudenkmäler geschaffen, die mit viel Stolz in dem 1991 in ukrainischer Sprache in Kiew erschienenen Stadtführer in zahlreichen Farbphotos wiedergegeben sind. Noch umfassender sind die Farbillustrationen in dem 1988 erschienenen Band „Czernowitz. Eine Stadt im Wandel der Zeit, mit besonderer Berücksichtigung ihres deutschen kulturellen Lebens", das die Landsmannschaft der Buchenlanddeutschen in München herausgegeben hat.

Spätestens seit diesem Zeitpunkt waren die Bemühungen der Czernowitzer, *„im Osten Westen zu sein",* auch im Stadtbild unverkennbar.[224] Im Bereich der bürgerlichen Entwicklung zu Mitteleuropa hin bedeutete das Revolutionsjahr 1848 einen wichtigen Einschnitt, denn in der Stadt war es bis dahin um Freiheit und Recht der Bürger

---

220 Stefanowicz, Stefan: Das Musikleben in der Bukowina. In: Buchenland. Hundertfünfzig Jahre Deutschtum in der Bukowina (vergl. Anm. 210) S. 478–507, hier S. 491 und Paunel, Eugen: Viktor Umlauff von Frankwell. In: Südostdeutsche Forschungen IV.Jg., München 1939 S. 371–394.
221 Botkowski, Adolf: Hundert Jahre Geschichte der katholischen Pfarre Cernăuţi. In: Katholischer Volks- und Hauskalender für die Bukowina. Cernăuţi 1937 S. 120–128, hier 111–123.
222 Bendella, Theophil: Die Bukowina im Königreich Galizien. Wien 1845 S. 1.
223 Kaindl: Geschichte von Czernowitz S. 175 f.
224 Drozdowski, Georg: Damals in Czernowitz und rundum. Erinnerungen eines Altösterreichers. Klagenfurt 1984 S. 11.

schlecht bestellt gewesen. Die Polizei griff rücksichtslos durch, wo sie nur konnte. *„An-statt den Schwachen den Schutz des Staates angedeihen zu lassen, wurden selbige besonders grob angefaßt"*, schrieb Carl Ritter von Borkowski an seinen Sohn in Wien.[225] Für die Bukowina brachte das Jahr 1848 die von den Deutschen und Rumänen lang ersehnte und nachdrücklich geforderte Trennung von Galizien und die Erhebung zu einem eigenen Herzogtum. Die Bürger der Landeshauptstadt konnten das Streben nach Okzidentalisierung des Stadtbildes und der Institutionen allmählich realisieren.

Die „transnationalen Wechselwirkungen und Interaktionen"[226], die die Stadt seit 1774 zu einer Begegnungsstätte einheimischer und eingewanderter Untertanen gemacht hatten, begünstigten in Zeiten der Unruhen in den Nachbarregionen Czernowitz in der Funktion eines sicheren Asylortes. 1821 flüchteten bei Ausbruch des griechischen Aufstandes dreißig moldauische Bojaren nach Czernowitz und Umgebung, wo sie eine Geheimgesellschaft gründeten und den Beschluß faßten, für eine Beteiligung aller Standesgenossen am politischen Leben zu kämpfen und vor allem dem verderblichen Einfluß der Griechen entgegen zu wirken. In welchem Ausmaß Bukowiner Rumänen sich an diesem Entschluß beteiligten, blieb bisher leider unerforscht.[227] Auch 1830/31 und 1848/49 war Czernowitz Zufluchtsort polnischer und rumänischer Revolutionäre, die von dort aus ihren Kampf fortzusetzen versuchten. In der, am 4. Oktober 1848 von Bukowiner Adeligen gegründeten, rumänisch-deutschen (zweisprachigen) Zeitung „Bucovina", die für die *„nationalen, intellektuellen und materiellen Interessen der Bukowina und für eine demokratische Monarchie"* kämpfen wollte[228], erschien in der Ausgabe vom 18. Februar 1850 die vom rumänischen Dichter Vasile Alecsandri entdeckte Volksballade „Miorița", eine *„vom Lebensgefühl und der gemeinsamen Erfahrung der rumänischen Wanderhirten durchdrungene Dichtung"*, die seither als Instrument der politischen Propaganda dem Ziel diente, *„die rumänischen Länder zu vereinigen"*.[229]

Im gleichen Jahr erfolgte auf Veranlassung Wiens die Gründung der Handels- und Gewerbekammer des Herzogtums, die der Wirtschaftsentwicklung entscheidende Impulse verlieh. Dieser Honoratiorenverein veröffentlichte vom Januar 1851 bis Ende 1852 die „Wochenschrift der Bukowiner Handels- und Gewerbekammer, Organ für in- und ausländische Handels-Gewerbe und landwirtschaftliche Interessen". Der ebenfalls

---

225 Frank-Döfering, Peter: Die Donner der Revolution über Wien. Ein Student aus Czernowitz erlebt die Revolution 1848. Wien 1988 S. 107–112.
226 Jaworski, Rudolf: Ostmitteleuropa. Zur Tauglichkeit und Akzeptanz eines historischen Hilfsbegriffs. In: Westmitteleuropa – Ostmitteleuropa. Vergleiche und Beziehungen. Festschrift für Ferdinand Seibt zum 65.Geburtstag. München 1992 S. 37–45, hier S. 44.
227 Turczynski, Emanuel: Von der Aufklärung zum Frühliberalismus. Politische Trägergruppen und deren Forderungskatalog in Rumänien (= Südosteuropäische Arbeiten Bd. 81). München 1985 S. 70 f.
228 Prokopowitsch: Die rumänische Nationalbewegung S. 89.
229 Maier, Lothar: Rumänien auf dem Weg zur Unabhängigkeitserklärung 1866–1877. Schein und Wirklichkeit liberaler Verfassung und staatlicher Souveränität (=Südosteuropäische Arbeiten Bd. 88). München 1989 S. 48.

1851 gegründete Verein für Landeskultur bemühte sich mit Nachdruck um Verbesserungen in Ackerbau, Fisch- und Viehzucht und zählte 1871 bereits 225 Mitglieder, die Mehrzahl aus dem Kreis der höheren Beamten und des adeligen Großgrundbesitzes.

Entscheidenden Anteil am Aufstieg von Czernowitz zu einem interethnischen Bildungs- und Kulturmittelpunkt hatte der 1851 gegründete „Landesbibliotheksverein". Hier war das Zusammenwirken des in Bibliotheksangelegenheiten erfahrenen Gymnasialprofessors Adolf Ficker, des provisorischen Landeschefs von Henninger und einiger rumänischer Adeliger für das Gelingen des Projektes von Bedeutung, wie überhaupt die Kooperation von Bildungsbürgertum und Adel während des Neoabsolutismus einen vom Spätjosephinismus und Frühliberalismus geschaffenen Freiraum zu nutzen verstand. In der recht euphorischen Stimmung des Revolutionsjahres 1848 hatte der „Bürgerliche Ausschuß" mit der Ausarbeitung einer Verfassung für die Stadt Czernowitz begonnen, zu der auch der Stadtbaumeister Andreas Mikulicz herangezogen wurde, wie aus dem erhaltenen Personalakt ersichtlich ist.[230] Die 1848 ersehnte neue Gemeindeordnung kam aber erst 1864 zustande.

Den Juden, die lange Zeit zu den „geduldeten" Bewohnern gehörten, wurde in ganz Österreich zwischen 1848 und 1867 nach und nach die volle Gleichberechtigung gewährt. Der 1849 am Gymnasium eingeführte Unterricht des Rumänischen und seit 1852 auch des Ruthenischen haben die von 1861 an praktizierte Mehrsprachigkeit bei den Behörden in der Bukowina erleichtert und die Zuwanderung von Ruthenen, Juden und Rumänen begünstigt. Von nicht geringer Bedeutung für interethnische Aktionsstränge waren die Aktivisten der Revolutionsbewegung von 1848. Gymnasiallehrer wie Ernst Rudolf Neubauer und Aron Pumnul vertraten zwar unterschiedliche politische Richtungen, traten aber wie Bürger und Adel für einen zügigen Ausbau der Bildungseinrichtungen ein.

Ohne großes Aufsehen, aber mit Erfolg errichtete die jüdische Kultusgemeinde 1855 eine „israelitisch-deutsche Volksschule", die künftighin einer wachsenden Schülerzahl den Weg in das Gymnasium ebnete.[231] Dagegen entwickelte sich die Lage der Protestanten zu einem Problem für Czernowitz, denn der Religionsunterricht am Gymnasium sollte in Zukunft nur noch vom katholischen Katecheten erteilt werden. Gegen diese Bestimmung, die auf das am 18. August 1855 abgeschlossene Konkordat zurückging und mit dem Staatsgrundgesetz für alle Untertanen Österreichs vom 5. November 1855 *„bei strenger Auslegung ... selbst das Toleranzpatent in Frage"* stellte, erhob sich ein Sturm der Entrüstung.[232] Das Bürgertum und der moldauische Adel, die sich im Span-

---

230 Mikulicz-Radecki, Henriette von: Erinnerungen an Wien, Krakau, Königsberg und Breslau. Memoiren der Frau des Chirurgen Johann von Mikulicz-Radecki. Bearb. u. m. e. Nachw. vers. v. Emanuel Turczynski. Dortmund 1988 S. 189.
231 Dubensky, Kalma E.: Gedenkschrift zur 50–jährigen Jubiläumsfeier der israelitisch-deutschen Volksschule in Czernowitz. Czernowitz 1905.
232 Franzos, Karl Emil: Der Wahrheitsucher. 2 Bde. Jena 1893, hier Bd. 2 S. 273, 276, 282 f. und Wagner, Oskar: Mutterkirche vieler Länder. Geschichte der Evangelischen Kirche im Herzogtum Teschen 1545–1918/20. Wien – Köln – Graz 1978 S. 172–187.

nungsfeld von Zentrum und Peripherie sahen, erkannten die Gefahren, die dem Land durch Konfessionsbedrückungen drohten, denn viele Achtundvierziger, die für eine liberale Verfassung gekämpft hatten, wehrten sich gegen ein *„gedrucktes Canossa"*, wie diese Maßnahmen genannt wurden.[233] Anstöße für die vollkommene Gleichstellung aller protestantischen und orthodoxen Christen gingen damals von Wirtschaftskreisen und orthodoxen Adeligen aus. Nicht nur der Präsident der Handelskammer in Kronstadt, Joseph Mager, sondern auch der Bukowiner Abgeordnete Alexander Freiherr von Petrino traten für diese Gleichstellung ein und wurden dabei vom Präsidenten der Handels- und Gewerbekammer in Czernowitz, Wilhelm von Alth, der 1861 zu den ersten Landtagsabgeordneten deutscher Volkszugehörigkeit zählte, und dem Sekretär der Handelskammer Andreas Mikulicz mit dem Satz unterstützt: *„Österreich strebt ... die Beglückung aller seiner Völker, ohne Unterschied der Nationalität und Confession in gleichem Maße an".*[234]

Hand in Hand mit dem Ringen um bürgerliche Freiheiten ging der Ausbau der Infrastruktur nach mitteleuropäischen Maßstäben. Hygienemaßnahmen wurde seit 1786 besondere Aufmerksamkeit gewidmet, 1833 ein städtisches Spital eingerichtet, dem die israelitische Kultusgemeinde 1854/55 ein eigenes kleines Spital an die Seite stellte. 1872 wurden ein Fleischbeschauer, 1883 ein Stadt-Tierarzt angestellt, und 1895 eine moderne Wasserleitung in Betrieb genommen, um die Unabhängigkeit von den nicht mehr ausreichenden Kapazitäten der Brunnen zu erzielen. Hinzu kam 1896 die elektrische Straßenbeleuchtung und 1894/1896 die städtische Kanalisation, für die Kanalgebühren erhoben wurden. Mit der Eisenbahn, die von Mitteleuropa über Lemberg und Czernowitz bis Jassy führte, und dem Bau des Hauptbahnhofes (1865/66) bekam Czernowitz einen Verkehrsanschluß von überregionaler Bedeutung.[235]

Auf Reisende, die aus dem Westen kamen, machte Czernowitz, das um 1870 erst 26.345 Einwohner zählte, keinen überwältigenden Eindruck. So hatte der aus Livland stammende und in Breslau wirkende Schriftsteller Julius von Eckardt (1836–1908) zu bemängeln, daß er nicht das Empfinden habe, *„in einer Stadt zu sein"*, weil er einige hundert Schritt vom Ring entfernt – so nannte er den Rathausplatz – durch die Lücken der schmalen Häuserreihen auf Felder und Gärten blicken konnte, und weder die Residenz des Bischofs noch die rumänischen Kirchen beeindruckten ihn.[236] Czernowitz war nicht mit den Städten des Baltikums oder mit Breslau zu vergleichen, sondern eine Gartenstadt.

Sechs Jahrzehnte nach der Gründung des ersten Gymnasiums in Czernowitz wurde der Wunsch nach Einrichtung einer Rechtsakademie im Landtag zur Sprache gebracht und vorgesehen, Vorlesungen in allen drei Landessprachen zu halten. Aber eine Rechts-

---

233 Leisching, Peter: Die römisch-katholische Kirche in Cisleithanien. In: Die Habsburgermonarchie (vergl. Anm.15) S. 1–247, hier S. 29–31.
234 Hauptbericht der Handels- und Gewerbekammer ... Czernowitz 1862 S. 220 f.
235 Kaindl: Geschichte von Czernowitz S. 135–138, 147, 149, 183.
236 Eckardt: Czernowitz S. 259 f.

akademie schien zu wenig. Der Gemeinderat, der ein zunehmend selbstbewußtes Gremium darstellte, forderte daher die Stiftung einer Universität. Hierauf wurde im Februar 1869 eine „Gesellschaft zur Förderung der wissenschaftlichen Bildung" gegründet, der 1871 bereits 90 Mitglieder, Honoratioren aller Sprach- und Glaubensgemeinschaften, angehörten. Erst als sich im Herbst 1872 die Handels- und Gewerbekammer mit gewichtigen Gründen den Beschluß des Gemeinderates zu eigen machte, erhielt das Projekt endlich konkrete Konturen. Vorab aber wurde die Gewerbeschule (1873) errichtet, die im Lauf der Jahre zur Staatsgewerbeschule aufstieg und die für die Ausbildung von Fachkräften sorgte, die für den gestiegenen Bedarf im Baugewerbe nötig waren. Für die Universitätsgründung trat der rumänische Landtagsabgeordnete aus dem Großgrundbesitz, Dr. Constantin Tomaszczuk, ein, dem sich seine Standesgenossen, aber auch alle anderen Angehörigen des Liberalismus anschlossen. Von den ruthenischen Reichsratsabgeordneten Ozarkiewicz und Gierowskyj unterstützt, beantragte er die Errichtung einer deutschsprachigen Universität.[237] Damit war der Weg für den Aufbau eines überregionalen und interethnischen Bildungszentrums in Czernowitz geebnet.

Mit der 1875 erfolgten Einrichtung der „Franz-Josephs-Universität" erhielt die Stadt allmählich eine neue kulturelle Dimension. Zu den Besonderheiten dieser östlichsten deutschsprachigen Hochschule gehörte neben der Fakultät für Orthodoxe Theologie die mit Nachdruck betriebene Erforschung und Pflege slavischer und romanischer Sprachen dieses Raumes, insbesondere des Rumänischen und Ukrainischen, und die vergleichende Philologie slavischer Sprachen. Aber auch das Stadtbild erfuhr durch die bunten Studentenmützen und Bänder einen neuen Akzent, denn seit dem Fackelzug am Abend des 4. Oktober 1875 gehörten akademische Korporationen zur Universität, ähnlich wie in Wien, Prag, München oder Heidelberg. Mehr als zwei Dutzend Studentenverbindungen entstanden zwischen 1875 und 1918, in denen Studenten aller Fakultäten, aller Sprach- und Glaubensgemeinschaften und aller politischen Richtungen Gleichgesinnte trafen.[238] Zwischen 1906 und 1910 kam es auch zur Gründung eines Akademischen Vereins serbischer Theologiestudenten, der bisher in keinem der Verzeichnisse Czernowitzer Verbindungen erwähnt wurde.[239] Noch bunter als die Zusammensetzung der Studierenden war die der Dozenten und Professoren, die aus allen Tei-

---

237 Nowosiwskyj, I.M. und Kolotylo, Basil: Die Ukrainistik an der Universität in Czernowitz. In: Alma mater Francisco-Josephina. Die Deutschsprachige Nationalitäten-Universität in Czernowitz. München 1975 S. 188–211, hier 198–200.
238 Prelitsch, Hans: Student in Czernowitz. Die Korporationen an der Czernowitzer Universität. In: Buchenland (vergl.Anm.8) S. 357–380.
239 Turczynski, Emanuel: Die Bedeutung von Czernowitz für die orthodoxe Theologie in Südosteuropa. In: Geschichte der Ost- und Westkirche in ihren wechselseitigen Beziehungen (= Acta congressus historiae Slavicae Salisburgensis in memoriam SS. Cyrilli et Methodii anno 1963 celebrati). Wiesbaden o. J. [1967] S. 166–195. Dr. Lazar Mirković, Professor für Liturgik an der Theologischen Fakultät in Belgrad, überließ dem Autor 1968 eine Fotografie, auf der er und acht andere Mitglieder dieser Verbindung abgebildet sind.

len der Habsburgermonarchie und des deutschen Sprachraumes an die neu gegründete Universität berufen wurden. Da die Stadt nur geringe Freizeitmöglichkeiten bot, die für Wissenschaftler attraktiv hätten sein können, blieb für die Hauptaufgaben, Forschung und Lehre, ein breiter zeitlicher Rahmen, so daß der Dialog mit Kollegen und Studenten nie zu kurz kam. Allmählich nahm auch die Zahl der Begegnungsstätten akademischer Korporationen und der „Nationalhäuser" mit ihren Leseräumen zu. Schließlich gab es auch den 1867 gegründeten „Allgemeinen Turnverein", zu dem seit 1903 die nationalen Sportvereine „Jahn", „Dragoş-Voda", „Makkabi", „Polonia" und „Dowbusch" hinzu kamen.[240]

Das Bild der Wochen- und Jahrmärkte war betont ländlich und stand in einem auffallenden Kontrast zu den dunkel gekleideten Städtern, denn die bäuerlichen Marktbesucher – die Rumänen und Ukrainer in ihren leinenweißen Trachten, die Huzulen aus den Bergdörfern der westlichen Kreise in ihren leuchtend roten Kleidern – stellten eine farbliche und stimmliche Bereicherung dar, priesen sie ihre Waren doch in allen Landessprachen an. Besonders laut gestikulierten die meist aus den Vorstädten stammenden Schausteller, die als Kenner der Mentalität ihrer ukrainischen, rumänischen oder jüdischen Landsleute wußten, wie man die Kundschaft vom Lande ansprechen mußte, um ins Geschäft zu kommen. Karl Emil Franzos, Ludwig Adolf Simiginowicz-Staufe und zuletzt Gregor von Rezzori haben die Mannigfaltigkeit der Stadt- und Landbewohner, die sich in Czernowitz trafen, ebenso liebevoll charakterisiert wie Georg Drozdowski.[241]

Vornehme und wohlhabende Reisende stiegen im Hotel „Schwarzer Adler" am Ringplatz ab. Dort trafen sich zu festlichen Anlässen auch die Spitzen der Behörden, die höhere Geistlichkeit und die bürgerlichen Honoratioren. Für die von auswärts kommenden Marktbesucher gab es an den Ausfallstraßen zahlreiche Gasthöfe und Küchen, insbesondere um den Austria-Platz, wohin der Wochenmarkt verlegt wurde, als der Ringplatz für Staatsfeiern und Paraden freizuhalten war. Ein ständig gut besuchter Kleider- und Haushaltswaren-Markt hatte sich am Mehlplatz in der Unterstadt unweit des alten Judenviertels etabliert: Und wie der Name aussagt, wurde dort auch Mehl verkauft.

Mit der steigenden Einwohnerzahl wuchs das Bedürfnis nach Parkanlagen. Daher wurden geeignete Flächen wie der „Bischofsberg" hinter der erzbischöflichen Residenz, seit 1888 als „Habsburghöhe" bekannt, zu einer der beliebtesten Begegnungsstätten der jüngeren Generation, ebenso der zentral gelegene Schillerpark, der Franz-Josephs-Park und, seit der Intensivierung botanischer Forschungen an der Universität, der Botanische Garten.

---

240 Nussbaum, Isidor [Norst, Anton]: Gut Heil ! Festschrift zum 25–jährigen Bestehen des Allgemeinen Turnvereins in Czernowitz. Czernowitz 1892.
241 Franzos, Karl Emil: Aus Halb-Asien. Culturbilder aus Galizien, der Bukowina, Südrußland und Rumänien. Bd. 2. Stuttgart 1889 S. 318–325; Simiginowicz-Staufe, Ludwig Adolf: Die Völkergruppen der Bukowina. Ethnographisch-culturhistorische Skizzen. Czernowitz 1884; Rezzori, Gregor von: Blumen im Schnee. Portraitstudien zu einer Autobiographie. München 1989.

Emanuel Turczynski (München)

In den Herbst- und Wintermonaten waren Hausmusik, Instrumental- und Gesangskonzerte ebenso beliebt wie Theaterveranstaltungen. Die Art der Pflege der Kunstmusik und des Theaterspiels könnte als Maßstab zur europäischen Kulturorientierung dienen. Wanderbühnen und Schattenspieler waren seit 1784 nach Czernowitz gekommen, wo sie ein dankbares, aber auch zunehmend kritisches Publikum fanden. 1803 weilte eine Theatergruppe sogar neun Wochen in der Stadt und weckte den lange Zeit unerfüllbaren Wunsch nach einem ständigen Theater. Zwar konnte 1819 ein Stallgebäude zu einem Theatersaal umgebaut werden, doch war dies keine Dauerlösung, sodaß Wanderbühnen später in notdürftig umgebauten Gasthäusern oder in einem hölzernen Musentempel im Volksgarten auftreten mußten. 1839 entstand schließlich der erste Theaterbau, der aber schon 1841 in Flammen aufging. Ein ähnliches Schicksal hatte der nächste Theaterbau, der 1854/55 den Flammen zum Opfer fiel, denn die Winter waren meist sehr streng und die Eisen- und Kachelöfen ein großer Risikofaktor. Diese Theaterbrände haben keineswegs zu Unterbrechungen von Besuchen der deutschen, polnischen und rumänischen Wanderbühnen geführt. Mihai Eminescu, der große Klassiker rumänischer Dichtung, der einige Jahre das Czernowitzer Gymnasium mit wechselndem Erfolg besucht hatte, verfiel in Czernowitz der Theaterleidenschaft und schloß sich 1864 einer rumänischen Wanderbühne an, um seitdem ein unstetes Künstlerleben zu führen.[242]

1878 wurde ein ansehnliches Stadttheater erbaut, das 547 Zuschauer faßte, doch war es für den zunehmenden Besucherandrang bereits nach sechs Jahren zu klein. Deshalb und weil es feuerpolizeilich zu unsicher schien, bildete sich 1884 ein Theaterverein, dem es mit Hilfe eines Antrages des Baurates Josef Gregor, der im Gemeinderat eine gewichtige Stimme hatte, 1898 gelang, die öffentlichen Mittel für das von den bekannten Theaterarchitekten Fellner und Helmer für 813 Zuschauer erbaute „Schillertheater" zu erwirken. Am 3. Oktober 1905 fand die feierliche Eröffnung statt.[243] Während in Czernowitz die Theateraufführungen seit Beginn der neunziger Jahre der Höhe der Wiener, Prager und Pariser Opern- und Operettenaufführungen zustrebten, beherrschte in einigen Hauptstädten der jungen Königreiche Südosteuropas das burleske Kriegsspiel die Bühne.[244] Obwohl die Bukowina zunächst vom stationären byzantinisch-orientalischen Kulturschema beherrscht worden war, orientierte sich die Intelligenz kulturell an Mitteleuropa, sodaß die Anpassung an westeuropäische Kunstströmungen binnen weniger Generationen erfolgreich vollzogen wurde. Während sich Theaterbau und Spielplan ebenso wie die Architektur der öffentlichen Gebäude und der bürger-

---

242 Turczynski, Emanuel: Eminescus Schulzeit in der Bukowina im Spannungsfeld gesellschaftlicher und ethnischer Strukturunterschiede. In: Eminescu im europäischen Kontext. Augsburg – München 1988 S. 163–191.
243 Drozdowski, Georg: Geschichte des Theaters in der Bukowina. In: Buchenland (vergl. Anm. 210) S. 451–472.
244 Deschamps, Gaston: La Grèce d'aujourd'hui. Ouvrage couronné par l'Académie française. Paris [15]1930 S. 124–132 (Die erste Auflage erschien 1892).

lichen Wohnhäuser nach Mittel- und Westeuropa ausrichteten, blieb der Stil der Sakralbauten der morgenländischen und griechisch-katholischen Glaubensgemeinschaften den byzantinisch-moldauischen Formen verbunden. Daher besticht besonders der Anblick der vom Prager Architekten Joseph Hlavka erbauten erzbischöflichen Residenz, die 1882 fertiggestellt wurde und die heute die ukrainische Universität beherbergt.

Zu Beginn des 20. Jahrhunderts zählte die Stadt einschließlich der Vorstädte erst 5.934 Häuser und 67.622 Bewohner, besaß aber ein so gut ausgebautes Netz von Elementarschulen, daß von 9.365 schulpflichtigen Kindern 8.470 (90,44%) in den öffentlichen Schulen eingeschrieben waren, an denen 169 Lehrkräfte unterrichteten. 4.205 Schüler und Schülerinnen hatten Deutsch als Muttersprache angegeben, 1.173 waren Rumänen, 1.679 Ukrainer, 1.394 Polen und 19 gehörten der magyarischen oder anderen Minderheiten an. Dem Glaubensbekenntnis nach waren es 2.643 Israeliten, 1.440 Katholiken und Protestanten, eine Mehrheit an Orthodoxen und Unierten. Von den 24 Schulen waren 15 deutsch- und zwei rumänischsprachig, sieben Schulen hingegen zweisprachig. In den sechs Privatschulen wurde außer der evangelischen Schule, wo Deutsch die Unterrichtssprache war, in zwei oder drei Sprachen unterrichtet. Die Fach-, Berufs- und Oberschulen der Stadt besuchten 1905/06 über 2.000 Schüler.[245] An der Universität waren im Wintersemester 1912/13 1.194 Studierende immatrikuliert, darunter 445, die Deutsch als Muttersprache angegeben hatten.[246]

Obwohl damals noch keine Großstadt im heutigen Sinn des Wortgebrauchs, war Czernowitz zu einem Bildungs- und Verwaltungszentrum von überregionalem Rang interethnischer Verflechtungen und transnationaler Wechselwirkungen geworden. In den Buchhandlungen lag ein breites Angebot an Bildungs- und Fachliteratur auf, in den Kaffeehäusern ein Überangebot an Zeitungen und Zeitschriften, denn der kulturelle Strahlungsbereich der Universität sorgte für ein breites Spektrum volkstümlicher Hochschulkurse. Diese Vorträge waren im Winter 1906/07 so stark besucht, daß Hörerkarten wegen des Platzmangels ausgegeben werden mußten. Die Hörsäle der Universität waren dem Besucherandrang nicht gewachsen. Im Winter 1907/08 übertraf die Besucherzahl der Volkshochschulen die der ordentlichen Studierenden.[247]

Wie in den Theateraufführungen war auch in den volkstümlichen Hochschulkursen Deutsch als hochentwickelte Literatur-, Kunst- und Fachsprache vorherrschend,[248] doch wurden weder das Rumänische noch das Ukrainische, Jiddische oder Polnische benachteiligt oder gar unterdrückt: Über die Vortrags- oder Bühnensprache entschieden

---

245 Kaindl: Geschichte von Czernowitz S. 186, Wagner, Rudolf: Das Schulwesen. In: Czernowitz. Eine Stadt im Wandel der Zeit. München – Stuttgart 1988 S. 26–35, hier S. 26.
246 Prokopowitsch, Erich: Gründung, Entwicklung und Ende der Franz-Josephs-Universität in Czernowitz (Bukowina-Buchenland). Clausthal – Zellerfeld 1955 S. 40.
247 Turczynski, Emanuel: Der kulturelle Wirkungsbereich der Franz-Josephs-Universität. In: Südostdeutsche Heimatblätter Jg.6, München 1957 S. 172–180.
248 Rein, Kurt: Politische und kulturgeschichtliche Grundlagen der „deutschsprachigen" Literatur in der Bukowina." In: Die Bukowina. Studien zu einer versunkenen Literaturlandschaft. Tübingen 1990 S. 27–47.

die Besucher, Zeitungs- und Zeitschriftenleser. In der polyethnischen Gesellschaft dieser Stadt, in der die Israeliten im Jahre 1900 mit 21.587 Menschen die stärkste Glaubensgemeinschaft darstellten, gefolgt von den Katholiken mit 18.696, den Orthodoxen mit 15.621, den Griechisch-Katholischen mit 7.844, den Evangelischen mit 3.540 und 302 anderen Personen, war man in der Wahl der Sprache frei.

Seitdem Versicherungsgesellschaften, Sparkassen und Banken von 1824 an den Kapitalfluß der Czernowitzer Drehscheibe in Verbindung mit den seit 1866 durchgeführten Eisenbahnbauten beschleunigten, war der kommunale Wohlstand gewachsen. 1897 konnte sich die Stadt den kostspieligen Bau einer elektrischen Straßenbahn leisten, die von der Pruthebene und dem Hauptbahnhof bis zum Volksgarten fuhr.[249] Technisch-zivilisatorische Errungenschaften waren das Ergebnis einer kulturellen Entwicklungsbereitschaft, die hier nur angedeutet werden kann. Eine Bukowiner Spielart einer inoffiziellen Akademie der Wissenschaften stellte die von Universitätsprofessoren angeregte Gründung des Landesmuseums-Vereins dar, dessen Jahrbücher zu einem wichtigen Publikationsorgan für landeskundliche und stadtgeschichtliche Forschungen geworden sind. Daß im Jahr 1913 in dieser Landschaft mehr deutschsprachige Druckschriften erschienen als im Kronland Salzburg, belegt die Blüte der Publizistik[250], die als Ergebnis eines urbanen Zivilisationssprungs gewertet werden kann, an der die Verwaltungsorgane der Schulen nicht unbeteiligt waren. Als Beispiel für die organisatorischen Leistungen dient die Beschreibung des I.Staatsgymnasiums: *„Der Stundenplan war ein Meisterwerk der Schulstrategie. Man bedenke: Für die ruthenischen Schüler war mehrere Stunden wöchentlich das Ruthenische obligater Unterrichtsgegenstand, für die rumänischen das Rumänische; für die anderen waren Kurse in den "Landesprachen" vorgesehen, die man freiwillig besuchen konnte. Der katholische Religionsunterricht wurde nach römischem, griechischem und armenischem Ritus in deutscher, ruthenischer und polnischer Sprache erteilt. Der griechisch-orientalische (orthodoxe) in ruthenischer und rumänischer, der protestantische und jüdische in deutscher Sprache. Die Armenisch-Orthodoxen wurden den Rumänen zugezählt und gingen mit diesen in die gemeinsame Religionsstunde. Es war ihnen aber wohlbekannt, daß ihr oberster Seelenhirt nicht etwa der griechisch-orientalische Metropolit für die Bukowina und Dalmatien mit dem Sitz in Czernowitz, sondern der Patriarch von Konstantinopel sei, das geistige Oberhaupt aller orthodoxen Armenier".*[251]

Als eines der Ergebnisse einer weit blickenden Schul- und Bildungspolitik erlebte Czernowitz in den letzten Jahren vor Ausbruch des Ersten Weltkrieges glanzvolle und gut besuchte Theater- und Konzertaufführungen. Begleitet von Alfred Adler gab 1910

---

[249] Kaindl: Geschichte von Czernowitz S. 198–201.
[250] Urbanitsch, Peter: Die Deutschen in Österreich. In: Die Habsburgermonarchie 1848–1918. Bd. III/1: Die Völker des Reiches. Wien 1980 S. 34–153, hier S. 105.
[251] Menczel, Philipp: Trügerische Lösungen. Erlebnisse und Betrachtungen eines Österreichers. Stuttgart – Berlin 1932 S. 30 f.

der weltberühmte spanische Cellist Pablo Casals ein Konzert, das mit großer Begeisterung aufgenommen wurde, sodaß er fünf Zugaben spielen mußte.[252]

Nach dem Anschluß der Bukowina an Rumänien begann die Entrechtung der Minderheiten. Juden, Deutsche und Ukrainer sahen sich gezwungen, ihre kulturellen Tätigkeiten und die damit verbundene Pflege der Muttersprache aus eigener Kraft zu betreiben. Für kurze Zeit konnte der Theaterdirektor Popp das Bühnenleben zu einem letzten Höhepunkt führen. Bekannte Künstler, unter ihnen Conrad Veit, Paul Wegener, Alexander Moissi und Ida Ehre gastierten in Czernowitz. Als Moissi in Schillers „Die Räuber" die Hauptrolle spielte, stürmten am 2. Januar 1922 rumänische Studenten das Theater und verjagten das Publikum, da sie Moissi für einen Juden gehalten hatten. Das Stadttheater, allen Czernowitzern gehörend, hatte so seine übernationale Funktion plötzlich verloren. Als das Schillerdenkmal auf Veranlassung der neuen Obrigkeit seinen angestammten Platz räumen mußte und auf einem Karren zum neuen Standort, dem Hof des Deutschen Hauses, gefahren wurde, folgte diesem Abtransport eine barhäuptige Menschenmenge „wie in einem Leichenzug".[253] Derartige Artikulationen von Inferiorität begannen die Stadt ihres internationalen Kulturprofils zu berauben, sodaß Gregor von Rezzori rückblickend über diesen Theaterskandal schrieb: „Diese Offenbarung des Chauvinismus genügte, daß mein Vater nie wieder seinen Fuß über die Theaterschwelle setzte".[254]

Dennoch blieb Czernowitz auch während der Zwischenkriegszeit eine Stadt, in der es „Harmonie, Verständnis und in den intellektuellen Kreisen gesellschaftlichen Verkehr quer durch die Nationen" gab. „Die Straßen waren in guter Hut ... Unsere Gehsteige luden zum Spaziergang ein".[255] Bürgersteige und Sauberkeit der Straßen gehörten zu den äußerlichen Abgrenzungskriterien für Ostmitteleuropa gegenüber weiter entfernten Regionen, und auch die deutsch-jüdische Symbiose[256] im intellektuellen Bereich blieb noch bis Anfang der vierziger Jahre erhalten, ebenso auch die alten deutsch-rumänischen und deutsch-ukrainischen Verflechtungen. Der wachsende Rumänisierungsdruck begann jedoch allmählich groteske Formen anzunehmen, sodaß im Kreis junger jüdischer Intellektueller Sympathien für den Marxismus-Leninismus und bei der älteren Generation die Verherrlichung Altösterreichs zunahm. Dennoch hatte die Stadt ihre ganze Strahlungskraft noch nicht verloren. Wenn es stimmt, daß Czernowitz „zwischen den beiden Weltkriegen nach Warschau und New York die Stadt mit dem prozentual größten jüdischen Bevölkerungsanteil in der Welt" war[257] versteht man die Gründe

---

252 Lindes, Guido: Paplo [sic!] Casals in Czernowitz. In: Der Südostdeutsche Jg. 14, München 1963 Nr. 19 S. 5.
253 Drozdowski: Geschichte des Theaters S. 464 f.
254 Rezzori: Blumen im Schnee S. 73.
255 Drozdowski: Damals in Czernowitz S. 12, 37.
256 Schaary, David: Jewish Culture in Multinational Bukowina between the World Wars. In: Shvut. Bd. 16, Tel Aviv 1993 S. 281296.
257 Sienerth, Stefan: „Jiddisch – noch immer eine Weltsprache". Ein Gespräch mit Josef Burg. In: Südostdeutsche Vierteljahrsblätter 42. Jg., München 1993 F.1 S. 9–13.

für die Zunahme interethnischer und interkonfessioneller Konflikte, die – anders als zu Zeiten der österreichischen Herrschaft – von den neuen Machthabern oft stillschweigend geduldet wurden. Da die Minderheiten unter der Wirtschaftskrise seit Ende der zwanziger Jahre besonders zu leiden hatten, richteten die Buchenlanddeutschen ihre Blicke zunehmend auf Wien und Berlin. Dies gehörte zum Schicksal vieler Streusiedlungen an der Peripherie Ostmitteleuropas.

Als Folge des Hitler-Stalin-Paktes über die Aufteilung der Einflußgebiete in Ostmitteleuropa wurden Czernowitz und die Nordbukowina zusammen mit Bessarabien am 28. Juni 1940 von der Sowjetunion annektiert. Ein Teil der rumänischen Einwohner flüchtete nach Rumänien, die deutsche Bevölkerung wurde im Herbst desselben Jahres nach Deutschland und Österreich umgesiedelt, und was an sog. „bürgerlichen Elementen" zurückblieb, wurde teilweise in das Innere der Sowjetunion verbracht. Nach Ausbruch des Krieges gegen die Sowjetunion am 22. Juni 1941 deportierte die rumänische Militärverwaltung die Mehrzahl der jüdischen Stadtbewohner nach Transnistrien, wo Zehntausende in den Arbeitslagern durch Hunger und Epidemien umkamen. Zuwanderungen aus der Ukraine und anderen Ländern der Sowjetunion ließen die Einwohnerschaft der Stadt wieder anwachsen. Jenseits der Vorstädte entstand ein Gürtel von Hochhäusern mit Wohnungen für die neuen Bewohner, denn Czernowitz war noch immer eine attraktive Stadt, auch wenn die Theater- und Kaffeehauskultur von einst dem kommunistischen Alltag hatte weichen müssen. So wurde es zu einer der vielen Kreisstädte der Sowjetukraine.

Die steingewordene Vergangenheit und ein kleiner Rest von Alt-Czernowitzern bewahren aber die Überlieferung von dem meist einträchtigen Zusammenleben der vielsprachigen Gesellschaft, von der provinziellen Eleganz der Stadt und der überregionalen Bedeutung ihrer Schriftsteller. Nach einem kulturellen Niedergang bis Ende der achtziger Jahre hat eine bewußte Neuorientierung und die Rückbesinnung auf die ethnisch-konfessionelle Vielfalt eingesetzt. Berichte von Reisenden aus den letzten Jahren geben Aufschluß über diesen Wandel, von denen drei zur Illustration der Veränderungen der inneren und äußeren Stadtstruktur zitiert werden sollen. Ein Zufall führte zwei eifrige Sammler von Czernowitzer Ansichtskarten in Moskau zusammen, der eine kam aus Israel, der andere aus Deutschland, aber beide erkannten sich sofort als ehemalige Czernowitzer. Nach dieser kurzen Begegnung schrieb Ignatz Leibovicz aus Ashkalon/Afridar in Israel an Eduard Kasparides in München: *„Auch ich, wie viele unserer Landsleute denken oft mit Wehmut an das schöne Czernowitz vor dem Kriege, wo es sich gut leben ließ und wo sich die einzelnen Volksgruppen so gut verstanden hatten. Ja, das war wirklich die Schweiz des Ostens. Aus einer blühenden Stadt ist Czernowitz nun zu einem großen Dorf mit 180.000 Einwohnern geworden, mit vielen neuen Mietskasernen. Das Leben schleppt sich eintönig daher, man hört nicht deutsch sprechen und selten rumänisch. Das reine, musterhafte Czernowitz ist nun schmutzig"* (27. Juli 1980). Seither hat sich das Stadtbild wieder zum Besseren gewendet, und das kulturelle Wirken der in Czernowitz lebenden Ukrainer, Rumänen, Juden, Polen und Deutschen trägt viel zu jener Atmosphäre wohlwollender Toleranz bei, die schon 1845 von dem rumänischen Theologieprofessor Bendella gerühmt worden war. Ein Schriftsteller, der Ende der achtziger Jahre Czernowitz zum ersten Mal besucht hat, malte in seinem Buch „Das Wunder von Nishnij oder die Rückkehr der Städte" ein liebevolles Bild der Stadt. In seinem 35 Seiten umfassenden Essay „City upon the Hill" zeigt er sich von der Lage der Stadt und ihrer Geschichte beeindruckt.[258] Diese „Rückkehr" im Sinne einer Öffnung nach Mitteleuropa, in der Zwischenzeit noch weiter fortgeschritten, beschreibt auch der dritte Zeitzeuge. Czernowitz bildet heute mit seiner neuerdings wieder vielsprachigen Universität einen wichtigen Brückenpfeiler der Ukraine zu Österreich und Deutschland. Rumänische, jüdische, österreichisch-deutsche und polnische Vereine tragen mit ihren Publikationsorganen neben den ukrainischen zur Wiederbelebung der ehemals so bunten Zeitungslandschaft bei, und Germanisten und Historiker der Universität erforschen zusammen mit Kollegen aus anderen Ländern den Bewußtseinswandel, den die Menschen in Czernowitz und der Bukowina im Verlauf der beiden letzten Jahrhunderte erlebt haben.[259]

---

[258] Schlögel, Karl: Czernowitz – City upon the Hill. In: Das Wunder von Nishnij oder die Rückkehr der Städte. Frankfurt a.M. 1991 S. 80–115.
[259] Heuberger, Andreas: Die Bukowina – eine Region entdeckt ihre Vergangenheit wieder. In: Osteuropa 42, Stuttgart 1992 S. 978–983.

Hauptstadt in Moldawien – ein Problem?

Harald Heppner (Graz)

Wenn ein mit natürlichen Grenzen ausgestattetes Land über eine lange politisch-territoriale Tradition und, darüber hinaus, auch über ein über Jahrhunderte gewachsenes bzw. bestehendes Zentrum verfügt, ist der Idealfall für eine Hauptstadt gegeben, und zwar in jener Hinsicht, daß dieser Ort nicht nur in Verwaltung, Wirtschaft und Verkehr eine tragende Rolle spielt, sondern auch im Selbstverständnis der Bewohner dieses Landes als Symbol der eigenen gesellschaftlichen und kulturellen Mitte verstanden wird. Das in diesem Beitrag zu behandelnde Beispiel Moldawien entspricht diesem Idealfall ziemlich wenig, fehlen ihm hiezu doch etliche Voraussetzungen: Moldawien setzt sich einerseits aus dem Großteil jenes Landes zwischen Dnjestr und Pruth, das den Namen „Bessarabien" bekommen hat, und andererseits aus einem Gebietsstreifen östlich des Dnjestr zusammen und ist ein Produkt des 20. Jahrhunderts; die Bedeutung des Namens „Moldawien" hat sich geändert; der mit dem Namen angesprochene Raum erweist sich geographisch, ethnisch und politisch-historisch als ziemlich heterogen; die Rahmenbedingungen für eine Hauptstadt im modernen Sinn sind erst spät zustande gekommen und bergen strukturelle Schwächen, die sich bis in die Gegenwart auswirken.

Der mit Moldawien angesprochene Raum besitzt nur teilweise die Voraussetzungen zum Entstehen einer stabilen Einheit[260], denn den transnistrischen Teil Moldawiens trennt, vom Dnjestr abgesehen, keine natürliche Linie im Gelände von seiner ukrainischen Umgebung; seine Größe und Erstreckung beruht allein auf politischen Umständen. Hierin unterscheidet sich dieses Gebiet erheblich von Bessarabien, dessen begrifflicher Inhalt im vorliegenden Zusammenhang dem Usus in der Geographie entspricht. Der Blick auf die Landkarte zeigt, daß Bessarabien verhältnismäßig günstige natürliche Voraussetzungen zum Entstehen einer Landeseinheit besitzt, denn der Dnjestr im Norden und Osten, die Schwarzmeerküste im Südosten sowie der Pruth im Westen trennen das Gebiet gegenüber der Umgebung klar ab. Eine nicht vom Terrain vorgegebene Abgrenzung nach außen fehlt lediglich im Bereich zwischen den Oberläufen der beiden großen Flüsse; dort liegt die Möglichkeit nahe, die Grenze mittels einer willkürlichen Geländelinie zu ziehen. Bis ins 20. Jahrhundert gehörten zu den Bessarabien von seiner Umgebung trennenden Faktoren auch das mangelhafte Verkehrsnetz sowie die klimatischen Auswirkungen auf die noch unbefestigten Wege. Das Relief, die Gewässer und die Vegetation untergliedern den bessarabischen Raum zwar, doch unterteilen die einzelnen Zonen das gesamte Land nicht so stark, daß es als geographische Einheit in

---

260 Zum folgenden siehe C. Uhlig: Die bessarabische Frage. Eine geopolitische Betrachtung. Breslau 1926 S. 12–35; Bol'šaja sovetskaja enciklopedija Bd. 28. Moskva 1954 S. 82–84; Leo S. Berg: Die geographischen Zonen der Sowjetunion Bd. 1. – Leipzig 1958 S. 318 f; Moldavskaja Sovetskaja Socialističeskaja Respublika. Kišinëv 1979 S. 8–54.

Frage gestellt werden müßte. Der nordwestlichste Teil zählt mit den Ausläufern der zentraleuropäischen Mischwaldzone zur podolisch-wolhynischen Platte mit einer durchschnittlichen Höhe von etwa 400 Metern und ist durch langgestreckte rippenartige Hügelkämme („Toltry") durchzogen. Der anschließende Teil gegen Süden/Südosten weist eine Einsenkung auf, in dessen Mitte sich die Stadt (rum.) Bălți[261] befindet. Hier beginnt die Waldsteppenzone, die sich vom Nordrand dieses Beckens gegen Osten fortsetzt. Das Gebiet in der südöstlichen Nachbarschaft (Mittelbessarabien) steigt wieder etwas an, erreicht eine mittlere Höhe von 350–400 Metern und ist im Gegensatz zum Becken von Bălți etwas stärker mit Wald bedeckt. Den Rückgang des Waldbestandes, der im 20. Jahrhundert nur mehr rund 5–6% der Bodenfläche Bessarabiens ausmacht, hat im wesentlichen die Landwirtschaft bedingt; für frühere Zeiten muß davon ausgegangen werden, daß der Anteil des Waldes erheblich größer gewesen ist. Den südlichen Teil des Landes, der der Steppenzone zugehört, bilden das gegen das Schwarze Meer und die Donau zu abfallende Hügelland und der breite, ebene und zum Teil sumpfige Küstengürtel. Der hügelige Teil ist gekammert und wird nur da und dort von kleineren Flußläufen stärker unterteilt. Das insgesamt steigungsarme Gelände und die von Nordwesten nach Südosten ausgerichteten, lang gezogenen Flußtäler haben den Verkehr innerhalb Moldawiens, aber auch mit der Außenwelt seit jeher erheblich begünstigt. So sehr Dnjestr und Pruth Bessarabien einerseits nach außen abgrenzen, haben das Gelände und die Flüsse andererseits seit der Frühzeit die Durchquerung des Landes ermöglicht – sei es zwischen dem Schwarzen Meer und Galizien entlang der Flußrouten, sei es zwischen der Ukraine und dem Unterlauf der Donau. Nicht zuletzt aus dieser Beschaffenheit des Terrains erklärt sich das unbeständige Schicksal dieses Raumes.

Mißt man für den Verlauf der Geschichte der Tradition einen eigenen Stellenwert zu, erweist sich Moldawien als Gebiet mit oft wechselnden Entwicklungsbedingungen, die das Entstehen einer festen politisch-territorialen Struktur und eines eigenen Landesbewußtseins stark behindert, wenn nicht überhaupt verhindert haben. Für die ältesten Zeiten stehen keine ausreichenden Quellen zur Verfügung, um die Verhältnisse aufzuhellen. Da eine bestimmte Raumordnung das Vorhandensein einer Herrschaft voraussetzt und da die damals auftretenden Völkerschaften – so sehr sie sich ausgebreitet und daher archäologische Spuren hinterlassen haben – zahlenmäßig in keinem Verhältnis zur Größe des Raumes standen, ist die Wahrscheinlichkeit des Bestehens geopolitischer „Ordnungen" nicht groß; das in Frage kommende Gebiet diente allem Anschein nach lediglich als Siedel- und Durchzugsland.[262] Zunächst bestimmte die Lage am Dnjestr und Pruth die Nachbarschaft der getodakischen Stämme des Karpaten- und Donaubereichs und der skythisch-sarmatischen Bevölkerungsgruppen entlang der Steppenzone. Ein dritter Faktor waren die Griechen, die seit dem 7. Jahrhundert v.Chr. an der Küste Ko-

---

261 (russ.) Bel'cy.
262 Istorija Moldavskoj SSR Bd. 1. Kišinëv 1987 S. 19–153.

Ionien gegründet hatten (z. B. Tyras[263] an der Dnjestrmündung). Die Römer stellen insofern eine neue, gestaltende Kraft dar, als sie in den Dakerkriegen (101–106 n.Chr.) ihr Imperium flächendeckend an das Bessarabien nach Süden abschließende Donaudelta vorschoben („Scythia minor"), mit der „Dacia Romana" im Bereich der westlichen Walachei und Siebenbürgen für rund einhundertfünfzig Jahre (106–271 n.Chr.) einen Brückenkopf nördlich des großen Stromes einrichteten, wodurch ein Teil der autochthonen Bevölkerung romanisiert wurde, und als Flankenschutz hiefür gegen das offene Gelände im Norden und Nordosten eine doppelte Sperrlinie auf bessarabischem Boden errichteten: Der sog. „untere" (südliche) Trajanswall[264] setzt am Pruth südlich von (rum.) Cahul[265] an und zieht sich ostwärts bis zur Mündung des (rum.) Cogîlnic[266] hin, der sog. „obere" (nördliche) Trajanswall verläuft vom Pruth in der Höhe von (rum.) Leova[267] in Richtung (rum.) Tighina.[268]

Eine neue Situation entstand mit dem Einbruch der Goten im Schwarzmeerraum in der Mitte des 2. Jahrhunderts n.Chr., da diese den Weg vom unteren Dnjestr zur unteren Donau hinfort als Einfallspforte nach Süden benützten und so zum Zerfall der römischen Ordnung beitrugen. Ihnen folgten in den nächsten Jahrhunderten die Hunnen, Awaren, Bulgaren, Magyaren, Petschenegen und Kumanen, die das steppenartige Tiefland teils durchzogen, teils vorübergehend bevölkerten, ohne erhebliche Spuren zu hinterlassen. Zur Transitfunktion Bessarabiens und seiner Umgebung für die asiatischen Reitervölker tritt seit dem 6. Jahrhundert jedoch auch die Siedelfunktion für die von Nordwesten vordringenden Slawen hinzu. Diese hinterließen ihre Spuren vor allem in den hügeligen Teilen des Landes und trugen, da sie mit den verbliebenen Geto-Dakern in nähere Verbindung traten, zur Ethnogenese des rumänischen Volkes bei.[269]

In hohem Maße hat seit dem Frühmittelalter die politische Entwicklung im moldawischen Raum der Umstand bestimmt, daß im entfernteren oder näheren Umkreis größere Herrschaftsgebilde entstanden sind und in diesen Raum eingegriffen, ihn angegliedert oder aufgeteilt haben.

Der erste Anstoß zur Einbeziehung ging vom Kiever Rußland im 10. und 11. Jahrhundert aus, bezog sich aber nur auf den kontinentalen Teil, da der meerseitig gelegene Teil wegen der durchziehenden Reitervölker unsicher blieb. Infolge der Zersplitterung

---

263 (byz.) Maurocastron/(ital.) Moncastro/(rum.) Cetatea Albă/(türk.) Akkerman/(russ.) Belgorod Dnestrovskij/(ukr.) Bilhorod Dnistrov'skyj.
264 Karl Kurt Klein: Römische und gotische Wallanlagen in der Dobrudscha und südlichen Moldau. In: Jahrbuch der Dobrudschadeutschen, Heilbronn 1960 S. 1–20; Istorija Moldavskoj SSR a. a. O. S. 176–177.
265 (russ.-ukr.) Cagul.
266 (russ.) Kogyl'nik/(ukr.) Kohyl'nyk.
267 (russ.) Leovo.
268 (türk.) Bender/(russ.) Bendery.
269 N. A. Mochov: Očerki istorii formirovanija Moldavskogo naroda. Kišinëv 1978 S. 53–92; V. D. Baran: Složenie slavjanskoj rannesrednevekovoj kul'tury i problema rasselenija slavjan. In: Slavjane na Dnestre i Dunae. Kiev 1983 S. 5–47; Istorija Moldavskoj SSR a. a. O. S. 205 ff, 221 ff.

des Kiever Reiches ging das nordwestliche Bessarabien vorübergehend in das Fürstentum Wolhynien über, das zeitweise mit Galizien verbunden war.[270]

Den zweiten Anlauf nahmen die Mongolen, die in den vierziger Jahren des 13. Jahrhunderts heranrückten, die Russen abdrängten und sich mit der Errichtung des Chanats der Goldenen Horde *(„Kiptschak")* eine Operationsbasis schufen, die dazu diente, von den Küsten des Schwarzen Meeres entlang der großen Flüsse und durch die Steppen die nördlich, westlich und südwestlich umliegenden Länder heimzusuchen bzw. zu unterjochen. Bessarabien, aber auch der Bereich südlich des Donaudeltas (Dobrudscha, rum.Dobrogea) wurden vorerst Niemandsland bzw. Aufmarsch- und Weidegebiet der Reiternomaden.[271] Mit der Verkleinerung des Kiptschak auf das Chanat der Krim (Tataren) sank der Druck auf den Raum zwischen den Karpaten und der Küste allmählich wieder und eröffnete neue Anreize zur Nutzung.

Die dritte Initiative geht auf die Rumänen zurück, die vom Gebirge aus staatsbildend auftraten und sich im Lauf des 14. Jahrhunderts von den Karpaten immer weiter nach Osten vorschoben.[272] Als Folge dessen nannte sich Roman I., der Regent des entstandenen Vojvodats Moldau, 1392 *„Herr des Landes von den Bergen bis zum Meer"*. Diese Ausdehnung wurde möglich, weil der Raum schwach besiedelt war und weil sich die in Betracht kommenden Konkurrenten untereinander banden: einerseits rivalisierten Polen und Litauen miteinander, andererseits erlitten die Tataren im Kampf mit den christlichen Nachbarn immer wieder Rückschläge. Das Entstehen des anderen rumänischen Staates, der Walachei, bedeutete allerdings anfänglich eine Konkurrenz. Basarab, der Gründer dieses südlicher gelegenen rumänischen Vojvodats, und seine Nachfolger strebten gleichfalls nach Osten zum Meer hin; daher hieß sein Herrschaftsgebiet auch *„Basarabia"* und bezog sich anfänglich ebenso auf das Terrain über das Donaudelta hinaus nach Nordosten.[273] Die Ende des 14. Jahrhunderts an der Donau auftauchenden Osmanen banden jedoch die walachischen Kräfte in zusehendem Maße, sodaß sich in der ersten Hälfte des 15. Jahrhunderts die Donau in der Höhe des Deltas als Scheidelinie zwischen den beiden rumänischen Ländern durchsetzte. Die durchgehende Dnjestrgrenze sicherte erst der moldauische Fürst Alexander der Gute (1400–1432). Hiedurch erhielten die seit einigen Jahrzehnten mit den Genuesen verbundenen Hafenstädte (rum.) Chilia[274] am nördlichsten Arm der Donau im Deltabereich und (rum.) Cetatea Albă an der Mündung des Dnjestr den moldauischen Landesfürsten zu ihrem neuen Oberherrn.[275] Die an den natürlichen Gegebenheiten angelehnte Abgrenzung der Mol-

---

270 Istorija Moldavskoj SSR a. a. O. S. 227–234, S. 254–256.
271 Victor Spinei: Moldova în secolele XI–XIV. Bucureşti 1982 S. 157–204.
272 L. L. Polevoj: Očerki istoričeskoj geografii Moldavii XIII–XV vv. Kišinёv 1979 insbesondere S. 84–113.
273 Adolf Armbruster: Terminologia politicogeografică şi etnică a ţărilor romăne în epoca constituirilor statale. In: Constituirea statelor feudale Romăneşti. Bucureşti 1980 S. 254–255.
274 (ital.) Lycostomo/(russ.-ukr.) Kilija.
275 Radu Manolescu: L'importance économique et militaire des villes portuaires de la Valachie et la Moldavie aux XVe et XVIe siècles. In: Le pouvoir central et les villes en Europe de l'Est et du Sud-Est du XVe siècle aux débuts de la révolution industrielle/Les villes portuaires. Sofia 1985 S. 171–180; Octavian

Hauptstadt in Moldawien – ein Problem?

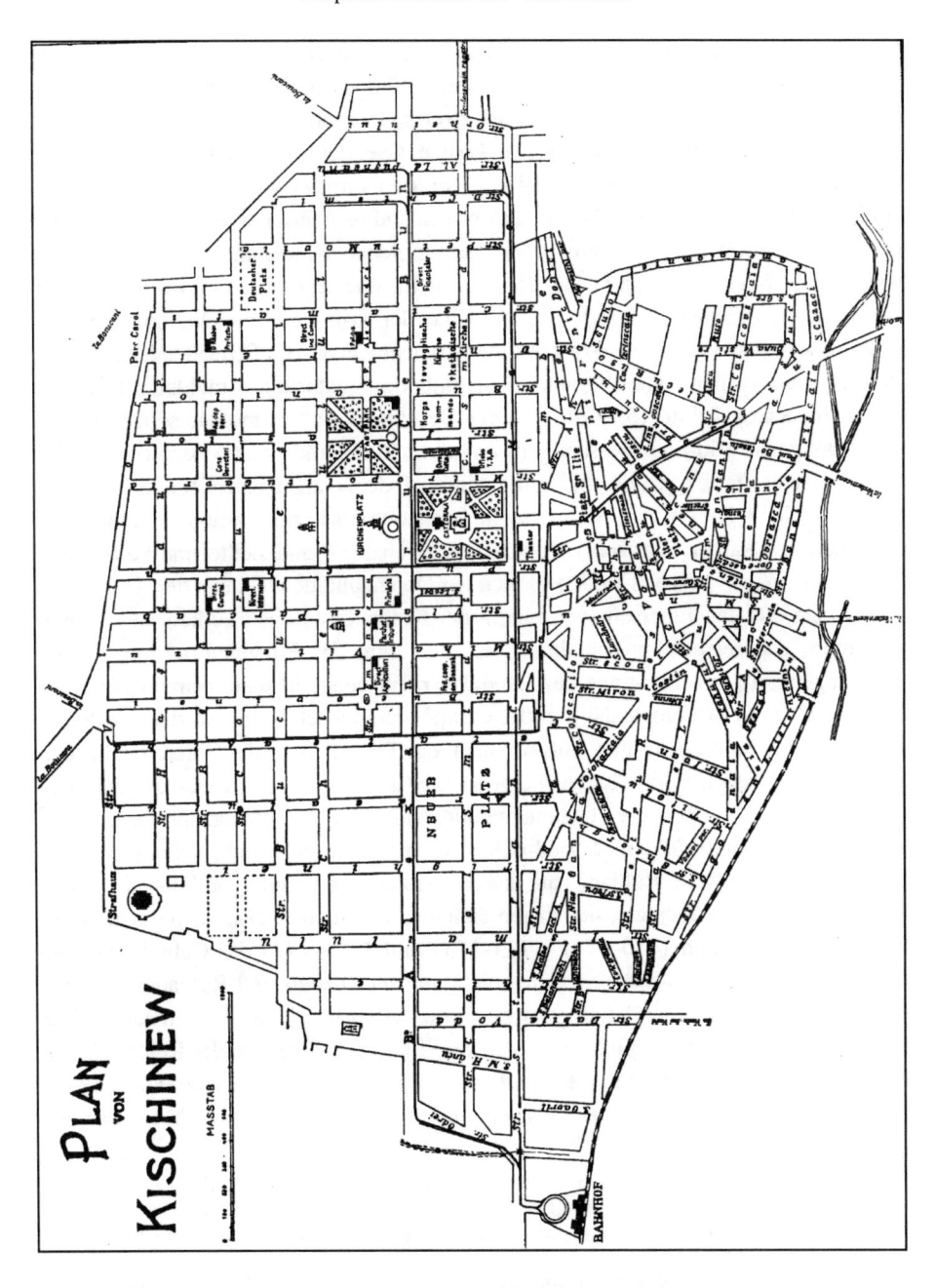

dau währte aber nur einige Jahrzehnte, dann geriet auch dieses Land in den Machtbereich der Osmanen.[276] Die Walachei hat schon 1417 den Vasallenstatus gegenüber dem Sultan in Konstantinopel und den Verlust zweier Grenzpunkte an der Donau (Turnu, Giurgiu) hinnehmen müssen. Die Moldau konnte die endgültige Unterordnung zwar bis 1512 hinausschieben, verlor aber 1484 zwei ihrer wichtigsten Handelsumschlagplätze: Chilia und Cetatea Albă; diese wurden samt Umland osmanischer Staatsboden.[277] Der Vorstoß der Türken ging nicht nur auf den erfolgreichen Widerstand des moldauischen Vojvoden Stefan des Großen (1456–1504) zurück, sondern ist auch in Verbindung mit dem Umstand zu sehen, daß sich 1475 der Chan der Krim unter die Oberhoheit Sultan Mehmed's II. begeben hatte und hiemit die Aussicht wuchs, das Schwarze Meer werde mare clausum osmanicum. Die neuerliche Unbotmäßigkeit eines moldauischen Fürsten, Petru Rareş, führte 1538 zur weiteren Beschneidung des moldauischen Territoriums: der ganze Südosten Bessarabiens zwischen Chilia und Cetatea Albă mit Einbindung der Stadt Tighina wurde abgetrennt und blieb dem osmanischen Reichskörper bis 1812 einverleibt. Dieser Teil, der mit der Steppenzone des Landes weitgehend identisch ist, erhielt den Namen tatarischer Herkunft „Budschak"[278] und stellte eine Verbindung zwischen dem osmanischen Boden südlich der Donau und dem Chanat der Krim nördlich des Dnjestr dar. Einerseits war hiemit der Kontakt zwischen Türken und Tataren erleichtert, andererseits infolge dieser Beschneidung das Fürstentum Moldau vom Meer abgetrennt; außerdem war der Handelsverkehr verstärkt unter osmanische Kontrolle geraten. Verwaltungsmäßig entfielen auf den Budschak im Norden die Sandschak's Bender und Akkerman und im Süden ein Teil des über die Donau reichenden Sandschak's Silistra.[279] In weiterer Folge kam es zur Besiedlung dieses osmanischen Neulandes durch Tataren, die den ohnehin dünnen Bevölkerungsstand anhoben.

Eine neue Zukunft für den bessarabischen Raum bahnte sich rund zweihundert Jahre später mit dem Aufstieg Rußlands an, das die osmanische Ordnung in Frage zu stellen begann bzw. danach trachtete, sich gegen Süden vorzuschieben. Nachdem die russischtürkischen Kriege von 1710–1711, 1735–1739 und 1768–1774 das Gebiet zwischen Pruth und Dnjestr teilweise zum Schauplatz gemacht hatten und Rußland 1783 das Chanat der Krim annektiert hatte, gelang es Zarin Katharina II. nach einem neuerlichen Feldzug gegen die Türken, im Frieden von Iaşi[280] 1792 die Grenzen des Reiches bis an den Dnjestr zu verlegen; außerdem hatten die Zaren 1774 das Schutzrecht über die beiden Fürstentümer Moldau und Walachei erlangt. Hiedurch war die Voraussetzung

---

Iliescu: Contributions à l'histoire des colonies génoises en Roumanie aux XIIIe–XVe siècles. In: Revue roumaine d'histoire XXVIII, Bucarest 1989 S. 25–52.
276 Allgemeines zuletzt bei Gh. Gonţa: Ţara Moldovei şi Imperiul osman (sec.XV–XVI). Chişinău 1990 sowie Tahsin Gemil: Românii şi Otomanii în secolele XIVXVI. Bucureşti 1991.
277 Mihai Maxim: Teritorii româneşti sub administraţie otomană în secolul al XVI–lea. In: Revista de istorie 36, Bucureşti 1983 S. 802–817, 878–890.
278 (rum.) Bugeac/(russ.) Budžak.
279 Maxim a. a. O. S. 810.
280 (russ.) Jassy.

erheblich erleichtert, auf die Nachbarschaft weiter auszugreifen. Die vielleicht wesentlichste Bestimmung (§ 4) des in Bukarest 1812 geschlossenen Vertrages, der den russisch-türkischen Krieg von 1806/1812 beendete, sah den Pruth als neue Südgrenze Rußlands vor.[281] Dieses Faktum bedeutete einerseits einen empfindlichen Territorialverlust für das Fürstentum Moldau bzw. eine Prestigeeinbuße für das Osmanische Reich, andererseits die neuerliche Verschmelzung der 1484 bzw. 1538 abgetrennten Landesteile; der den südlichen Teil des Budschak umschreibende Name „Bessarabien" wurde nun auf das gesamte Land zwischen Pruth und Dnjestr übertragen.[282] Das Gewicht des starken Nachbarn nahm noch weiter zu, als Rußland auf Grund des Vertrages von Adrianopel[283] 1829 über die beiden rumänischen Staaten ein Protektorat errichtete und außerdem die Donaumündung in Besitz nahm.[284] Diese hegemoniale Stellung des Zarenreiches stärkte den Widerspruch der übrigen europäischen Großmächte und bewirkte, daß Bessarabien nun zum Preisobjekt der internationalen Politik wurde.[285] Auf die militärische Niederlage im Krimkrieg (1853–1856) folgte mit den Pariser Verträgen 1856/57 die politische Niederlage Rußlands: Das Protektorat über die beiden Donaufürstentümer ging an alle Signatarmächte über, das Schwarze Meer wurde militärisch neutralisiert, die untere Donau samt dem Delta internationalisiert und der südliche Teil Bessarabiens mit Cahul, Bolgrad und Ismail[286] an das Fürstentum Moldau angegliedert. Wichtig anzumerken ist allerdings, daß bei den Verhandlungen nicht das Argument des historischen Rechts entschied, mit dem sowohl die Rumänen als auch die Türken operiert hatten, sondern die Absicht, hiemit die Sicherheit der so bedeutend gewordenen Flußschiffahrt auf der Donau zu erhöhen.[287] Diese Konstellation änderte sich mit den Bestimmungen des Berliner Kongresses (1878) jedoch neuerlich: auch wenn das inzwischen aus der Walachei und Moldau zusammengesetzte Rumänien nun unabhängig geworden ist und das Donaudelta sowie einen Teil der Dobrudscha zugesprochen bekommen hat, mußte es das 1856 hinzugewonnene südbessarabische Gebiet an Rußland neuerlich abgeben.

Gegen Ende des Ersten Weltkrieges eröffnete sich für Bessarabien erstmals für kurze Zeit die theoretische Aussicht, die Rolle des Spielballs für benachbarte Mächte abzustreifen und eigene Handlungsfähigkeit zu erlangen. Im Sommer 1917, als sich das Zarenreich aufzulösen begann, nahm ein selbst ernannter Landesrat (Sfatul țării) das

---

281 Zuletzt veröffentlicht von V. I. Miskevka, V. I. Tkač: Russkotureckij mirnyj dogovor 1812 g. In: Revista de istorie a Moldovei I, Chișinau-Kišinëv 1990 S. 36–44.
282 Ion Nistor: Istoria Basarabiei. București 1991 (Neudruck der Ausgabe von 1924) S. 20–23.
283 (türk.) Edirne.
284 Spiridon G. Focas: The Lower Danube River. New York 1987 S. 101–106.
285 Spiridon G. Focas: Bessarabia in the Political Order of Southeast Europe in the 19th century. In: Acta historica VIII, Roma 1968 S. 119–144.
286 (russ.-ukr.) Izmail.
287 Focas: The Lower Danube River a. a. O. S. 245–246.

Heft in die Hand und rief am 15. Dezember eine eigene Republik aus.[288] Dieser Schritt stellt den ersten Versuch landeseigener Kräfte in der Geschichte dar, das politische Schicksal Bessarabiens selbst zu bestimmen.

Wenige Monate später, nachdem es zwischen den einmarschierten rumänischen Truppen und sowjetischen Kräften zu Reibereien gekommen war, beschloß der von den bessarabischen Rumänen beherrschte Landesrat am 9. April 1918 allerdings, das Land zu einem Teil des entstehenden Großrumänien werden zu lassen.[289] Hiedurch kehrte aus den Augen der Rumänen Bessarabien zum Mutterland zurück.[290] Dieser Wandel fand aber nicht ungeteilte Zustimmung, nicht nur bei den Nichtrumänen des Landes, sondern auch im Ausland. Einerseits zogen die beiden Ententemächte England und Frankreich die formale Anerkennung der Fusion Bessarabiens mit Rumänien hinaus (1923/1924), andererseits stieß diese Lösung auf den entschiedenen Widerstand der jungen Sowjetmacht, die trotz des verkündeten Selbstbestimmungsrechtes die verloren gegangenen und strategisch wichtigen Teile des ehemaligen Zarenreiches wieder zu gewinnen trachtete. Die sowjetische Regierung dachte daher an ein Plebiszit für Bessarabien, das aber nicht zustandekam. Um die östlich des Dnjestr lebenden Rumänen in die neue sowjetische Ordnung einzubinden, wurde innerhalb der Ukraine am 11. Oktober 1924 eine Autonome Moldawische Sozialistische Sowjetrepublik eingerichtet, die die Keimzelle des späteren Moldawien werden sollte.[291] Infolge des Paktes zwischen Stalin und Hitler (23.VIII 1939) stellte Moskau am 26. Juni 1940 an die Regierung in Bukarest das Ultimatum, binnen vier Tagen Bessarabien zurückzugeben; zwecks Entschädigung für den Verlust durch rund zwei Jahrzehnte hindurch hatte Rumänien außerdem (rum.) Hotin[292] und die Nordbukowina mit Czernowitz[293] abzutreten.[294] Bloß etwas mehr als einen Monat später erfolgte die politisch-administrative Neuordnung des Raumes. Am 2. August 1940 wurde Bessarabien mit der schon bestehenden autonomen Republik am linksseitigen Ufer des Dnjestr zur „Moldawischen Sozialistischen Sowjetrepublik" („Moldawien") vereinigt, allerdings nicht ohne territoriale Beschneidungen, denn die Ukraine erhielt einen Teil der nun aufgelösten Autonomen Republik Moldawien, die Distrikte Cetatea Albă und Ismail aus dem bessarabischen Erbe und Hotin und

---

288 Alexandre Boldur: La Bessarabie et les relations russoroumaines. Paris 1927 S. 66–83; Aktenstücke bei Stefan Ciobanu: La Bessarabie. Sa population, son passé, sa culture. Bucarest 1941 S. 106–117; S. Stoian: Viaţa politică din Basarabia în perioada de autonomie provizorie (27 martie – 27 noiembrie 1918). Activitatea Sfatului Ţării. In: Revistă de istorie a Moldovei III, Chişinău-Kišinëv 1992 S. 49–55.
289 Eingehend Alexandre Boldur: La Bessarabie a. a. O. besonders S. 183 ff.
290 Nistor a. a. O. überschreibt Kapitel VIII mit „Unirea Basarabiei cu Patria-Mamă"!
291 A. Repida: Obrazovanie Moldavskoj ASSR. Kišinëv 1974 S. 85–110; Istoria RSS Moldoveneşti din cele mai vechi timpuri pînă în zilele noastre. Chişinău 1984 S. 303–309.
292 (russ.) Chotin/(ukr.) Chotyn.
293 (rum.) Cernăuţi/(russ.) Černovcy/(ukr.) Černivci.
294 Zusammengefaßt bei Nicholas Dima: Bessarabia and Bukowina. The Soviet-Romanian Territorial Dispute. New York 1982 S. 26–38. Jüngst wieder aufgegriffen von Valeriu Florin Dobrinescu: Bătălia pentru Basarabia 1918–1940. Iaşi 1991 S. 121–165.

die Nordbukowina mit Czernowitz zugeschlagen.[295] Die Folge dieser Regelung war, daß Moldawien verfassungsrechtlich zwar eine gewisse Eigenständigkeit erlangte[296], jedoch nicht den Vorteil natürlicher Grenzen behielt, über die Bessarabien verfügt hatte: das Land reichte über den Dnjestr nach Osten hinaus und war – wie die Moldau in der Türkenzeit – mittels einer neuen Grenze vom Meer abgeschnitten. Nachdem der Versuch der Rumänen, im Zuge des Unternehmens „Barbarossa" 1941 Bessarabien zurück- und „Transnistrien" (Gebiet zwischen Dnjestr und Bug) hinzuzugewinnen, wegen des Vordringens der Roten Armee im August 1944 gescheitert war, wurde der status quo ante wiederhergestellt. Moldawien wurde in der Folge verwaltungsmäßig unterteilt in 9 Republiksstädte, 12 Gebietsstädte, 4 städtische Gebiete, 36 dörfliche Gebiete, 39 Siedlungen städtischen Typs sowie 721 Dorfsowjets.[297]

Eine neuerliche Änderung der Situation trat erst ein, als die Sowjetunion zu zerbröckeln begann und ihre einzelnen Teilrepubliken in wachsendem Maß ein Eigenleben entfalteten. Am 23. Juni 1990 erklärte sich Moldawien ebenso wie andere Republiken für souverän, ein Schritt, der angesichts der Dominanz der rumänisch sprechenden Bewohner Spaltungstendenzen einleitete: Am 19. August rief die gagausische Minderheit (türkisch sprechende Christen) im Süden des Landes eine „Gagausische SSR" aus, und am 2. September proklamierten die prorussisch eingestellten Kräfte im transnistrischen Teil Moldawiens eine „Dnjestr-Republik". Am 27. August 1991 erfolgte die Unabhängigkeitserklärung.[298]

Die historische Entwicklung Moldawiens zeigt, daß die Namen für bestimmte Gebiete ihren Inhalt gewechselt haben; allein diese Tatsache deutet bereits an, daß es an historischer Tradition mangelt. „Bessarabien" hieß, wie oben gezeigt, ursprünglich nur jener Bereich im Fürstentum Moldau, der sich unmittelbar nördlich des Donaudeltas anschloß; erst 1812 wurde dieser Begriff auf das gesamte Gebiet zwischen Pruth und Dnjestr (im Russischen auch „Dnestrovsko-Prutskoe Meždureč'e") übertragen. „Moldawien" (im Russischen „Moldavija") leitet sich von „Moldau" (im Rumänischen „Moldova") ab, umschreibt aber nicht nur den Namen eines Anteils der früheren Moldau (Bessarabien im jüngeren Sinn), sondern umfaßt auch transnistrisches Gebiet (1924 Kern Moldawiens), das nie zum Fürstentum Moldau gehört hat. Außerdem verfügt Moldawien, wie oben angeführt, nicht über den ganzen Umfang Bessarabiens, sondern

---

295 Istoria RSS Moldoveneşti a. a. O. S. 375–39.
296 Jürgen Arnold: Die nationalen Gebietseinheiten der Sowjetunion. Köln 1973 S. 49–56.
297 Siehe dazu die Aufstellung in: Sovetskaja Moldavija k 60-letiju Velikogo Oktjabrja. Jubilejnyj statističeskij ežegodnik. Kišinëv 1977 S. 13–15.
298 Gerhard Simon: Die Nationalbewegungen und das Ende des Sowjetsystems. In: Osteuropa 8, Stuttgart 1991 S. 785; Nicholas Dima: From Moldavia to Moldova. The Soviet-Romanian Territorial Dispute. Boulder – New York 1991 S. 148–152; Johannes Grotzky: Konflikt im Vielvölkerstaat. Die Nationen der Sowjetunion im Aufbruch. München – Zürich 1991 S. 75–77; Uwe Halbach: Ethnoterritoriale Konflikte in der GUS. Köln 1992 (Berichte des Bundesinstituts für ostwissenschaftliche und internationale Studien 31) S. 31–37; Anneli Ute Gabanyi: Die Moldova zwischen Rußland, Rumänien und Ukraine. In: Aussenpolitik I, Stuttgart 1993 S. 97–106; dieselbe: Die Moldaurepublik zwischen Wende und Rückwendung. In: Südosteuropas 42, München 1992 S. 163207.

nur über den Großteil, denn die nördlichen und südlichen Teile gehören seit 1940 bzw. 1944 zur Ukraine. Somit stellt Moldawien weder eine geophysikalische, noch eine historisch gewachsene Einheit dar. Ähnlich wechselhaft verhält es sich mit dem Entstehen bzw. Bestehen der Hauptstadt.

Bis in die Zeit des beginnenden 19. Jahrhunderts sind kaum Voraussetzungen gegeben gewesen, die den urbanen Siedlungen an Pruth und Dnjestr ein ähnliches Wachsum wie im westlichen Europa beschert hätten. Freilich gab es auf moldauischem Boden seit dem Mittelalter Städte, die eine gewisse Bedeutung besaßen, doch waren es nur wenige[299]; außerdem schränkten die politischen, wirtschaftlichen und sozialen Begleitumstände die Möglichkeiten und den Bedarf nach Urbanität eindeutig ein.[300] Ein ganz entscheidendes Element für die Stagnation städtischer Entwicklung blieb über zahllose Generationen hinweg die allgemeine militärische Unsicherheit und die politische Wechselhaftigkeit der Verhältnisse. Die endlose Kette von Einfällen, Plünderungen, Racheakten, Besetzungen und regelrechten Feldzügen der Rumänen, Polen, Tataren, Osmanen, Kosaken und Russen rief nicht nur Unruhe und Not hervor, sondern konservierte die feudalen Formen einer über die Jahrhunderte militarisierten und verrohten Gesellschaft, deren Denken und Handeln von Landbesitz, Hoheitsanspruch, Steuergeldern, Gefangenen, Requisitionen oder gar Vernichtung von Land und Leuten des jeweiligen Gegners erfüllt gewesen sind. Die zentralistische Regierungsform in der Moldau bedingte, daß die städtischen Siedlungen trotz ihrer Selbstverwaltung über keine den westeuropäischen Gegebenheiten entsprechende Autonomie verfügten, die sie aus dem umliegenden, feudal geprägten Land herausgehoben hätten.[301] Der moldauische Landesfürst hatte seine Residenz in Iași, also außerhalb des Gebietes zwischen Pruth und Dnjestr.[302] Für die Verwaltung der gesamten Moldau gab es zwei Hofwürden, den Vornic des Oberlandes (Țara de sus, der an die Karpaten angelehnte Teil) und den Vornic des Unterlandes (Țara de jos), doch befanden sich die Sitze jener Ämter westlich des Pruth.[303] Auch die Vorsteher der Distrikte (ținute) – bis 1741 die *„Pîrcalabi"*, dann die *„Ispravnici"* – besaßen keine ausreichenden Kompetenzen, woraus sich eine nennenswerte urbanisierende Wirkung ergeben hätte können.[304] Der Handel innerhalb der Moldau als auch an den Transitrouten (Leipzig – Lemberg – Hotin – Iași – Akkerman oder den Pruth abwärts nach Chilia oder den Seret abwärts an die Donau bzw. nach Siebenbürgen und umgekehrt) hatte im Spätmittelalter

---

299 P. P. Bârnea: Moldavskij srednovekovnyj gorod v Dnestrovsko-Prutskom Meždureč'e. Kišinĕv 1984 S. 180183; Istoria RSS Moldovenești a. a. O. S. 56–61, 88–89, 94–96.
300 Ein beredtes Zeugnis über die Lage schildert beispielsweise die moldauische Geschichtsschreibung des 17. Jahrhunderts, siehe Grausame Zeiten in der Moldau. Die Moldauische Chronik des Miron Costin 1593–1661. Graz 1980.
301 Hugo Weczerka: Die Stellung der rumänischen Stadt des Mittelalters im europäischen Städtewesen. In: Die mittelalterliche Städtebildung im südöstlichen Europa. Köln – Wien 1977 S. 255.
302 Siehe dazu den Beitrag von Vasile Neamțu in diesem Band.
303 Laut Nicolae Stoicescu: Sfatul domnesc și marii dregători din Țara Românească și Moldova (sec.XIV–XVII). București 1968 S. 197 sollen sich diese in Dorohoi und in Bîrlad befunden haben.
304 Istoria dreptului Românesc. Vol. I. București 1980 S. 307–308.

zwar erhebliche Bedeutung gehabt und zum raschen Aufschwung der fürstlichen Macht beigetragen, doch nahm seine Rolle als Impulsgeber für ein Gedeihen des Städtewesens ab dem 16. Jahrhundert immer mehr ab – einerseits weil die wichtigsten Orte bzw. Festungen in osmanische Hände gelangt waren, andererseits, weil sich der Markt im Lauf der Zeit wegen des steigenden Bedarfs der Türken an Rohstoffen immer mehr auf Konstantinopel ausrichten mußte.[305] Die verbliebenen Städte waren meist nicht befestigt und die Häuser vor allem aus Holz gebaut, sodaß Überfälle und Brände an der Bausubstanz zehrten. Chişinău (rum.)/Kišinëv (russ.) z. b., dessen Spuren als dörfliche Siedlung erst 1466 greifbar werden, ist allein in dieser Zeit zweimal von den Tataren heimgesucht worden.[306] Der geringe Grad an Urbanität geht aber auch auf die schlechten Verkehrsbedingungen zurück. Zu guter Letzt fehlte es angesichts der eher dünnen Besiedlung in der Moldau die längste Zeit an Menschen, die die Städte hätten anreichern können.[307] Eine neue Phase der städtischen Entwicklung, die auch die Wurzel für die Rolle von Chişinău/Kišinëv als zukünftige Hauptstadt Moldawiens legte, begann erst ab 1812, nachdem Rußland ganz Bessarabien dem Suzerän der moldauischen Fürsten, dem Sultan in Konstantinopel, abgetrotzt hatte.[308]

Der nun einsetzende Aufschwung geht im wesentlichen auf drei Ursachen zurück. Eine davon waren Ruhe und Sicherheit, die nun ins Land einkehrten und ein organisches Wachstum entschieden förderten. Die zweite Ursache war das Interesse Rußlands, das gewonnene Gebiet einzubinden und folglich Maßnahmen zum Landesauf- und ausbau zu setzen. Die dritte Ursache bestand im sich verbreiternden allgemeinen Bedürfnis dieser Zeit, die zurückgebliebenen Verhältnisse zu überwinden und sich mit den Vorgaben von westeuropäischer Seite auseinanderzusetzen. Wenn man die Tatsache, daß vor dem Ersten Weltkrieg immer noch rund 87% der Bevölkerung Bessarabiens und auch jenseits des Dnjestr ein ländliches Dasein führten und noch rund 80% der Einwohner Analphabeten geblieben waren[309], als alleinige Indikatoren des Fortschrittes betrachtete, macht sich der Erfolg der russischen Bemühungen recht bescheiden aus. Vom national-rumänischen Standpunkt findet Rußland keine nennenswerte Anerkennung, denn jener ist allzu sehr mit der Vorstellung verknüpft, Bessarabien sei in der Zeit der russischen Herrschaft entnationalisiert worden.[310] Vergleicht man jedoch

---

305 Angesichts der sehr umfangreichen Literatur zu diesem Thema sei hier als einem der jüngsten Beiträge lediglich verwiesen auf Pavel V. Sovetov: Cît a costat Ţării Moldovei dominaţia străină (forme economice de dependenţă a Moldovei în secolul al XVI-lea – începutul secolului al XVIII-lea). In: Revistă de istorie a Moldovei I, Chişinău (1990) S. 16–28.
306 Sovetskaja istoričeskaja enciklopedija (im folgenden „SIE") Bd. 7. Moskva 1965 Sp. 391; Kišinëv. Enciklopedija. Kišinëv 1984 S. 17 f.
307 Istoria RSS Moldoveneşti a. a. O. S. 96.
308 Ein Überblick in: Kišinëv. Enciklopedija a. a. O. S. 1748.
309 Ion Frunza: Bessarabien. Rumänische Rechte und Leistungen. Bukarest 1941 S. 68; SIE Bd. 9, Moskva 1966 Sp. 573.
310 Z.B. Nistor a. a. O. insbesondere S. 256–260; D. C. Amzăr: Die östliche Moldau in Geschichte und Gegenwart (1). In: Acta historica VIII, Roma 1968 S. 111; Vlad Georgescu: The Romanians. A History. Columbus 1991 S. 171.

die Lage vor 1812 mit jener am Vorabend des Ersten Weltkrieges, ist der in der Zwischenzeit erreichte Wandel nicht zu übersehen.

Anfänglich, um der Abneigung gegen die neue Obrigkeit und der Fluchttendenz der Bevölkerung entgegenzuwirken[311], sah die russische Regierung ein autonomes Dasein des Neoacquisticums, Steuererleichterungen und begrenzte Militärfreiheit vor. Das Land wurde als Oblast' eingestuft. 1828 jedoch beseitigte man die autonome Struktur und machte Bessarabien zu einer Provinz allgemein-russischen Zuschnittes, ab 1873 als Gouvernement.[312] Die territoriale Verwaltung, die in der Folge mehrfach abgeändert wurde, teilte das Land in Kreise, die in *„judeţe"* und in *„ocole"* weiter untergliedert waren; hiedurch fanden die administrativen Strukturen teilweise Anlehnung an die früheren Gegebenheiten. Das Verkehrswesen erfuhr einen deutlichen Aufschwung. Während die ausgebauten neuen Hauptstraßen, deren Kreuzungspunkte Chişinău/Kišinëv und Bălţi waren, sowohl dem Handel als auch dem Postnetz dienten und sich hauptsächlich an der Achse Nordwest-Südost ausrichteten, paßten sich die wenigen errichteten Eisenbahnlinien mehr dem Bedürfnis an, die Verbindungen zwischen West und Ost herzustellen: Die Erschließung Mittelbessarabiens erfolgte ab 1871 mit der Anknüpfung an die russische Staatsbahn (Odessa-Tiraspol'-Bendery) in Richtung Rumänien bzw. Österreich-Ungarn (Reni, Ungheni); die Erschließung Nordbessarabiens rund zwanzig Jahre später stellte die Verbindung zwischen der östlich des Dnjestr gelegenen Stadt Balta und der bukowinischen Stadt Czernowitz her.[313] Obwohl das Land zwischen Pruth und Dnjestr bis ins 20. Jahrhundert ein Bauernland mit einem hohen Anteil an Großgrundbesitz blieb, verdankte die Wirtschaft (Handel, Gewerbe und Industrie) ihren Aufschwung hauptsächlich dem agrarischen Reichtum (Obst, Wein, Tabak, Vieh und Getreide) und dem Bedarf der auswärtigen Abnehmer (Rußland, Österreich-Ungarn, Rumänien).[314] Die Aufwärtsentwicklung Bessarabiens im 19. Jahrhundert geht aber nicht nur auf die natürlichen Ressourcen und auf die staatliche Initiative zurück, sondern auch auf die dort lebenden Menschen. Teils durch das durch die eingekehrte Ruhe im Land begünstigte natürliche Wachstum der Bevölkerung, teils durch eine gezielte Einwanderungspolitik der russischen Regierung vervierfachte sich in etwa zwischen 1812 und 1900 die Zahl der Einwohner von ca. 250.000 auf 2 Millionen[315]; dabei spielte die Agrarreform in den sechziger Jahren keine unerhebliche Rolle. Infolge der

---

311 Zamfir C. Arbure: Basarabia în secolul XIX. Bucuresci 1898 S. 537–554; A. V. Boldur: Contribuţii la studiul istoriei Românilor. Istoria Basarabiei III: Sub dominaţiunea rusească (1812–1918). Chişinău 1940 S. 91–102; – George F. Jewsbury: The Russian Annexation of Bessarabia: 1774–1828. A Study of Imperial Expansion. New York – Guilford 1976 S. 77–154; V. S. Zelenčuk: Naselenie Basarabii i Podnestrov'ja v XIX v. Kišinëv 1979 S. 85–96.
312 Erik Amburger: Geschichte der Behördenorganisation Russlands von Peter dem Grossen bis 1917. Leiden 1966 S. 401.
313 Arbure a. a. O. S. 486–499; Istoria RSS Moldoveneşti a. a. O. S. 181, 212–214; Atlas der Donauländer. Wien 1986 Blatt 353.
314 Istoria RSS Moldoveneşti a. a. O. S. 180–182, 234.
315 E. M. Zagorodnaja, V. S. Zelenčuk: Naselenie Moldavskoj SSR (social'no-demografičeskie processy). Kišinëv 1987 S. 15–16.

Hauptstadt in Moldawien – ein Problem?

The Moldavian Soviet Socialist Republic

(Quelle: N. Dima, Bessarabia and Bukovian)

stetig wachsenden Zunahme des Kontakts mit der Außenwelt wurde dem Kulturleben und der Schulbildung erstmals öffentliche Aufmerksamkeit geschenkt: Einerseits wuchs der Bedarf nach Rezeption von Literatur, Musik und Theater und das Streben nach Beschäftigung mit den Naturwissenschaften, aber auch mit der eigenen Geschichte, andererseits erforderte das öffentliche Leben geschulte Kräfte in Verwaltung und Wirtschaft. Hatte die orthodoxe Kirche 1813 den ersten Anstoß für den Beginn einer allgemeinen Schulbildung gegeben, wurden nach und nach staatliche und private Grund-, Sekundar- und auch Sonderschulen eingerichtet, die allerdings vorwiegend nur die Ober- und Mittelschichten der Gesellschaft erfaßten und sich kaum nach nationalen Bedürfnissen richteten.[316]

Hatte das Land früher eine eigene Hauptstadt entbehren können, da es Bestandteil sei es des Fürstentums Moldau, sei es des türkischen Sultans gewesen war, änderte sich dies seit 1812, da es nunmehr eines Zentrums bedurfte, in dem die politischen, administrativen, wirtschaftlichen und kulturellen Fäden zusammenliefen. Von den vorhandenen, vorwiegend an den Grenzen oder in Grenznähe gelegenen städtischen Siedlungen verfügte keine über die erforderlichen Voraussetzungen; deshalb kam es zur Schaffung eines neuen Mittelpunktes für das aufzubauende Land, eines Mittelpunktes, der sehr rasch alle anderen Städte überragte.[317] Offenbar spielte dabei der Zufall eine gewisse Rolle, denn der 1812 von Iaşi nach Bessarabien übersiedelnde Metropolit Gavril, ließ sich in dem bis dahin unbedeutenden Marktflecken Chişinău/Kišinëv nieder[318] und gab damit für die russische Verwaltung den Anstoß, den provisorischen Sitz in Bendery (Tighina) aufzugeben: mit dem Landesgesetz von 1828 wurde Kišinëv auch offiziell als Hauptstadt dekretiert. Die rasch wachsende Rolle dieses Ortes als Zentrum des Landes ist u. a. an der Zahl seiner Bewohner zu ersehen: 1812 wurden rund 7000 Personen gezählt, 1892 hingegen 122.917 Personen. Oberhalb der engen und unregelmäßig gebauten Altstadt am Bâc-Flüßchen wurde ab den dreißiger Jahren ein neuer Stadtteil nach modernen Gesichtspunkten – geradlinige, breite Straßen, Plätze, Gärten – angelegt und mit für eine Hauptstadt nötigen Einrichtungen versehen (Kathedrale, Kirchen, Regierungspalast, Gerichtsgebäude, Polizeidirektion, Postzentrale, Spitäler, Schulen, Druckereien, Bibliothek, Fabriken, Bahnhof, Banken, Versicherungsagenturen, Tramway etc.). Die Folge dieser Entwicklung war, daß schon 1861 der Distrikt Kišinëv (Stadt und Land) den höchsten Urbanitätsgrad aufwies.[319]

---

316 Arbure a. a. O. S. 500–533, Nistor a. a. O. S. 248–260.
317 Arbure a. a. O.249–264, SIE Bd. 7, Moskau 1965 Sp. 391–393.
318 P. S. Kokyrla: Social'no-ekonomičeskoe razvitie Moldavskogo goroda v konce XVII-načale XIX v. Kišinëv 1989 S. 104 Tabelle 11 zeigt, daß in Chişinău 1803 nur 1350 Einwohner lebten, während die moldauische Hauptstadt Iaşi z.B. 15.365 Einwohner gehabt hat.
319 Arbure a. a. O. S. 126; V. I. Žukov: Goroda Bessarabii (1861–1900 gg.). Kišinëv 1975 S. 37 gibt an, daß die Stadt 1861 94.400 Einwohner hatte, während die nächstgrößten Städte Bessarabiens Bender nur 22.100 und Akkerman nur 27.200 Einwohner hatten. Die dominante Rolle ist auch an der Zahl der Handwerker (ohne Familien) zu ersehen: 1828 gab es in der Hauptstadt 693 Handwerker, 1897 hingegen schon 9386 Handwerker, während in der nächstgrößten Stadt Akkerman 1828 nur 196 und 1897 nur

Das Schicksal von Kišinëv, das 1867 zur Gruppe der größten Städte innerhalb des Zarenreiches gehört hatte[320], wurde nach der Rückgliederung Bessarabiens an Rumänien 1918 im wesentlichen von zwei Faktoren bestimmt, die sich aus der allgemeinen Entwicklung Großrumäniens ergaben. Der eine Faktor war das Interesse der rumänischen Regierung, das neuerworbene Land möglichst rasch und intensiv in den Gesamtstaat einzubauen. Dies bedeutete u. a. eine Reform der Territorialverwaltung: Bessarabien blieb keine, immerhin seit rund einem Jahrhundert gewachsene Landeseinheit, sondern wurde auf vier Kreise (Ţinute) aufgeteilt, die sich teilweise auch auf den Boden westlich des Pruth bezogen (Suceava, Prut, Nistru und Dunărea). Chişinău, obwohl zweitgrößte Stadt in Rumänien, erfuhr als Residenzstadt bloß des Kreises Nistru, der vier Bezirke (Cetatea Albă, Lăpuşna, Orhei, Tighina) umfaßte, eine rangmäßige Rückstufung.[321] Der Wille, das der rumänischen Nation „entfremdete" Land entsprechend zu formen, führte neben dem Betreiben eines eigenen Ministeriums für Bessarabien in der Hauptstadt (1918–1934)[322] zu einer teilweise sehr konsequenten Rumänisierung, die auf den besonderen Widerstand der Minderheiten traf.[323] Infolge dieser Politik hat Chişinău als funktionale Drehscheibe für die Bukarester Bemühungen um Bessarabien allerdings unwillkürlich auch profitiert:[324] Aus der Fülle von Aktivitäten ragen die Gründung eines Opernensembles sowie die Reorganisation des Konservatoriums und der Schule für Bildende Kunst (1919), die Schaffung einer Philharmonischen Gesellschaft (1920), die Errichtung des Nationaltheaters (1923), die Verlegung der theologischen Fakultät der Universität Iaşi nach Chişinău (1926), die Verlegung auch der Agronomischen Fakultät (1933) und die Einrichtung eines Kunstmuseums (1939) hervor. Der andere Faktor, der das Zentrum Bessarabiens auch beeinflußte, waren jene Probleme, die die generelle Lage Rumäniens in der Zwischenkriegszeit kennzeichneten und die sich in dem östlichen Landesteil besonders kraß auswirkten. Das eine große Problem waren die wirtschaftlichen Schwierigkeiten, die sich aus der Kapitalarmut der mehrheitlich ländlichen Bevölkerung, aus dem Fehlen des traditionellen Absatzmarktes (Rußland) für die Agrarprodukte, aus dem Preisverfall infolge der Weltwirtschaftskrise, aus der steigenden Arbeitslosigkeit infolge von Betriebsschließungen, aus dem Rückgang der Einwohnerzahlen in den meisten bessarabischen Städten und aus der Stagna-

---

1784 Handwerker gezählt wurden; jüngst auch N. B. Babilunga: Opyt funkcional'noj klassifikacii gorodov Bessarabii po materialam perepisi 1897 g. In: Voprosy istorii Moldavii XIX-načala XX v. Kišinëv 1989 S. 134–158.
320 Chauncy D. Harris: Cities of the Soviet Union. Washington 1972 S. 243–244 gibt an, daß Kišinëv 1867 nach St.Petersburg, Moskau und Odessa vor Riga, Saratov und Taschkent rangierte, 1915 jedoch nicht mehr unter die zwanzig größten Städte Rußlands gehört hat.
321 Enciclopedia României Bd. 2. Bucureşti 1938 S. 611.
322 Karl Kaser: Handbuch der Regierungen Südosteuropas Bd. 2. Graz 1982 S. 250–276.
323 Elemer Illyés: Nationale Minderheiten in Rumänien. Wien 1981 S. 87 ff; S. K. Brysjakin: Kul'tura Bessarabii 19181940. Kišinëv 1978 S. 19–34.
324 Enciclopedia României a. a. O.S. 598–600; Ion Frunza a. a. O. S. 59–88.

tion sowohl in der Volksbildung wie auch im Verkehrsnetz zusammensetzten.[325] Das andere große Problem waren die Spannungen innerhalb der verschiedenen politischen Gruppen, zwischen dem rumänischen Mehrheitsvolk und den Minderheiten und zwischen Rumänien und der benachbarten Sowjetunion, die ihren Anspruch auf Bessarabien nicht aufgegeben hatte und über die Kanäle der kommunistischen Bewegung Einfluß auszuüben versuchte.[326]

Die Absicht der Sowjets, Bessarabien zurückzugewinnen, sowie die Tatsache, daß auf der ukrainischen Seite des Dnjestr auch Rumänen lebten, führte 1924, wie oben bereits angeführt, auf Initiative der Kommunistischen Partei zur Einrichtung der Autonomen Sozialistischen Sowjetrepublik Moldawien mit dem Hintergedanken, dieses Gebiet mit Bessarabien nach dessen Wiedergewinnung zu vereinigen. Binnen weniger Monate wurden in den Parteigremien die wesentlichsten Absprachen getroffen und die Ergebnisse am 12. Oktober beschlossen.[327] 8.100 Quadratkilometer wurden aus dem Bestand der Ukraine herausgenommen, und zwar Teile der Bezirke Balta und Odessa (Gouvernement Odessa) und Teile des Bezirks Tul'činsk (Gouvernement Podolien), und in 12 Rajons eingeteilt[328]; später kam es noch zu einigen Grenzkorrekturen. Da sich Chişinău als in Betracht kommendes Zentrum des angestrebten Moldawien innerhalb des rumänischen Staates befand und kein traditioneller Ersatz für das neue Moldawien vorhanden war, fiel anfangs die Wahl auf die Stadt Balta; 1929 hingegen wurde die Funktion der Zentrale in die Stadt Tiraspol' verlegt. Daß hinter diesem Schritt nicht so sehr das Bedürfnis der „Moldawanen" (rumänisch sprechende Bewohner) stand, einen autonomen Rahmen zu erhalten, sondern mehr das politisch-strategische Kalkül der sowjetischen Machthaber, ist daran zu ersehen, daß auf die rumänisch Sprechenden innerhalb dieser Autonomen Republik nur rund ein Drittel der Bevölkerung entfiel, während die Ukrainer mehr als die Hälfte ausmachten.[329] Hauptaugenmerk der Politik innerhalb dieses neuen Landes in der Zwischenkriegszeit wurde die Industrialisierung, die Kollektivierung der Landwirtschaft und der Abbau des Analphabetismus (1924 ca. 80%) mittels Einführung der Schulpflicht sowie Aufbau von Bildungsreinrichtungen.

Infolge der Annexion Bessarabiens durch die Sowjetunion am 28. Juni 1940 und der Schaffung der Moldauischen SSR am 2. August 1940, die sich aus der Moldauischen Autonomen SSR und aus großen Teilen Bessarabiens zusammensetzte, trat eine neue Lage ein. Mit rund 34.000 km² und 2,7 Millionen Einwohnern wurde eine neue politisch-territoriale Einheit geschaffen, deren Grenzen keiner Tradition entsprach; die Verwaltung wurde binnen kurzem dem sowjetischen Maßstab (Sowjetordnung, eigene Regierung, eigene Verfassung) angepaßt und Chişinău, nun offiziell wieder „Kišinëv",

---

325 S. F. Kustrjabova: Goroda Bessarabii 1918–1940 (Social'noekonomičeskij aspekt i narodonaselenie) Kišinëv 1986 passim.
326 Uhlig a. a. O. S. 60–92; Istorija Moldavskoj SSR. tom II. Kišinëv 1968 S. 235–310.
327 Istoria RSS Moldoveneşti a. a. O. S. 303–330.
328 Afanasij Repida: Obrazovanie Moldavskoj ASSR. Kišinëv 1974 S. 111.
329 Ebenda S. 112.

abermals zur Hauptstadt gemacht.[330] Die neue Entwicklung in Moldawien fand nach einem knappen Jahr jedoch ein jähes Ende, als das Land ab 22. Juni 1941 zum Aufmarschgebiet für die deutschen Truppen und zum Kriegsziel für die rumänische Armee wurde.[331] Nachdem Kišinëv und andere Städte bombardiert worden waren, überquerten rumänische und deutsche Einheiten den Pruth und begannen auf bessarabischem Boden Brückenköpfe zu bilden. Mit der Beschleunigung der deutschen Offensive Anfang Juli 1941 gegen Osten verstärkten auch die Rumänen ihre Kampftätigkeit und eroberten am 16. Juli die Hauptstadt des sowjetischen Moldawien. Der erfolgreiche Vorstoß der Verbündeten nach Osten bis an den Dnjepr hatte nicht nur u. a. die Eroberung von Odessa zur Folge (16. Oktober), sondern auch, daß Rumänien außer den 1940 verloren gegangenen Gebieten (Bessarabien und die Nordbukowina) als Kriegsbeute auch das Gebiet zwischen Dnjestr und Bug („Transnistrien") an sich zog.[332] Diese Neoacquistica wurden unter Kriegsverwaltung gestellt; eine Politik der harten Hand (neue Führungsorgane, Verbote, Exekutionen, Zwangsarbeit, Umsiedlungen etc.) sollte der Wahrung der rumänischen Interessen dienen.[333] Die sowjetische Gegenoffensive drei Jahre später stellte die Weichen jedoch neuerlich zurück. Nachdem Verbände der Roten Armee den Dnjestr im Norden bereits im März 1944 überquert und somit einen Teil des moldawischen Raumes besetzt hatten (z. B. Soroca, Bălți), eroberten sie im Sommer die restlichen Teile des Landes; am 24. August fiel Chișinău in ihre Hände und wurde abermals zur Hauptstadt Moldawiens erhoben. Allerdings ist die Republik nun in zahlreiche kleine Bezirke geteilt worden, deren Grenzziehungen dies- und jenseits des Dnjestr andeuten, daß diese natürliche und historische Trennlinie zwischen den zwei Landesteilen verwischt werden sollte.[334]

Die Periode seit 1944 ist in Moldawien[335] einerseits durch eine Jahrzehnte lange Zeit äußerer Ruhe, andererseits durch den Ausbau der sozialistischen Ordnung geprägt worden. Zu den Bemühungen, die Industrialisierung voranzutreiben, die vor allem der Verarbeitung der agrarischen Produktion (Wein, Obst, Gemüse, Zucker, Tabak, Getreide, Viehzucht) dienen sollte, fügte sich das Streben, die Volksbildung weiter zu heben. Diese Politik hat sich infrastrukturell auf das gesamte Land ausgewirkt, insbesondere aber auf Kišinëv/Chișinău, wo neue Institutionen zentraler Bedeutung entstanden sind.

---

330 A. V. Repida: Obrazovanie Moldavskoj SSR. Kišinëv 1983 S. 176–207.
331 Istoria RSS Moldovenești a. a. O. S. 393–416.
332 Laut Alexander Dallin: Deutsche Herrschaft in Russland 1941–1945. Düsseldorf 1958 S. 102 wurde mittels des deutsch-rumänischen Abkommens (abgeschlossen in Tiraspol' am 30.August 1941) von Seiten Deutschlands Transnistrien an Rumänien übergeben.
333 I. L. Levit: Učastie fašistskoj Rumynii v agressi protiv SSSR. Kišinëv 1981 S. 169; George Castellan: A History of the Romanians. New York 1989 S. 208.
334 Die UdSSR. Enzyklopädie der Union der Sozialistischen Sowjetrepubliken. Hrsg. v. W. Fikkenscher. Leipzig 1959 S. 871, vgl. die politisch-administrative Karte in Istoria RSS Moldovenești a. a. O. S. 560.
335 Istorija Moldavskoj SSR (1968) a. a. O. S. 517–802 passim, Istoria RSS Moldovenești a. a. O. S. 419–568 passim. Daß sich der Streit zwischen der Sowjetunion und Rumänien dennoch fortsetzte, zeigt z.B. Robert R. King: Verschärfter Disput um Bessarabien. Zur Auseinandersetzung zwischen rumänischen und sowjetischen Historikern. In: Osteuropa 26, Stuttgart 1976 S. 1079–1087.

Zu dem angewachsenen Apparat der Verwaltung (Staat, Gebiet, Stadt) und der diversen Parteiinstanzen hinzugekommen sind die staatliche Universität (1945/46), ein Verlagszentrum (1945/50), das Fernsehzentrum (1958), eine eigenständige Moldawische Akademie der Wissenschaften (1961), zahlreiche Schul- und Bildungsinstitionen sowie etliche neue industrielle Unternehmen. Die Bedeutung von Kišinëv/Chişinău ist daran zu ersehen, daß 1986 infolge des Bevölkerungswachstums und des Entstehens von Ballungszentren allein rund ein Drittel der Bevölkerung Moldawiens (34%) in der Hauptstadt wohnte, weitere 23 Prozent in den Städten Tiraspol', Tighina und Bălţi.[336]

Nach der Skizzierung sowohl des wechselvollen Werdeganges des moldawischen Raumes vom offenen Siedel- und Transitland zur politisch-territorialen Formierung im 20. Jahrhundert als auch der Entwicklung der Stadt zum Zentrum dieses Landes in formaler und funktionaler Hinsicht gilt es abschließend zu überlegen, inwieweit die Hauptstadt Moldawiens auch als geistiger Mittelpunkt für die Bewohner in Betracht kommt. Die Antwort auf diese Frage ergibt sich nicht einfach aus der Tatsache, daß Chişinău/Kišinëv die dekretierte Hauptstadt Bessarabiens bzw. Moldawiens geworden ist, sondern hängt von vielen Faktoren ab, umso mehr dann, wenn Krisenzeiten an den bestehenden Bewußtseinsbildern zerren. Da sich der betreffende Raum erst seit dem 19. Jahrhundert zu einer eigenen, formal definierten Entität zu entwickeln begonnen hat, kann die Zeit davor für diese Frage ausgeblendet bleiben. Die wichtigsten Faktoren zur Klärung scheinen die Beschaffenheit der Hauptstadt selbst, die Bewohner des Landes, die Tradition als bewußtseinsbildende Kraft und mögliche Alternativen zu sein. Ordnet man die Argumente nach dem Gesichtspunkt, was für und was gegen die geistige Bindung an die Hauptstadt spricht, erhält man ohne konkrete Quellen zwar keine abschließende und allgemein gültige Antwort, aber doch eine Vorstellung von den bestimmenden Koordinaten.

Ohne fehl zu gehen, kann man annehmen, daß die Kraft des Faktischen von Anfang an eine nicht unerhebliche Rolle spielte und spielt; demnach mußten und müssen die Bewohner des Landes Chişinău/Kišinëv als ihre Hauptstadt nicht nur wahr-, sondern auch hingenommen haben. Eine nicht unwesentliche Rolle spielt dabei zweifellos die Kontinuität der Zentrumsfunktion: Fügt man zu den Perioden des förmlichen Hauptstadtstatus (russische und sowjetische Zeit) noch jene Periode hinzu, während der die Stadt wenigstens faktischer Mittelpunkt Bessarabiens (rumänische Zeit) gewesen ist, ergeben sich daraus rund einhundertfünfzig Jahre; das sind immerhin sechs bis sieben Generationen. Auch die praktischen Auswirkungen der zahllosen öffentlichen und privaten Institutionen (Ämter, Kultur- und Sozialeinrichtungen), die im Laufe der Zeit in der Hauptstadt entstanden sind, müssen dazu beigetragen haben, Chişinău/Kišinëv aus der Reihe der bessarabischen bzw. moldawischen Städte herausragen zu lassen. Dieses mentale Sediment hängt mit zwei Faktoren zusammen, die mit der zentralen Funktion dieser Stadt verbunden sind. Der eine Faktor ist der wachsende Bildungsgrad der Be-

---

336 Zagorodnaja-Zelenčuk a. a. O. S. 56.

völkerung. Auch wenn der Analphabetismus in Moldawien erst in den letzten Jahrzehnten überwunden worden ist, liegt die Behauptung nahe, daß allein schon die Vorreiterrolle als Schulzentrum von Anfang an der Hauptstadt einen Prestigegewinn eingebracht hat.[337] Der andere Faktor ist der wachsende Urbanisationsgrad der Bevölkerung. Aus der oben bereits angemerkten Tatsache, daß infolge der Entwicklung in der Nachkriegszeit rund ein Drittel der moldawischen Bevölkerung Chişinău/Kišinëv als Wohnort gewählt hat, ist zu ersehen, welch große Bedeutung zumindest in den letzten Jahrzehnten diese Stadt als Zentrum nicht nur für das Regime, sondern auch für die Gesellschaft bekommen hat. Insbesondere für diesen Zeitabschnitt kommt als möglicher Impulsgeber das Leitbild des Wiederaufbaus hinzu, dessen Träger sowohl die Kriegs- und Nachkriegsgeneration als auch die politische Propaganda gewesen sind. Wenn man bedenkt, daß während der gesamten Periode seit 1812 für die Masse der Bevölkerung wenig Chancen bestanden haben, das Land zu verlassen, um zu reisen und den eigenen Horizont zu erweitern, fällt den Gegebenheiten in der Heimat – daher auch der Hauptstadt – ein höherer Rang zu. Schließlich ist auch auf die intensiven Bemühungen der Kommunisten hinzuweisen, den rumänisch sprechenden Teil der Bevölkerung als eigenen moldawischen Volksstamm und nicht als Teil der Rumänen zu interpretieren.[338] In die gleiche Richtung, nämlich Moldawien zu einer neuen Landeseinheit mit eigenem Landesbewußtsein zu machen, zielte das Bestreben des kommunistischen Regimes hin, der ethnischen Heterogenität der moldawischen Bevölkerung eine homogenisierende Vision gegenüberzustellen, das Modell der „sozialistischen moldawischen Nation".[339] Dieses Konzept beruht auf der Vorstellung, daß die Bewohner Moldawiens mittels Aufbau des sozialistischen Systems in eine neue, höherwertige Gemeinschaft hineinwüchsen, bei der die ethnische Herkunft keine trennende Rolle mehr spiele. Beide Konzepte, die Autochthonie der „Moldawanen" und die Idee der sozialistischen moldawischen Nation, ziehen – logisch betrachtet – nach sich, dem eigenen Staat und daher der eigenen Hauptstadt einen hohen Stellenwert zuzumessen.

Diesen, die gefühlsmäßige Bindung an die Hauptstadt fördernden Kräften stehen allerdings auch Gegenkräfte gegenüber, die sich zwar nicht gegen dieses Zentrum als solches richten, aber gegen jene Prämissen, die zur Bildung Moldawiens geführt haben. Zunächst zählt hiezu die Tatsache, daß die territoriale Kontinuität des Landes nicht weit zurückreicht. Es ist festzuhalten, daß es in der Hauptstadt außer Kirchen so gut wie

---

337 Aus der Statistik (Sovetskaja Moldavija k 60–letiju Velikogo Oktjabrja a. a. O. S. 192) ist zu entnehmen, daß es 1960 72, 1976 hingegen 85 Grundschulen in der Hauptstadt Moldawiens gegeben hat, 11 bzw. 16 spezielle Mittelschulen und 4 bzw. 6 Hochschulen.
338 Die Eigenheit der „Moldawanen" beruht nach dieser Lesart auf dem hohen Anteil assimilierter Ostslawen und auf den Besonderheiten der Sprache und Kultur im Vergleich zu den Rumänen in der Moldau und Walachei bzw. in Rumänien. Siehe Moldavskaja Sovetskaja Socialističeskaja Respublika a. a. O. S. 393–397. Der rumänische Standpunkt, wonach es keine gravierenden Unterschiede zwischen Moldawanen und Rumänen gibt, ist zusammengefaßt bei George Ciorănescu: Bessarabia. Disputed Land between East and West. Munich 1985 S. 222–227.
339 Istorija Moldavskoj SSR (1968) a. a. O. S. 229–232, 609–612.

keine nennenswerten historischen Bauten gibt, die an die Zeit vor 1812 erinnern.[340] Der Anteil jener Menschen, die noch die Zwischenkriegs- und Kriegszeit erlebt haben, geht zwar zwangsläufig stark zurück, lebt aber noch und kann alte Erinnerungen weitergeben.[341] Ein noch gewichtigeres Hindernis für das Ausreifen einer regional definierten Volksgemeinschaft ist die nationale Vielfalt der Bevölkerung Moldawiens, die trotz aller ideologisch fundierten Gegenmaßnahmen erhalten geblieben ist. Infolge von Zuwanderung, Vertreibung, Emigration, Assimilation und Wechsel der Grenzziehung hat sich die ethnische Zusammensetzung der Bewohner Bessarabiens bzw. Moldawiens zwar stark verändert, nicht aber die Tatsache des Völkergemisches an sich. 1871 z. B. verteilte sich die Bevölkerung Bessarabiens auf 67,4% „Moldawanen", 15,8% Ostslawen (Russen und Ukrainer), 9,1% Juden, 3,5% Deutsche und 2,5% Bulgaren.[342] 1897 waren der Anteil der „Moldawanen" auf 47,6% gesunken, der Anteil an Russen und Ukrainern jedoch auf 27,6%, der der Juden auf 11,8%, der der Bulgaren auf 5,3% gestiegen. In der 1924 gegründeten Autonomen Moldawischen SSR verteilte sich die Bevölkerung (1926) auf 30,13% „Moldawanen", 48,49% Ukrainer, 8,54% Russen und 8,48% Juden. 1941 bestand die Zahl der Einwohner in dem neuen, vergrößerten Moldawien aus 68,7% „Moldawanen", 11,0% Ukrainern, 6,6% Russen, 7,5% Bulgaren, 4,9% Gagausen etc. Die demographischen Veränderungen der letzten Jahrzehnte zogen nach sich, daß 1979 die „Moldawanen" 63,9% der Bevölkerung, die Ukrainer 14,2%, die Russen 12,8% sowie die Gagausen 3,5% ausmachten.[343] Bis 1989 haben sich die Proportionen nicht wesentlich geändert.[344] Multiethnizität birgt insbesondere in Zeiten, in denen die politische, wirtschaftliche und kulturelle Ordnung in Frage steht, die Gefahr in sich, daß die Nationalitäten nach Alternativen zu suchen beginnen; dies gilt im vorliegenden Fall besonders für die „Moldawanen", Russen und Ukrainer, deren Muttervölker sich in unmittelbarer Nachbarschaft befinden und deren Regierungen sich um die Konationalen im jeweiligen Ausland bemühten bzw. bemühen. Hiedurch kam es 1918, 1940, 1941, 1944 und auch 1990 zum sei es individuellen, sei es kollektiven Problem, wohin man sich orientieren solle – an der Zugehörigkeit zur nationalen Gemeinschaft (Rumänien, UdSSR bzw. Rußland, Ukraine) oder an der Zugehörigkeit zur regionalen Gemeinschaft (Bessarabien bzw. Moldawien). Der Umstand, daß z. B. im Jahre 1970 in Chişinău/Kišinëv die daselbst lebenden 132.514 „Moldawanen" zu 88,4% Rumänisch als Muttersprache und 72,2% Russisch als Zweitsprache hatten, die 69.600 Russen hingegen zu 99,5% Russisch als Muttersprache, aber nur 11,8% Rumänisch als Zweitsprache konnten[345], läßt zwar keinen Schluß über die Bindung dieser

---

340 Kišinëv. Enciklopedija a. a. O. S. 102–107; Ja. N. Taras: Pamjatniki architektury Moldavii (XIV-načalo XX veka). Kišinëv 1986 besonders S. 190–209.
341 Zagorodnaja-Zelenčuk a. a. O.S. 161 teilen mit, daß 1975 in der gesamten UdSSR rund 13,3% der Bevölkerung über 60 Jahre alt waren.
342 Arbure a. a. O. S. 119.
343 Zagorodnaja-Zelenčuk a. a. O.S. 16, 22, 71.
344 Dima: From Moldavia to Moldova a. a. O. S. 135.
345 Ebenda S. 106.

Menschen an ihren Wohnort als Zentrum des Landes zu, deutet aber immerhin an, daß trotz der über Jahrzehnte gewachsenen Wohngemeinschaft[346] sich die politische und kulturelle Orientierung der beiden wichtigsten Nationalitäten im Zweifelsfall unterscheidet: Während die „Moldawanen" auf ihre zahlenmäßige Überlegenheit und auf ihre historischen und sprachlichen Verbindungen zu Rumänien hinweisen können,[347] muß es den Russen schwer fallen, Gleichwertiges ins Treffen zu führen.

---

346 I. V. Tabak: Russkoe naselenie Moldavii. Čislennost', rasselenie, mežetničeskie svjazi. Kišinëv 1990 S. 93–113.
347 Das Echo in Rumänien belegen die in jüngster Zeit, z.T. als Reprint erschienenen Publikationen wie Nistor a. a. O.; Mihai Eminescu: Basarabia. o.A. 1990; Nicolae Titulescu: Basarabia pămînt românesc. Bucureşti 1992; Ion V. Stătescu: Salut, Basarabia! Bucureşti 1992; Victor Crăciun: Pierdem Basarabia ? o.A. 1992; Nicolae Ciachir: Basarabia sub stăpînire ţaristă (1812–1917). Bucureşti 1992.

Die Metamorphose Athens: Von der planmäßigen Anlage der Residenzstadt zur Metropole ohne Plan

Gunnar Hering (Wien)

Wer heute in Athen mit dem Bus an den Säulen des Zeustempels vorbeifährt, von verschiedenen Punkten der Stadt einen Blick durch den Smog-Schleier auf den Parthenon wirft, eine byzantinische Kirche besucht und schließlich in einer Taverne der Altstadt Erholung vom Lärm und von der verpesteten Luft sucht, wird unter dem täuschenden Eindruck einer die Jahrtausende umspannenden Kontinuität leicht vergessen, daß Athen eine „junge", künstliche Hauptstadt ist. Weder in der Osmanenzeit noch im Unabhängigkeitskrieg hatte sich Athen als bedeutendes Verwaltungs-, Handels- oder Verkehrszentrum des Territoriums, das später zum griechischen Staat gehörte, herausgebildet; die ersten Nationalversammlungen der aufständischen Griechen fanden in anderen Orten statt und selbst die Regionalversammlung des östlichen Mittelgriechenlands tagte 1821 in Salona (Amfisa). Nach der Befreiung von der Osmanenherrschaft war bis 1834 Nafplio die Hauptstadt des Königreichs Griechenland.[348]

Die bayerische Regentschaft, die 1833–1835 anstelle des minderjährigen ersten griechischen Königs Otto, des zweiten Sohnes König Ludwigs I. von Bayern, Griechenland regierte, wollte unter dem Einfluß des in Europa dominierenden Klassizismus, den Ottos Vater nachhaltig förderte, die Verbindung des neu aufzubauenden Griechenlands mit der Antike deutlich hervortreten lassen.[349] In diesem Punkte berührten sich die Auffassungen der Regenten mit der kulturellen Orientierung der aufgeklärten Griechen (und mit dem Stolz der weniger aufgeklärten auf die „großen Vorfahren"). Mag die politische und kulturelle Elite sich zur Legitimierung anderer Ziele auf die Antike berufen haben[350] und mit der Regentschaft und später mit Otto selbst in schwere Konflikte

---

348 Durch Gesetz Nr. 21/18. 1. 1823 war Nafplio zum Sitz der Provisorischen Regierung bestimmt worden; so auch Gesetz Nr. 29/29. 2. 1824. Δημακόπουλος, Γεώργιος Α.: Ὁ κῶδιξ τῶν νομισμάτων τῆς Ἑλληνικῆς Ἐπαναστάσεως 1822–1828. Athen 1966, S. 103 Nr.22, S. 123 f. Nr. 33.

349 Zu den Absichten der Regentschaft siehe v. Maurer, Georg Ludwig: Das Griechische Volk in öffentlicher, kirchlicher und privatrechtlicher Beziehung [. . .]. Bd. 2, Heidelberg 1835, S. 223 ff., 322 ff.

350 An der Antike wollten die griechischen Aufklärer nicht nur die Voraussetzungen der europäischen Kultur, die in der antiken ihr Fundament haben, und die Grundlagen der Wissenschaften, sondern auch die moralischen Effekte der Freiheit studieren. Zur Einführung siehe Kitromilides, Paschalis M.: Tradition, Enlightenment and Revolution: Ideological Change in Eighteenth and Nineteenth Century Greece. Ph.D. Thesis, Harvard Univ., Cambridge, Mass. 1978; Δημαράς, Κωνσταντίνος: Νεοελληνικὸς διαφωτισμός. Athen ³1983 (= Νεοελληνικὰ μελετήματα, 2), Belege für die Bewertung der byzantinischen Geschichte S. 394, 396, zur Identitätsproblematik bes. S. 121–144. Abgesehen von dieser aufklärerischen Position regte später ein starkes Kompensationsbedürfnis und die Suche nach der eigenen Identität die Beschäftigung mit dem Altertum an.

geraten sein[351] – das antike Vorbild als solches wurde nicht in Frage gestellt, vielmehr hoffte man, im Rückbezug auf die Antike die „dunklen" Jahrhunderte der Osmanenherrschaft und das damals negativ bewertete byzantinische Jahrtausend gewissermaßen überspringen zu können.

Diese Wertorientierung spielte bei der Auswahl Athens als neuer Hauptstadt eine Rolle[352]. Die Verlegung der Hauptstadt in einen kleinen Ort, der zu Beginn des 19. Jahrhunderts weder politisch noch wirtschaftlich oder kulturell irgendeine Bedeutung für die Zeitgenossen hatte, bot langfristig bei der Integration des Landes einen großen Vorteil. Anders als beispielsweise Berlin, Rom, Madrid oder Prag repräsentierte Athen keine starke Region, keinen historischen Staat mit eigenem Profil. Daher provozierte es auch keine regionalistischen Ressentiments, man assoziierte mit seinem Namen keine in der Gegenwart weiterwirkende politische Tradition oder kulturelle Eigenart, von der andere Städte oder Regionen sich hätten unterscheiden wollen. Saloniki, eine Großstadt mit deutlich anderer Kulturgeschichte und natürliches Zentrum einer großen, fruchtbaren und strategisch wichtigen Region, kam zu spät – 1912 – zu Griechenland, um mit Athen zu konkurrieren, und die Hoffnung der Griechen, daß eines Tages Konstantinopel wieder ihre Hauptstadt würde, sollte sich nie erfüllen. Die Zentralisierung der Verwaltung, Kultur und Wirtschaft in Athen vollzog sich daher relativ leicht, zentrifugale Tendenzen ließen sich ohne größere Schwierigkeiten überwinden. Gewisse Widerstände in der Provinz und der oft geäußerte Wunsch nach Dezentralisierung lassen sich mit Spannungen zwischen den historischen Regionen anderer Länder nicht vergleichen. Athen wurde zum Symbol der Griechen des Königreiches und der Griechen der Diaspora, und es war – anders als Konstantinopel es hätte sein können – ein Symbol der Modernität und der Zugehörigkeit zu Europa.

Als sich die Regentschaft für die Verlegung der Residenz und der Hauptstadt am 1. Dezember 1834 nach Athen entschieden hatte[353] – an diesem Tag zog König Otto offiziell in Athen ein[354] – boten sich ihr Möglichkeiten zur planmäßigen Anlage der Stadt,

---

351 Siehe Petropulos, John Anthony: Politics and Statecraft in the Kingdom of Greece 1833–1843. Princeton, N. J. 1968; Hering, Gunnar: Die politischen Parteien in Griechenland 1821–1936. Bd. 1, München 1992 (= Südosteuropäische Arbeiten 90/1), Kap. II (dort weitere Literatur).

352 Zur Auswahl von Athen: Παρασκευόπουλος, Γ. Π.: Οἱ δήμαρχοι τῶν Ἀθηνῶν (1835–1907). Athen 1907, S. 23 ff.; Μπίρης, Κώστας: Τὰ πρῶτα σχέδια τῶν Ἀθηνῶν. Ἱστορία καὶ ἀνάλυσίς των. Athen 1933, S. 7 f. Für Athen hatte Ottos Vater, Ludwig I., von vornherein entschieden plädiert. Als denkbare Hauptstädte waren außerdem zur Diskussion gestanden: Megara, Argos, Korinth; Piräus, das der bayerische Architekt Gutensohn vorgeschlagen hatte, schied aus, weil es vom Meer her leicht angegriffen werden konnte: Ross, Ludwig: Erinnerungen und Mittheilungen aus Griechenland. Berlin 1863, S. 53 f.

353 Erlaß vom 18./30. 9. 1834. Φύλλον Ἐφημερίδος τῆς Κυβερνήσεως (im folgenden ΦΕΚ) Nr. 36/28. 9. 1934, S. 98 f.

354 Kurz zuvor hatte der Gemeinderat bei der Begrüßung Ottos in Piräus am 25.8.1834, ganz im Sinne des Rückbezugs auf die Antike die Hoffnung ausgedrückt, daß Athen wiedererstehe und zum Sitz der Weisheit und der Eunomie werde, das Volk, λαός, sei „πεπεισμένος ὅτι διὰ σοῦ θέλουν ἐκτελεσθῆ αἱ ὑπὲρ τῆς Ἑλλάδος προρρήσεις τῆς καλλιφώνου Μούσης τοῦ σεβαστοῦ Βασιλέως τοῦ πατρός Σου, ὅτι διὰ Σοῦ, ὦ Βασιλεῦ, θέλουσι στεφανωθῆ οἱ ἀγῶνες ἡμῶν, ἐπιστρεψάσης πάλιν τῆς Ἀθηνᾶς

wie sie im 19. Jahrhundert als Aufgabe staatlichen Städtebaus betrachtet wurde[355]; auch auf Baustil und Innenarchitektur konnte sie Einfluß nehmen und so die Rezeption klassizistischer Elemente befördern: Die kleine Stadt lag seit dem Unabhängigkeitskrieg fast völlig in Trümmern[356], so daß nicht nur zügig Wohnungen geschaffen, sondern auch Bauten für Hof, Behörden, Militär und diplomatische Vertretungen errichtet werden mußten.

Den ersten, nicht realisierten Stadtplan[357] entwarfen die Architekten Stamatios Kleanthis[358] und Eduard Schaubert, beide Schüler Karl Friedrich Schinkels. Danach sollten das Schloß mit den Ministerien im Norden (im Bereich des heutigen Omonia-Platzes) stehen und dorthin 38–40 m breite, die Stadt strukturierende Boulevards so führen, daß der zentrale Platz die Aussicht nach Piräus, auf die Akropolis und auf das Areal des (damals noch nicht wiederhergestellten) Stadions geboten hätte. Auch die anderen Straßen waren breiter vorgesehen, als sie heute zumeist sind. Als zweites Zentrum war im Südosten, im Bereich des heutigen Verfassungsplatzes, ein geistiges Zentrum mit der Akademie, der Bibliothek und der Residenz des Metropoliten sowie einem Wohnviertel für den gehobenen Bedarf vorgesehen, von dem Straßen zum Lykabettos, nach Mesogia, Faliro und Kerameikos strahlenförmig ausgegangen wären. Die privaten Wohnhäuser sollten Gärten haben; für die Öffentlichkeit waren Gartenpromenaden vorgesehen.[359] Die Stadt wollten die beiden Architekten so anlegen, daß *„zugleich die vorteilhaftesten Standpunkte zur Betrachtung der Denkmäler vermittelt werden und das*

μετὰ τῆς Δήμητρος καὶ τοῦ Ἑρμοῦ εἰς τὴν πόλιν μας. Ἥρωες τῆς Σαλαμῖνος, πενθηφοροῦντες τοσούτους αἰῶνας διὰ τὰς ἁλύσεις μας καὶ τὴν ἐκ τούτων πτῶσιν μας, ἀνυψώσατε ἤδη τὴν κεφαλὴν μὲ ὄμμα χαρωπὸν νὰ ἰδῆτε τὴν πόλιν σας ἀνεγειρομένην καὶ ἕδραν σοφίας καὶ εὐνομίας γενομένην." Παρασκευόπουλος, S. 46.

355 Zur Problematik des Begriffs der Vorbilder siehe die grundlegende Abhandlung: Ἐθνικὸν Μετσόβειον Πολυτεχνεῖον. Σπουδαστήριον Πολεοδομικῶν Ἐρευνῶν. Ἔρευνα πολεοδομικῶν προτύπων. 1: Θεωρητικὴ ἔννοια τοῦ προτύπου. Hrsg. v. . M. Μαντουβάλου/ Α. Μπαχαροπούλου. Athen 1977.

356 Zur Zeit der Übersiedlung Ottos gab es ca. 7.200 zerstörte Häuser, deren Trümmer herumlagen und die Wege versperrten. Παρασκευόπουλος, S. 18 ff.

357 Am leichtesten zugänglich bei Μπίρης, Κώστας: Αἱ Ἀθῆναι ἀπὸ τοῦ 19ου εἰς τὸν 20ὸν αἰῶνα. Bd. 1, Athen 1966, S. 27–29. Das einschlägige Memorandum der beiden Architekten: ders.: Ἀθηναϊκαὶ μελέται. Bd. 1, Athen 1938, S. 10–20. Zum Plan siehe Demosthenopoulou, Elpiniki: Öffentliche Bauten unter König Otto in Athen. Begegnung mit Griechenland. Auffassungen und Auseinandersetzungen. Diss. München 1970, S. 14 ff.

358 Zu Kleanthis, der eigentlich Stamatis Stamatiou hieß und den antiken Beinamen Kleanthis (Kleanthes) von seinen Berliner Lehrern bekommen hatte, siehe vor allem Βακᾶς, Π.: Ὁ ἀρχιτέκτων τοῦ σχεδίου Ἀθηνῶν Στάματης Κλεάνθης (1802–1862). Ἡμερολόγιον τῆς Μεγάλης Ἑλλάδος. Athen 1931, S.77–90; Μπίρης, Κώστας: Σταμάτιος Κλεάνθης. Athen 1959; ders.: Σταμάτης Κλεάνθης. Ὁ μεγαλοϊδεάτης ἀρχιτέκτων τῶν Ἀθηνῶν. In: Τεχνικὸ Ἐπιμελητήριο Ἑλλάδος. Πρῶτοι Ἕλληνες τεχνικοὶ ἐπιστήμονες περιόδου ἀπελευθερώσεως. Athen 1976, S. 59–84; zu Schaubert, Βακᾶς, Π.: Ὁ ἀρχιτέκτων τοῦ σχεδίου Ἀθηνῶν Ἐδουάρδος Σάουμπερτ (1804–1860). Ἡμερολόγιον τῆς Μεγάλης Ἑλλάδος. Athen 1939, S. 509–526.

359 Siehe dazu das Memorandum von Kleanthis und Schaubert, Μπίρης: Ἀθηναϊκαὶ μελέται Bd. 1, S. 17 f.

Ganze wird ein Museum der alten Baukunst darstellen, wie die Welt kein zweites aufzuweisen hat".[360] In dieser Planung wird eine Konstante städtebaulicher Konzeptionen im neuen griechischen Staat deutlich, die sich ungeachtet der Differenzen in anderen Punkten bis in die Zeit nach dem Zweiten Weltkrieg nachweisen läßt: Man distanzierte sich von überkommenen Stadtstrukturen, die als Zeichen kultureller Rückständigkeit, als anachronistische Relikte der Osmanenherrschaft negativ bewertet wurden.[361]

Die Konzeption rief jedoch in der Öffentlichkeit Widerspruch hervor und die Anlage der neuen Straßen wäre wegen der Entschädigungen für umfangreiche Grundstücksenteignungen nicht zu finanzieren gewesen.[362] So wurde der bayerische Hofarchitekt Leo von Klenze[363] 1834 nach Griechenland entsandt, um die Bauplanung zu revidieren.[364] Dabei schlug von Klenze plausible Korrekturen und technische Verbesserungen des Entwurfs vor und machte auf Schwierigkeiten aufmerksam, mit denen Athen noch lange Zeit zu ringen hatte: Kleinere Flüsse und Bäche erreichten das Meer nicht, sondern versickerten im Stadtbereich, so daß tiefer liegende Gegenden sumpfig, ungesund und für die ursprünglich geplante Bebauung weniger geeignet waren.[365] Auch ist es von Klenze zu verdanken, daß ein Teil der Altstadt (Plaka) von Eingriffen verschont blieb[366]

---

360 Zitiert nach Demosthenopoulou, S. 15.
361 Siehe hiezu die Untersuchung für die Zwischenkriegszeit: Χαστάογλου, Βίλμα: Ἡ ἀνάδυση τῆς νεοελληνικῆς πόλης: Ἡ σύλληψη τῆς μοντέρνας πόλης καὶ ὁ ἐκσυγχρονισμὸς τοῦ ἀστικοῦ χώρου. In: Μαυρογορδᾶτος, Γιῶργος / Χατζηιωσήφ, Χρῆστος (Hrsg.): Βενιζελισμὸς καὶ ἀστικὸς ἐκσυγχρονισμός. Ἡράκλειο 1988, S. 93–112; vgl. dazu auch Καραδήμου–Γερολύμπου, Ἀλέκα / Παπαμίχος, Νίκος:Ρύθμιση τοῦ χώρου: Πολιτικὲς πρωτοβουλίες καὶ θεσμικὲς ρυθμίσεις. Ebenda, S. 113–132; Φιλιππίδης, Δ.: Ἐκσυγχρονισμὸς στὴν ἀρχιτεκτονικὴ καὶ πολεοδομία τοῦ Μεσοπολέμου. Ebenda, S. 141–147.
362 Μπίρης, Κώστας:Τὰ πρῶτα σχέδια τῶν Ἀθηνῶν. Ἱστορία καὶ ἀνάλυσίς των. Athen 1933, S. 11–15; zu den Entschädigungen Παρασκευόπουλος, S. 121 ff., 512 ff. Gegen den Plan protestierten vor allem die Eigentümer der gegen Entschädigung zu enteignenden Grundstücke. Allein die Entschädigungszahlungen für Enteignungen an den Abhängen der Akropolis und zur Straßenführung hätten, wenn die Vorschläge der Gemeinde Athen berücksichtigt worden wären, 1.563.000 Drachmen betragen. Außerdem wurden zur Unterbringung von Soldaten und Beamten sowie zur Anlage neuer Straßen Menschen im Winter aus ihren Häusern exmittiert, die nicht in der Lage waren, eine neue Wohnung zu finanzieren bzw. überhaupt zu finden. Zu diesen Mißständen Παρασκευόπουλος, S. 50 ff.
363 Zu Klenze siehe dessen Aufzeichnungen: v. Klenze, Leo: Aphoristische Bemerkungen gesammelt auf seiner Reise nach Griechenland. Berlin 1838; siehe weiters Watkin, David / Mellinghoff, Tilman: German Architecture and the Classical Ideal 1740–1840. London 1987, S. 141–170.
364 Beschluß der Regentschaft vom 17./29.6.1934 auf Grund von Einwänden König Ludwigs. Ἑλληνικὸ Λογοτεχνικὸ καὶ Ἱστορικὸ Ἀρχεῖο (Griechisches Literatur- und Geschichtsarchiv), Athen (im folgenden ELIA): Regentschaftsprotokoll 100, 17./29.6.23.6./5.7.1834, fol. 214ʳ Nr.16.
365 v. Klenze: Aphoristische Bemerkungen, S. 400 ff., 419 ff. v. Klenzes Gutachten zum Plan Schauberts und Kleanthis' S. 421–446. Zu v. Klenzes Korrekturen siehe Μπίρης, Κώστας: Τὰ πρῶτα σχέδια τῶν Ἀθηνῶν. Ἱστορία καὶ ἀνάλυσίς των. Athen 1933, S. 16 ff.; Demosthenopoulou, S. 18 ff.
366 So entschied die Regentschaft, daß nur drei Straßen durch die Altstadt durchgeschlagen und hiefür Häuser enteignet und abgerissen werden sollten: Weisung an das Innenministerium, Nafplio 6./18.9.1834. ELIA: Regentschaftsprotokolle 1834, Sitzung 150, f.302ʳ⁻ᵛ (vgl. 290ᵛ Punkt 11); Erlaß Nafplio 18./30.9.1834 Nr. 16964. Ebenda, Sitzung 161, f.81ʳ (Art. 7).

Die Metamorphose Athens: Von der planmäßigen Anlage der Residenzstadt zur Metropole ohne Plan

und bis heute Reste alter Bausubstanz aufweist.[367] Mit der Neugestaltung Athens, so entschied die Regentschaft, *„bezwecken Wir [. . .] nicht eine Regelmässigkeit, wie die einer neuen Stadt, zu erreichen, sondern wollen, daß diesem Stadttheile der allen älteren Städten Europas eigenthümliche malerische Charakter nicht gewaltsam genommen werde".*[368] Von Klenzes ästhetische Auffassungen wichen in einem zentralen Punkt von Vorschlägen Schauberts und Kleanthis' ab: Er hielt nichts von regelmäßig konstruierten geometrischen Figuren, langen geraden Linien und strenger Symmetrie, wie sie in Karlsruhe, Turin, Nancy und Sankt Petersburg appliziert würden, sondern berief sich zur Legitimation seiner Variante des klassizistischen Programms auf das alte Rom und auf Pompeji[369] und plädierte für eine freiere Gestaltung ohne allzu starre Regeln.[370] Mit seinen Abänderungsvorschlägen hat von Klenze allerdings viele heute kaum lösbare Probleme verursacht.[371] In der falschen Annahme, daß Athen eine kleine Stadt bleiben werde, verschaffte er seinem ästhetischen Urteil Geltung, daß breite, lange, geradlinige Straßen eintönig seien und nicht zu einer hügeligen Landschaft paßten; Athen solle daher nach dem antiken Vorbild – schmalere und kurze Straßen, kleine Plätze – gestaltet werden.[372] Dementsprechend projektierte von Klenze engere Straßen und änderte in folgenreicher Weise deren Verlauf.[373]

---

367 Der Entwicklung zum geschmacklosen Vergnügungsviertel wurde Einhalt geboten. Neben Souvenirläden, Tavernen und Fremdenverkehrsbetrieben, die den Charakter der Fußgeherzone der Altstadt prägen, sind heute wichtige kulturelle Zentren etabliert (u. a. Kulturfonds der Nationalbank MIET, Griechisches Literatur- und Geschichtsarchiv ELIA, Koun-Theater, Museen).
368 Erlaß vom 6./18.9.1834. ELIA ebenda, Art.7 f. 81ʳ.
369 Hederer, Oswald: Leo von Klenze. Persönlichkeit und Werk. München 1964, S. 142.
370 von Klenze: Aphoristische Bemerkungen, S. 485. Diesen Gesichtspunkt hebt Demosthenopoulou besonders hervor: S. 23, 34 ff.
371 Siehe dazu Παρασκευόπουλος, S. 50 ff.
372 von Klenze: Aphoristische Bemerkungen, S. 431 ff.
373 Darauf hatte auch die Gemeindeverwaltung gedrängt. Auf eine Eingabe des Demos hin wurde schon der Entwurf von Kleanthis und Schaubert verwässert. So verengte man z.B. die Euripides-Straße von 30 auf 10 m, die Athene-Straße im Marktbereich von 40 auf 20 m, die Äolos-Straße außerhalb der Altstadt von 15 auf 12 m. Durch die Modifikation der Pläne wollten Regierung und Stadtväter natürlich auch die Entschädigungszahlungen vermindern. Von Klenze übernahm diese Korrekturen, verwarf die Boulevards, reduzierte die Panepistimion-Straße auf 12 m Breite und andere Straßen entsprechend; die Stadion-Straße führte nun nicht mehr zum Stadion, die Patisia-Straße wurde zum Zentralplatz hin durch ein Viertel unterbrochen. Weiters eliminierte von Klenze Arkadengänge und spitzwinkelige Straßenkreuzungen. Er lehnte auch den Park um das Geschäftsviertel ab, weil sich in Athen keine Geschäfte mit Luxuswaren etablieren würden, zu denen eine solche Anlage passe. Schließlich sah von Klenze für das Schloß, die Regierungsgebäude und das Geschäftsviertel andere Standorte vor. Μπίρης, Κώστας: Αἱ Ἀθῆναι, Bd. 1, S. 31–38, von Klenzes Plan S. 37; siehe auch die separat erschienenen sechs Lithographien zu L. von Klenzes Reise nach Griechenland. Berlin o. J. [1838 ?]. Siehe außerdem Μπίρης, Κώστας: Ἡ πρωτεύουσα θύμα πολεοδομικοῦ ἐμπαιγμοῦ. Athen 1961, S. 6 f. Nach der am 11./23.6.1834 angeordneten, vorläufigen Unterbrechung der Arbeiten gemäß dem Kleanthis-Schaubert-Plan bestimmte der bereits zitierte Erlaß vom 18./30.9., daß v. Klenzes Vorschläge bei der Ausführung jenes Planes zu berücksichtigen seien (Art.4), f. 80ᵛ. Allerdings sollten Klenzes Vorschläge nicht für die Umgebung des Schlosses, der Erlöserkirche, des Volksgartens, für die Akademie, die Universität, die Bibliothek und das geplante Theater gelten (Art.16, f. 83ʳ). Als Mitglieder des Unterausschusses des Stadtbauausschusses konnten Kleanthis und Schaubert noch einige evidente Mängel der Abänderungen

Städtebaulich wollte die Regentschaft (wie später auch der mündig gewordene König) in Athen außer der Befriedigung des dringenden Bedarfs an öffentlichen Gebäuden weitere Absichten realisieren: die „Schönheit einer südlichen Stadtanlage", die würdige Darstellung des Zusammenhangs mit der Antike[374] und die Repräsentation der Herrschaftsordnung und Herrschaftslegitimität. Der Traditionsbildung durch den Rückbezug auf die Antike sollten die Restauration der Überreste des Altertums und die Rezeption des klassizistischen Baustils dienen. Schon vor seiner Reise nach Griechenland hatte von Klenze die Wiederherstellung antiker Bauten und namentlich der Akropolis empfohlen.[375] *„Die Auffassung des Planes dem historischen und poetischen Gedanken nach"*, führte er in seiner Stellungnahme zur Planung Schauberts und Kleanthis' aus[376], *„soll sowohl der früheren als der jetzigen geschichtlichen Entfaltung der hehren Stadt Athen angemessen erscheinen. Vier große Epochen hat diese aufzuzählen, und müssen sich auch in der Stadt und ihrer künftigen Einteilung aussprechen. Zuerst kommt die Akropolis auf der Höhe des Felsens, dann ihr zunächst die Theseopolis am südlichen und westlichen Abhange desselben, etwas tiefer noch östlich die Hadrianopolis, und endlich eine neue jetzt zu beginnende Bildung unserer Zeit, die Ottonopolis [...]"*. Dementsprechend hob die Regentschaft noch vor dem Umzug den Festungsstatus der Akropolis auf, verfügte die Entfernung späterer Anbauten, die Errichtung eines Nationalmuseums an der Ostseite und die Wiederherstellung der antiken Denkmäler in Athen.[377] Die zentralen Straßen erhielten Namen, die auf die Antike Bezug nah-

---

v. Klenzes ausmerzen. Diesem Umstand haben wir zu verdanken, daß wenigstens die Panepistimion-Straße auf 32 m Breite projektiert und auch die Patisia-Straße verbreitert wurde (Μπίρης: Αἱ Ἀθῆναι, Bd. 1, S. 42). Dagegen wandten sich mit Nachdruck die Eigentümer, unter ihnen der einflußreiche Archont und Politiker D. Kallifronas, der im Bereich der Panepistimion-Straße Äcker besaß. Als der Antrag der Regierung, das Ausgrabungsareal bis zur Hermes-Straße auszudehnen, im Ausschuß abgelehnt wurde, trat Kleanthis zurück. An seiner Stelle kooptierte der Ausschuß nun Kallifronas (Μπίρης: Κλεάνθης, S. 23). Im Dezember 1834 wurde die Architekturabteilung des Γραφεῖον Οἰκονομίας im Innenministerium gegründet, zu deren Direktor Schaubert berufen wurde.

374 So sollte nach dem Erlaß vom 18./30.9.1834 (siehe Anmerkung 19) die Baukommission über den Baustil wachen und dabei *„im Auge [...] behalten, was der südlichen Lage und den daraus hervorgehenden Verhältnissen angemessen ist [...]. Denn es ist Unsere Absicht, daß die neue Stadt Athen sich hiedurch von den Städten nördlicher Länder auszeichne, und würdig neben den großen Mustern der Vorzeit emporsteigen soll"*. (Art.13, f. 82^v).
375 Der Wiederaufbau der Altertümer sei *„mit der Würde und der Äußerlichkeit zu begleiten, welche durch die Umstände und das lebendige, sinnliche und sinnlicher Eindrücke bedürfende griechische Volk bedingt zu werden scheint"* (Promemoria), Auszug bei Seidl, Wolf: Bayern in Griechenland. Die Geburt des griechischen Nationalstaats und die Regierung König Ottos. München 1981, S. 150.
376 von Klenze: Aphoristische Bemerkungen, S. 421.
377 Weisung an das Schul- und Kirchensekretariat, Nafplio 4./16.9.1834 Nr.16532. (ELIA: Regentschaftsprotokolle 1834, Sitzung 150, f. 314^{r-v}, Wiederherstellung des Parthenon); desgl. Nafplio 6./18.9.1834 Nr.16533 (ebenda f. 312^r, Wiederherstellung der Akropolis); desgl. Nafplio 6./18.9.1834 Nr. 16564 (ebenda f. 316^{r-v}, Bewachung der Akropolis); Erlaß vom 18./30.9.1834, Art.5. (ebenda f. 80^v–81^r); Klenze hatte glücklicherweise verhindert, daß nach Schinkels Plan das Königsschloß auf der Akropolis errichtet würde (siehe dazu Demosthenopoulou, S. 40 ff.). Vor der Übersiedelung des Hofes legte der König den Grundstein der ersten Säule des wiederherzustellenden Parthenon: Μηλιαράκης,

men.³⁷⁸ Im Laufe des Jahrhunderts traten drei antike Komplexe im Stadtbild markant hervor: In den dreißiger Jahren begann man mit der Reinigung der Akropolis³⁷⁹ und der Wiederherstellung ihrer Bauten, 1848 bis 1858 wurde das Herodes-Attikos-Theater und 1896, wegen der Olympischen Spiele, das Stadion hergerichtet. Die Denkmäler aus osmanischer Zeit, namentlich die Moscheen, blieben als Überreste „barbarischer" Zeiten bei denkmalpflegerischen Maßnahmen zumeist außer Betracht.³⁸⁰

Mit dem historischen Anspruch war die Repräsentation der Herrschaft verflochten, die sich vor allem im Stil der öffentlichen Gebäude, in der Widmung der Plätze und in Denkmälern ausdrückte.³⁸¹ Im ersten Jahrzehnt dominierte der klassizistische Stil mitteleuropäischer Prägung, in dem sich griechische und römische Elemente verschiedener Epochen der Antike verbanden, später rezipierte man auch Elemente anderer Stilrichtungen.³⁸²

1841 wurde das neue, vom Münchener Architekten Gärtner entworfene Schloß (heute Parlamentsgebäude und Sitz des Obersten Verwaltungsgerichtes) eingeweiht.³⁸³ Ludwig I. hatte vorgeschlagen, diesem klassizistischen Gebäude ein zwar keineswegs

---

Ἀντώνιος. In: Ἑστία Jg. 1884, S. 461 ff. Die Stadtmauern wurden abgerissen und das Material versteigert; Weisung an das Innenministerium, Nafplio 6./18.9.1834 Nr.16532 (ELIA: Regentschaftsprotokolle ebenda, f. 306ʳ).

378 Hermes-, Äolos-, Athene-, Areopag-, Sophokles- und Herodot-Straße. Noch heute trägt eine Reihe von Straßen ihre alten Namen, so z.B. die Hermes-, Äolos-, Sophokles-, Athene- und Stadion-Str. Bei der Zuweisung dieser Namen sind Fehler unterlaufen (z.B. Äolos-Str. nach einem falsch identifizierten Tempel). Zu den Straßennamen Καλλισπέρης, Γεώργιος Ν.: Τὰ ὀνόματα τῶν ὁδῶν. Athen 1900; Ἔκθεσις τῆς ἐπιτροπῆς πρὸς ὀνοματοθεσίαν τῶν ὁδῶν τῶν Ἀθηνῶν. Athen 1905.

379 Noch 1870 stand bei den Propyläen der Festungsturm aus der Zeit der Lateinerherrschaft! Ἀθηνᾶ 1839–1900. Φωτογραφικὲς μαρτυρίες. Athen 1985, Nr. 290, 291.

380 Das Fethie Cami am Weizenmarkt (Σταροπάζαρο) z.B. wurde als Kaserne und Magazin der Militärbücherei genutzt. Hingegen hatte die Regentschaft in ihrem Erlaß vom 18./30.9.1834 (siehe Anmerkung 366) angeordnet, daß die Staatsrealitäten in der Altstadt am Fuße der Akropolis, die „Kirchen, Moscheen, oder solche Gebäude sind, welche noch brauchbar, oder wegen des historischen und malerischen Interesses erhaltungswerth erscheinen" erhalten werden sollten; „Unförmliche, interesselose und unbrauchbare Ruinen aber sind sogleich zu entfernen". (Art. 6 f. 81ʳ).

381 So griff die Regentschaft v. Klenzes Vorschlag auf, auf dem Otto- [heute: Omonia-] Platz die neue Kathedrale zu errichten, die in Dankbarkeit für die Befreiung von der osmanischen Herrschaft dem Erlöser (τοῦ Σωτῆρος) geweiht sein sollte (Erlaß vom 25.1.1834. ΦΕΚ Nr.5/29.1.1834, S. 18 f.). Dieser Gedanke blieb auf dem Papier, aber in Abständen wurden neue Widmungen des Platzes zur Diskussion gestellt. 1859 beschloß der Gemeinderat, zum 25jährigen Herrschaftsjubiläum Ottos dort ein Denkmal des Königs zu errichten. 1870, unter der neuen Dynastie, plante man ein Mahnmal für die Gefallenen des Unabhängigkeitskrieges. Μπίρης: Ἀθηναϊκαὶ μελέται, Bd. 1, S. 3 f.

382 Guter Überblick mit Photos: Ἀθηνᾶ 1839–1900. Φωτογραφικὲς μαρτυρίες. Athen 1985; siehe auch Johannes, Heinz: Αἱ Ἀθῆναι τοῦ κλασσικισμοῦ. Athen 1939; Russack, Hans Hermann: Deutsche bauen in Athen. Berlin 1942; Τραυλός, Ι.: Νεοκλασσικὴ ἀρχιτεκτονικὴ στὴν Ἑλλάδα. Athen 1967; Demosthenopoulou: Öffentliche Bauten; Σκαρπιά–Χοΐπελ, Ξ.: Ἡ μορφολογία τοῦ Γερμανικοῦ κλασσικισμοῦ (1789–1848) καὶ ἡ δημιουργικὴ ἀφομοίωσή του ἀπὸ τὴν ἑλληνικὴ ἀρχιτεκτονικὴ (1833–1897). Diss. Saloniki 1975.

383 Μαρκεζίνης Σπ. Β.: Πολιτικὴ ἱστορία τῆς νεωτέρας Ἑλλάδος 1828–1964. Bd. 1, Athen 1966, S. 146 ff. Zum Schloß ausführlich meine Studie über die Hofkultur zur Zeit Ottos, die demnächst in einem Band über die Hofkultur in Südosteuropa (Hsg. Reinhard Lauer) in den Abhandlungen der Akademie der Wissenschaften zu Göttingen erscheinen wird.

einschüchterndes, aber doch achtunggebietendes Äußeres zu geben und es im Stadtbild dominieren zu lassen. Das Schloß sollte bei den Bürgern Vertrauen in die Zukunft des Königreichs und der Dynastie wecken.[384] Otto instruierte Gärtner, im Entwurf solle *„Pracht vermieden, und nur darauf gesehen werden, daß mit der zu beabsichtigenden Einfachheit edler Anstand, guter Baustyl, ein freundlicher Charakter, und vor allem Annehmlichkeit in bezug auf Bewohnung verbunden werde."*[385]

Noch heute geben die Bauten der Architekten Christian und Theophil Hansen dem Stadtzentrum sein Gepräge.[386] Von Christian Hansen[387], der von 1833 bis 1850 in Griechenland arbeitete, im Technischen Büro des Innenministeriums an der Stadtplanung mitwirkte und an der Wiedererrichtung des Nike-Tempels auf der Akropolis beteiligt war, stammen die Pläne für die 1839–1864 erbaute Universität (1839–1850), die Münzprägeanstalt (1836, das spätere Finanzministerium), die Anglikanische Kirche. Sein jüngerer Bruder Theophil[388], der die Pläne für das Parlament und die Börse in Wien entworfen hatte, schuf die Sternwarte (1842–1845)[389], das Megaron Dimitriou (d. h. das 1842/43 errichtete alte Gebäude des Hotels „Μεγαλη Βρεταννια"), die Akademie (1859–1887) und die Nationalbibliothek (Baubeginn 1860, Einweihung 1902). In der zweiten Hälfte des Jahrhunderts trat der griechische Architekt Lysandros Kaftantzoglou[390] mit klassizistischen Bauten maßgebend in Erscheinung: Er entwarf das Arsakion (1852), die Technische Universität (1862–1876)[391] und auf der Panepistimion-Straße in der Nähe der erwähnten Gebäude der Universität und der Akademie die Augenklinik (1847–1854), die auf König Ottos Wunsch im „byzantinischen" Stil errichtet wurde.[392]

---

384 Hingegen fiel die Entscheidung, den Palast auf der damals genannten Anhöhe zu errichten, offenbar nicht, wie man gelegentlich lesen kann, in der Absicht, daß die herausgehobene Position Respekt einflöße oder gar einschüchtere. Vielmehr schieden die von Klenze und anderen vorgeschlagenen Standorte in der Unterstadt aus gesundheitlichen Gründen (Kleinklima, Nähe sumpfiger Areale u. dgl.) aus: Zirkular Hofmarschalls Saporta an die Leibärzte des Hofes, Athen 16./28.12.1835. Γενικὰ Ἀρχεῖα τοῦ Κράτους (Allgemeines Staatsarchiv), Athen (im folgenden ΓΑΚ): Ὀθωνικὸν Ἀρχεῖον, Α.: Ἀνακτορικά, 2: Ἀνάκτορα, Fasz. 363; Gutachten der Ärzte Dr. Wibmer und Dr. Roeser vom 19./31.12.1835 (ebenda). Zur Wahl des Platzes siehe auch Μακρυγιάννης, Νικόλαος: Ἡ ἱστορία τοῦ Μεγάρου τῆς Βουλῆς. Athen 1979, S. 19 f.
385 Otto an Gärtner, Athen 13./25.1.1836, Abschrift. ΓΑΚ Fasz.363.
386 Ἀθήνα 1818–1853. Ἔργα Δανῶν καλλιτεχνῶν. Views of Athens by Danish Artists. Athen 1985. Zum folgenden vgl. auch : Μπίρης: Αἱ Ἀθῆναι, Bd. 1, S. 104 ff., 117 ff., 128 ff., 149 ff., 155 ff.
387 Haugsted, Ida: The Architect Christian Hansen and the Greek Neo-Classicism. In: Scandinavian Studies in Modern Greek 4, Kopenhagen – Gothenburg 1980, S. 63–87.
388 Ganz, Jürgen: Theophil Hansens „Hellenische" Bauten in Athen und Wien. In: Österreichische Zeitschrift für Kunst und Denkmalspflege 26, Wien 1972, S. 67–81.
389 Λάϊος, Γεώργιος: Τὸ ἀστεροσκοπεῖον Ἀθηνῶν (Ἀνέκδοτα ἔγγραφα). Athen 1962; Demosthenopoulou, S. 73 f.
390 Εὐσταθιάδης, Μπάμπης: Λύσανδρος Καυταντζόγλου. Ὁ πρῶτος πρύτανης τοῦ Πολυτεχνείου καὶ ὁ οἰκοδόμος του. In: Πρῶτοι Ἕλληνες τεχνικοὶ ἐπιστήμονες (wie Anmerkung 358), S. 171–194.
391 Dazu Μπίρης, Κώστας: Ἱστορία τοῦ Ε. Μ. Πολυτεχνίου 1836–1916. Athen 1957.
392 Μπίρης: Αἱ Ἀθῆναι, Bd. 1, S. 81. Deswegen wurde Christian Hansens klassizistischer Entwurf abgelehnt. Von Kaftantzoglou stammen auch die Pläne der Georgskirche (Karytsi), der Irenenkirche (der ersten Kathedrale von Athen) und der Konstantinskirche.

Eine Verbindung klassizistischer und romantischer Elemente versuchte Ernst Ziller[393], ein Schüler Theophil Hansens. Er baute, wiederum auf der Panepistimion-Straße, Schliemanns Iliou Melathron (1878/79) und modifizierte zusammen mit Panagis Kalkos[394] Ludwig Langes Plan des Archäologischen Museums (1866–1889); er schuf das heute vorbildlich restaurierte Megaro Mela (1874, Kotzias-Platz) und das Gebäude des Deutschen Archäologischen Instituts (1887). Außerdem entwarf François Florimond Boulanger zwei charakteristische Athener Gebäude: gemeinsam mit Theophil Hansen das Zappeion-Ausstellungsgebäude neben dem Schloßpark (1874–1888) und das alte Parlamentsgebäude (1858–1875), das heutige Historische Museum. Von seinem Landsmann Charles Garnier, dem Schöpfer der Pariser Opéra, stammt das Fotilas-Megaron in der Stadion-Straße. Nicht wenige dieser öffentlichen Gebäude wurden durch reiche Griechen der Diaspora finanziert, die in der ersten Hälfte des 19. Jahrhunderts aus romantischer Neigung, teils auch wegen finanzieller Vorteile, Geld für öffentliche Bauten und gemeinnützige Einrichtungen spendeten oder sich in Athen ein schönes Domizil bauen wollten; später wuchs ihr Interesse an der Verbindung mit dem neuen Griechenland, als sich ihnen dort Möglichkeiten, ins Bankgeschäft einzusteigen, eröffneten.[395] Die Reihe der Monumentalbauten ergänzen die Börse (1880)[396], das Spital „Evangelismos" (1881–84), das Gemeindetheater des Architekten Girard (1873–1888, Grundsteinlegung bereits 1857 !) und das Königliche Theater (1892).[397]

Die öffentlichen Bauten des 19. Jahrhunderts bestimmten maßgeblich die Entwicklung des Baustils sowie die funktionale und soziale Differenzierung der Quartiere; sie waren das Vorbild des privaten Hausbaus: Hier wurden Elemente des klassizistischen Stils aufgenommen und teilweise mit älteren des griechischen Hausbaus (mit dem hohen Rauchfang, dem Dachvorsprung, dem Wandelgang im Erdgeschoß, der überwölbten Steintreppe) sowie mit neuen, den sogenannten „romantischen" (Holzbalkon, Satteldach) verbunden, so daß hier eine Vielfalt von Formen und Typen entstand.[398] Gegen

---

393 Παπαστάμος, Δ. (Hrsg.): Ἐρνέστος Τσίλλερ. Ἔκδοση Ὑπουργείου Πολιτισμοῦ καὶ Ἐπιστημῶν. Γενικὴ Διεύθυνσις πολιτιστικῶν ὑποθέσεων. Athen 1973.
394 Von ihm stammen u. a. die Pläne des Varvakions (1857–1859) an der Stelle der heutigen Markthallen/Athene-Straße und des Rathauses (1874) sowie die Abänderungen der Pläne für das alte Parlament (1863).
395 Δερτιλής, Γιῶργος: Τὸ ζήτημα τῶν τραπεζῶν (1871–1873). Οἰκονομικὴ καὶ πολιτικὴ διαμάχη στὴν Ἑλλάδα τοῦ 19ου αἰῶνα. Athen 1980, bes. S. 1–28, 68 ff.
396 Πλατανόπουλος, Μιχαὴλ Θ.: Ἱστορία τοῦ Χρηματιστηρίου Ἀξιῶν Ἀθηνῶν 1876-1976. Athen o. J. [1975], S. 32–41.
397 Ἀνδρεάδης, Α. Μ.: Τὸ Βασιλικὸν Θέατρον (1901–1908). Athen 1933.
398 Weniger vermögende Bauherren applizierten billigere Imitationen: So ersetzte man Mamor- durch Keramik- oder Gipsteile, die mit Ziegenhaar verstärkt wurden, oder ahmte mit Ölfarbe die Musterung von Marmorplatten nach. Zur Rezeption und Verbindung unterschiedlicher Elemente im privaten Hausbau siehe Ἰακωβίδης, Χρίστος: Νεοελληνικὴ ἀρχιτεκτονικὴ καὶ ἀστικὴ ἰδεολογία. Ioannina 1982, S. 31 ff. Weiteres Material hiezu und eine Bibliographie zur klassizistischen und eklektizistischen Architektur bei Δημακόπουλος, Ἰορδάνης (Hrsg.): Ἀνθολογία ἑλληνικῆς ἀρχιτεκτονικῆς. Ἡ κατοικία στὴν Ἑλλάδα ἀπὸ τὸν 15ο στὸν 20ο αἰῶνα. Athen 1981, S. 86–91 und die Tafeln in Anhang V. Vgl. auch Μπίρης: Ἀθηναϊκαὶ μελέται. Bd. 3, S. 3–9. Auf v. Klenzes Vorschlag hatte die Regent-

Ende des 19. und zu Beginn des 20. Jahrhunderts ging man wieder zu strengeren klassizistischen Formen über. Später, als der rasch wachsende Bedarf an kostengünstigen Zweckbauten für eine sprunghaft steigende Einwohnerzahl befriedigt werden mußte, konnten Architekten ihren persönlichen Stil wieder leichter entfalten. Man lernte jetzt von den Vorbildern sachlichen Baustils in anderen Ländern.[399] Dem Stilwandel korrespondierte im 20. Jahrhundert auch der Wechsel der Bauherren: An die Stelle der Mäzene, die Bauten der politischen und kulturellen Selbstdarstellung gefördert hatten, traten jetzt die öffentlichen Hände (Staat, Gemeinden) sowie Unternehmer, die größere Häuser für mehrere Mieter bzw. Wohnungseigentümer errichteten und die Kosten rational kalkulierten.[400]

Trotz mancher Anfangsschwierigkeiten dehnte sich die bebaute Fläche rasch aus.[401] Wie später im 20. Jahrhundert, so veränderte sich das Stadtbild in der ersten Hälfte des 19. Jahrhunderts in den Lebensjahren einer Generation von Grund auf: An der Stelle des klassizistischen Universitätsbaus zum Beispiel, der zusammen mit der Nationalbibliothek und der Akademie einen Komplex nationalkultureller Selbstdarstellung bildet, weidete noch Anfang der 1830er Jahre ein Türke seine schmächtigen Kamele.[402] 1858–1862, am Ende der Herrschaft Ottos, entstanden die ersten Häuser oberhalb der Akademiestraße und zum Kolonaki-Viertel hin[403], das im Unterschied zu heute eine ärmliche Siedlung von Hirten aus Lidoriki war, die an den Hängen des Lykabettos ihre Ziegen weiden ließen und Athen mit Milch versorgten.[404] Weiter entfernt, kurz vor dem heutigen Mavilis-Platz, befanden sich die Kasernen der Infanterie und der Artillerie, dahinter, zwischen dem Mavilis-Platz und dem Alexandra-Boulevard, legten bekannte Athe-

---

schaft 1834 verfügt, daß an allen Plätzen und an Straßen von mehr als 13,3 m Breite nur Häuser mit mindestens drei Stockwerken (einschl. des Erdgeschosses), an allen kleineren Plätzen und engeren Straßen nur Gebäude mit mindestens zwei Stockwerken errichtet werden dürften. ELIA: Regentschaftsprotokoll 161, 18./30.9.1834, fol. 82^(r–v), Art. 11. Siehe dazu v. Klenze: Aphoristische Bemerkungen, S. 445. Ausnahmegenehmigungen waren für die geplante Gartenanlage am Fuß des Lykabettos vorgesehen.
399 Zur Rezeption Le Corbusiers und des Bauhaus-Stiles Μπίρης: Αἱ Ἀθῆναι, Bd. 2, S. 311 ff.
400 Siehe dazu Ἰακωβίδης, S. 46 ff.
401 1834–1836 wurden 1.000, bis 1842 4.500 Häuser erbaut: Λεοντίδου Ἐμμανουήλ, Λίδα: Ἀθήνα. Οἰκονομική, κοινωνική καί οἰκιστική ἀνάπτυξη τοῦ συγχρόνου πολεοδομικοῦ συγκροτήματος. Sonderheft aus der Ἐγκυκλοπαίδεια Πάπυρος Λαρούς. Μπριτάννικα. Athen 1982, (388–414) S. 386. Zur Bebauung des Zentrums siehe auch Σκαλτσᾶ, Ματούλα: Κοινωνική ζωή καί δημόσιοι χῶροι κοινωνικῶν συναθροίσεων στήν Ἀθήνα τοῦ 19ου αἰῶνα. Saloniki 1983, S. 53 ff., 75 ff., für die 2. Hälfte des 19. Jhs S. 245 ff., 387 ff., 399 ff. Bis in die 1850er Jahre machten auch zentrale Punkte der Hauptstadt noch einen unfertigen Eindruck. Zur Ausweitung der bebauten Fläche und zur Bevölkerungsdichte in der Stadt 1836–1920 siehe Λεοντίδου, Λίδα: Πόλεις τῆς σιωπῆς. Ἐργατικός ἐποικισμός τῆς Ἀθήνας καί τοῦ Πειραιᾶ, 1909–1940. Athen 1989, S. 82 ff., für die Zwischenkriegszeit S. 131 ff. Überblick über die Entwicklung auch in der einführenden Problemskizze: Prevelakis, George: Culture, Politics, and the Urban Crisis: The Case of Modern Athens. In: Modern Greek Studies Yearbook Bd. 5, Minneapolis – Minnesota 1989, S. 1–32.
402 Λαμπίκης, Γεώργιος: Τά 100 χρόνια τοῦ δήμου Ἀθηναίων. Athen 1938, S. 17.
403 Siehe dazu die Dokumentation in: Ἀθήνα 1839–1900, Nr. 70.
404 Σκουζές, Δημήτριος.: Ἡ Ἀθήνα πού ἔφυγε. Athen 1965. 2. Aufl. ohne Bandzählung, S. 10. Daher hieß die Gegend oberhalb der Dexamini damals „Katsikadika".

Die Metamorphose Athens: Von der planmäßigen Anlage der Residenzstadt zur Metropole ohne Plan

ner Familien Gärten an. Stärker in die städtische Kommunikation integriert wurde dieses Areal, als 1881 das große Spital „Evangelismos" mit einer für damalige Verhältnisse beispielhaften Schwestern- und Krankenpflegerschule entstand.

Die Stadtplanung ging mehr und mehr in griechische Hände über, vor allem als Offiziere des Geniekorps, deren erster im Lande ausgebildeter Jahrgang 1843 die Militärakademie verließ, in diesem Bereich ihre Fachkenntnisse zur Verfügung stellten. Es fehlte auch nicht an Entwürfen Sachverständiger[405] und an Vorlagen der zuständigen Behörden. Indessen konnten trotz vieler Eingriffe an einzelnen Stellen[406] die Gebrechen der ursprünglichen Planung nie mehr umfassend korrigiert werden. Die Straßen blieben zu eng und waren teilweise unzweckmäßig geführt. Das Areal, dessen Bebauung die mit der Athener Stadtplanung befaßten Behörden[407] zu beaufsichtigen hatten, war stets zu klein bemessen, so daß einerseits die Innenstadt durch die starke Konzentration von Geschäften, Behörden, Banken und Bildungseinrichtungen überlastet wurde und andererseits an der Peripherie, besonders seit 1880, die Landschaft zersiedelt wurde.[408] In der Zwischenkriegszeit errichteten Privatfirmen, die sich mit der Grundstücksspekulation befaßten, solche Siedlungen für zahlungskräftige Kunden.[409] Wenn diese Gebiete dann in die Stadtplanung aufgenommen wurden oder eigene Gemeinden bildeten, waren der Planung und Flurbereinigung äußerst enge Grenzen gezogen.[410] Im

---

405 Einen der ersten Entwürfe legte der Architekt Lysandros Kaftantzoglou vor: Περὶ μεταρρυθμίσεως τῆς πόλεως Ἀθηνῶν γνῶμαι Λυσάνδρου Καφταντζόγλου (sic !) ἀρχιτέκτονος, διευθυντοῦ τοῦ ἐν Ἀθήναις Β. Πολυτεχνείου. Athen 1858. Die hierin enthaltene Σχεδιογραφία Ἀθηνῶν war schon 1839 in der Zeitung Αἰών publiziert worden. Die Pläne der französischen Mission (1882/1888) führten zu Öffnungen von Arterien (Syngros-Str., Alexandra-Boulevard). Alle anderen Vorschläge (Ludwig Hoffmann 1908, siehe die Publikation: Bebauungsplan für Athen. O. O., o. J.; Kalligas 1920–1924) blieben auf dem Papier. Zur neuesten Zeit siehe Μπίρης: Αἱ Ἀθῆναι, Bd. 2, S. 355 ff.
406 In Anbetracht des Zustroms neuer Einwohner reichte 1846 die „Kommission zur Ergänzung des Stadtplanes" Vorschläge ein, die Otto jedoch nicht genehmigte. 1850 wurde durch Verordnung wenigstens die Äolos-Str. teilweise um drei Meter, 1856 die Hermes-Str. z.T. um fünf Meter verbreitert; in den fünfziger Jahren nahm man weitere Abänderungen der Straßenbreite und -führung vor, nach 1857 wurden die Plätze geebnet und hergerichtet und der Mac-Adam-Straßenbelag eingeführt. Dazu Μπίρης: Αἱ Ἀθῆναι, Bd. 1, S. 80, 83, 85 ff., 101.
407 Die Gemeindeverwaltung von Athen verlor ihre beschränkten Entscheidungskompetenzen schrittweise seit der Gründung des Verkehrministeriums 1914 bzw. des Bautenministeriums 1953. Der Staat verfügte seit der 2. Hälfte des 19. Jh.s über keine spezialisierte Behörde mit Befugnissen. Nach der Gründung des Verkehrsministeriums gab es dort eine Topographische Dienststelle und erst 1926 entstand die Stadtplanungsbehörde. Während der Diktatur des Metaxas wurde die „Oberste Stadtbauorganisation der Hauptstadt" gegründet, die jedoch unter der Leitung eines unfähigen Verwandten des Hauptstadtministers Kotzias nichts bewirkte. Μπίρης: Αἱ Ἀθῆναι, Bd. 2, S. 327 f. Nach dem 2. Weltkrieg bemühte sich die Gemeinde vergeblich um die Erweiterung ihrer Kompetenzen und um die Rationalisierung der Stadtbebauungspläne: Λεοντίδου: Ἀθήνα, S. 406 ff.
408 Grundstücke um die Hauptstadt herum erwarben nicht nur wohlhabende Bürger, sondern auch Angehörige ärmerer Schichten, die sich keine Wohnung in der Stadt leisten konnten. Siehe dazu Λεοντίδου: Πόλεις τῆς σιωπῆς, S. 87, 92 ff.
409 Z.B. Psychiko, Ilioupoli, Cholargos.
410 Zwischen 1878 und 1907 wurden 60 Erweiterungen des Stadtplanungsareals bewilligt, das von 3.203 auf 15.980 stremmata (1 stremma = 0,1 ha) wuchs. Nach 1922 entstanden außerhalb der damaligen Planungsgrenzen Trabantensiedlungen zur Unterbringung der Flüchtlinge aus Kleinasien (siehe Anmerkung 431).

20. Jahrhundert wurde die Legalisierung widerrechtlich errichteter Bauten und Wildwuchssiedlungen häufig durch Korruption erreicht oder als Wahlgeschenk offeriert.[411] Die Kombination von Wahlgeschenken, Korruption und Spekulation ermöglichte auch Manipulationen mit der zulässigen Gebäudehöhe. Die systematische Denkmalpflege beschränkte sich bis vor kurzem auf die Erhaltung antiker und byzantinischer Überreste. Seit der Zeit der Obristendiktatur (1967–1974) wurden nicht nur klassizistische Privathäuser rücksichtslos abgerissen, damit auf den Grundstücken Wohn- oder Geschäftsblocks errichtet würden, auch der Staat hat öffentlichen Gebäuden und Anlagen bis auf wenige Renommierstücke wenig Schutz angedeihen lassen.

Die Lebensbedingungen in der Hauptstadt waren auch im 19. Jahrhundert nicht so gut, wie mancher heute glauben möchte. Das Klima Athens hatte sich seit der Antike vor allem infolge des Verlustes der Wälder ungünstig entwickelt. Es fehlt an natürlichen Trinkwasserreserven; im Sommer steigt die Temperatur stark an, im Winter strömen feuchtkalte Nordwinde in die Stadt. Aus nicht abfließendem Regenwasser und aus dem Wasser des nicht regulierten Kephissos sowie anderer Bäche bildeten sich Sümpfe, so daß sich Epidemien und vor allem die Malaria leicht ausbreiteten. Diese klimatischen Bedingungen begünstigten im Sommer Magen- und Darminfektionen, die bei Kindern häufig zum Tode führten, und im Winter Entzündungen der Atemwege.[412]

Permanente Mängel der Infrastruktur verschlimmerten die Auswirkungen des Klimas. So wurde die Wasserversorgung erst zwischen den beiden Weltkriegen für eine längere Zeit zufriedenstellend gesichert.[413] Indessen blieb die Qualität des Trinkwassers immer schlecht: Die Leitungen waren veraltet und schadhaft, die Sammelbecken nicht überdacht und gegen Verunreinigung nicht geschützt. Treffend charakterisiert die Situation die indifferente Reaktion der Behörden auf die Beschwerde eines Atheners, aus dessen Wasserleitung im Stadtzentrum 1907 25 Frösche in die Wohnung sprangen:

---

411 Übersicht über illegale Bauten bei Λεοντίδου: Ἀθήνα, S. 393 T. 5. Siehe zu diesem Thema auch Μπίρης, Κώστας: Γιὰ τὴν σύγχρονη Ἀθήνα. Μελέτες καὶ ἄρθρα. Bd. 1, Athen 1958, S. 68 ff.
412 Dazu und zum folgenden bereiten D. S. Platanisiotis, G. N. Mastrokalos und S. G. Marketos vom Institut für Medizingeschichte der Universität Athen eine eingehende Studie vor. Aus ihr geht hervor, daß es an Warnungen der Ärzte und an Vorschlägen für infrastrukturelle Maßnahmen nicht gefehlt hat, die Behörden jedoch keine Konsequenzen zogen.
413 Nach der Befreiung von der osmanischen Herrschaft wurde zunächst der Hadrian-Aquädukt gereinigt und in Betrieb genommen. Siehe dazu Παρασκευόπουγος, S. 29 ff. Zur Geschichte der Wasserversorgung Σκουζές, Δημήτριος Γ. / Γέργοντας, Δ.: Τὸ χρονικὸ τῆς ὑδρεύσεως τῶν Ἀθηνῶν, ἀπὸ τὴν ἀρχαιότητα ὡς τὴ σύγχρονη ἐποχή. Athen 1963; Καλαντζόπουλος, Τάσος Τ.: Τὸ ἱστορικὸν τῆς ὑδρεύσεως τῶν Ἀθηνῶν. Athen 1964. Einen guten Einblick in die Probleme gewähren auch Berichte und Vorschläge aus früherer Zeit: Ὕδρευσις τῆς πόλεως τῶν Ἀθηνῶν. Ἀνακοίνωσις τοῦ δημάρχου Ἀθηναίων Σ. Μερκούρη. Athen 1906; Ἡ ὕδρευσις Ἀθηνῶν. Ἔλεγχος τοῦ Κ. Α. Σούλη. Athen 1907. Im 19. Jh. kam es an den Zapfstellen der öffentlichen Wasserleitungen, auf die man in den Wohnvierteln der ärmeren Schichten angewiesen war, ständig zu Streit unter den vielen Wartenden. Aber auch in den Quartieren der wohlhabenden Athener gab es nicht genug Brunnen und Wasserleitungen. Die Nachfrage nach gutem Trinkwasser befriedigten Wasserverkäufer, die ihr kostbares Gut von Quellen des Umlandes brachten.

"*Froscheier*", so erfuhr der überraschte Verfasser der Eingabe, „*sind in jedem Wasser enthalten*".[414]

Die Kanalisation war noch in jüngster Zeit unzulänglich. Der erste zentrale Abwasserkanal entstand 1858 und führte zum Kephissos, über den Abwässer direkt ins Meer geleitet wurden. Da man diese zuvor noch zur Bewässerung von Gemüseplantagen bei Profitis Daniil nutzte, da sich stehende Gewässer, Rinnsale und Sümpfe bildeten, Abwässer nicht entsorgt, Abfälle und Fäkalien nicht abgeräumt wurden, kam es regelmäßig zum Ausbruch von Epidemien und fiebrigen Erkrankungen.[415] 1893 existierten nur 11,5 km Abwasserkanäle. Erst die liberalen Regierungen unter Venizelos haben bis 1928 das Kanalnetz ausgebaut sowie den Kephissos und verschiedene Bäche unterirdisch abgeleitet, doch blieben noch bis in die siebziger Jahre ausgedehnte, dichtbesiedelte Wohngegenden nicht an die Kanalisation angeschlossen und auf Gruben angewiesen.[416] Bis ins 20. Jahrhundert hinein leitete man Abwässer vielfach auf die Straße. Erst bei Neubauten der letzten Jahre werden strengere Vorschriften eingehalten. Da außerdem Kanäle zur Ableitung des Regenwassers fehlten und die Flüsse nicht reguliert waren, kam es bei Unwettern oder bei Hochwasser stets zu Überschwemmungen: 1896 fanden dabei 17 Menschen den Tod.[417] Noch heute leiten viele Dachrinnen und Balkonabflüsse das Wasser auf die Gehwege. Nicht nur die Abwässer, sondern auch der Haus- und Gewerbemüll überforderte die Behörden. Erst 1924 wurde eine regelmäßige Müllabfuhr durch Autos eingerichtet. In den Wohnquartieren pflegten die Metzger auf der Straße vor ihren Geschäften zu schlachten und die Tiere auszuweiden. Das 1856 eingerichtete Gemeindeschlachthaus in der Nähe des Philopappos-Hügels hatte keinen Abfluß und keine Wasserleitung, so daß die Metzger auch die dort geschlachteten Tiere vor ihren Läden ausnahmen und zerlegten.[418] Erst 1914–1916 ließ der liberale Bürgermeister Emmanouil Benakis im Tauros-Viertel Schlachthäuser errichten. Auch die Hygiene im Lebensmittelhandel ließ zu wünschen übrig: Polizeiliche Kontrollen ergaben

---

414 Μπίρης: Αἱ Ἀθῆναι, Bd. 2, S. 255; zur Wasserversorgung auch Λάππας, Τάκης: Ἀθηναϊκὰ κορφολογήματα. Τὰ Ἀθηναϊκά, Bd. 72, Athen 1979, S. 33 f.
415 1835 erkrankten 4.000 Einwohner an einer Krankheit, die von manchen als Sumpffieber, von anderen als γαστροχολερική Erkrankung bezeichnet wurde. Παρασκευόπουλος, S. 68. Die Gemeindeverwaltung bemühte sich zeitweise, aus den geringen Einnahmen die Anlage kleiner Kanäle sowie die Wasserversorgung zu finanzieren. 1839 wurden hiefür 17% der Ausgaben aufgewendet (Budget: ebenda, S. 126 f.). Ein Jahr zuvor waren es nur 8,8% gewesen, doch wurde 1838 für „*politische Feste und andere Feiern*" mehr Geld als für die Wasserversorgung ausgegeben (ebenda, S. 120). 1840 belief sich der Anteil der Ausgaben für die Stadtreinigung und die Wasserversorgung auf 14,2% (ebenda, S. 144 f.).
416 1972 waren nur 6,5% der Gebäude der Hauptstadt mit der Kanalisation verbunden. Λεοντίδου: Ἀθήνα, S. 411. Erst 1930 wurden die Sickergruben im Bereich der Hauptstadt verboten und durch festgebaute, regelmäßig zu entleerende Gruben ersetzt. In den 1980er Jahren lebte auf ganz Attika nur ein Drittel der Bevölkerung in Gegenden mit Kanalisation (ebenda, S. 388).
417 Μπίρης: Αἱ Ἀθῆναι, Bd. 2, S. 256.
418 „Τὸ αἷμα των ῥέει εἰς τὰ πεζοδρόμια, ἐπὶ τῶν ὁποίων ἐνεργεῖται φανερὰ ὁ ἀποτρόπαιος σφαγιασμός, τὰ ἄχρηστα τεμάχια ῥίπτονται εἰς τοὺς δρόμους καὶ ἡ ἀπόπνοια ἡ ἀναδιδομένη, ἐν ὥρᾳ θέρους μάλιστα, ἀπὸ τῶν μυϊοπληθῶν αὐτῶν ἑστιῶν τῶν μολυσμάτων, μιαίνει τὸν ἀέρα καὶ μαστίζει πάντας τοὺς πέριξ οἰκοῦντας". Μπίρης ebenda.

1896, daß in der Altstadt (Plaka) die meisten Lebensmittelgeschäfte schmutzig oder nur „mittelmäßig sauber" waren und in keinem einwandfreie Butter verkauft wurde.[419]

Gutes Straßenpflaster gab es nicht überall; erst seit 1905 wurden die zentralen Straßen asphaltiert. Infolgedessen war in der trockenen Jahreszeit die Staubentwicklung unerträglich[420], im Winter hatte der Fußgeher selbst im Zentrum bei Regenwetter mit Morast zu kämpfen.

1869 nahm die erste griechische Dampfeisenbahnstrecke zwischen Athen und Piräus in Betrieb auf, die 1890–1895 vom Theseion zum zentralen Omonia-Platz weitergeführt und 1904 elektrifiziert wurde. Sie bildete den ersten Abschnitt der heute bis nach Kifisia führenden U-Bahn. Seit 1885 verband eine andere Strecke Athen mit Lavrio, Marousi und Kifisia, seit 1887 fuhr die Dampfeisenbahn von Athen nach Paläo Faliro. Dem zügigen Aufbau des Eisenbahnnetzes durch die Kabinette Trikoupis im letzten Viertel des 19. Jahrhunderts[421] verdankte Athen gute Verkehrsverbindungen nach der Peloponnes und nach Mittelgriechenland. Im Stadtgebiet fuhr man mit Pferdedroschken[422] oder Privatgespannen[423], seit 1882 auch mit der Pferdebahn. 1908 fuhr die erste elektrische Straßenbahn.[424] Vier Jahre später nahm eine Dampfbahn von der Akademie nach dem Vorort Tzitzfies mit Abzweigungen nach Neo und Paläo Faliro den Betrieb auf.[425]

1877 erweiterte eine französische Gesellschaft die seit 1859 bestehende Leuchtgasproduktion und sorgte zunächst für die Straßenbeleuchtung[426], die von den achtziger Jahren bis zur Jahrhundertwende ausgebaut wurde; Gaslicht verwendete man bald in Geschäften und schließlich auch in den Wohnhäusern. Elektrisches Licht sahen die Athener seit dem Ende des Jahrhunderts im Stadtzentrum[427]; seit 1910 ersetzte man die

---

419 Λῶζος, Ἀθανάσιος: Ἡ οἰκονομικὴ ἱστορία τῶν Ἀθηνῶν. Athen 1984, S. 137.
420 In den Höfen der Athener Gymnasien mußten oft Sportübungen wegen des Staubes unterbrochen werden: Λαμπίκης, S. 95. Der Zustand wurde dadurch verschlimmert, daß es viele unbebaute Flächen gab. Übersicht ebenda S. 94 f. Die Asphaltierung des Zentrums wurde 1931–1936 fast abgeschlossen.
421 Παπαγιαννάκης, Λευτέρης: Οἱ ἑλληνικοὶ σιδηρόδρομοι (1882–1910). Γεωπολιτικές, οἰκονομικὲς καὶ κοινωνικὲς διαστάσεις. Athen 1982.
422 Und zwar mit dem Einspänner, μόνιππο oder volkstümlich Μαρίκα, oder mit dem Zweispänner, βικτωρία, bzw. mit dem Landauer. Die Kutscher, ἁμαξάδες, zumeist Eigentümer des Gespanns, waren gut organisiert.
423 Den ersten Pferdekarren führte Admiral Potney Malcolm 1833 zum Transport von Baumaterial für seine Villa ein. Anschließend erschienen die Hofkutschen Ottos. Δημητριάδης, Κώστας: Ἡ Ἀθήνα ποὺ ζήσαμε. Athen 1950, S. 19.
424 Λαμπίκης, S. 100, 109. Zur Einführung der Straßenbahnen siehe Ἐπὶ τῆς συμβάσεως πρὸς ἐφαρμογὴν τῆς δι' ἠλεκτρισμοῦ ἕλξεως τῶν τροχιοδρόμων. Δημοσίευσις τοῦ δημάρχου Ἀθηναίων Σ. Μερκούρη. Ἰούνιος 1906. Athen 1906.
425 Μπίρης: Αἱ Ἀθῆναι, Bd. 1, S. 195.
426 Die von der Gemeinde eingestellten Laternenanzünder waren meist arme Gymnasiasten und Studenten aus der Provinz. Σκουζές, Δημήτριος Γ.: Ἡ Ἀθήνα ποὺ ἔφυγε. Bd. 2, Athen 1962, S. 61. Die Straßenbeleuchtung mit Gaslaternen anstelle der Öllampen wurde Anfang der 1860er Jahre eingeführt.
427 Μπίρης: Αἱ Ἀθῆναι, Bd. 1, S. 193 ff.; vgl. Σκουζές, ebenda S. 63.

Gaslaternen durch elektrische Straßenbeleuchtung.[428] Seit 1908 wurden schrittweise Telephonverbindungen eingerichtet.[429]

Die Probleme der Stadtplanung, die Unzulänglichkeiten der Infrastruktur und die Belastungen der Lebensqualität verschlimmerten sich mit dem Zuwachs der Einwohnerzahlen. Zu Beginn der 1880er Jahre überschritt die Einwohnerzahl die 100.000; zwischen 1920 und 1928 verdoppelte sich die Bevölkerung nahezu. Zwischen 1922 und 1928 brachte man rund 230.000 Flüchtlinge, vor allem aus Kleinasien[430], in neuen Siedlungen[431] oder in eigens für sie errichteten Trabantenstädten oder in Siedlungen unter, in denen bisher wohlhabende Athener wohnten oder ein Sommerdomizil bezogen.[432] Die nächsten großen Zuwandererwellen erreichten Athen-Piräus nach dem Zweiten Weltkrieg. In den achtziger Jahren unseres Jahrhunderts machte der Anteil der Bevölkerung des Großraums Athen-Piräus an der Gesamtbevölkerung des Landes mehr als 30 Prozent aus; in diesem Areal war jeweils die Hälfte aller Industriearbeiter und Bediensteten des dritten Sektors erwerbstätig.[433] Zuzuschreiben ist der enorme Zuwachs der Bevölkerung, mit dem keine andere griechische Stadt auch nur annähernd Schritt hielt, vor allem dem Zuzug aus den Dörfern und Kleinstädten[434] und erst in zweiter Linie dem Geburtenüberschuß: 1960 waren 55,7% der Einwohner nicht in At-

---

428 Μπίρης: Αἱ Ἀθῆναι, Bd. 2, S. 254 f. 1926 schloß der Staat einen Vertrag mit dem Unternehmen Power and Traction, das zu den wichtigen Industrien Athens gehörte. 1930 ging man vom Gleich- zum Wechselstrom über. 1950 wurde das Öffentliche Elektrizitätsunternehmen (DEI) gegründet, das die kleineren Privatunternehmen integrierte bzw. aufkaufte. Siehe dazu die informative Übersicht: Ἡ ἐξαγορά τῶν ἠλεκτρικῶν ἑταιρειῶν στν Ἑλλάδα. In: Ἐμεῖς. Ὁ κόσμος τῆς Ἐθνικῆς Τράτεζας 26, Athen 1992, S. 24–27; Παντελάκης, Νίκος Σ.: Ὁ ἐξηλεκτρισμός τῆς Ἑλλάδας. Ἀπό τήν ἰδιωτική πρωτοβουλία στό κρατικό μονοπώλιο (1889–1956). Athen 1991.
429 Damals stellte die Post die ersten Telephonapparate bereit. 1926 nahm sie die erste halbautomatische Zentrale in Betrieb, baute seit den dreißiger Jahren das Netz aus und automatisierte die Verbindungen.
430 Außer den Kleinasiaten, die am Ende der Kampfhandlungen geflüchtet waren, kamen auch die Griechen, die auf Grund des griechisch-türkischen Bevölkerungsaustausches ihre Heimat verlassen mußten. Weiters kamen kleinere Gruppen von Griechen aus anderen Ländern. Dazu mit weiterer Literatur Eddy, Charles B.: Greece and the Greek Refugees. London 1931; Ladas, Stephen P.: The Exchange of Minorities: Bulgaria, Greece and Turkey. 1932; Pentzopoulos, Dimitri: The Balkan Exchange of Minorities and its Impact upon Greece. Paris, Den Haag 1965; weitere Literatur bei Hering: Die politischen Parteien, Bd. 2, S. 883 Anm. 1. 1928 befanden sich in Athen 119.420 Flüchtlinge (= 28,17% der Einwohner), in Piräus 94.683 (= 40,21%), in Kallithea 14.036 (= 52,32%). Γενική Στατιστική Ὑπηρεσία τῆς Ἑλλάδος: Στατιστική Ἐπετηρίς τῆς Ἑλλάδος.
431 Byron, Käsariani, Hymettos, Peristeri, Kokkinia, Nikäa (Kokkinia), Tauros, Chalkedon, Neu-Philadelphia, Neu-Ionien, Neu-Smyrna.
432 Z.B. Kallithea.
433 Λεοντίδου: Ἀθήνα, S. 385. Vgl. dazu auch Wenturis, Nikolaus: Die soziopolitischen und ökonomischen Strukturen Griechenlands im Hinblick auf seine Integration in die EG. Eine Modellskizze von Kern-Peripherie-Relationen. Frankfurt, Bern, Las Vegas 1977, S. 71 (= Europäische Hochschulschriften, Reihe 31: Politikwissenschaft, 11).
434 Sofern diese nicht im Ausstrahlungsbereich Athens lagen oder besondere Umstände (Fremdenverkehr, Industrie, Vermarktung und Verarbeitung landwirtschaftlicher Produkte, Straßenbau u. dgl.) die Abwanderung bremsten.

hen-Piräus geboren.[435] Hinsichtlich des Anteils der Einwohner an der Gesamtbevölkerung des Landes nimmt Athen-Piräus in Europa eine Ausnahmeposition ein – Wien ist mit Athen nicht zu vergleichen, weil es als Hauptstadt eines Vielvölkerreiches gewachsen ist. Wie die Tabelle zeigt, wohnt seit 1928 ein wachsender Anteil der Bevölkerung nicht in den Grenzen des Athener Demos und des Demos Piräus, sondern in Randgemeinden und Streusiedlungen. Die „wirkliche" Ausdehnung der Hauptstadt ist daher schwer zu bestimmen und bleibt ein methodisches Problem der Wirtschafts- und Sozialgeographie.[436] 1950–1970 wuchs die Bevölkerung im Durchschnitt jährlich um 3%. Dieser Wert ist mit dem Bevölkerungszuwachs anderer Hauptstädte des Mittelmeerraumes (Rom, Madrid, Algier) vergleichbar; er liegt erheblich höher als in anderen Städten entwickelter Länder Westeuropas einschließlich des Mittelmeerraumes (Mailand, Barcelona, Neapel), aber niedriger als in unterentwickelten Ländern. Anders als in Städten der USA, Japans oder Rußlands wurde diese Entwicklung nicht in erster Linie durch die wirtschaftliche Dynamik verursacht.

Einwohner von Athen und Piräus

Jahr	insgesamt	davon % im Athener Demos	% der Bevölkerung im Demos Piräus	Griechenlands
1836	17.588	94,31	5,69	
1840	18.973			
1851	24.754			
1861	41.296	86,48	13,52	
1870	44.510	80,24	19,76	
1889	110.262	76,26	23,74	
1907	168.749	69,64	30,36	
1920	453.042	64,64	29,85	8,19
1928	802.000	47,97	24,31	12,93
1940	1,124.109	42,40	17,06	15,30
1951	1,378.586	40,29	13,97	18,05
1961	1,852.709	33,87	10,24	22,18
1971	2,540.241	34,13	7,38	29,00
1981	3,016.457	29,34	6,98	31,08

Quelle: Λεοντίδου Ἐμμανουήλ, (wie Fußnote 401) S. 389, 391.

---

435 Λεοντίδου: Ἀθήνα, S. 389 f.; Burgel, Guy: Ἀθήνα: Ἡ ἀνάπτυξη μιᾶς μεσογειακῆς πρωτευούσας. Athen 1976, S. 26 ff., 37.
436 Λεοντίδου: Ἀθήνα, S. 389, 400.

Die Metamorphose Athens: Von der planmäßigen Anlage der Residenzstadt zur Metropole ohne Plan

Seit dem Zweiten Weltkrieg dominiert in Athen-Piräus eine überdurchschnittlich junge Bevölkerung, zumal die vom Lande Zuziehenden meistens jüngere Menschen sind, die in der Hauptstadt arbeiten wollen. 1973 wurden im Großraum Athen-Piräus 36,4% aller Ehen geschlossen, weiters 31,7% der Lebendgeburten und 27% der Todesfälle registriert.[437]

Der ständige Zustrom von Einwohnern ländlicher Gebiete hatte zur Folge, daß bis in die achtziger Jahre ein relativ großer Anteil der Bevölkerung des Athener Großraumes in seiner Mentalität und in seinen Einstellungen eng mit der Provinz verbunden blieb. Während Athen als Hauptstadt seit den Balkankriegen mit über die Region ausgreifenden, in der Zeit des Kalten Krieges sogar mit weltumspannenden politischen und strategischen Interessen verbunden und im 20. Jahrhundert immer stärker in große Wirtschaftszusammenhänge eingespannt war, blieb es bis in die jüngste Zeit hinsichtlich der Bevölkerungsmehrheit eine Stadt von Bauern mit stark provinzieller Prägung der Lebenshaltung. *„Nirgendwo im Mittelmeerraum ist die internationale Penetration (des Kapitals, der Produkte, des Fremdenverkehrs) so intensiv, aber keine Stadt von diesen Dimensionen ist trotzdem weniger kosmopolitisch".*[438]

Bis über die Mitte des 19. Jahrhunderts hinaus war Athen nicht das Zentrum des griechischen Wirtschaftsraumes: Handel und Schiffahrt, Handwerk und Industrie konzentrierten sich an anderen Punkten. 1840 waren noch 8,6% der erwerbstätigen Einwohner Athens in Landwirtschaft, Viehzucht und Fischerei beschäftigt; 71% verdienten sich ihren Lebensunterhalt im Dienstleistungsgewerbe und in den freien Berufen. Der Anteil der im ersten Sektor Erwerbstätigen spielte 1879 keine Rolle mehr (0,5%), obwohl die absolute Zahl der Beschäftigten leicht zugenommen hatte. Dagegen arbeiteten bereits 34,4% im Bergbau, in der Industrie, dem Baugewerbe sowie in Transport- und Verkehrsunternehmen (1840 12,4%), während im sonstigen Dienstleistungsgewerbe trotz der Verdoppelung der absoluten Zahl der Beschäftigten nur mehr 44,8% tätig waren.[439] Aber zwischen 1882 und 1918 hatten hier 81% der Aktiengesellschaften ihren Sitz.[440] Bis 1907 konnten sich auf der Peloponnes noch städtische Zentren behaupten, aber keine Alternative zur langfristigen Konzentration der Wirtschaft in Athen-Piräus offerieren.

Die Industrialisierung setzte vor dem Ersten Weltkrieg ein, veränderte die Sozialstruktur und rief neue soziale Konflikte hervor. 1910 entstanden in Athen das Arbeiterzentrum, 1918 wurde auf dem Ersten Gesamtgriechischen Arbeiterkongreß, der in Athen und Piräus tagte, die Allgemeine Föderation der Arbeiter Griechenlands (GSEE) und im selben Jahr in Piräus die Sozialistische Arbeiterpartei Griechenlands gegründet, aus der die KPG hervorging.[441] In der Zwischenkriegszeit machte die Industrialisierung

---
437 Sauerwein, Friedrich: Griechenland. Land – Volk – Wirtschaft in Stichworten. Wien 1976, S. 55.
438 Burgel, S. 14.
439 Λεοντίδου: 'Αθήνα, S. 395.
440 Λώζος, S. 52.
441 Dazu mit weiterer Literatur Hering: Die politischen Parteien, Bd. 2, S. 734 f., 858, 860 ff.

im Großraum Athen-Piräus bemerkenswerte Fortschritte. Von den Athener Erwerbstätigen waren 1928 46% im Bergbau, in der Industrie, der Energieversorgung, dem Baugewerbe sowie in Transport- und Verkehrsunternehmen, 50,7% im Handel, in Banken und Versicherungen, im Dienstleistungsgewerbe und freien Berufen beschäftigt.[442] Durch die Entstehung von Betrieben, die Lohnarbeiter beschäftigten, verstärkte sich die soziale Differenzierung der Wohnviertel; Tagelöhner, Gelegenheitsarbeiter und die regelmäßig erwerbstätigen Arbeiter lebten in größerer Dichte und schlechten, z.T. baufälligen Häusern[443], jedoch fehlten auch jetzt die elenden Massenquartiere und Mietskasernen, die Hinterhöfe und Schlafstellen europäischer Industriestädte; vielmehr waren kleine Arbeitersiedlungen über die Stadt und ihre Außenbezirke verstreut.[444]

Nach der griechischen Niederlage in Kleinasien 1922 strömten Flüchtlinge auch nach Athen. Der Beitrag der Flüchtlinge zur Entfaltung der Athener Wirtschaft und besonders zur Industrialisierung ist oft gewürdigt worden[445]; sie brachten nach Athen andere Traditionen: andere gewerbliche Fertigkeiten, eine andere Volksmusik, andere Geselligkeitsformen und andere Speisen; sie setzten neue Maßstäbe der Sauberkeit. Da die Zahl der Einwohner sprunghaft zunahm, wurde der Wohnraum in der Zwischenkriegszeit knapp. 1926/1927 wohnten 138% mehr Menschen in Athen als 1914, aber der Wohnraum hatte nur um 30% zugenommen. Das Elend der armen Flüchtlingsfamilien teilten auch die einheimischen Unterschichten, deren Wohnverhältnisse sich verschlechterten.[446] Dem Zustrom neuer Einwohner begegnete die Regierung der Liberalen 1929 mit einer folgenreichen ordnungspolitischen Neuerung: Man führte das horizontale Eigentum an Gebäuden ein und ermöglichte damit die Errichtung mehrgeschossiger Häuser und Wohnblocks mit Eigentumswohnungen für alle sozialen Schichten. Diese πολυκατοικια bestimmt seit dem Zweiten Weltkrieg das Stadtbild bis in die Vorstädte. In dem Maße, wie die Städte Athen und Piräus zusammenwuchsen und sich die Hauptstadt ausdehnte, wurden auch die Industrieanlagen, die zunächst außerhalb Athens in der Nähe der überregionalen Straßenverbindungen und der Hafenzufahrten angelegt waren, in das Stadtareal integriert. Nach dem Ende des Bürgerkriegs (1949) setzte sich diese Entwicklung in rascherem Rhythmus fort. Zwischen 1951 und 1981

---

442 Λεοντίδου: Ἀθήνα, S. 395. Werte für Athen und Piräus zusammen: Λεοντίδου: Πόλεις τῆς σιωπῆς, S. 325.
443 Siehe dazu Λεοντίδου: Πόλεις τῆς σιωπῆς, S. 133 f.
444 Ebenda, S. 137 ff. mit einschlägigen Karten.
445 Setzt man die erwerbstätigen einheimischen Einwohner und die erwerbstätigen Flüchtlinge jeweils gleich 100, so ergibt sich, daß der Anteil der in der Industrie, in der Energieproduktion und im Baugewerbe beschäftigten Flüchtlinge an allen erwerbstätigen Flüchtlingen größer war (48,3%) als bei den Einheimischen (33,9%). In den anderen Sektoren lagen die Anteilswerte bei den Einheimischen höher als bei den Flüchtlingen. Λεοντίδου: Ἀθήνα, S. 395.
446 1926/1927 bestanden von 1.000 Arbeiterwohnungen 767 nur aus einem Zimmer, das sich vier bis fünf Personen teilten; nur 125 Wohnungen hatten eine eigene Küche. 222 Arbeiterwohnungen wurden bei der Zählung als „ungeeignet zum Wohnen", 391 als „gesundheitsschädlich" bezeichnet. Weitere Angaben bei Hering: Geschichte der politischen Parteien, Bd. 2, S. 897 f. Vgl. weiters Λεοντίδου: Πόλεις τῆς σιωπῆς, S. 217 ff.

verschwand in Athen-Piräus praktisch die Erwerbstätigkeit in Landwirtschaft, Viehzucht, Fischerei, Forsten, Bergbau und Salzgewinnung.[447]

Ein großer Teil der Athener Betriebe erzeugt Konsumgüter. Daneben entwickelten sich die Leichtindustrie und die Produktion von Baumaterial, während sich die Schwerindustrie im Hinterland etablierte.[448] Die Elektrifizierung der Region ist ein charakteristisches Beispiel partieller Modernisierung: Im Unterschied zur Provinz waren in Athen-Piräus schon 1961 95% der Haushalte elektrifiziert. 1963 verbrauchte die Region 64%, 1970 40% des in Griechenland erzeugten und 70% des in privaten Haushalten des Landes konsumierten Stroms; die absoluten Werte stiegen im selben Zeitraum auf das Fünffache. Erst seit 1962 wurde auch die Provinz durchgreifend elektrifiziert. Aber die markanten Unterschiede zwischen Athen-Piräus und der Provinz hinsichtlich der energieabhängigen Lebensbedingungen und der Chancen für die Wirtschaftsentwicklung verschwanden nur langsam: Noch 1970 war der pro Kopf-Verbrauch von Elektrizität in AthenPiräus wesentlich höher als im Landesdurchschnitt.[449] Auch deshalb wurde Athen-Piräus bis Anfang der siebziger Jahre als Industriestandort vorgezogen. Daneben bot die spezifische Nachfrage in Athen auch einer großen Zahl kleiner und kleinster Betriebe (Autowerkstätten, Produktion von Konfektionskleidung, Möbeln, Plastik, Elektrogeräten und Modeartikeln) eine Chance. Im Stadtzentrum blieben weiterhin Verwaltung, Banken, Versicherungen, Firmenvertretungen und Dienstleistungsunternehmen konzentriert, außerhalb des Zentrums und immer stärker im Umkreis der Hauptstadt siedelten sich die Industriebetriebe an. Infolge dieser starken Konzentration der Verwaltung, des Dienstleistungsgewerbes und des Industriepotentials im Großraum Athen-Piräus bezog der Staat den größten Teil seiner Einnahmen (Steuern, Zölle, Staatsmonopole, Auslandsanleihen) aus Athen-Piräus (1968 ca.75% des Steueraufkommens). Infolge der hohen Konzentration von Erwerbstätigen machte dabei die Besteuerung von Löhnen und Gehältern den größten Teil des Steueraufkommens aus.[450] Erst die Elektrifizierung, der Autobahnbau und die private Motorisierung erleichterten die Dezentralisierung der Produktionsstätten. Seit Mitte der 1970er Jahre ist die Zahl der Bewilligungen zur Einrichtung neuer oder der Erweiterung bestehender Fabriken und Werkstätten rückläufig.[451] Dementsprechend ist auch der Anteil der in der Industrie

---

447 Der Anteil der Erwerbstätigen ging von 3,8% auf 0,34% zurück. Λεοντίδου: Ἀθήνα, S. 396.
448 Der Anteil Athens am Wert der Industrieproduktion und an der Zahl der Beschäftigten in vielen Branchen der Industrie und des Dienstleistungsgewerbes lag über 50%, in einer Reihe von Zweigen sogar über 70%: Λώζος, S. 389. In einigen Wirtschaftszweigen schwächte sich diese Tendenz seit Ende der 1960er Jahre ab oder ist schwach rückläufig: Zwischen 1969 und 1978 sank der Anteil der Beschäftigten in der Industrie von 46,6% auf 42%, im Bank- und Versicherungsgewerbe von 64,2% auf 61,4%. Dagegen nahm er im selben Zeitraum im Groß- und Kleinhandel sowie im Bereich Transport und Verkehr zu (ebenda, S. 391).
449 500 kw gegenüber 100 kw in der Provinz. Auf die erste Phase der Elektrifizierung folgte Nachrüstung der privaten Haushalte in der Provinz mit Geräten. Zur Elektrifizierung Athens siehe Burgel, S. 49 ff.
450 Burgel, S. 53 ff.
451 Λῶζος, S. 82, 84.

Beschäftigten an allen Athener Erwerbstätigen zurückgegangen[452], eine Tendenz, die durch die Rationalisierung der Produktion verstärkt wurde. Da gleichzeitig in anderen Landesteilen Industrien entstanden, verlor Athen-Piräus seine Monopolstellung in diesem Bereich. Hingegen ist der Anteil der im dritten Sektor Erwerbstätigen erheblich gestiegen.[453]

Das Wachstum Athens und die angedeuteten Konzentrationsprozesse hatten katastrophale Folgen für die Umwelt und für die Lebensqualität. In den Wohngebieten säumen die engen Straßen nicht mehr die zwei- bis dreistöckigen, frei stehenden Häuser, sondern ununterbrochene Zeilen zumeist achtstöckiger Betonbauten, die den für Athen charakteristischen Eindruck eintöniger Straßenschluchten hervorrufen. Da nur selten Häuser unterschiedlichen Alters nebeneinander stehen, erscheint die Stadt eigentümlich geschichts- und gesichtslos. Außerdem sind – im europäischen Vergleich – unverhältnismäßig viele Bauten unfertig: Außer Neubauruinen sieht man oft mehrstöckige Häuser mit hervorstehenden Balken und Metallverstrebungen, die als Grundlage späterer Aufbauten belassen werden. Die Landschaft der Umgebung wurde zersiedelt und verschandelt. Seit den sechziger Jahren ist das Straßennetz völlig insuffizient: schon 1982 war es durch 400.000 in Athen-Piräus zugelassene Autos katastrophal überlastet. Die enorme Luftverschmutzung durch Emissionen der Industrie und der Heizungsanlagen sowie durch Autoabgase nimmt trotz demagogischer Wahlversprechen ebenso zu wie die Lärmbelästigung und liegt an vielen Tagen über den Werten, die in anderen Ländern Smogalarm auslösen. Außerdem verschmutzen Industrie, Schiffahrt und Abwässer das Meer im weiten Umkreis von Athen-Piräus. Seit 1960 hat sich nicht nur das Gaststätten- und Unterhaltungsgewerbe, sondern auch der private Wohnungsbau im Küstenbereich stark ausgebreitet. Paläo Faliro und Glyfada[454], bis nach dem Krieg beliebte Erholungsgebiete mit Badestränden und ruhigen Uferpromenaden, sind heute verbaute Stadtviertel, in denen die Gebrechen Athens, die Zerstörung der Landschaft, Umweltverschmutzung, Lärmbelästigung und Verkehrsüberlastung, das Leben beeinträchtigen.[455]

Zu einem erheblichen Teil werden diese Zustände nicht nur durch unzureichende oder verfehlte ordnungspolitische Maßnahmen des Staates verursacht oder verschlimmert, sondern auch durch die mangelhafte Durchsetzung geltender Vorschriften und die zu weit gehende Rücksichtnahme auf Interessengruppen. Immerhin ist der Abbruch von

---

452 Erwerbstätige in Industrie, Handwerk, Baugewerbe, öffentlichen Bauten, Elektrizitäts- Gas-, Dampf- und Wasserwerken: 1951 35,8%, 1971 42,5%, 1981 39,2%. Λεοντίδου: Ἀθήνα, S. 396.
453 Anteil der in Transport, Handel, Banken, Versicherungen, öffentlichem Dienst, privatem Dienstleistungsgewerbe Erwerbstätigen: 1951 51,8%, 1971 52,5%, 1981 60,3%. Λεοντίδου: Ἀθήνα, S. 396. Charakteristisch für die Wirtschaftsentwicklung ist, daß die Zahl der in privaten Dienstleistungen Erwerbstätigen (häusliches Dienstpersonal, Portiers, Boten usw.) infolge des Angebots von Arbeitsplätzen im In- und Ausland weit zurückgegangen ist: 1951 40.005 Personen, 1961 47.233 Personen, 1971 15.728 Personen.
454 Siehe Σκουζές, Ἡ Ἀθήνα, Bd. 2, S. 104 ff.
455 Burgel, S. 44 f.

Gestein aus den Athener Hügeln, der 1835 begann, im 20. Jahrhundert unterbunden worden.[456] Obwohl der Verkehr von Privatautos tagsüber und außerhalb der Ferienzeiten eingeschränkt ist, hat keine Regierung bisher gewagt, größere Fußgeherzonen oder verkehrsberuhigte Areale einzurichten. Obwohl mit der üblichen Propaganda die technische Kontrolle der Autos eingeführt wurde, ist der Staat nicht in der Lage, die Fahrzeuge in Abständen von ein bis zwei Jahren tatsächlich zu kontrollieren. In großen Bereichen der Hauptstadt und der mit ihr verbundenen selbständigen Gemeinden gibt es keine regelmäßige Straßenreinigung; der Zustand der Gehwege ist desolat. Vorsorge und Erleichterungen für Kinder, alte Menschen und Behinderte erreichen nicht annähernd den heute üblichen Standard.

Athen war und ist in jeder Hinsicht das Zentrum Griechenlands: Hier finden wir die zentralen Institutionen der Politik[457], der Justiz, der Staatsverwaltung mit stark zentralisierten Kompetenzen, der Banken, der Streitkräfte, der Polizei und der Kirche; die meisten Staatsunternehmen und öffentlich-rechtlichen Anstalten haben hier ihren Verwaltungssitz, desgleichen befinden sich hier die Parteizentralen, die Leitungen des Allgemeinen Gewerkschaftsbundes und der überregionalen Interessenverbände, weiters die meisten großen Privatunternehmen, Generalvertretungen und Schiffahrtslinien; seit den 1830er Jahren erscheinen hier auch die wichtigen überregionalen Zeitungen[458] sowie die Zeitschriften aller Art[459], hier sind auch die nennenswerten Verlage, Fernsehanstalten und Rundfunksender etabliert, hier gibt es die meisten Theater, die besten allgemeinbildenden Schulen und die besten Spitäler.[460] Im 19. Jahrhundert wiesen Städte der Peripherie wie Ermoupoli auf Syros noch ein eigenes kulturelles Profil auf; die erst 1864 mit Griechenland vereinigten Ionischen Inseln konnten intellektuell mit der Hauptstadt konkurrieren und in der Zwischenkriegszeit bewahrten Städte in den neueroberten Ländern wie Saloniki eigene Traditionen und zeigten eigenständige kulturelle Züge. Die Universität von Saloniki strahlte in den nordgriechischen Raum aus; ihre Philosophische Fakultät nahm seit ihrer Gründung 1925 bis in die siebziger Jahre durch wissenschaftliches Engagement für die Anerkennung der Volkssprache als Staatsspra-

---

456 Λεοντίδου: Ἀθήνα, S. 406. Früher war sogar aus dem Felsen der Akropolis Baumaterial herausgeschlagen worden. Zu den Mängeln staatlicher Ordnungspolitik und zu Sanierungsvorschlägen der jüngsten Zeit siehe Prevelakis: Culture, S. 15 ff.
457 Einzige Einschränkung: Nach den Balkankriegen wurden in den sogenannten Neuen Ländern Generaldirektionen eingerichtet; seit dem 2. Weltkrieg ist Saloniki der Sitz des Ministeriums für Nordgriechenland.
458 Allein in Saloniki erscheinen größere Tageszeitungen mit überregionaler, aber auf Nordgriechenland beschränkter Verbreitung.
459 Eine Ausnahme bilden die wissenschaftlichen Periodika, die von Universitäten herausgegeben werden.
460 Ausgenommen einzelne Spezialdisziplinen. 1969 befanden sich 61% der Spitalsbetten des Landes in Athen – Piräus: Κέντρο προγραμματισμοῦ καί οἰκονομικῶν ἐρευνῶν. Πρόγραμμα ἀναπτύξεως 1976–80. Χωροταξική πολιτική. Ἔηθεση ὁμάδας ἐργασίας. Athen 1976, S. 132. 1965 kamen in Athen – Piräus 307 Personen auf einen Arzt (in Thrazien 1.835, auf den Ionischen Inseln 1.377, in Epiros 1.740 Personen; siehe Wenturis, S. 74).

che[461] eine zentrale Position in der neueren Kulturgeschichte ein und erwarb sich durch den hohen Rang ihrer Wissenschaftler internationales Ansehen. Seit dem Zweiten Weltkrieg hat sich indessen die Tendenz immer stärker durchgesetzt, daß von Athen fast alle geistigen Impulse ausgehen.

Die Formen gesellschaftlichen Lebens sowie der Unterhaltung und Zerstreuung waren stets nach sozialen Schichten und Berufsgruppen differenziert. In der ersten Hälfte des 19. Jahrhunderts wurden sie in der kleinen Hauptstadt stark vom Hof Ottos, von Beamten, Diplomaten, ausländischen Besuchern und von den zahlreichen Offizieren der Athener Garnison bestimmt. Für die Oberschichten und das Militär blieb der Hof bis zur Proklamation der Republik 1924 ein prestigeträchtiger Kommunikationsraum. Daneben entstanden auch andere Kommunikationsräume wie z. B. die nach englischem Vorbild gegründeten Clubs[462]; Angehörige der Ober- und Mittelschichten trafen sich bei den Empfängen der Gesandtschaften, in den Salons der Politiker und in Privathäusern, in denen französische Kultur rezipiert wurde[463]. Bei diesen Gelegenheiten diskutierte man, die Damen musizierten, man spielte Karten um kleine Einsätze und ging relativ früh auseinander. In der zweiten Hälfte des Jahrhunderts trafen sich literarische Zirkel in privaten („philologischen") Salons.[464] Bei gesellschaftlichen Anlässen tanzte man wie vorher schon am Hofe Ottos fast ausschließlich „europäische" Tänze, die jungen Athener aus höheren Schichten absolvierten Tanzstunden[465]; der griechische Volkstanz behielt einen festen Platz bei Volksfesten und in der Unterhaltung der Mittel- und Unterschichten. Restaurants gab es in der ersten Jahrhunderthälfte nur in Hotels; sie wurden ausschließlich von Angehörigen der Oberschichten und von Ausländern frequentiert. Nach 1860 entstanden auch außerhalb der Hotels Restaurants, in denen jetzt auch die bürgerlichen Mittelschichten und Studenten verkehrten. Männer der Mittel- und Oberschichten trafen sich in den eleganten Kaffeehäusern der Innenstadt, sie debattierten in den Apotheken; die untere Mittelschicht und die Unterschicht verkehrten beim Kaufmann an der Ecke, dessen Laden („μωυάλιυο") der Nachrichtenum-

---

461 Hering, Gunnar: Die Auseinandersetzungen über die neugriechische Schriftsprache. In: Hannick, Christian (Hrsg.): Sprachen und Nationen im Balkanraum. Die historischen Bedingungen der Entstehung der heutigen Nationalsprachen. Köln, Wien 1987, S. 125–194.
462 Zu den frühen Clubs in der ersten Hälfte des 19. Jh.s Σκαλτσᾶ, S. 138 ff., für die Periode 1862–1880 S. 292 ff., für das Ende des Jh.s S. 485 ff. 1875 wurde die Ἀθηναϊκὴ Λέσχη gegründet, der hauptsächlich Bankiers sowie Unternehmer aus der Diaspora angehörten; sie bezog zunächst das Melas-Haus am Ludwigs-(Kotzias-)Platz und 1897 das prächtige Μέγαρο Μιχαὴλ Μελᾶ an der Panepistimionstraße. Siehe dazu Στασινόπουλος, Ε.: Ἡ Ἀθηναϊκὴ λέσχη 1875–1975. Athen 1976. Namhaft war auch der Valera-Club. 1895 entstand der Σύλλογος τῶν Ἀθηναίων als Club der Nachfahren der Freiheitskämpfer von 1821. Listen der Clubs bei Σκαλτσᾶ, S. 295, 487.
463 Siehe z.B. Grasset, Thomas Abbot: Αἱ Ἀθῆναι τοῦ 1834. Ἁρμονία Jg. 1901/1, S. 12–20. In der zweiten Hälfte des 19. Jhs. kamen die Salons der reichen Auslandsgriechen hinzu.
464 Παπακώστας, Γιάννης: Φιλολογικά σαλόνια, φιλολογικά καφενεῖα καί στέκια τῆς Ἀθήνας (1880–1930). Athen 1988, S. 50 ff.
465 Die Tanzlehrer hatten ihre Etablissements zumeist im Bereich der Solon-Straße. Dazu der interessante Bericht von Deschamps, Gaston: Un séjour à Athènes. Revue des deux mondes Jg. 62, 3. Per., Bd. 110, Paris 1892, S. 202.

schlagplatz des Viertels war, sowie in den Kaffeehäusern der Nachbarschaft und in den Tavernen, die erst gegen Ende des Jahrhunderts häufiger von Angehörigen höherer Schichten und von Intellektuellen besucht wurden.[466]

Bei den Athenern aller sozialen Schichten, die in der Freizeit, an Sonn- und Feiertagen und zu Volksfesten sich gern auf den größeren Plätzen versammelten[467], waren Platzkonzerte beliebt. So veranstaltete das Musikkorps der Garnison vor dem Schloß regelmäßig Platzkonzerte.[468] Im Zappion-Park spielte zu Beginn des Jahrhunderts ein gutes Orchester zur Unterhaltung auf, oft unter der Leitung des jungen Kalomiris, eines der bedeutendsten griechischen Komponisten. Solche Veranstaltungen boten auch Frauen die Chance mitzuwirken.[469] Nicht weit davon entfernt wurde die „Oase", das erste große Athener Variété, eröffnet. In der Nähe stand bis in die Zwischenkriegszeit ein Stall mit Kühen, die als Attraktion galten, zumal in dem dazu gehörigen Lokal „Die Kühe" frische Kuhmilch, eine seltene Delikatesse im alten Athen, serviert wurde. Im Bereich der Athene-Straße, in deren Nebenstraßen Wunderheiler und Scharlatane ihr Wesen trieben, fand man, z. T. im Souterrain, Vergnügungsspelunken, das typische „Café Aman", in dem orientalische Weisen zum besten gegeben wurden, und das volkstümliche „Café chantant" mit Variéténummern und Musik „westlichen" Stils.[470]

Seit den 1830er Jahren waren Theatervorstellungen populär[471], wenngleich man sich über manche Stücke moralisch entrüstete und an der Rezeption der „fremden" Musik Anstoß nahm. Wegen der Polemik in der Presse unterblieb der Bau des Theaters, das in von Klenzes Plan vorgesehen war.[472] 1841 wurde im alten Stadtviertel Plaka eine Karagöz-Bühne eröffnet; später scheint der Karagöz auch in manchen Kaffeehäusern in den Vierteln außerhalb des Zentrums seinen Einzug gehalten zu haben. Im Theater

---

466 Grundlegend: Σκαλτσᾶ, besonders S. 115 ff., 135 ff., 141 ff., 275 ff., 279 ff., 299 ff., 442 ff., 455 ff.
467 Zur Bedeutung der Plätze für die Kommunikation ausführlich Σκαλτσᾶ, S. 191 ff., 345 ff., 617 ff.
468 Δημητριάδης, S. 54.
469 In dem genannten Orchester spielten z.B. die Schwestern Bisti Cello.
470 Zur Kategorie des Café chantant (καφωδεῖον) gehörten auch vornehmere Lokale. Aber auch sie galten nicht überall als schicklich. Die Mutter von Georgios Pesmazoglou, eines Sohnes des Eigentümers der Bank von Athen, hielt diese Cafés für „τόπους ἀπωλείας", siehe Πεσμαζόγλου, Γεώργιος: Τὸ χρονικὸν τῆς ζωῆς μου (1889–1979). Athen 1979, S. 33. Siehe dazu auch Σκαλτσᾶ, S. 328 ff., 581 ff. Auch die Kaffeehäuser unterschieden sich nach den Vierteln: Am Omonia-Platz, der einst als Zentrum geplant war, kehrten Leute aus der Provinz und unbeschäftigte junge Männer ein; zum Schloß hin etablierten sich die gehobeneren Lokale. Zum Typus des Literatencafés siehe Παπακώστας, S. 93 ff.
471 Zu den Aufführungen im Theater des Athanasios Skontzopoulos, das zunächst nur über eine Freilichtbühne verfügte und erst kurz vor seiner Schließung 1837 in ein festes Gebäude umzog, siehe Βέης, Νίκος: Τὸ πρῶτον νεοαθηναϊκὸν θέατρον καὶ αἱ σχετικαὶ πρὸς τὸν Ρήγαν Φεραῖον παραστάσεις αὐτοῦ. Νέα Ἑστία. Bd. 24, Athen 1938, S. 1591 ff. Daneben eröffnete in den dreißiger Jahren K. Gaitanis Melis ein weiteres Theater. Zur Theatergeschichte noch immer unentbehrlich, obwohl teilweise überholt, Lascaris, Nicolas J.: Les premières années du théatre néogrec. Athen 1909, S. 22 ff.; Λάσκαρης, Νικόλαος Ι.: Ἱστορία τοῦ νεοελληνικοῦ θεάτρου. Bd. 2, Athen 1939, S. 151 ff.; Σιδέρης, Γιάννης: Ἱστορία τοῦ νέου ἑλληνικοῦ θεάτρου (1794–1908). Athen o. J. [1951]; derselbe: Τὸ ἀρχαῖο θέατρο στὴ νέα ἑλληνικὴ σκηνή 1817–1932. Bd. 1, Athen 1976.
472 Σπάθης, Δημήτριος: Ὁ διαφωτισμός καί τὸ νεοελληνικό θέατρο. Saloniki 1986, S. 216 ff.; Haugsted, S. 71.

aufzutreten, galt als problematisch, für Frauen als ausgesprochen unschicklich. Selbst bei Hoffesten der dreißiger und vierziger Jahre waren Mädchen und Frauen nur in sogenannten tableaux vivants (ζῶσαι εἰκόνες), d. h. unbewegten Bildern aus Mythologie und Geschichte, zu sehen. Nach der Etablierung der Residenz in Athen hat die Hofkultur zur Überwindung von Vorbehalten viel beigetragen. Als 1862 im kleinen Saal des Palastes anstelle des Hofballs Theater gespielt werden sollte, fanden sich jetzt auch Damen aus den sozialen Oberschichten bereit, als Schauspielerinnen mitzuwirken.[473] Jedoch lehnte das Parlament noch 1856 die von Königin Amalie beantragten Theatersubventionen ab.[474] Die von Otto unterstützten Vorbereitungen zur Gründung eines Nationaltheaters in Athen scheiterten.[475] 1888 wurde das Gemeindetheater auf dem Ludwigs- (späteren Kotzias-) Platz dank der Subventionen des Bankiers Andreas Syngros fertiggestellt, das über eine lange Zeit in jeder Hinsicht das beste Theater der Hauptstadt blieb[476], jedoch 1939, zur Zeit der Metaxas-Diktatur, abgebrochen wurde. 1892 war das Königliche Theater in der Agios-Konstantinos-Straße fertiggestellt.[477] 1930 gründete das liberale Kabinett Venizelos das Nationaltheater.[478] Seit dem Zweiten Weltkrieg hat sich die Theaterszene wesentlich bereichert.

Athen-Piräus bietet seinen Einwohnern heute vielfältige Möglichkeiten der Beschäftigung und der Zerstreuung, das kulturelle Angebot ist reichhaltig. Ob die Investitionen zur Entwicklung der Infrastruktur und der Wirtschaft in der Provinz, die Gründung von Universitäten und Hochschulen in anderen Städten sowie die spürbare Verbesserung der medizinischen Versorgung und der Schulen in den anderen Regionen langfristig zur Entlastung der überbevölkerten Hauptstadt und ihrer Umwelt führen, bleibt abzuwarten.

---

473 Ραγκαβῆς, Ἀλέξανδρος: Ἀπομνημονεύματα. Bd. 3, Athen 1930. S. 85 f. Rangavis hatte dafür eine griechische und eine französische Komödie in griechischer Übersetzung ausgewählt.
474 Amalie sorgte bei den nächsten Wahlen dafür, daß die Abgeordneten, die sich in der Debatte maßgeblich gegen die Subvention ausgesprochen hatten, nicht wiedergewählt wurden. Ραγκαβῆς, Bd. 2, Athen 1895, S. 48 ff. Diese Wahlbeeinflussung förderte natürlich nicht die Popularität des Unternehmens.
475 Καμπούρογλου, Δημήτριος: Ἀπομνημονεύματα μιᾶς μακρᾶς ζωῆς 1852–1932, Reprint Athen 1985, S. 321 ff. (= Βιβλιοθήκη ἱστορικῶν μελετῶν, 200).
476 Σκουζές 2. Aufl. 1965, S. 76 ff.; Λαμπίκης, S. 48 ff. Zu anderen, kleinen Theatern und sonstigen Aufführungen siehe Σκαλτσᾶ, S. 339 ff., 591 ff. Die bedeutendste der kleinen Bühnen war das 1909 aus der „Neuen Szene" hervorgegangene Theater der Schauspielerin Marika Kotopouli. Liste der Theater bei Σκαλτσᾶ, S. 595–599.
477 Ἀνδρεάδης, A. M.: Τὸ Βασιλικὸν Θέατρον (1901–1908). Athen 1933.
478 Ροδᾶς, Μιχαήλ: Θεατρικὰ Χρονικά. Bd. 1, Athen 1931, S. 62 ff.

Tirana – Capital City of Albania

Zija Shkodra (Tirana)

Tirana, the capital of Albania with over 300.000 inhabitants (1990) is situated in the South Eastern Part of the Tirana plain, between Dajti mountain in the East, Kërraba and Sauku hills in the South, Vaqarri and Yzberish hills in the West and those of Kamza in the North. Its area covers 31 square kilometers, in an altitude of 110 m. The Argjillata river flows to the North East of the city.

Tirana and ist suburbs are full of Pellazgian[479] and Illyrian[480] toponyms, legends and sayings. They open a new horizon, witnessing the ancient existence of the centers inhabited by an autochthonous ancient population. The ancient Greeks called Hellens, and in the later time the Romans as well took advantage of a part of these phenomena and cultural and artistic activities. The birth of the ancient dwelling center and the later development as a city were determined by its important strategic position as a fertile plain, rich in forests and waters and as a center linking the Adriatic shore and Albania in the East and through Qafa e Kerrabes and Shkumbini valley, with the interior regions of the Balkan Pensinsula. The Tirana region had been inhabited since the neolithic age by the Illyrian tribes of Pellazg to the West, the Taulants to the South and Albans, who extended between Durrës and Dibra, all of them being followers of Pellazgs. The Illyrian tribe of Albans, which was the first to settle on this territory, is the tribe the country and people are named after. It is first mentioned by Ptolemaeus in the second century of our era and has lived in the area extending from Durrës to Dibra. Just as the other Illyrian tribes, at the dawn of the last millenary before our era, the Albans discovered a new metal: iron. Herein starts the epoch of the historic development by the first half of the last millenary before our era. The use of iron made tools brought about well-rounded economic development particularly in the exchange of agricultural and livestock products and handicraft items between the Illyrian tribes, especially between the Parthins and Taulants, which by that time were a stable population. A proof of this are the archaeological discoveries which testify to the antiquity of its population. They are comprised of bronze tools in Lanabregas village, Illyrian tumuli in Berxuel village, two Illyrian towns: Dorez in Peza, dated back to the Vth century of our era, and Penshqop (Vila) about the year 330 before our era and the Illyrian town of Arnisa. They are mentioned by Thucydide in the „Peloponnesus war" and are supposed to be near Erzen river. The population of Tirana region, belonging to these Illyrian tribes, apart from livestock, agriculture, grew olive trees and developed horticulture, navigation and piracy. One of the navigation centers of these Illyrian tribes of Pellazgian origine was

---
479 S. Konda: Shiptarët dhe problemi pellazgjik. Tirane 1970.
480 Iliret dhe Iliria tek autoret antike. Tirane 1965.

Epidamnus too, on the Rodon bay shores which is believed to be Berxuel-Koder village, in Tirana plain. The Illyrian city of Albans (Albanopol), now Zgërdhesh, is mentioned for the first time by the Alexandrian geographer Ptolemaeus in the second century of our era. In this plain there is also the current Arban village, part of Parthins' habitat. In the place where current Preza is located, Ptolemaeus mentions the city of Parthins called „Oppidum Partinorum" by Julius Caesar. It is supposed to have been destroyed in year 48 before our era by Julius Caesar. According to Thucydide, renowned Greek historian, they fought together with the people of Epidamnus against Corfiotes in 423 before our era. On the table of Peutinger, which mirrors the directions of the main routes of the Roman Empire of the IIIrd–IVth century, there was built a dwelling place named „Theranda", situated to the North of Klodiana (Peqin) and to the East of Dyrracchium (Durrës) corresponding to the center of Tirana plain. According to Marin Barleti, humanist in Shkodra and outstanding biographer of George Castriot Scanderbeg of the XVth century, the town of Parthins mentioned by J. Caesar was the village of Peza, 25 km North West of Tirana.

During the XIXth century, the outstanding Austrian albanologist J. G. von Hahn discovered the traces of Albanopol on the ancient ruins of Kodra e Kalasë, near Zgërdhesh village, at the foot of Kruja. This was also witnessed by the Albanian historians. The ruins of fortified centers, typical of the iron age, are of interest. They crown the dominant lines of the hilly-mountainous landscape of the suburbs of Tirana. These are the castles of Zgërdhesh, Dorëz and Penshqop, at the back of the territory of the very city, 15 kilometers south of it bound. Different historians and archaeologists have described these fortifications as projects established by the second half of the first millenary before our era. There are also traces of constructions in two other centers of the city which were discovered in 1975. The first in the vicinity of Farka village (Tirana) comprising traces of dwellings and some tumuli, all belonging to the Roman occupation. The second in Dorak or Dorëz village (Arbëresh toponym, which in Albanian is related to the word „Hand") on the motor road heading to Peza village, 15 kilometers bound South West to Tirana. These two are ruins of two buildings of the IIIrd century, one of which resembles a basilica. In Tirana the archaeological discoveries of 1972 are worth mentioning. There are traces of foundations and parts of mosaics of a palaeochristian church (IVth century) which seem to be named after Shën Gjon Pagezori (Shëngjin). Other objects were discovered near it. The significance of these discoveries lies in the fact that this church is one of the first ethnic objects, discovered under the structure of current city of Tirana. Inside and outside the region, other ancient objects were discovered such as two treasures of Illyrian silver coins of the ancient cities of Illyrian Durrachium and Apollonia. Likewise a sample of Epirote League, with Herme's figure, was discovered in Berzhita village in Zgërdhesh. The inventory of a tumulus in the highlands of Tirana (Bastar) is interesting (an Illyrian shield and another from Corinth). In Dorëz and Kuç, two villages of this district, two epigraphic reliefs devoted respectively to Parthin Zeus and a Roman slave were discovered.

These data and those still preserving the ancient name, give an idea of the scale of contemporary urbanization of Tirana region and its nearby zones. Out of these dwellings, only Zgërdhesh is presented in the form of a relatively large and developed center for that time. However, these three buildings – the Illyrian fortress of Zgërdhesh, Dorëz and Penshqop, erected at the back part of the region or the city itself, 15–20 kilometers in the South of it – remain the most ancient objects in the architecture and urbanization of Tirana region and their Illyrian names are conveyed to the Albanian language. They date back to the iron age and were torn down, never to be erected again, perhaps at the time of Roman occupation or later, with the barbarous invasions of the Vth–VIth centuries. In the early century of our era the Greek and Latin sources show that this region was named „Theranda", which was called „Teranda" by the natives and more recently „Randesia", which means soil formed by aluvial erosions, mainly with sandy composition. Mountaineers, who had lived nearby and had had insufficient soil in these mountains, settled in the centers created on the Eastern hilly slopes, mainly on sandy soil as the current configuration was formed. The place began to be populated for the plains and hills were fertile and could develop agriculture and livestock. As we mentioned, the place filled with residue from water flow. Exactly this place, due to „rana" (sand) deposited from heights, was more clearly named by the inhabitants „të ranat", „të rënat", „rëniet", related to the participle of the verb „bie", which remained unchanged in the name „Tërana". Similarly Lana, a village and spring crossing Tirana city currently, which in the Turkish register of 1431 is to be found in the form „te lanat" and „Teranda" (Theranda) or „Tërana" is derived from „të ranat" as explained. As time passed by, due to the geomorphological change, this word was changed from „Terana" into „Tirana" (deriving from the frequent change of the „e" of the Gege dialect of the North into „i" of the Toskish dialect of the South, on paraoxytone syllable).[481] There are many names with such a formation. First time we find the name „Tirana" in written documents of 1418. A Venetian document says: „*The privilege of Pjeter of the late Domenik from Tirana of Albania*".[482]

These dwellings and fortified centers and all other testimonies show that the inhabitants of Tirana region have worked and lived in these territories and maintained economic-cultural relations even with the neigbours since antiquity. In the end it clearly indicates that from the ancient times to the Roman occupation the zone of Tirana has been an agricultural area. The well established agriculture enabled all the tribes of Southern Illyria as well as the inhabitants of Tirana to live and work freely until the second century before our era. Since then for some consecutive centuries, just as their descendants they were forced to fight against foreign occupation. The state and role of the Illyrians in the contemporary Mediterranean world, ran counter to the expansionist strategy of the Roman senate. On the other hand, the geographic position and Illyrian

---

481 S. Jasa, Xh. Maçi: Tirana. Tirane 1990 (m.s.).
482 Z. Shkodra: Esnafet Shqiptare. Tirane 1973 p. 290, note 46/bis.

assets made Rome intervene against them. But this was not easy: According to Ciceron, Polybius, Cassius among others three great wars were waged in a century and a half, which were very destructive, massacring and enslaving until they were occupied but neither enslaved nor romanized. From the second century, when the Romans had occupied the area, some engineering construction traces and some times urban ones were found. But there were few in the region of Tirana, which shows that penetration of foreign culture could not perceptibly reach those parts.

After the division of the Roman Empire in 395, South Illyria and a Northern part of it was given to Byzantium. This was done smoothly. Those dominant and slave owning structures with almost the same contacts between East and West remained in power. They were also preserved for some centuries after the fall of Rome till the dawn of the Vth century. But this time South Illyria performed another function: from a central and powerful transit province it turned bit by bit into a side border region, somewhat neglected, behind which there was feudal anarchy of barbarous tribes (Goths, Ostrogoths, Huns, Avars etc.), who departed having plundered and dilapidated the whole country. In the later time the Slavs came and settled finally in the Northeastern part of the peninsula. In the face of these events which threatened their very existence, our medieval ancestors did not stay folded arms. They fought with unprecedented bravery on three fronts: against Byzantium for cessation and independence, against the Slavs and slavism which posed a priority danger and against constant interventions of Western states. Under such hard conditions, on the basis of contemporary economic and cultural achievements and the ancient Illyrian element, they formed the Arber nationality, alias the Albanian one. It was natural that all these events should also be reflected in the urbanization and architecture. In Albania, which was open to the barbarous attacks of the Byzantine culture, it was necessary to erect fortified buildings and some Christian cult works in order to cope with the destructions of the time. Consequently in the new Epirus, since the VIth century Prokop of Caesarea provides a whole list of castles erected at the time of Justinian. In the VIth–IXth centuries other fortified buildings were constructed and one comes accross them even in the region of Tirana. These are the fortresses of Brrar, Dajt, Petrela and Ndroq, built in a form of a semicircle, in the hilly territory of the city of Tirana. Not far from them there were also erected the castles of Lalm and Shëngjin, the latter in the „Malësi" of Tirana (Highland of Tirana). Except the fortress of Petrele near Tirana and that of Kruja known and depicted in the Byzantine chronicles (which had been erected longsince) the others are relativly modest. These fortresses proved that the province of Tirana was protected by means of these expensive, but rather primitive buildings. This province became a natural corridor of routes from the North to the South and from sea deeply into the land.

By the end of the XIVth century the Ottoman Empire took possession of vast areas of the Balkan peninsula, whereas the region of Tirana was subjected to its domination around the year 1417. The first Ottoman census in 1431–1432 shows that the region of Tirana had longsince been inhabited by a relatively dense population. Its habitat at that time comprised many villages which had had an average range of 5–20 houses or sometimes as many as 50. They were mostly erected on top and at the foot of hills which surrounded the region. Amongst the villages recorded at that time was Kamza, now a city quarter in the suburbs of Tirana. In 1418, one year after the Ottoman occupation of this region, the resident Pjetër, the son of the late Domenik from the village of Tirana, is mentioned. This document shows that the future city of Tirana is not erected on a virgin terrain, but on a village under the same name inhabited long ago. The feudal clan of Sulejman Bargjini from Bargjin village, liquidated by wars and who settled later in Mullet village along Erzen river – more for his own interests than for charity as the legends show – erected in Tirana three economic and public objects: the bakery, inn and lavatory, verbally admitted to have been set up by him as well as the mosque in 1614 which accelerated the urban development of the existing city. This proved what J. G. von Hahn said. According to him, prior to the foundation of Tirana there was a village with some mills in the bazaar, there was even the old fair of cattle of Shën Llesh, which served this habitation. Considering this, it clearly shows that the village of Tirana had longsince entered the road to development. Hence its initial stage dated back beyond 1418, that is almost two centuries prior to the construction of the ancient mosque of Sulejman Pasha Bargjini. The legend says that there also existed two other mosques, the most ancient of the city (that of Mujo and Reç), erected on the Western bank of Lana spring, about 400 m away from the mosque of Sulejman erected in 1614. This legend is a testimony to the ancient foundation of the city. It follows from all this that the city of Tirana, existed as a small dwelling prior to 1614. That is the official version known until now. As long as we do not know the date when the two mentioned mosques were built, we are obliged to consider the year 1418 the date of the foundation of Tirana, when it first appeared written in the Venetian document.

The appearance of Tirana in written history is a radical turning point on the road of urbanization of this dwelling center. After having been urban center under Byzantine domination for almost ten centuries, it lost its importance and became a sort of agricultural center. The Ottoman occupation was established by means of war, destructions and plunders. Despite the war destructions and very difficult conditions the people of Tirana just as the whole Albanian people, with the vitality characterizing them, rejuvenated the forces and managed to take strides on the correct road of the economic and social development. The census of 1583 numbered a total figure of 110 inhabited centers (villages) with about 2900 houses with 20.000 inhabitants for the region of Tirana. This slow, but uninterrupted development of agriculture and livestock, brought about the revival of villages and inhabited centers in the plain of Tirana, in the hilly and lowland zones in compliance with the new geographic configuration, which kept stabilizing more and more around the waters of Lana, Argjillata and Terkuza. By the end of the XVth century and at the dawn of the XVIth century, there was some recovery of the economic life including the province of Tirana. Its inhabitants evicted because of wars, returned to their previous centers and together with them settled many of the neighbouring peasants and highlanders who posessed no land or were impoverished. Being as an important route, the travelling caravans carrying goods from Lezha, Shkodra, Durrës, Shengjin, Dibra, Mati, Elbasan down to Monastir (Bitola) crossed here. The trade carried on amongst the Albanian regions, even with foreign markets (Ragusa, Venice, Trieste and the countries of the Balkans down to Istanbul) made Fushë Tirana particularly important. In 1591 the Venetian Lorenzo Bernardo who covered the route from Tirana plain to Struga and Ohrid, writes: „. . . *on the route crossing Tirana plain, I saw caravans with 500 horses coming from Struga which moved to Lezha*„. Besides this long arteria which connected interior markets with one another, there also developed the relations with the foreign markets as well as shorter routes, which made trading with the nearest trade center possible. There were a lot of routes connecting Tirana with Durrës, Kavaja, Shijak.

According to the popular tradition, the first urban constructions in the course of islamization are the mosque of Mujo and that of Reç related respectively with the homonymous quarters and that of Bami, which were the most ancient in Tirana. These quarters, with the islam institutions (XVIth century) and the ancient livestock fair of Shën Llesh (XIVth century), were the early urban nucleus of Tirana.[483] Upon the gradual development of this urban nucleus, the mosque of Sulejman Pasha was erected on the left bank of Lana spring in 1614. This dwelling again appeared on stage more than ten centuries later with the same name like its first inhabitant Pjetër from Tirana of Albania. Later, the feudals' palaces, city quarters, mosques, bakeries and shops, inns, public baths etc. were constructed there. Such constructions reflected the needs of a small urban community in development. This urban nucleus was resuming its life, after such a long pause, followed by great destructive invasions, in the same place which is called by Marin Barleti „Tirana e Madhe" (Big Tirana)[484], exactly there where now the Monument „Partisan" is situated. The zone around the urban nucleus covered the whole territory where there is now the Palace of Culture, „Avni Rustemi"-square and surrounding buildings, carefully chosen along the Lana bank and extended as near as possible to the foot of Dajti mountain. This is the zone of the city which had the optimal conditions for a quick economic, social and demographic development. However the temple of Sulejman Pasha Bargjini (alias Mulleti) remained standing at this time. On its portico Arabic figures and the year 1023 of Haxhire, corresponding to 1614 of the Gregorian calendar, were engraved on stone, which was the date of construction.

In conclusion we say that the city of Tirana was a product of the fertile plain and the general economic revival, which swept over it. It was the outcome of basic needs to have a trade center and a connection with the economic routes crossing it. When Evliya Çelebi visited Tirana in 1662 he said: „. . . *Tirana is under the administration of Ohrid*

---

483 Z. Shkodra: Kontribut për historinë e panaireve shqiptare. In: Studime Historike 31, Tirane 1977 p. 149–184.
484 M. Barleti: Historia e jetes dhe vepres së Skanderbeut. Tirane 1964.

prefecture, it has a military commander, a judge . . . the city is erected on a vast plain, it has many mosques, inns, public baths, shops and gardens. The roofs of houses are covered by tiles,,,.[485] As a center, the kaza (sub-prefecture) of Tirana had its judge (kadi) who was appointed by the Sultan as well as the military commander who was Sulejman Pasha Bargjini. He had the nobles, clergies and some slaves that he had brought from Iran. Added to these buildings were also the government buildings, urban flats, the construction of routes and bridges, palaces of beys and the shops of craftsmen and tradesmen, with the bazaar in the center of the city, where in 1728, by Sultan's firman, it is recognized *de jure* the fair of Shën Llesh, near Masjid of Kubat, which is now behind the Albanian State Bank.

During the XVIIIth century the city of Tirana assumed a well rounded development. Early in this period the heir of Sulejman Pasha Bargjini, Ibrahim Bey, erected in this center besides other buildings a fortress and an aqueduct. Consequently being a small center it comprised 500 houses as well as the small bazaar with about 200 shops. It was clearly seen that this center was gradually urbanized and on this basis, normal social, political and economic life developed. By the end of this period of time, the central part of the city comprised about 1000 houses. Other public buildings, cult institutions, military and administrative ones, were erected during this time. Two stony bridges – that of tabaks and tailors, which connected the two most important quarters of the city with the bazaar – were built. In 1707 there the mosque of Fire was erected. In 1776 the mosque of Zajmi was built.[486] By the end of this period in 1795, Mullah Bey, the nephew of Sulejman Pasha Bargjini, began to set up the mosque in the main square of the city. His son Haxhi Et'hem Bey finished it in 1820 and at that time he built the clock tower, near the mosque, employing the baroque style.[487] In the 80s of the XVIIIth century, the vlach community of Tirana erected the church of Shën Prokop in the hills behind the university. Later, in 1863, it set up another one in the site, where Hotel Tirana now is situated. In 1781, due to the development of trade relations, the Masjid of Kubat reconfirmed by Sultan's firman. The fair of Shën Llesh connected the city with the countryside. The cities of Shkodra, Elbasan, Berat and more distant regions as Dibra, Kosova and foreign countries were included. There were 46 traders in Tirana who conducted trade with Venice.

Tirana's existence as a well established center, the qualitative leap and development prepared step by step over the course of years could not fail to draw the attention of feudal cyclon. As a result of the rapid disintegration of the natural economy of the occupiers, military failures, the weakening of the central Ottoman power, the native feudals made use of the occasion not to obey the orders of the Sublime Porte by the second half of the XVIIth century.[488] Each acted according to his own ambitions to

---

485 E. Çelebi: Shqiperia para dy shekujsh. Tirane 1930 p. 152–153.
486 Kalendari Kombetar 1908–1909. Tirane 1909.
487 Shqipnia e Ilustrueme. Tirane 1929.
488 Tirana 1937. Tirana 1937.

increase economic power and the territories under their own domination. The feudal anarchy particularly created during the XVIIIth century and through the 30s of the XIXth century, considerably weakened the administrative and political power of Sultan in Albania. Instead of existing sandjaks, the inherited possessions of local feudals, pashalics etc. were created. Until the 30s of the XIXth century, the administrative domination of the country was transferred onto the hands of large Albanian feudal families, that inherited privileges due to their high political, economic and social position. Every region of the city had a native pasha, bey, aǧa, old noble, captain or chieftain who ruled the country. With regard to this, W. M. Leak wrote at that time: „*In Albania the Sublime Porte could not appoint or endorse a ruler of a region, who was not Albanian by origin, and who had not consolidated his domination by means of gun, politics and coterie*".[489]

Under such circumstances, Istanbul was obliged to sanction the changing political situation by means of Sultan's firman. Despite the strong centralized policy of big vassal pashas like Ali Pasha Tepelena in Lower Albania and the Bushatlis in Northern Albania the administration of the country was based on the system of local and regional autonomy. The stubborn vassals of these pashas had so little dependency on them as the big pashas depended on Sublime Porte. This also happened in Central Albania which included the Tirana zone as well. For a long period of time, there were unrests of all sorts in this region, including particularly those between two large feudal families. Between 1750 and 1830 it was turned into an arena of fighting between the families of Bargjin and Toptani, who wanted to dominate Tirana and its suburbs. The Bargjins were the early possessors of this region. The Toptani were the possessors of Kruja of ancient Thopia family by origin. As a result after seventy years of bloody clashes, Tirana finally fell into the hands of the Toptani family. Reacting against the oppression and exploitation of foreign occupiers and their tools, the local feudals, citizens and particularly the peasants of Tirana more than once took up arms and managed to oust even the Osman rulers to win the right of the Albanian school. It is clear that the above events and destructive wars had their negative impact on the inhabitants, the economy and urban structure of the city. Due to vitality characterizing the whole Albanian people, Tirana was capable to restore and forge ahead. During the XVIIIth–XIXth centuries, it grew and was embellished with different buildings, an established city, preferable seat of feudal aristocracy of Central Albania. In such a background full of historic events, class struggles, efforts for independence and social rights, the life in this city was developing slowly, passing from handicraft-trade development to the development of capitalist relations by the second half of the XIXth century. In this time the power of the usurping Toptani family strengthened in Tirana. During the period of National Renaissance, many patriots worked and were inspired and instigated by the nationalistic wing of the Toptani family. One of these old patriots is also the patriot of the Revival Seid Toptani and his family. His home in Tirana had always been a powerful support of Albanian

---

[489] W. M. Leake: Travels in Northern Greece Vol. I. London 1835 p. 499.

nationalism. One could find there an abundance of Albanian primers and books, which were distributed to the patriotic intellectuals of the city and its region. The first club of Albanian patriotic spirit opened in Tirana. The patriots of Tirana and other districts were sheltered and worked here. Some important men were Hoxhë Tahsini (ex-first rector of Istanbul University), Dervish Hima, Kostandin Kristoforidhi, Murat and Refik Toptani etc. In 1889 teaching was conducted in the Albanian language in the school of Tirana. In 1908 the patriotic club „Bashkimi" (Union) was founded. On February 26. 1912, the people of Tirana hoisted the national flag in association with Ismail Qemali. On October 28. the Albanian people in whose ranks were also the people of Tirana, crowned the century long struggles against the Ottoman occupation and won independence. After the proclamation of the independence, Albania did not win genuine freedom as the big imperialist powers and neighbouring chauvinists hatched up different kinds of plots and backstages to divide and split it. During the Balkan war I, Tirana was temporarily occupied by the Serbian armies. In Tirana a part of the population of Dibra, who was evicted by the Serbian chauvinists (1913–1915 and 1918–1920), was sheltered and settled. In 1914, the inhabitants of Tirana fought against the rebel Haxhi Qamili. When Albania won independence (1912), the city of Tirana had approximately 1500 inhabitants. From that time till 1920 it became an important center of social and political movements.

The main branches of the economic activity of Tirana were handicraft and trade. Agriculture, which at the beginning took a marked place, passed onto the second place as time passed by. But as a region it remained a powerful base of raw materials for the city, its handicraft and traders. Consequently during the whole period of time, the city looked like an economic, handicraft, trade and agricultural center, which was different from the contemporary centers of the country. The small handicraft production, which constituted the production base of this center, was intended to meet the needs of the city and nearby villages. In order to attain these targets, firstly it made use of local natural resources, mainly those of its own region (wool, leather, wood, wands, wax, clay etc.), traditional crops (corn, olive, grape and others like maize, rice, tobacco etc.). At the same time metals as iron, copper, tin etc. were imported from other districts of the country. By using them, the Tirana craftsmen turned out simple tools, cloths, furnitures, food stuff, decorations etc. The production of commodities of civic and rural economy no doubt contributed to the development of internal and external trade. This was initially intended by the restoration of Shën Llesh fair in 1781, which linked cities, countrysides, regions with foreign traders. A clear testimony to this is the trade correspondence of the Venetian deputy consuls of Shkodra (1741–1800). According to it Tirana counted fourtysix traders who exported leather, oil, tobacco etc.[490] At the beginning of the XVIIIth century, the development of the Tirana bazaar, its extension and composition showed approximately 400 shops for craftsmen, service and trade shops.

---

490 Shkodra: Esnafet Shqiptare p. 299.

By the second half of the XIXth century they grew to 730. The bazaar of Tirana in the square of the Palace of Culture was only built in the 60s of the XXth century. The old one covered an area of about 2–3 hectares, where 1–2 storied houses were built. A road crossed it, shops were close to one another according to the craftsmen and trade. Inside it, there was the mosque of the Stermas family, erected in 1840. There was a large number of mills along the Lana and other spring waters. Historic sources of time prove that Tirana turned out 100.000 meters of woolen and cotton cloth and 160.000 meters of high quality velvet every year. The opening of a credit branch of the Ottoman Agricultural Bank in the 80s of the XIXth century shows the development of trade and agricultural products.

In general Albania started on the road of capitalist production later than the European states and Tirana was on this road later than the other cities of the country. The preliminary steps which proceeded this appeared when the new trade bourgeoisie tried to adapt the Tirana-Ndroq-Durrës-road. Beshiri bridge on Erzen river (1850), Tirana-Vlorë-road (1875) were also constructed. The first oil factory (1897) and 17 tiles and bricks furnaces were built. Erected in an open plain, Tirana has almost nothing in common with the medieval classical cities, described by chivalrous literature at the tops of hills and rocks or in other dominating sites, which had fortified fortresses with massive walls, towers and moats, full of water, swinging bridges in front of big gates. Tirana had a small fortress set up long after the birth of the city. Inside lived the family of the feudal and his relatives who ruled the city. Consequently from the way it appeared it seemed not to belong to the Middle Ages.

Sami Frashëri, the remarkable patriot of the Albanian Renaissance, was the first to dedicate some lines to Tirana, his native town. The Turkish E. Çelebi was one of the early foreign authors to describe this city. In 1807 almost half a century after the Ottoman chronicler, a series of city descriptions opened, which were regularly published during the XIXth century. Exactly at this time, there was a description of the open city without fortresses by a French military of Napoleon's army in Dalmatia.[491] Thirteen years later, another French, de Beaujour, described the city like this: „. . . *Tirana is a small town, encircled by simple walls, where a small fortress is erected. It is protected by towers which is the governor's seat"*.[492] In the middle of the XIXth century, the British painter E.Lear in his travel notes writes among other things as follows: „. . . *wave-like olive groves, dark shrubs and towering cypress-tree distinguished Tirana. Situated in a smooth valley, as usually equipped with white minarets, shining from above, amidst the woods . . . and as soon as I approached the suburbs I distinguished three mosques, that were beautifully and elegantly decorated in bright colours, which from a distance were the most attractive buildings I had ever seen"*. And later he said: „. . . *the suburbs of Tirana were lovely. While leaving the city, you are thrilled with the lovely*

---

491   O. Daniel: Albanian cities vol. 2. Paris 1967–1968 p. 13.
492   F. Pouqueville: Voyage de la Grèce Vol. I. Paris 1826 p. 401.

scences of tranquillity of splendid plains and crystal like streams". Three years later, J. G. von Hahn writes: „. . . *Tirana and its plains produced a very charming impression, fields, orchards and crops are carefully planted. What attracted me was the city of which I expected to be dark and dirty, but it was clean. Situated in a plain full of waters, orchards, fruit trees . . . mosques . . . painted in different colours, encircled by cypress trees, and the lovely tower clock, constructed in rococo style,,.*[493] Hecquard was greatly impressed by the entrance of Tirana. He wrote in 1853: "*When returning from Shkodra, the entry of Tirana was pretty fine, on the right and left there are two lovely mosques with splendid decorations, a little farther a quadrangular tower, with its clock tower. The roads are wide . . .,,*[494]

At the beginning of the XXth century, Degrand, who visited this city, wrote: „. . . *the entry of Tirana is lovely. Its houses and fine woods of large orchards, create a charming impression. None of the cities I have ever visited, has such an interesting character . . .*", and then he continues, „. . . *it is the city where the native finds what he needs: water, fruit and a pleasant climate . . . The bazaar is very significant and inquisitive with wooden flats and galleries, very big inns and running waters . . .*"[495] This was also the impression of the Austrian consul in Albania, Theodor Ippen, and other authors as Sp. Gopčević, I. Sulioti, Zh. Burkari etc.

Despite different impressions of the above mentioned authors they agree with each other when talking about the greenery, cleanliness and beauty of the city, the broad roads and houses with running water and the verandas carefully built. This is why some of the rich feudal families of Central Albania had settled in this city many years before that time.[496] But one should also add that this was one side of the coin, the other side was that of backwardness of the city due to oppression and exploitation, poverty and periodical inner feudal wars, which ruined and burnt the city from time to time.

The life of Tirana as capital began in 1920. In the congress of Lushnja (January 21 1920) the progressive patriotic forces, having courageously taken over the capitulationist government of Durrës, elected a national government and declaring Tirana the capital of Albania. This fact was no doubt a memorable political, historical and administrative event for the whole country and played a decisive role in the further development of the city. At that time Tirana counted 17.000 inhabitants. Later dozens of city quarters were erected there since 1919. The people of Tirana and the peasantry of the nearby zones had opposed the betrayal of Esat Toptani and that of Ahmet Zogu who wanted to seize power in 1922. This helped the Dibra insurgents, who were led by Isuf Elezi enter Tirana. In 1920–1924 the inhabitants of Tirana fought against the Serbian invasion, in Shaklla e Tujanit. On April 20. 1924 the agents of Zogu assassinated the democratic patriot and publicist Avni Rustemi in Tirana. In June 1924 the Democratic Revolution

---

493 J. G. Hahn: Albanesische Studien. Jena 1854 p. 68–87 passim.
494 H. Hecquard: Histoire et description de la Haute Albanie. Paris 1858 p. 85.
495 A. Degrand: Souvenirs de la Haute Albanie. Paris 1901 p. 183–184.
496 Z. Shkodra: Të dhena historike mbi Tiranen. In: Ylli 11, Tirane 1975.

took place. A democratic government was established headed by F. Noli, which was in power only for a short period. After its overthrow, in December of that year, Ahmet Zogu came to power. This ruler, who was declared king of Albania, ran the Albanian state till 1939. During this period of time, Tirana as the capital of Albania kept growing and developing, but still at slow rates. Till 1938 it was the capital and numbered only 25.000 inhabitants. At the beginning of the 30s a town planning project was realized in Albania. With the construction of ministries and municipalities and the opening of „Scanderbeg"- square in 1933, the center of the city (now the square „Deshmoret e kombit") took shape. In 1937 the construction of the National Bank was finished. The General Hospital was constructed. On the road, which after liberation was called Barricade road, shops, buildings, the new bazaar, opened on the East boundary of the old bazaar and some dwelling flats were erected, which extended to the South West and West, named „Tirana e Re".[497] The military barracks Ali Riza, the administrative building and the prison were built. The city lacked a drinking water network, electricity, canals. There were generally narrow streets and one–two storied clay houses above which rose about 15 large and small mosques and two churches. With the help of the Austro-Hungarian Imperial Court a Catholic church was erected in Kavaja street in 1856. There were some three–four storied houses owned by large traders.[498]

On April 7. 1939, Albania was occupied by fascist Italy. The people of Tirana, just as well as the whole country, staged big demonstrations and put up armed resistance. On June 17. 1941, the youth Vasil Laçi made an assassination attempt against Victor Emanuel III. Italian imperialism, planning to colonize the country, erected some buildings for its own administration and some dwelling flats. From then until the liberation of Albania from the Nazi fascist occupiers on November 29. 1944, Tirana became the hearth of the revolutionary movement and armed struggle against foreign occupiers. Tirana was liberated on November 17. 1944, 19 days after bloody turmoils broke out in the streets of the city. Different political parties were created such as the Communist and Nationalist movements „Balli Kombetar", „Legaliteti" etc. In the following years after liberation, great transformations took place in Tirana in all the fields. Now it is the most important economic, educational, cultural, scientific and health center.

Prior to 1944, Tirana had an electric station, two printing houses, some joineries, a flour mill, small factories which produced soap and soft drinks etc. Now it is the largest industrial city of the whole Albania. Tirana provides one fifth of the industrial production of the whole country, one third of the production of mechanical industry, about 30% of coal industry, half of textile products etc. Tirana ranks first on a Republic scale for the production of engineering and timber industries, light, food stuff and poligraphic industries. Now it has a complex industry (heavy and light). Amongst the branches of heavy industry dominates the mechanical industry which accounts for one quarter of

---

497 K. Miho: Trajta të profilit urbanistik të qytetit të Tiranes. Tirane 1987.
498 H. J. Dalliu: Patriotizma në Tirane. Tirane 1935.

the whole industrial output of Tirana. The main projects are automobile and tractor combine (1966), „Dinamo"- and „Partizani"-plants (1953), „Tirana"-mill (1965), „Dajti"-Mechanical-Geological-Plant, Electro mechanical plant etc. Light industry producing consumer goods like fabrics and cloth, garments, shoes, fur articles, tins, drinks is also very important. The major establishments are the textile mill (1951), a food stuff combine „Ali Kelmendi" (1960), a meat and milk processing combine, a shoes factory (1947) etc. The building material industry has also developed with the setting up of respective combines such as prefabricated factory, a red clay and silicate bricks factory (1960) with sectors for concrete and plaster production etc. The building material branch accounts for one fifth of production on national scale. It has a timber mill (1951) and a glass factory (1957) as well as the porcelaine factory (1959) and chemical-pharmaceutical industry etc. Electric industry is represented with the hydro power station (1951) and the heat power station of the textile mill. Tirana is a center of motor road and railway transportation. Railway lines link it with the sea ports such as Durrës, Vlora and Shëngjin and with all the significant centers of the country such as Elbasan, Pogradec and Shkodra. The 20 urban bus lines carry 100.000 passangers everyday. Internal trade accounts for one fifth of all detail sale trade on national scale. Albania exports fabrics, rugs and carpets, handicraft articles, drinks, fruit tins, coal, chemical articles and building materials to foreign markets. Tirana Airport at Rinas is used for air trips. Besides telephones and telegraphs Albania also possesses Telex and Gentex systems. In Tirana there are the Presidency of the People's Assembly of Albania, the Prime Minister's office, ministries, the main state departments and the steering organs of the political and social organizations and foreign embassies. Before liberation Tirana had 19 elementary schools, 3 eight-form schools, 3 secondary schools and a kindergarten. Now there are 20 secondary schools, 45 full time secondary schools, 45 eight-form schools, 139 kindergartens. In 1957 the University of Tirana was founded. There are the university of Agriculture (in Kamez), the Higher Officers' School, the Military Academy, the Higher Institute of Physical Culture etc. The main museums are the Museum of National History, the Archaeological Museum, the Popular Culture Exhibition, the exhibition „Albania today", the Museum of Natural Sciences, the Gallery of Arts. There are also monuments, memorials and lapidaries. In Tirana there is the Albanian Radio-Television and the Albanian Telegraphic Agency (ATA). In the capital 13 newspapers, 16 reviews and magazines are printed (3 central publishing houses). The main cultural and artistic institutions are the People's Theater, the Opera and Ballet Theater, the Variety Show Theater, the Puppet Theater, the Circus, the „Shqiperia e Re" (New Albania) film studio, the Folk Songs and Dances Ensemble and the Army Ensemble. There are some amateur artistic groups of the working centers and schools too. Apart from the separate activities, there is also a national meeting of theater groups. In addition to the National Library and three central libraries, there are also 7 specialized libraries. There is a Palace of Culture „Ali Kelmendi", Children's Palace and a house for children's entertainment, the Central House of the Army, the Central House of People's Creativeness, the „Student"-Palace of Culture and dozens of exhibitions and clubs at work centers. The seat of the Academy of Sciences (1972) with 12 institutes and its scientific centers is located in Tirana. There are also 30 scientific research institutions (the Institute of Economic Studies, the Institute of Pedagogical Sciences, the Institute of the Monuments of Culture, the Institute of Hygiene and Epidemiology, the Institute of People's Medicine, the Institute of History, the Institute of Linguistics and Literature and many other institutes). Industrial projects, agricultural and livestock researches depend on them. In the capital there are also 7 hospitals, 4 maternity homes, 66 outpatient clinics and ambulances, 13 dental clinics, 12 mother and baby clinics, 77 creches etc. There is one physician per 270 inhabitants and also an orphanage and asylum. The main hotels are „Dajti", „Tirana", „Arberia", „Arbana", „Peza". The main sports events take place in the National stadium „Qemal Stafa". There are also the „Dinamo"-stadium, the „Partizani"- Sports Palace, Hand Games stadium, about 270 sport grounds, 6 large sport centers, 19 halls for heavy sports, 4 shooting grounds etc. The main sport clubs are Sport Club „Tirana", „Partizani", „Dinamo" and „Studenti".

Urbanization of the city has changed according to an adjustment plan drafted in 1952–1956. The city was divided into ten quarters. Each of them had trade, public service and post network. Old city quarters with no architectural values as that of Tabaks and Terzinj, the old bazaar (1959), the Eastern side of Barrikada road (1984) etc. were pulled down and completely new city quarters were built such as the city quarters N 6, 7 and 9, the new „Vasil Shanto"-apartment blocks, that of „Ali Demi" and other city quarters. Now 80% of the inhabitants of Tirana live in new flats and the city keeps enlarging to the Eastern Southwest and West. In the 60s the work began to build the ensemble of the center. The Palace of Culture and the Opera and Ballet Theater (1966), the Monument to Scanderbeg (1968), Hotel „Tirana" in 1979, the Museum of National History (1981) were constructed. Among the main roads worth mentioning there is the belt way of the capital along the Lana stream, which has been systematized. The great entertainment park was created by reforesting the hills in the Southeast of the city, round the artificial lake. Tirana also has a Botanic garden and a zoo. As the most significant industrial center, here were set up the industrial zone along Tirana lake. In the Southwestern hills there is a student campus and, in dominant position near the Palace of brigades, is the Martyrs' cemetery. The Palace of Congresses is also built. Today the city has over 300 parks and people enjoy the National Park in Dajti mountain. The crown of Tirana, which covers an area of 3.900 hectares, is planted with fruit and olive trees. The sources of Selita, Shën Mëria and Bovilla provide the city with 1.570 liters of fresh drinking water per second.

The district of Tirana is situated partially in the central mountainous region and partially in the Western Lowland zone, covering an area of 1.238 square kilometers, inhabited by 316.100 people. It comprises three towns Tirana (the center of the district), Vora and Kërraba, 150 villages, grouped in 19 united villages. The average density of population is 255,3 inhabitants per square kilometer. The urban population accounts for

66,2%, the rural one for 33,8%. The natural growth of population is 1,54%. The district of Tirana is a center of industry and agriculture. Total industrial output (1983) accounts for 85,2% of total industrial and agricultural production. The industrial output of this district accounts for 17,5% of industrial output on a national scale. The main branch of industry is mechanical industry, Electric industry, food stuff industry is also developed. There are major coal and other mineral resources in Tirana. There are the mines of Kërraba, Myshqeta, Mëzez and the new mine of Valias, one of the biggest in Albania. The geological, geophysical and hydroenergetic enterprises conduct their activity throughout Albania. Among the major export items are textiles, rugs, bauxides, coal, vegetables, tins, drinks etc. The major motor roads are Tirana-Durrës, Tirana-Shkodra, Tirana-Ndroq-Kavaja, Tirana-Elbasan. There are also railways from Tirana to Shkodra (120 km) and to Durrës (40 km).

Ethnographic zones are Kërraba, Benda, Peza, Shëngjergj (Tomadheja). Special crafts were the production of light cloths, heather pipes, clay pottery (Farkë e Madhe). Men's dress consisted of short woolen jackets and slacks (in the highlands slacks). On their head they wore white long fez. Women wore embroidered puffy trousers (in highlands with black woolen slacks). Prior to 1944 education was backward. About 90% of population was illiterate. There were only 32 elementary schools and 3 secondary schools. In 1983 the district of Tirana had 209 kindergartens, 171 eight-form schools, 30 secondary and professional schools. In 1938 the district had only one hospital, while now it has 9 hospitals and 202 outpatient clinics, 25 maternity homes and wards, 31 drug stores, 54 dental clinics, 138 baby clinics. The trade and public service network is extended throughout Tirana.

Surroundings of Tirana make it particularly beautiful. The land is terraced, fruit and olive trees are planted here. There is a touristic spot in Dajti mountain. The children's rest home was built in this touristic center. Other touristic spots are Iba, Petrela etc.[499]

---

[499] Fjalori Enciklopedik Shqiptare. Tirane 1985.

Skopje: eine Balkan-Hauptstadt

Fikret Adanır (Bochum)

Mit der Auflösung der jugoslawischen Föderation seit 1990 und der Unabhängigkeitserklärung der ehemals jugoslawischen Republik Makedonien im Jahre 1991 ist auf dem Balkan eine neue Hauptstadt entstanden: Skopje. Diese nach der Erdbebenkatastrophe von 1963 modern aufgebaute Stadt am Vardar hatte in der Vergangenheit schon wiederholt als Provinzzentrum, im Mittelalter zeitweilig sogar als Residenzstadt für Könige gedient. Dennoch war Skopje trotz seiner strategisch beherrschenden Lage an den Verbindungswegen vom Donauraum im Norden zur ägäischen Küste im Süden und vom östlichen Balkan zu den westlichen Regionen der Halbinsel, Albanien und Bosnien, keineswegs zum Hauptort eines modernen souveränen Staates Makedonien vorherbestimmt. Im Gegenteil, Skopje stellte – mit seiner Lage zwar praktisch im Mittelpunkt der Balkanhalbinsel, dennoch am Nordrand des historischen Territoriums Makedonien – nicht einmal die zweite Wahl im Hinblick auf eine ideale Hauptstadtfunktion dar; seit der Entstehung der „Makedonischen Frage" im letzten Viertel des 19. Jahrhunderts war in dieser Hinsicht die Ägäis-Metropole Saloniki (Thessaloniki) die konkurrenzlose Kandidatin. Sogar die heutige Grenzstadt Bitola (Monastir) hatte in der Zeit vor der Aufteilung Makedoniens in den Balkankriegen 1912/13 größere Aussichten, zum administrativen Zentrum des Landes bestimmt zu werden, als die jetzige Hauptstadt am Vardar. Ein Überblick über die wechselhafte Geschichte Skopjes verdeutlicht, warum es für eine Hauptstadtrolle nicht sonderlich geeignet war, und warum und unter welch spezifischen Umständen es schließlich doch dazu erkoren worden ist.

Die Anfänge Skopjes reichen in die Römerzeit zurück. Im 2. Jahrhundert v. Chr. errichteten die Römer an der Stelle einer dardanischen Siedlung etwa fünf Kilometer nordwestlich vom heutigen Skopje einen Militärstützpunkt, der unter dem Namen „Colonia Flavia Aelia Scupi" bekannt wurde. Der Ort dürfte für längere Zeit nur eine bescheidene Siedlung gewesen sein, vor allem im Vergleich zu den römischen Provinzialzentren wie Dyrrhachium und Thessaloniki. Im 1. Jahrhundert n. Chr. begann die Siedlung auch ihre militärische Bedeutung zu verlieren und entwickelte sich immer mehr zu einer Veteranenkolonie. In der Zeit nach den Reformen Diocletians (297) wurde dann Scupi - neben Ulpiana - als eine Stadt der Provinz Dardania in der Diocesis Daciae genannt. Ferner wurde sie - sicherlich aufgrund ihrer verkehrsgeographisch günstigen Lage - auf einer Straßenkarte aus dem 3. Jahrhundert vermerkt. Vom 4. Jahrhundert an tauchte Scupi als Bischofssitz auf, bis es im Jahre 518 durch ein Erdbeben fast vollständig zerstört wurde.[500]

---

[500] M. Rostovtzeff: The Social and Economic History of the Roman Empire. ²Oxford 1957, S. 244, 246; J. Wiseman: „Scupi". In: The Princeton Encyclopedia of Classical Sites. ²Princeton 1979 S. 815; Konstantin Ireček: Istorija na Bŭlgarite. S popravki i dobavki ot samija avtor. Pod red. na Petŭr Chr. Petrov. Sofija 1978 S. 86; Nazif Hoca: „Üsküb". In: Islâm Ansiklopedisi, Bd. 13, Istanbul 1986 S. 122.

Die Überlebenden zogen, wie man annimmt, nach der Stelle des heutigen Skopje um, wo eine neue Siedlung entstand, die weiter den alten Namen führte.[501] Bis vor wenigen Jahrzehnten herrschte in der Geschichtsschreibung die Meinung vor, diesem neuen Scupi sei unter Justinian I. (527–565) kaiserliche Förderung zuteil geworden. Man nahm an, daß es sich bei „Justiniana Prima", einer von Procopius überschwenglich gelobten Stadt in Dardanien, um dieses Scupi gehandelt habe. Neuerdings ist man jedoch überzeugt, Justiniana Prima bei Caričin Grad südlich von Leskovac gefunden zu haben.[502] So ist es nicht sehr wahrscheinlich, daß die erst im 6. Jahrhundert entstandene byzantinische Neusiedlung Scupi bis zu Beginn der Slaweneinwanderung in der zweiten Hälfte des 6. Jahrhunderts eine besonders großartige Entwicklung durchgemacht hat, wie es in der Nationalgeschichtsschreibung manchmal angenommen wird, denn die Glanzperiode sogar der echten „Justiniana Prima" war von kurzer Dauer: Justinians Gründung bei Leskovac wurde gegen Ende des 6. oder spätestens zu Beginn des 7. Jahrhunderts, als die Donaugrenze gegen die barbarischen Stämme zusammenbrach, zerstört. Die Slaweneinwanderung bedeutete für die Urbanität auf dem Balkan einen empfindlichen Rückschlag. Mit Ausnahme von Thessaloniki, das wiederholten Angriffen und Belagerungen standhielt, wurden Städte, limes oder castra im Inneren der Halbinsel verwüstet; die antiken Formen städtischen Lebens gerieten für Jahrhunderte in Vergessenheit.[503]

Während der ersten Jahrhunderte nach der Einwanderung der Slawen bleibt die Geschichte Skopjes im Dunkeln. Als ein Ort von beträchtlicher militärischer Bedeutung muß Skopje in den Kämpfen zwischen Byzanz und den Slawen ohne Zweifel eine Rolle gespielt haben; aus jener Auseinandersetzung ging zunächst das erste bulgarische Reich (681–1018) als Sieger hervor. Nach der Taufe des Bulgarenchans Boris im Jahre 864 und besonders unter dem Zaren Simeon (893–927) geriet Makedonien unter bulgarischen Einfluß. Der kulturelle Aufschwung im Zuge der Christianisierung seit Ende des 9. Jahrhunderts hatte aber seinen geographischen Schwerpunkt nicht in Skopje, sondern in Ohrid im Südwesten Makedoniens. Daran änderte sich auch in dem westbulgarischen, sog. „makedonischen" Staat Samuels (976–1018) nichts. Obwohl Skopje in den Jahren 978–1002 zum Herrschaftsbereich Samuels gehörte, hatte dieser Herrscher seine Residenz nicht in der Vardar-Stadt, sondern im Südwesten des Landes, in Vodena, Prespa und Ohrid.[504]

---

501 Constantin Jireček: Geschichte der Serben, Bd. 1. Gotha 1911 S. 54; Stjepan Antoljak: Kako došlo do imena „Skopje". In: Godišen zbornik na Filozofski Fakultet na Univerzitetot vo Skopje 12 (1960) S. 75–87.
502 Procopius (Caesariensis): Werke. Griechisch-deutsch. Ed. Otto Veh. Bd. 5: Die Bauten. München 1977 S. 174 f.; J. Wiseman: „Justiniana Prima" (siehe Anm.1) S. 428 f.
503 Jireček: Geschichte der Serben S. 94; Paul Lemerle: Invasions et migrations dans les Balkans depuis la fin de l'époque romaine jusqu'au VIIIe siècle. In: Revue historique 211 (1954) S. 265–308; John V. A. Fine, Jr.: The Early Medieval Balkans. A Critical Survey from the 6th to the late 12th Century. Ann Arbor 1983.
504 Ireček: Istorija na Bŭlgarite S. 218–223.

Seiner peripheren Lage schien Skopje als Verwaltungszentrum des neugeschaffenen „Themas Bulgarien" unter der wiederhergestellten byzantinischen Herrschaft nach 1018 zwar zunächst entkommen zu sein. Die neue Rolle brachte aber trotzdem keine langdauernde Stabilität, denn die Stadt wurde 1040 vom Aufstand Petar Deljans gegen die Byzantiner erschüttert, und die Bewegung Georgi Vojtechs, die in den Jahren 1072–1073 die byzantinische Herrschaft herausforderte, hatte ihre Basis ebenfalls in Skopje. In den 1080er Jahren fiel die Stadt kurzweilig sogar in die Hand der Normannen, die gegen Byzanz Krieg führten. Von den bald folgenden Kreuzzügen, die für die Städte entlang den Hauptverkehrsadern des Balkans (Niš, Sofia, Philippopolis/Plovdiv, Ohrid oder Thessaloniki) Gefahren mit sich brachten, blieb Skopje zwar verschont, was aber zugleich die relative Bedeutungslosigkeit dieser Stadt im System der Ost-West-Verbindungen unterstreicht.

Der Druck auf das oströmische Kaiserreich stieg in der zweiten Hälfte des 12. Jahrhunderts weiter an. So gelang es den Normannen im Jahre 1185, Thessaloniki einzunehmen und zu plündern. Im selben Jahr brach im nordbulgarischen Tŭrnovo ein Aufstand gegen die Byzantiner aus, der die Basis des zweiten bulgarischen Reiches (1185–1393) bildete. Weiter westlich, in der Landschaft Raszien, formierte sich in dieser Zeit eine neue slawische Herrschaft, das spätere Königtum Serbien. Skopje wurde von diesen Entwicklungen bald eingeholt und schon 1190, als Kaiser Isaak Komnenos die Landschaft Kosovo den Serben überließ, war es auf eine bloße Grenzfestung reduziert.

Die Besetzung Konstantinopels durch die Kreuzfahrer im Jahre 1204 ermöglichte es Kalojan von Bulgarien, die byzantinischen Territorien zwischen Sofia und Thessalien zu annektieren; so kam auch Skopje wieder unter bulgarische Herrschaft. Diese Wende bedeutete jedoch keine stabileren Verhältnisse, denn auch das Despotat von Epirus war nunmehr bestrebt, das Machtvakuum auf dem Balkan zu einer neuen Reichsgründung auszunutzen. Skopje (1215) und Thessaloniki (1224) fielen bald in die Hände der Epiroten. Despot Theodor Dukas Komnenos, der sich in Thessaloniki zum Kaiser krönen ließ, wurde aber 1230 von Ivan Asen II. von Bulgarien gefangengenommen, und Skopje geriet erneut unter die Herrschaft der Bulgaren.[505]

Das Karussell des Herrschaftswechsels fand damit kein Ende. Bereits 1256 lag Skopje von neuem im griechischen (nikäisch-byzantinischen) Herrschaftsbereich. Im Jahre 1258 wurde die Stadt von König Uroš I. von Serbien besetzt, kam aber ein Jahr später wieder unter die byzantinische Herrschaft der Palaiologen, die sich 1261 auch in Konstantinopel etablieren konnten. Im Jahre 1282 schließlich verloren die Byzantiner Skopje endgültig an Stefan Uroš II. von Serbien; damit begann die serbische Periode in der mittelalterlichen Geschichte Skopjes, die bis 1392, also insgesamt 110 Jahre, dauern sollte.

---

505 Jireček: Geschichte der Serben S. 300, 303; Donald M. Nicol: The Despotate of Epiros 1267–1479. A Contribution to the History of Greece in the Middle Ages. Cambridge – London – New York 1984 S. 4 f.

In der serbischen Zeit erfuhr Skopje sicherlich einen spektakulären Statusgewinn, denn hier ließ sich Stefan Dušan 1346 zum Kaiser der Serben und Griechen krönen. Die Verkündung des berühmten Gesetzeskodex Stefan Dušans im Jahre 1349 fand ebenfalls in Skopje statt. „Mit einer Burg, Stadtmauern mit zahlreichen Türmen und Toren, Kirchen, Palästen und Höfen" war Skopje in dieser Periode eben die wichtigste antike Stadt im Besitz der Serben.[506]

Dennoch bleiben die Hauptstadtfunktion und die urbane Entwicklung Skopjes in der serbischen Zeit kontroverse Themen. Offensichtlich spielte die Stadt in dem entstehenden überregionalen Handel auf dem Balkan nur eine geringe Rolle. Die Venezianer mieden Serbien, und die Dubrovniker (Ragusaner) Kaufleute, die bei der kommerziellen Erschließung der Halbinsel große Verdienste erwarben, bevorzugten Bergwerkssiedlungen wie Novo Brdo.[507] Auch ein Ausbau Skopjes zu einer repräsentativen Hauptstadt etwa nach dem Vorbild des imperialen Konstantinopel oder auch nur Thessalonikis fand nicht statt. Denn „eine ständige Hauptstadt ... hat der altserbische Staat nie gehabt". Der Herrscher pflegte hier „je nach der Jahreszeit seinen Sitz zwischen dem kühlen Gebirge und den wärmeren Küstenstrichen zu wechseln".[508] Stefan Dušan war in dieser Hinsicht keine Ausnahme. Er residierte überwiegend auf dem Lande, in Klöstern oder Pfalzen, zog durch die ausgedehnten Gebiete seines Reiches von einer Burg in die andere. Die geistlichen Würdenträger wichen gleicherweise den Städten aus. So war es zwar eine Kirchenversammlung in Skopje, die im Jahre 1346 das serbische Erzbistum zum Rang eines Patriarchats erhob, doch hatte der Patriarch seinen Sitz nicht in Skopje, sondern im Kloster von Peć.

Unter solchen Bedingungen konnte Skopje von seiner Hauptstadtrolle kaum profitieren. Die betont monastische Orientierung serbischer Frömmigkeit im Mittelalter bedingte es, daß sich die religiöse Stiftertätigkeit innerhalb der feudalen Gesellschaft auf den Klosterbau konzentrierte. Verfügbare Mittel wurden für die zahlreichen Klöster (mit Vorliebe für jene auf dem Berg Athos) verausgabt, das Schaffen der Künstler galt primär der Ausschmückung von Sakralbauten außerhalb der Städte. So blieb wenig übrig für einen städtebaulichen Aufschwung. Die städtischen „Paläste", von denen man in der Historiographie spricht, waren in der Regel aus Holz gebaut. Dies erklärt, warum Skopje heute über keinen repräsentativen Bau aus serbischer Zeit verfügt, während z. B. in Thessaloniki bemerkenswerte Sakralbauten aus noch älterer Zeit überliefert sind. So sind auch die jugoslawischen Geologen, die nach dem Erdbeben von 1963

---

506 Jireček: Geschichte der Serben, Bd. II. Gotha 1918 S. 28 f.
507 Bariša Krekić: Venetian Merchants in the Balkan Hinterland in the Fourteenth Century. In: Wirtschaftskräfte und Wirtschaftswege. Festschrift für Hermann Kellenbenz, Bd. 1. Nürnberg 1978 S. 413–429; Constantin Jireček: Staat und Gesellschaft im mittelalterlichen Serbien. Studien zur Kulturgeschichte des 13.–15. Jahrhunderts, Teil II. Wien 1912 S. 49.
508 Jireček: Staat und Gesellschaft, Teil I. Wien 1912 S. 6 f.

Tausende von Bohrungen im Stadtgebiet Skopjes durchführten, nicht auf Fundamente größerer Bauten aus vorosmanischer Zeit gestoßen.[509]

Nach dem Tod Stefan Dušans (1355) löste sich sein Reich in mehrere feudale Einheiten auf. Während Skopje im Herrschaftsbereich Vukašins lag, der sich seit 1365 als „König der Serben und Griechen" titulierte, wurde das benachbarte Kosovo von Vuk Branković kontrolliert. König Vukašin fiel 1371 in der Schlacht an der Marica bei Adrianopel gegen die osmanischen Türken. Obwohl diese serbische Niederlage den Osmanen den Weg nach Makedonien öffnete, blieb Skopje als Besitz Vuk Brankovićs bis 1391/92 noch in serbischer Hand.[510]

Die genauen Umstände der osmanischen Eroberung Skopjes sind nicht bekannt. Die osmanischen Chroniken berichten lediglich, daß Bayezid I., der nach der Schlacht am Kosovo polje (Amselfeld) 1389 den Thron bestiegen hatte, neben dem Bergwerk Kratovo auch Üsküb (Skopje) in Besitz habe nehmen lassen.[511] Allem Anschein nach mußten die serbischen Feudalherren, die die Schlacht von Kosovo überlebt hatten, ein Vasallitätsverhältnis mit dem osmanischen Herrscher eingehen. So dürfte Vuk Branković, wie in einer serbischen Quelle berichtet wird, Anfang 1392 gezwungen worden sein, Skopje dem Sultan zu übergeben.[512] In einer in Priština ausgestellten und auf den 21. November 1392 datierten Urkunde gibt Vuk Branković bekannt, daß er mit Bayezid einen Vertrag geschlossen habe.[513] Fest steht jedenfalls, daß Skopje im Jahre 1391 oder spätestens 1392 eine osmanische Stadt geworden sein muß.

Die ersten drei Jahrzehnte osmanischer Herrschaft brachten Skopje in Hinblick auf städtische Entwicklung nicht viel. Die Stadt war zwar das Zentrum einer osmanischen Markgrafschaft (uçbeylik), blieb aber vorerst ein Nebenschauplatz, da das Interesse des Sultans primär Anatolien und - auf dem Balkan - den Feldzügen in den Donaufürstentümern galt. Bezeichnend für die Randlage Skopjes in dieser Phase ist, daß die älteste osmanische Moschee in der Stadt aus dem Jahre 1436 datiert, d. h. mehr als vierzig Jahre nach dem Beginn der osmanischen Herrschaft errichtet worden ist.[514] Die Entwicklung Skopjes wurde ferner beeinträchtigt durch die instabilen Verhältnisse auf dem Balkan während des sog. Interregnums (1402–1412), das der Gefangennahme Bayezids durch Timur gefolgt war.

---

509 Eran Fraenkel: Skopje from the Serbian to Ottoman Empires: Conditions for the Appearance of a Balkan Muslim City. Ph.D. University of Pennsylvania 1986 S. 146.
510 Über die serbische Herrschaft in Makedonien vom Tode Dušans bis zur osmanischen Eroberung siehe George Christos Soulis: The Serbs and Byzantium during the Reign of Tsar Stephen Dušan (1331–1355) and his Successors. Washington D.C. 1984 S. 86–145.
511 Vom Hirtenzelt zur Hohen Pforte. Frühzeit und Aufstieg des Osmanenreiches nach der Chronik „Denkwürdigkeiten und Zeitläufte des Hauses Osman" v. Derwisch Ahmed, gen. Aşık-Paşa-Sohn, hrsg. v. R. F. Kreutel. Graz – Wien – Köln 1959 S. 95; Mehmed Neşrî: Kitab-ı Cihânnümâ, Bd. 1. Ed. Fâik Reşit Unat, Mehmet Köymen. Ankara 1949 S. 310. Erörterung der Quellenlage bei Fraenkel: Skopje S. 31–43.
512 Jireček: Geschichte der Serben, Bd. II S. 127. Etwas abweichende Auffassung bei Rade Mihaljčić: Continuité et discontinuité dans les structures de l'état serbe au XIVe siècle. In: Balcanica 11 (1980) S. 29–42, hier S. 41.
513 Colin Imber: The Ottoman Empire 1300–1481. Istanbul 1990 S. 42.

Erst unter den Herrschern Murad II. (1421–1451) und Mehmed II. (1451–1481), als Skopje zum Ausfallstor für die Feldzüge nach Bosnien und Albanien wurde, konnte sich die Stadt der Gunst sultanischer Förderung erfreuen. Murad II. ließ neben einem großen Moscheenkomplex auch die berühmte „Steinbrücke" über den Vardar, heute noch ein Wahrzeichen der Stadt, errichten.[515] Seine Statthalter, die uçbeys Ishâk (1414–1439) und Isâ (1439–1463), erwiesen sich ebenfalls als engagierte Bauherren. Im Rahmen des islamischen Stiftungsrechts (waqf), dessen ausgeprägt urbane Orientierung unumstritten ist, zog Skopje nunmehr beträchtliche Kapitalien nicht nur aus seinem unmittelbaren Hinterland, sondern auch aus entfernteren Regionen wie Thrakien an. Beispielsweise wurde die „Volksküche" (imâret) Isâ Beys in Skopje auch durch die Einkünfte eines Dorfes bei Adrianopel finanziert; die Moschee und Volksküche Yahyâ Paschas verfügten über Mittel aus Dörfern bei Plovdiv und Nikepolis.[516]

Die Einnahme Smederevos an der Donau im Jahre 1439 und die Eroberung Bosniens in den 1460er Jahren schmälerten zwar die strategische Bedeutung Skopjes für die weitere Expansion in Richtung Ungarn, denn die osmanische „Militärgrenze" (serhad) verlagerte sich nun an die Donau und nach Bosnien. Da aber die Konsolidierung der politischen Verhältnisse in den balkanischen Kernprovinzen des Reiches seit Mitte des 15. Jahrhunderts viel günstigere Bedingungen für die Entwicklung von Handel und Gewerbe bot, kamen die zivilen Züge des Lebens auch in Skopje immer mehr zum Vorschein. Die alte byzantinische Festung beispielsweise hatte ihre militärische Bedeutung schon zur Zeit Murads II. weitgehend verloren; so hat man offenbar Quader aus ihren Mauern beim Bau der Vardar-Brücke verwenden können. Jedenfalls war die Festung um 1455 lediglich von 25 Soldaten bemannt.[517] Dagegen rückten Handel und Gewerbe im Leben der Stadt, das ein zunehmend islamisches Gesicht erhielt, immer mehr in den Vordergrund.

Skopje zählte um die Mitte des 15. Jahrhunderts 5.145 steuerrechtlich erfaßte Einwohner, davon 3.330 Muslime und 1.815 Christen.[518] Die Muslime - hauptsächlich Türken - stammten aus Kleinasien; die Islamisierung der einheimischen Bevölkerung war bis zum 16. Jahrhundert unbedeutend.[519] Um 1455 betrieben rund 40 Prozent der muslimischen und 14 Prozent der christlichen Haushalte ein Gewerbe.[520] Der Aufschwung im Balkanhandel im 16. Jahrhundert, begünstigt durch das osmanische Pro-

---

514 Fraenkel: Skopje S. 193.
515 Zur Kontroverse über die Datierung dieser Brücke siehe Nadežda Katanić/Milan Gojković: Graða za proučavanje starih kamenih mostova i akvedukata u Srbiji, Makedoniji i Crnoj Gori. Beograd 1961 S. 117–132. Das Werk wurde mir von Machiel Kiel zur Verfügung gestellt, wofür ich ihm danke.
516 M. Tayyib Gökbilgin: XV–XVI. asırlarda Edirne ve Paşa livası. Vakıflar-mülkler-mukataalar. Istanbul 1952 S. 333, 456–458.
517 Fraenkel: Skopje S. 200; Aleksandar Stojanovski: Gradovite na Makedonija od krajot na XIV do XVII vek. Demografski proučvanja. Skopje 1981 S. 75.
518 Stojanovski: Gradovite, S. 66 Tabelle 3.
519 Metodiya Sokolovski: The Islamization of the Yugoslav Peoples in the 15th and 16th Centuries. In: Macedonian Review 11 (1981) S. 251; Fraenkel: Skopje S. 53.
520 Stojanovski: Gradovite S. 100.

tektorat über Dubrovnik ebenso wie die Ankunft von sephardischen Juden auf dem Balkan, kam auch Skopje zugute. Mit seinen mehr als 10.000 Einwohnern um die Mitte des 16. Jahrhunderts (2.735 Christen, 7.425 Muslime und 265 Juden), die in rund 80 verschiedenen Berufszweigen tätig waren, und mit seiner Lage am Knotenpunkt der Handelsrouten von Edirne nach Sarajevo und von Thessaloniki nach Belgrad, war Skopje dabei, ein Zentrum von überregionaler Bedeutung zu werden.[521]

Der Höhepunkt dieser Entwicklung wurde im 17. Jahrhundert erreicht. Nach Evliya Çelebi hatte Skopje zu Beginn der 1660er Jahre 70 Wohnviertel. An Häusern, die teilweise mehrstöckig waren, gab es 10.600, eine Zahl, die plausibel erscheinen läßt, daß Skopje damals mindestens 50.000 Einwohner hatte.[522] Der Markt der Stadt umfaßte mehr als 2.000 Läden. Am Vardar wurden etwa 700 Gerbereien gezählt. Es gab 120 größere und kleinere Moscheen, sechs Medresen, neun Koranschulen, 70 Schulen für Knaben, 20 Derwischkonvente, sieben Gasthäuser und Karawansereien, 110 öffentliche Brunnen und eine Vielzahl von öffentlichen Bädern, die durch ein Aquädukt samt einem unterirdischen Leitungssystem mit Wasser versorgt wurden.[523] In kultureller Hinsicht hatte besonders die Ishâkiye Medrese, die mit ihrem vierten Rang nach den Medresen von Istanbul, Edirne und Bursa den Ruf der Stadt als ein islamisches Zentrum von überregionaler Bedeutung begründet. Freilich war Skopje auch der Sitz eines griechisch-orthodoxen Metropoliten und eines römisch-katholischen Erzbischofs und hatte darüber hinaus armenische und jüdische Gebetshäuser. So verbrachte Nathan Gasati, ein Jünger des Sabatei Zwi, nach 1666 einige Zeit in dieser Stadt.[524]

Die Grundzüge der Entwicklung Skopjes vom Ende des 14. bis ins 17. Jahrhundert spiegeln sich auch in der wechselnden Stellung der Stadt im Kontext der administrativen Neuordnung der Balkanländer unter osmanischer Herrschaft wider. Die osmanischen Besitzungen auf dem Balkan waren von Anfang an in einer Art Generalgouvernement (beylerbeylik) Rumelien zusammengefaßt, das sein Zentrum zunächst in Edirne (Adrianopel), nach 1453 in Filibe (Plovdiv) und ab dem 16. Jahrhundert in Sofia hatte. Das Beylerbeylik umfaßte eine Reihe von Sandschaks (sancakbeylik). Skopje als eine „Markgrafschaft" (uçbeylik) stand zunächst außerhalb der Sandschak-Organisation, war aber in militärischen Fragen letztlich dem Beylerbeylik von Rumelien unterstellt. Nach der Schaffung des Sandschaks Bosnien um 1470 wurde die „Markgrafschaft" Skopje aufgeteilt, und man wies den größeren Teil ihres Territoriums nun dem Sandschak Bosnien zu. Bald danach, im Jahre 1481, wurde auch Skopje in den sog. „Pascha-

---

521 Bevölkerungszahl bei Stojanovski: Gradovite, Tabelle 8 S. 70 f.; zur Berufsstruktur der Einwohner im Jahre 1546 Nikolaj Todorov: The Balkan City, 1400–1900. Seattle 1983 S. 91 f.
522 Stojanovski: Gradovite S. 120 f. Nach Petar Bogdani, dem katholischen Erzbischof von Skopje, gab es in Skopje 1680 ca. 20.000 muslimische und 200 christliche Häuser. Ebenda S. 121 Anm. 30.
523 Hoca: „Üsküb" S. 122–127; Konstantin Petrov: Akveduktot kraj Skopje i problemot na negovoto datiranje. In: Godišen zbornik na Filozofskiot fakultet na Universitetot Skopje 13 (1962) S. 5–22.
524 Fraenkel: Skopje S. 63; Jordan Ivanov: Bălgarite v Makedonija. Izdirvanija i dokumenti za tjachnoto poteklo, ezik i narodnost. Sofija 1917 (fototipno izd. 1986) S. 168, 174 f.; Aleksandar Matkovski: Otporot vo Makedonija vo vremeto na turskoto vladeenje, t.2. Skopje 1983 S. 430.

Sandschak" integriert, der mit seinem Zentrum in Edirne die Kerneinheit des Beylerbeylik von Rumelien bildete. Im 16. Jahrhundert schließlich wurde der Pascha-Sandschak den neuen Bedingungen entsprechend umgestaltet. Es entstanden neue Verwaltungseinheiten wie die Sandschaks von Ohrid und Prizren, außerdem kam es um 1554 in diesem Rahmen zur Bildung eines Sandschaks Skopje, der die Distrikte (nahiye) Üsküb (Skopje), Kalkandelen (Tetovo), Pirlepe (Prilep) und Kırçova (Kičevo) umfaßte.[525]

Die eindrucksvolle Entwicklung Skopjes unter osmanischer Herrschaft erhielt im Verlauf des „Großen Türkenkrieges" 1683–1699 einen nachhaltigen Rückschlag, denn die kaiserlichen Truppen des Markgrafen Ludwig von Baden stießen im Herbst 1689 nach Südosten vor, und eine Kolonne unter dem Befehl Piccolominis marschierte, unterstützt von Serben und katholischen Albanern, auf Skopje. Die Osmanen verzichteten auf die Verteidigung der Stadt, zwei Drittel der Einwohner waren bereits geflüchtet. Die Österreicher begnügten sich jedoch nicht mit der Plünderung Skopjes, sondern steckten die Stadt am 26./27. Oktober 1689 absichtlich in Brand, wodurch sowohl die öffentlichen als auch privaten Gebäude im Zentrum völlig zerstört wurden. Neben zahlreichen Moscheen fielen auch jüdische Einrichtungen dem Feuer zum Opfer, so z. B. zwei Synagogen und eine Schule. Es dauerte mehrere Jahrzehnte, ehe die Ruinenfelder aus dem Stadtbild Skopjes verschwunden waren.[526]

Die Erholung von den Folgen des Türkenkrieges 1683–1699 war für Skopje ein langwieriger Prozeß. Hatte man die Einwohnerzahl der Stadt vor 1683 auf 60.000 geschätzt, so lebten daselbst ein Jahrhundert später lediglich 5.000–6.000 Menschen, und auch für das Jahr 1835 wird nur eine Zahl von ca. 10.000 angegeben.[527] Dabei hatte Makedonien im Laufe des 18. Jahrhunderts einen wirtschaftlichen Aufschwung erlebt. Die Kommerzialisierung der Agrarbeziehungen und die Intensivierung von Handelskontakten zu Europa zeigten positive Wirkungen. Die einheimischen, besonders die nichtmuslimischen Kaufleute hatten jetzt – sei es im Mittelmeerhandel über Saloniki, sei es im innerbalkanischen Handel mit den habsburgischen Ländern entlang der Vardar-Morava-Route – gute Voraussetzungen, eine gewichtigere Rolle zu spielen. Die Landverbindung zwischen dem Südbalkan und Zentraleuropa gewann dabei vor allem

---

525 Halil Inalcık: „Rumeli". In: Islâm Ansiklopedisi Bd. 9, Istanbul 1964 S. 766–773; D. Šopova: Koga Skopje bilo centar na sandžak vo periodot od padanjeto pod turska vlast do krajot na XVI v. In: Glasnik na Instituta za nacionalna istorija 1 (1957) S. 89–97; Aleksandar Stojanovski: Administrativno-teritorijalna podelba na Makedonija pod osmanliskata vlast do krajot na XVII vek. In: Glasnik na Instituta za nacionalna istorija 17 (1973) 2 S. 129–145.
526 Streifzug des Feldmarschall-Lieutenants Fürsten Piccolomini nach Pristina in Bosnien und Scopia in Macedonien im Jahr 1688 [sic.]. In: Oesterreichische Militärische Zeitschrift 1, Wien 1808; T. Brlić: Die freiwillige Theilnahme der Serben und Kroaten an den vier letzten österreichisch-türkischen Kriegen, Wien 1854; Mita Kostić: Spaljivane Skoplja, 26 i 27 okt. 1689. In: Južna Srbija I/4, Skoplje 1922; A. Hananel/E. Eškenazi (eds.): Evrejski izvori za obštestveno-ikonomičeskoto razvitie na Balkanskite zemi prez XVII vek. Sofija 1960. Alle Titel zit. bei A. Matkovski: Otporot t.4. Skopje 1983 S. 410–418.
527 Ljuben Lape: Seloto i gradot vo Makedonija od krajot na XVIII do početokot na XIX vek. In: Istorija 9, Skopje 1973 S. 27–37, hier die Tabelle auf S. 36.

während der Napoleonischen Kriege an Bedeutung. Skopje scheint jedoch, obwohl verkehrsgeographisch begünstigt, von dieser Konjunktur wenig profitiert zu haben. Gegenüber Saloniki, Seres oder Monastir im Süden blieb Skopje jedenfalls noch für Jahrzehnte eine zweitrangige Balkanstadt.[528]

Von den weiteren wirtschaftlichen und gesellschaftlich-politischen Wandlungen des 19. Jahrhunderts, die die osmanische Reformära Tanzimat prägten, wurde aber schließlich auch Skopje erfaßt. Die Verkündung des Freihandelsprinzips im Jahre 1838, die Bekräftigung der Gleichheit aller Untertanen vor dem Gesetz ohne Unterschied der Konfessionszugehörigkeit 1839 und 1856 sowie die Einführung neuer Verkehrs- und Kommunikationsmittel wie die Eisenbahn und Telegraphie in der zweiten Hälfte des Jahrhunderts veränderten die Rahmenbedingungen des bürgerlichen Lebens. Die Produktion im Agrarbereich stieg besonders während der Hochkonjunktur des Krimkrieges 1853–56 an, aber auch Handwerk und Gewerbe in den Städten wurden davon positiv beeinflußt. Die Entwicklung in den 1860er Jahren in der gesamten „Europäischen Türkei" wurde dann vom Bau von Eisenbahnlinien bestimmt. Die erste makedonische Linie, die 1873 fertiggestellt wurde, verband Skopje mit der Ägäis-Metropole Saloniki. Skopje erhielt 1874 eine Eisenbahnverbindung mit Mitrovica am Nordwestrand der Kosovo-Ebene; im Jahre 1878 wurde die Strecke nach Zibavče an der serbischen Grenze (südlich von Vranje) vollendet, und 1888 war der Anschluß an die serbischen Linien hergestellt, so daß nunmehr eine ununterbrochene Eisenbahnverbindung von Saloniki über Skopje nach Zentraleuropa zustande kam. Die Fertigstellung der Linien Saloniki-Monastir (1894) und Saloniki-Dedeagaç/Alexandroupolis-Istanbul (1896) brachte Skopje auch näher zu den übrigen Regionen Makedoniens und des Osmanischen Reiches überhaupt.[529]

Diese infrastrukturelle Modernisierung ebenso wie die territorialen Veränderungen infolge des russisch-osmanischen Krieges von 1877–78 trugen schließlich dazu bei, daß Skopje zum drittgrößten Zentrum in Makedonien (nach Saloniki und Monastir) aufstieg. Hatte das Vilayet-Gesetz von 1864, das eine Provinzalverwaltung nach dem Vorbild des französischen Departement-Systems einführte, den Sandschak Skopje zunächst dem Vilayet Saloniki zugewiesen, so gehörte er nach dem Berliner Kongreß (1878) dem Bestand des Vilayets Kosovo, dessen Hauptort Priština war. Erst 1888 wurde die Funktion des administrativen Zentrums im Vilayet Kosovo von Priština nach Skopje übertragen. Als Hauptstadt eines der drei makedonischen Vilayets - neben Saloniki und Monastir – war Skopje nunmehr das administrative Zentrum einer ausgedehnten Region, die außer den nordmakedonischen Bezirken Štip, Köprülü (Veles), Gostivar, Kalkandelen (Tetovo), Kočani, Kratovo und Kumanovo auch die nichtmakedoni-

---

528 Die geschätzte Einwohnerzahl einiger Städte in Makedonien im Jahre 1835: Saloniki 60.000, Monastir 40.000, Seres 25.000, Štip 20.000, Skopje 10.000, Voden/Edesa 8.000, Prilep 7.000, Ohrid, Veles und Kratovo je 6.000. Vgl. Lape: Seloto i gradot S. 36.
529 Dančo Zografski: Razvitokot na kapitalističeskite elementi vo Makedonija za vreme na turskoto vladeenje. Skopje 1967 S. 331–350.

schen Sandschaks Priština, Peć, Yenipazar (Novi Pazar) und Taşlica (Prijepolje) umfaßte.[530]

Die neu gewonnene Rolle Skopjes spiegelte sich in seiner kontinuierlich wachsenden Einwohnerzahl wider. Betrug diese 1870 erst 20.000, war bis in die 1890er Jahre hinein ein Anstieg auf rund 30.000 zu verzeichnen, und am Ende der osmanischen Balkanherrschaft im Jahre 1912 lebten in der Stadt am Vardar um die 40.000 Menschen.[531] Das demographische Wachstum war primär eine Folge der zunehmenden Landflucht, d. h. des Zuzugs christlich-slawischer Bauern aus dem Umland, eine Entwicklung, die sich auch in der konfessionellen Struktur der Einwohnerschaft niederschlug: Von einer eindeutig muslimischen Stadt des 17. Jahrhunderts war Skopje in spätosmanischer Zeit zu einer „multikulturellen" Balkanstadt geworden, in welcher in konfessioneller Hinsicht die Zahl der Muslime, obwohl durch Flüchtlingswellen aus den ehemals osmanischen Gebieten (vor allem aus Bosnien) immer wieder gestärkt, sich gegenüber der Zahl der Christen gerade noch die Waage hielt.[532] Allerdings bildeten die nichtmuslimischen Bevölkerungsgruppen keine einheitliche Gemeinschaft, sondern waren, wie nunmehr überall in Makedonien, in konfessionsnationale Fraktionen gespalten, was die Lösung der „Makedonischen Frage" ab 1878 außerordentlich erschwerte.

Die Verschärfung der nationalen Gegensätze in Makedonien im Laufe des 19. Jahrhunderts geht in erster Linie auf Veränderungen im Rahmen des osmanischen Millet-Systems zurück. Die traditionelle Millet-Verfassung, die den nichtmuslimischen Gemeinschaften in zivilrechtlichen, kulturellen und zum Teil auch fiskalischen Belangen weitgehende Autonomie gewährte, wurde auf dem Balkan seit der Gründung der Nationalstaaten Serbien und Griechenland zunehmend in Frage gestellt. Die Autorität des ökumenischen Patriarchats von Konstantinopel, das für Jahrhunderte die Einheit der griechisch-orthodoxen Christenheit symbolisiert hatte, war nicht zuletzt durch die Gründung einer autokephalen nationalen Kirche in Griechenland in den Augen der Slawen Bulgariens und Makedoniens erschüttert. In der Reformära Tanzimat geriet das Patriarchat von Konstantinopel zudem unter starken Säkularisierungsdruck. Aufstrebende städtische Gruppen, die von der osmanischen Bürokratie unterstützt wurden, verlangten nach größerer Laienmitbestimmung vor allem in den Kirchengemeinden und Schulvorständen. Angehörige der slawisch sprechenden Intelligenz bezogen Stellung gegen die Dominanz der griechischen Sprache im Kulturleben und gegen die Rolle des griechisch-orthodoxen Patriarchats im Schulbereich. Gefordert wurden im wesentli-

---

530 Münir Aktepe: „Kosova". In: Islâm Ansiklopedisi Bd. 6, Istanbul 1967 S. 869–876; Inalcik: „Rumeli" S. 766–773. Vgl. auch Vasil Kunčov: Grad Skopje. Beleški za negovoto nastojašte i minalo. In: Izbrani proizvedenija, t.2. Sofija 1970 S. 52.

531 Gligor Todorovski: Kratok pregled na opštestveno-političkite, ekonomskite, crkovnite i prosvetnite priliki vo Skopje od početokot na XIX vek do krajot na Prvata svetska vojna. In: Istorija 13 (Skopje 1977) 1, S. 127–137, hier S. 128.

532 Vgl. Kŭnčov: Grad Skopje S. 29 f.

chen die Ernennung von Bischöfen, die den Gottesdienst in bulgarischer Sprache abzuhalten in der Lage waren, und die Gründung von Schulen, in denen der Unterricht auf bulgarisch stattfand.

Skopje erscheint im Verlauf dieses „Kirchenkampfes" als eine entschieden bulgarische Stadt. Schon 1833 forderten die zunftmäßig organisierten Slawen die Ernennung eines bulgarischen anstelle des griechisch-orthodoxen Metropoliten.[533] Sie finanzierten die Errichtung der Muttergotteskirche „Sveta Bogorodica" im Jahre 1835, die nur für die bulgarische Gemeinde bestimmt war, und 1839 wurde an dieser Kirche die erste bulgarische Schule eröffnet.[534] Im Jahre 1851 hatte die bulgarische Schule von Skopje drei Abteilungen: eine Kirchenschule, eine Art Grundschule und eine Gymnasialstufe.[535] Bei der Gründung des „Bulgarischen Exarchats" im März 1870 verblieb zwar die Eparchie Skopje genauso wie die übrigen makedonischen Eparchien außerhalb der Jurisdiktion der neuen autokephalen Kirche, doch war es nach Artikel 10 des Gründungsfermans allen Ortschaften in Makedonien gestattet, sich nachträglich der bulgarischen Kirche zu unterstellen, wenn sich wenigstens zwei Drittel ihrer griechisch-orthodoxen Einwohner dafür aussprachen. Ein Plebiszit in der Eparchie Skopje ergab denn auch, daß die überwältigende Mehrheit der Gläubigen den Anschluß an das bulgarische Exarchat wünschten. So konnte im April 1874 der erste bulgarische Bischof von Skopje in sein Amt eingeführt werden.[536]

Im Verlauf der Orientkrise 1875–1878 wurden Makedonien und Bulgarien immer mehr in einem Atemzug genannt. So schwebte der europäischen Diplomatie auf der Konferenz von Konstantinopel um die Jahreswende 1876/1877 vor, zur Lösung der bulgarischen Frage zwei autonome Provinzen auf dem Balkan zu schaffen, deren westlichere mit Zentrum Sofia auch den Sandschak Skopje einschließen sollte. Im Präliminarfrieden von San Stefano am Ende des russisch-osmanischen Krieges von 1877/78 gewann dann ein Großbulgarien an Konturen, dessen Westgrenze bis zum albanischen Gebirge heranreichen sollte; im Süden war nur Saloniki ausgeklammert. Zwar wurde dieses Bulgarien auf dem Berliner Kongreß von 1878 zu einem relativ kleinen Fürstentum nördlich des Balkangebirges unter osmanischer Oberhoheit reduziert, und die drei makedonischen Vilayets Saloniki, Monastir und Kosovo blieben weiterhin unter osmanischer Souveränität. Den Zeitgenossen war es jedoch offensichtlich, daß damit der Anschluß Makedoniens an Bulgarien nur verzögert, nicht aber für alle Zeiten verhindert worden war. Als dann Bulgarien unter Mißachtung der Bestimmungen des Berliner Friedens im Jahre 1885 Ostrumelien annektierte und anschließend dem Rivalen Serbien, das auf Kompensation gedrängt hatte, eine schwere Niederlage beibrachte, erschien die Position der bulgarischen „Partei" in Makedonien mehr denn je gefestigt.

---

533 Ireček: Istorija na Bŭlgarite S. 577.
534 Matkovski: Otporot t.2 S. 175.
535 Makedonien. Eine Dokumentensammlung. Sofija 1982 S. 144 f.
536 Ebenda S. 316 f., 324 f.

Trotzdem erwies sich der Revisionsvertrag von Berlin auf lange Sicht als ein empfindlicher Rückschlag für die bulgarische Nationalbewegung in Makedonien. Die Verlagerungen in den nationalpolitischen Verhältnissen gegen Ende des 19. und zu Beginn des 20. Jahrhunderts gerade auch in Skopje verdeutlichen die eingetretene Wende. Noch während des Krieges mit Rußland verwiesen die Behörden den exarchistischen Metropoliten Kiril wegen prorussischer Einstellung des Landes und erlaubten ihm auch nach dem Krieg die Rückkehr auf seinen alten Posten nicht mehr. Dem Exarchat gelang es erst im Jahre 1890, von der Pforte eine Bestallungsurkunde für einen neuen Bischof in Skopje zu bekommen. Die Amtseinführung des Metropoliten Teodosij gab jedoch Anlaß zu ungewöhnlich scharfen Auseinandersetzungen zwischen den verschiedenen Fraktionen in der Stadt.[537] Der griechisch-orthodoxe Metropolit Paisij, der Oberhirte einer kleinen Gemeinde von nunmehr etwa 200 meist walachischen Familien, verbündete sich mit der serbischen Partei gegen seinen bulgarischen Kollegen. Die Serben, die seit der Okkupation Bosniens und der Hercegovina durch Österreich-Ungarn (1878) nur noch in südöstlicher Richtung territoriale Expansion suchten, waren besonders nach der Niederlage von 1885 entschlossen, in Makedonien Fuß zu fassen, und hierbei sollte ihnen Skopje auch aus geographischen Gründen als erste Basis dienen. Daraufhin wurde im Jahre 1887 in Skopje ein serbisches Konsulat eröffnet, das als Koordinationsstelle für die künftige Propagandaarbeit in Makedonien fungieren sollte. Dank der Unterstützung des griechisch-orthodoxen Patriarchats und nicht zuletzt dank einer gewissen Bevorzugung durch die Regierung Abdulhamids II. war es den Serben ab 1893 auch erlaubt, im Vilayet Kosovo serbische Schulen zu eröffnen. Die serbische Grundschule in Skopje hatte im Schuljahr 1892/93 36 Schüler, die Grundschule für Mädchen 16 Schülerinnen. Im darauf folgenden Jahr wurde in Skopje eine zweite Schule für Mädchen eröffnet. Im Herbst 1894 kam die erste Klasse des serbischen Gymnasiums hinzu, im Schuljahr 1900/01 hatte das Gymnasium bereits sieben Klassen.[538] Seit 1897 war Serbien zudem bestrebt, die osmanische Pforte dazu zu überreden, daß ein Serbe zum griechisch-orthodoxen Metropoliten von Skopje ernannt werde. Bulgarien drohte für einen solchen Fall mit dem Entfachen eines allgemeinen Volksaufstandes in Makedonien. Dennoch konnte der Serbe Firmilian im Mai 1902 sein Amt in Skopje antreten.

Die Entstehung einer genuin makedonischen Formierungsbewegung, deren Anfänge um die Mitte der 1890er Jahre liegen, ist auf diesem nationalpolitischen Hintergrund zu bewerten. Die Gründer der „Inneren Makedonischen Revolutionären Organisation" (IMRO) in Saloniki wollten im Rahmen des Osmanischen Reiches die Bildung einer autonomen Provinz, bestehend aus den Vilayets Saloniki, Monastir und Kosovo, erreichen, „bevor die serbische Propaganda das Volk zersplittere".[539] Damit verlagerte sich freilich der Schwerpunkt der nationalpolitischen Aktivität in die südlichen Vilayets Sa-

---

537 Hierzu und zum folgenden Slavko Dimevski: Mitropolit Skopski Teodosij. Život i dejnost (1846–1926). Skopje 1965 S. 80–121.
538 Ljubiša Doklestić: Srpsko-makedonskite odnosi vo XIX-ot vek do 1897 godina. Skopje 1973 S. 407 f.
539 Spomeni na Damjan Gruev. Sofija 1927 S. 8.

loniki und Monastir. Der ruhmreiche Ilinden-Aufstand gegen die osmanische Macht im Sommer 1903 verlief hauptsächlich innerhalb der Grenzen des Vilayets Monastir (Bitola). Auch die europäischen Reformbemühungen in Makedonien nach 1903, die zur Herausbildung einer Art „Generalgouvernement Makedonien" mit Zentrum Saloniki führten, begünstigten den Süden. Skopje machte erst wieder und insofern von sich reden, als die serbischen Četnik-Verbände im Norden Makedoniens die angeschlagene IMRO ab 1905 zunehmend in die Defensive drängten.[540]

Eine neue Phase in der Geschichte der Europäischen Türkei begann mit der Revolution der Jungtürken im Jahre 1908. Die Jungtürken hofften, daß die Wiederinkraftsetzung der Verfassung von 1876 die drohende Abtretung Makedoniens vom Osmanischen Reich verhindern werde. Das jungtürkische Komitee „Einheit und Fortschritt" erklärte sich dabei gegen jede Einmischung von außen, alle Volksgruppen des Landes sollten sich in einer solidarischen Front gegen das despotische Regime des Sultans erheben. Der für die Zeitgenossen sensationelle Erfolg dieser Bewegung brachte für die Städte Makedoniens eine vorher nie gekannte politische Aktivität. Es herrschte Pressefreiheit, und Propaganda jeder Provenienz war nunmehr erlaubt. Die politischen Gefangenen waren auf freien Fuß gesetzt, und auch die Freischärler in den Bergen hatten Amnestie erhalten.

Der Schwerpunkt des politischen Lebens lag jedoch eindeutig im Süden. Saloniki war mehr denn je die Hauptstadt Makedoniens; die sich formierenden politischen Parteien in Makedonien hatten ihre Zentralkomitees und Presseorgane dort konzentriert. Auch die Anfänge der makedonischen Arbeiterbewegung, die mit mehreren Streiks in den Jahren nach 1908 von sich reden machte, lagen im kosmopolitischen Milieu der ägäischen Hafenstadt, wogegen Skopje nur als Agitationsort serbischer Agenturen und Organisationen in den Vordergrund trat. Aus der im August 1908 hier stattfindenden „serbischen Konferenz" entstand eine „Serbische Demokratische Liga" in Makedonien, die fortan als die politische Organisation der Serben gegenüber den „Bulgarischen Konstitutionellen Klubs" auftrat.[541] Auch die serbischen Sozialdemokraten interessierten sich für Skopje, indem sie neben der Organisierung einiger kleinerer Streiks vor allem dafür sorgten, daß der Erste Mai in den Jahren 1909 bis 1912 auch hier regelmäßig gefeiert wurde.[542]

Freilich blieb der neuen innenpolitischen Konstellation wenig Zeit sich zu entfalten. Außenpolitische Rückschläge wie die Annexion Bosnien-Hercegovinas durch Österreich-Ungarn oder die italienische Invasion Tripolitaniens einerseits und innenpolitische Unruhen und gar Aufstände wie jene in Nordalbanien und Kosovo andererseits führten bald die Diskreditierung des Regimes herbei und verstärkten expansionistische Bestrebungen in den benachbarten Ländern. Daß die osmanische Regierung 1912 gar

---

540 Fikret Adanır: Die Makedonische Frage. Ihre Entstehung und Entwicklung bis 1908. Wiesbaden 1979 S. 217–234.
541 Manol Pandevski: Političkite partii i organizacii vo Makedonija (1908–1912). Skopje 1965 S. 242–264.
542 Odbrani statii za rabotničkoto i socialističkoto dviženje vo Makedonija (1895–1914). Skopje 1962 S. 220 ff.

mit dem Gedanken eines autonomen Albanien zu spielen begann, stellte für die Territorialinteressen der Nachbarstaaten gerade in den makedonischen Vilayets Kosovo, Saloniki und Monastir eine Bedrohung dar. Unter diesen Bedingungen kam der offensive Balkanbund des Jahres 1912 zustande, bei dem sich unter russischer Vermittlung die Serben und Bulgaren im März 1912 über ihre jeweiligen Einflußzonen in Makedonien verständigten. Während das Gebiet nördlich von Skopje (hauptsächlich das heutige Kosovo) als die künftige serbische Zone bestimmt wurde, erkannte man das Gebiet östlich des Flusses Struma als bulgarisch an. Zwischen diesen Zonen lag der größte Teil Makedoniens. Die Parteien stimmten darin überein, daß man die endgültige Lösung der makedonischen Frage der Zukunft überlassen solle, verpflichteten sich aber, eventuell auftauchende Streitigkeiten hinsichtlich dieses Zwischengebietes dem Schiedsspruch des russischen Zaren zu unterwerfen. Zwischen Serbien und Griechenland herrschte schon aus früherer Zeit Einvernehmen bezüglich einer Teilung Makedoniens ungefähr entlang der heutigen griechischen Grenze.

Nach der Kriegserklärung der verbündeten Staaten an das Osmanische Reich am 17. Oktober 1912 dauerte es nicht lange, bis Skopje zum Schauplatz von bewaffneten Auseinandersetzungen zu werden drohte: Die in der Schlacht von Kumanovo (23–24. Oktober) geschlagene osmanische Vardar-Armee zog sich in Richtung auf Skopje zurück, um die Stadt gegen die angreifenden Serben zu verteidigen. Der Bürgerschaft Skopjes gelang es aber, den osmanischen Befehlshaber unter Vermittlung europäischer Konsuln von dieser Absicht abzubringen, so daß die serbische Armee Skopje am 26. Oktober 1912 ohne Kampf besetzen konnte.[543] Der weitere Verlauf des Krieges brachte jedoch einige Überraschungen. Während die osmanischen Truppen in Makedonien nach kurzem Widerstand ihre Waffen niederlegten und somit den Serben und Griechen zu relativ leichten Siegen verhalfen, wurde die bulgarische Armee vor der Festung Adrianopel und an der Çatalca-Linie bei Istanbul festgehalten. Als im Dezember 1912 ein Waffenstillstand vereinbart wurde, hatte die serbische Armee Vardar-Makedonien bereits besetzt, und hatte Griechenland Südmakedonien einschließlich Saloniki erobert, so daß die Bulgaren in Nordostmakedonien nur ein relativ kleines Territorium kontrollierten. Bulgarien war nicht bereit, die praktisch vollzogene Annexion der „umstrittenen Zone" in Makedonien durch Serbien zu akzeptieren. Als auch die Einschaltung des russischen Zaren als Schiedsrichter im April 1913 nicht die erhoffte Revision dieser „ungerechten" Teilung brachte, waren die Weichen für einen erneuten Waffengang gestellt. Der Zweite Balkankrieg, der am 29. Juni 1913 mit einem bulgarischen Angriff auf die serbischen Stellungen in Makedonien begann, dauerte jedoch nur kurz: Von allen Seiten (Serbien, Griechenland, Rumänien und dem Osmanische Reich) bedrängt, brach die militärische Kraft Bulgariens rasch zusammen. Mit dem Frieden von Bukarest vom 10. August 1913 wurde die Aufteilung Makedoniens völkerrechtlich besiegelt.

---

543 Dimitŭr G.Gocev: Nacionalno-osvoboditelnata borba v Makedonija 1912–1915. Sofija 1981 S. 19 f.

Der Anschluß des Großteils von Makedonien an das Königreich Serbien infolge der Balkankriege markiert den Beginn einer neuen Phase in der Geschichte der Stadt Skopje. Das augenfälligste Merkmal der neuen Zeit unter dem Einfluß der rigiden Integrationspolitik eines modernen Nationalstaates war der Wandel in den multiethnischen und multikulturellen Strukturen der Stadt. Unmittelbar nach der Einnahme der Stadt Ende Oktober 1912 verbot die serbische Militärverwaltung die Verwendung der bulgarischen Sprache in der Öffentlichkeit. Die bulgarischen Schulen wurden geschlossen oder in serbische umgewandelt, alle Slawen wurden gezwungen, ihre Namen zu serbisieren. Die nichtslawischen Einwohner (Türken, Juden, Albaner und Zigeuner) hingegen begannen, in immer größeren Zahlen die Stadt zu verlassen. An ihrer Stelle trafen Neubürger - meist Beamte und Offiziere - aus Serbien ein.[544]

Der Ausbruch des Ersten Weltkrieges war unter diesen Umständen Anlaß für nationalpolitische Repressalien, weshalb Bulgarien im Krieg eine Chance sah, die „alten Rechnungen" mit Serbien in der makedonischen Frage zu begleichen. Es trat Mitte Oktober 1915 auf der Seite der Mittelmächte in den Krieg ein und besetzte innerhalb kurzer Zeit das ganze Vardar-Makedonien einschließlich Skopje. Unter dem bulgarischen Militärinspektorat erlebte Makedonien nunmehr den Druck des bulgarischen Nationalismus. Binnen dreier Jahre fand jedoch die bulgarische Besatzung ihr Ende, und im Vertrag von Neuilly wurde Vardar-Makedonien, durch den Anschluß des Bezirks Strumica auf Kosten Bulgariens noch vergrößert, Serbien erneut zugeschlagen.

Die nationale Unterdrückung in Vardar-Makedonien erreichte in den zwei Jahrzehnten zwischen den beiden Weltkriegen ihren Höhepunkt. Das neue Königreich der Serben, Kroaten und Slowenen hatte sich zwar in den Friedensverträgen von 1919 zum Schutz von Minderheiten verpflichtet, jedoch erhielten den Minderheitenstatus nur die nichtslawischen Volksgruppen wie Deutsche, Ungarn, Albaner oder Türken, während die sich überwiegend zum Bulgarentum bekennenden Slawen Makedoniens kategorisch als Serben betrachtet wurden. Zudem leitete die Belgrader Regierung schon im Herbst 1920 eine Politik der Kolonisierung ein; Neusiedler aus Serbien, Montenegro oder der Vojvodina sollten die Serbisierung „Südserbiens" beschleunigen.[545] Diese Bemühungen wurden durch geeignete kulturpolitische Maßnahmen unterstützt, etwa durch die Zulassung von rein serbischen Presseerzeugnissen oder serbischsprachlich ausgerichteten Schulen. In diesem Rahmen erhielt Skopje im Jahre 1920 auch eine philosophische Fakultät, die als Filiale der Universität Belgrad fungierte, und im Jahre 1922 folgte die Eröffnung einer Ausbildungsanstalt für Lehrer.

Im Sinne der zentralistischen Vidovdan-Verfassung von 1921 wurde Vardar-Makedonien in administrativer Hinsicht in drei Gespanschaften (Županija) aufgeteilt: Skopje, Bitolja und Bregalnica. Im Zuge der administrativen Neuaufteilung des jugoslawischen Territoriums Ende 1929 entstand aber eine wesentlich größere Einheit, das Banat Vardar,

---

544 Odbrani statii S. 240–243.
545 Aleksandar Apostolov: Kolonizacijata na Makedonija vo stara Jugoslavija. Skopje 1966.

das neben Vardar-Makedonien auch einige Bezirke Südserbiens (z. B. Vranje) sowie das überwiegend albanisch besiedelte Kosovo einschloß. Skopje war somit zur Hauptstadt eines relativ ausgedehnten Territoriums geworden. Allerdings hatte diese Region zu Kriegsende 1918 einen infrastrukturellen Kollaps erlitten, denn viele der im Krieg zerstörten Brücken und Straßen waren bis zum Jahre 1930 noch immer nicht wiederhergestellt worden.[546] Unter den negativen Auswirkungen der Kapitalflucht ebenso wie der Weltwirtschaftskrise konnte sich Skopje weder wirtschaftlich noch in urbanistischer Hinsicht richtig erholen. Wenn auch eine effizientere Verwaltung nach 1929 Verbesserungen in einigen Bereichen ermöglichte, blieb die Zwischenkriegszeit in der Geschichte der Stadt eher durch Stagnation gekennzeichnet. Als eine positive Entwicklung könnte allenfalls vermerkt werden, daß Skopje mit einer Einwohnerzahl von 65.000 um das Jahr 1935 nunmehr unumstritten zur führenden Stadt Makedoniens aufgestiegen war, da Saloniki als Rivalin nicht mehr in Frage kam und Bitolja (Monastir) mittlerweile zu einem kleinen Grenzort mit ca. 30.000 Einwohnern heruntergekommen war.[547]

Unter diesen Umständen konnte sich das politische Leben in Skopje auch in den zwanziger und dreißiger Jahren von der Hypothek der ungelösten makedonischen Frage nicht befreien. Die IMRO war in den ersten Jahren nach Kriegsende bestrebt, an die alte Četnik-Tradition anzuknüpfen, indem sie von grenznahen Gebieten in Bulgarien aus Überfälle auf serbische Einrichtungen in Vardar-Makedonien organisierte. Von 1926 an ging man allmählich zur Taktik punktueller Attentate über.[548] In den Städten Makedoniens existierte daneben noch eine vorwiegend von Studenten und Schülern getragene Widerstandsbewegung, eine Art „Geheime revolutionäre makedonische Jugendorganisation", die sich nicht zuletzt auch in Skopje bemerkbar machte.[549] Für die Mehrheit der Bürgerschaft, die bulgarisch gesonnen war, gab es sonst keine politische Plattform, die eine adäquate Partizipation am politischen Leben der Stadt erlaubt hätte. So hatten die serbischen Radikalen mittels Koalition mit der Cemiyet, einer Organisation konservativer muslimischer Kreise, die Gemeindewahlen des Sommers 1920 gewonnen, da ein beträchtlicher Prozentsatz der Slawen den Wahlurnen ferngeblieben war.

Auf der Basis der Opposition gegen die „Königsdiktatur" seit den beginnenden dreißiger Jahren kam es zu einer Annäherung zwischen dem linken Flügel der 1925 gespaltenen IMRO einerseits und der Kommunistischen Partei Jugoslawiens (KPJ) andererseits. Die seit 1920 bestehende „Kommunistische Balkanföderation" lieferte hierbei den geeigneten Rahmen.[550] Im Jahre 1933 wurde ein Regionalkomitee der KPJ für Makedonien mit Sitz in Skopje gebildet. Aufgrund politischer Erfolge im Süden konnte

---

546 Stefan Troebst: Mussolini, Makedonien, und die Mächte 1922–1930. Die „Innere Makedonische Revolutionäre Organisation" in der Südosteuropapolitik des faschistischen Italien. Köln – Wien 1987 S. 90, 124.
547 Zahlenangaben bei Borivoïe B.Mirkovitch: La Yougoslavie politique et économique. Paris 1935 S. 49.
548 Troebst: Mussolini S. 95 ff., 122.
549 Dimitǎr G. Gocev: Mladežkite nacionalno-osvoboditelni organizacii na Makedonskite Bǎlgari 1919–1941. Sofija 1988 S. 29–43.
550 Antje Helmstaedt: Die Kommunistische Balkanföderation im Rahmen der sowjetrussischen Balkanpolitik zu Beginn der zwanziger Jahre. Diss. FU Berlin 1978.

die KPJ Ende 1934 beschließen, in naher Zukunft neben der kroatischen und slowenischen auch die Gründung einer KP Makedoniens zuzulassen. Ende 1940 war die KPJ schließlich soweit, der Bevölkerung Makedoniens zuzubilligen, im Rahmen der künftigen Umgestaltung Jugoslawiens eine eigene Republik zu bilden.

Aber die Grundlagen für eine Republik Makedonien konkretisierten sich erst im Verlauf des Zweiten Weltkrieges. Noch vor der Kapitulation Jugoslawiens traf am 13. April 1941 in Skopje in Begleitung der vorrückenden deutschen Armeen eine Gruppe makedonischer Politiker ein, die die Zwischenkriegszeit in bulgarischer Emigration verbracht hatte und jetzt als die Voraustruppe der bevorstehenden bulgarischen Okkupation fungierte. Gemäß den deutsch-italienischen Vereinbarungen von Ende April 1941 in Wien wurde das „Banat Vardar" entlang der Linie Pirot-Vranje-Ohrid aufgeteilt. Während das Kosovo-Gebiet und die westmakedonischen Kreise Tetovo, Gostivar, Kičevo, Debar und Struga von italienischen Truppen besetzt und im Juli 1941 dem Königreich Albanien angeschlossen wurden, annektierte Bulgarien die östlich gelegenen Gebiete, die den Hauptteil Vardar-Makedoniens darstellten. Damit kam Skopje zum zweiten Mal im 20. Jahrhundert unter bulgarische Verwaltung.

Wie in der vorangegangenen serbischen Zeit wurde die Stadt erneut zum Brennpunkt politisch-ideologischer Aktivitäten. Schon im Mai 1941 begannen die bulgarischen Behörden, alle Grundschul- und Gymnasiallehrer Skopjes in bulgarischer Sprache und Geschichte umzuerziehen. Im Schuljahr 1941/42 wurden hier drei bulgarische Gymnasien, eine mittlere technische Schule, eine Musikschule sowie eine „deutsche" Schule eröffnet. Im Dezember 1943 fand in Anwesenheit zahlreicher Gäste aus Sofia die Eröffnung der Universität Skopje statt. Parallel dazu entstand eine Reihe bedeutender Kulturhäuser, u. a. ein Nationalmuseum und ein Volkstheater.[551]

Der von der KPJ im Juli 1941 beschlossene bewaffnete Widerstand gegen die Besatzungsmächte stieß auf makedonischem Territorium auf spezifische Probleme. Der Sekretär des Regionalkomitees der KPJ hatte seine Organisation im Mai der „Bulgarischen Sozialdemokratischen Arbeiterpartei" unterstellt, doch war das Zentralkomitee (ZK) der KPJ unter Tito mit einem solchen Schritt nicht einverstanden. Daher wurde das Regionalkomitee der KPJ für Makedonien im August 1941 suspendiert, nachdem schon Anfang 1941 Tito die Komintern gebeten hatte, in dieser Angelegenheit schlichtend zu wirken. Das Exekutivbüro der Kommunistischen Internationale befand, daß Makedonien „aus praktischen Gründen" weiterhin im Rahmen Jugoslawiens und dementsprechend der KPJ unterstellt bleiben solle. Daraufhin erklärten sich die bulgarischen Kommunisten mit diesem Schiedsspruch einverstanden.[552] Auf dieser Grundlage

---

551 Rastislav Terzioski: Denacionalizatorskata dejnost na bugarskite kulturno-prosvetni institucii vo Makeodonija 1941–1944. Skopje 1974.
552 Dokumenti za borbata na makedonskiot narod za samostojnost i za nacionalna država t.2: Od krajot na Prvata svetska vojna do sozdavanjeto na nacionalna država. Red. H. Andonov-Poljanski et al. Skopje 1981 S. 354–356. Vgl. auch Vlado A. Ivanovski: La conférence de Stolice et la situation dans la Macédoine vardarienne en septembre 1941. In: Macédoine. Articles d'histoire. Skopje 1981 S. 465–480.

wurde im September 1941 ein neues Regionalkomitee der KPJ für Makedonien gebildet, und bald kam es zur Formierung des ersten Partisanenverbandes in der Nähe von Skopje.

Mit der Überwindung der organisatorischen Krise des Jahres 1941 war nicht nur eine Vereinnahmung der makedonischen Kommunisten durch die bulgarische Partei verhindert worden, sondern es eröffnete sich zugleich - zum ersten Mal seit osmanischer Zeit - auch eine langfristige Perspektive für eine gesamtmakedonische Lösung, wenn es gelänge, die beginnende antifaschistische Bewegung im griechischen Teil Makedoniens in die Bahnen einer Kooperation mit den jugoslawischen Kommunisten zu lenken. Jedenfalls war die Aussicht auf eine makedonische Eigenstaatlichkeit für die Kader in Vardar-Makedonien, wie stark diese auch vom Kommunismus beseelt waren, die Haupttriebkraft des Widerstandes.[553]

Diesen Bestrebungen innerhalb der eigenen Reihen trug die KPJ in Makedonien insoweit Rechnung, als es im März 1943 zur Bildung des ersten ZK der KP Makedoniens (KPM) kam.[554] In einem Aufruf an die „Völker Makedoniens" stellte die KPM im Juni 1943 nicht nur die Befreiung des Landes von den faschistischen Okkupatoren in Aussicht, sondern auch die Erkämpfung der eigenen nationalen Freiheit und Gleichberechtigung, des nationalen Selbstbestimmungsrechtes sowie des Rechtes zur Errichtung einer eigenen volksdemokratischen Macht.[555] Infolge der Kapitulation Italiens im September 1943 konnten auch die westmakedonischen Gebiete in die Volksbefreiungsbewegung einbezogen werden. Einen neuen Impuls erhielt die Entwicklung in Makedonien, nachdem die zweite Sitzung des „Antifaschistischen Rats der Volksbefreiung Jugoslawiens" (AVNOJ) im November 1943 beschlossen hatte, Jugoslawien auf föderaler Basis neu zu strukturieren.[556] Die Makedonier konnten nun auf der ersten Sitzung der „Antifaschistischen Versammlung für die Nationale Befreiung Makedoniens" (ASNOM) im August 1944 ihrerseits beschließen, einen makedonischen Staat im Rahmen eines föderalistisch umgestalteten Jugoslawien zu gründen.[557]

Der Krieg auf dem Balkan im Jahre 1944 verlief für die Sache der makedonischen Eigenstaatlichkeit günstig. Bulgarien schied im September 1944 aus dem Krieg aus, und so konnten die Partisanen bereits im November Skopje befreien, dem nun die Rolle der Hauptstadt für die entstehende Republik Makedonien zufiel. Die ASNOM konstituierte sich in einer Sitzung im April 1945 in Skopje zur „Volksversammlung Makedoniens", und anschließend wurde ein Präsidium des Makedonischen Staates gebildet.[558] Die neue Staatsführung hob in einer Deklaration demonstrativ hervor, daß zum erfolg-

---

553 Siehe Stefan Troebst: Die bulgarisch-jugoslawische Kontroverse um Makedonien 1967–1982. München 1983 S. 48.
554 Dokumenti za borbata S. 398–400.
555 Ebenda S. 402.
556 Ebenda S. 412–414.
557 Ebenda S. 555–627.
558 Ebenda S. 642 f.

reichen Befreiungskampf alle Völker Makedoniens - Slawen, Albaner, Türken, Walachen, Juden und andere – gleichermaßen beigetragen hätten und daß diese alle nun gleichberechtigte Bürger des neuen Staates seien. Man vergaß dabei nicht, an die großserbischen, großbulgarischen, großalbanischen und sonstigen „chauvinistischen" Bestrebungen eine Absage zu erteilen.[559]

Auf jugoslawischer Ebene wurde Ende November 1945 die Monarchie abgeschafft und die „Föderative Republik Jugoslawien" ausgerufen. Nach der am 30. Januar 1946 angenommenen Verfassung setzte sich das neue Jugoslawien aus sechs Gliedstaaten (einer davon Makedonien) zusammen. Dieser Konstitution entsprechend wurde auch in Skopje Ende Dezember 1946 eine Verfassung verabschiedet, in der die Form des makedonischen Staates als Volksrepublik und Skopje als ihre Hauptstadt bestimmt wurde.[560]

Unbeschadet dieser Erfolge bestanden in der unmittelbaren Nachkriegszeit weitergehende Pläne, die unter Einschluß der griechischen und bulgarischen Teilgebiete auf die Verwirklichung eines größeren Makedonien hinzielten. Durch den Ausbruch des Bürgerkrieges in Griechenland im Herbst 1946 bekamen diese sogar eine reale Basis, denn Jugoslawien unter Tito gewährte den griechischen Kommunisten massive Unterstützung. Da zudem Anfang August 1947 mit Bulgarien unter der Führung des Kommunisten Georgi Dimitrov weitgehendes Einvernehmen, so u. a. über eine Zollunion, erzielt werden konnte, schien der Jahrzehnte alte Traum der Sozialisten auf dem Balkan, die Schaffung einer Balkanföderation, in Erfüllung zu gehen. Wäre es damals tatsächlich zur Gründung eines makedonischen Staates in seinen um die Jahrhundertwende beanspruchten Grenzen gekommen, wäre höchstwahrscheinlich nicht Skopje, sondern Saloniki zur Hauptstadt Makedoniens geworden. Titos Bruch mit Stalin im Sommer 1948 und, damit zusammenhängend, die Entfremdung von der Bruderpartei in Bulgarien und schließlich der Sieg der Monarchisten in Griechenland 1948/49 machten jedoch alle diesbezüglichen Hoffnungen der Makedonier zunichte. Ihre Republik blieb auf das Territorium des alten Vardar-Makedonien beschränkt, und ihre Hauptstadt hieß weiterhin Skopje.

In den folgenden Jahrzehnten war die Stadt am Vardar Schauplatz sowohl einer intensiven ideologisch-kulturellen „Makedonisierung" als auch eines fieberhaften wirtschaftlichen Aufbaus. Schon 1948 gründete man das „Institut für Nationalgeschichte", dessen vorrangige Aufgabe darin bestand, den Beweis für die Existenz eines tradierten makedonischen Nationalbewußtseins innerhalb der Geschichte zu liefern.[561] Solche ideologischen Bemühungen richteten sich besonders in der Zeit nach 1958 gegen Einflüsse aus Bulgarien.[562] Der 1963 in eine „Sozialistische Republik" umbenannte jugoslawische Teilstaat zeigte sich großzügig, wann immer es um die Förderung makedonischer Kulturarbeit ging. Die Gründung der „Makedonischen Akademie der Wissen-

---

559 Ebenda S. 644–647.
560 Ebenda S. 648 f.
561 30 godini Institut za nacionalna istorija. Skopje 1978.
562 Troebst: Die bulgarisch-jugoslawische Kontroverse S. 50.

schaften und Künste" im Jahre 1967 markiert einen Höhepunkt in diesem Prozeß. Innerhalb relativ kurzer Zeit war es gelungen, aus einem südslawischen Dialekt eine lebendige Literatursprache zu entwickeln, die als Basis für die Entfaltung eines eigenständigen makedonischen Kulturlebens dienen konnte.

Die Errungenschaften auf sozioökonomischem Feld waren nicht weniger spektakulär. Die Aufbaupläne im Jugoslawien der Nachkriegszeit begünstigten die Republikshauptstädte in besonderem Maße. Mit Mitteln einer – trotz Arbeiterselbstverwaltung – tendenziell etatistischen Wirtschaftspolitik fand im Raum Skopje eine Industrialisierung beachtlichen Ausmaßes statt. Es entstanden u. a. Zementfabriken, ein großes Stahlkombinat, eine chemische Industrie einschließlich einer Erdölraffinerie, eine Brauerei- und Getränkeindustrie. Unter diesen Bedingungen entwickelte sich die Stadt am Vardar zum demographischen Anziehungspunkt einer größeren Region, und die Einwohnerzahl der Stadt wuchs, bedingt durch den Zuzug von Arbeitssuchenden aus ländlichen Gegenden, rasch an. Lebten in Skopje nach dem Krieg erst ca. 70.000 Menschen, so zählte man dort im Jahre 1961 bereits 172.000 Einwohner, und Mitte der sechziger Jahre überschritt die Einwohnerzahl schon die Grenze von 200.000.[563]

Das Erdbeben des Jahres 1963 konnte diese Entwicklung nicht verlangsamen; im Gegenteil, es gab ihr einen neuen Impuls. Wie verheerend auch die Zerstörungen gewesen sind – in den folgenden Jahren wurde auf dem rechten Ufer des Vardar, gegenüber der Altstadt, ein modernes Skopje praktisch aus dem Boden gestampft, so daß diese Stadt bis zu den 1970er Jahren in den Rang der drittgrößten Jugoslawiens aufstieg.[564] Obwohl die jugoslawische und damit auch die makedonische Wirtschaft seitdem von globalen Konjunkturkrisen erfaßt wurde und gegenwärtig in einer tiefen Strukturkrise steckt, setzte sich das urbane Wachstum Skopjes fort. Bei der letzten Volkszählung im Jahre 1991 betrug die Einwohnerzahl schon 563.102 Personen. Kenner der Verhältnisse gehen jedoch davon aus, daß Skopje bald zu einer Millionenmetropole auf der Balkanhalbinsel werden könnte. Interessanterweise hat sich die ethnische Struktur der Einwohnerschaft im Zuge dieser Entwicklung erheblich gewandelt, denn die Stadt bekommt zunehmend wieder einen multiethnischen und multikonfessionellen Charakter. Die makedonisch-slawische Mehrheit stellt heute etwa sechzig Prozent der Einwohner, während der Rest sich aus Albanern, Roma, Türken, Walachen und sonstigen Gruppen zusammensetzt.[565]

---

[563] Kosta Mihailović: Regional Aspects of Economic Development. New York 1967, S. 40, zit. in: Fred Singleton: Twentieth-Century Yugoslavia. London 1976, S. 248; Stoyan Pribichevich: Macedonia. Its People and History. University Park and London 1982, S. 161.
[564] Veljko Rogić: The Changing Urban Pattern in Yugoslavia. In: An Historical Geography of the Balkans. Ed. F. W. Carter. London – New York – San Francisco 1977, S. 409–436, hier S. 427 f.
[565] Republic of Macedonia. Statistical Office of Macedonia: Basic Statistical Data for the Population [etc.]. 2d suppl. and rev. ed. Skopje 1992, S. 11–13. Diese Publikation wurde mir von Stefan Troebst zur Verfügung gestellt, wofür und für weitere auf die gegenwärtige Lage der Stadt bezogenen Hinweise ich ihm danke.

Auch die kulturelle Entwicklung hielt bisher mit diesem rasanten Wachstum Schritt. Die Universität Skopje verfügte im Wintersemester 1991/92 über sieben Fakultäten und hatte 27.032 eingeschriebene Studierende.[566] Von den zwölf professionellen Theatergruppen Makedoniens sind die meisten in Skopje zu Hause.[567] Die Stadt nennt neben einem Opernhaus auch ein philharmonisches Orchester und ein Ballet ihr eigen. Sie ist in den letzten Jahren zunehmend auch zu einem beachtlichen Zentrum der modernen Medien wie Funk, Film und Fernsehen geworden.

In politischer Hinsicht trat mit der Auflösung der jugoslawischen Föderation seit 1990 in der Geschichte Skopjes eine Wende ein. Im Zuge der allgemeinen Demokratisierung in den südosteuropäischen Volksdemokratien wurden im November 1990 auch in Makedonien die ersten, im westlichen Sinne freien Wahlen seit Kriegsende abgehalten. Mit der „Souveränitätserklärung", die das neugewählte Parlament Makedoniens am 25. Januar 1991 angenommen hat, ist der Prozeß der Trennung Makedoniens von Jugoslawien eingeleitet worden. Da die Verhandlungen über eine künftige staatliche Ordnung auf dem Territorium des ehemaligen Jugoslawien im Verlauf des Frühjahrs und Sommers 1991 gescheitert sind und die nördlichen Republiken in der Frage der staatlichen Unabhängigkeit den Alleingang gewählt haben, sah sich auch Makedonien gezwungen, auf dem Wege einer Volksabstimmung über die Selbständigkeit des Landes einen Ausweg aus der Krise zu suchen. Die Volksabstimmung vom 8. September 1991, die vom albanischen Bevölkerungsteil allerdings boykottiert wurde, führte am 15. September zur Unabhängigkeitserklärung des Landes. Indessen hatte Makedonien es auf internationaler Ebene ungleich schwerer als die nördlichen Republiken Jugoslawiens. Während sich die Europäische Gemeinschaft Mitte Januar 1992 bereit fand, Slowenien und Kroatien als eigenständige Staaten anzuerkennen, wurde Makedonien lediglich von Bulgarien und, etwas später, von der Türkei anerkannt. Der südliche Nachbarstaat Griechenland, der an der Bezeichnung „Makedonien" Anstoß nahm, wußte es immer wieder zu verhindern, daß die internationale Gemeinschaft der Regierung in Skopje entgegen kam. Erst nach langwierigen Verhandlungen, nachdem Makedonien durch die Auswirkungen einer Wirtschaftsblockade bis an den Rand des ökonomischen Ruins gedrängt worden war, erzielte man einen Kompromiß: Makedonien wurde am 8. April 1993 unter dem Namen „Die ehemalige Jugoslawische Republik Makedonien" in die Vereinten Nationen aufgenommen, deren Hauptstadt von Anfang an unumstritten Skopje war.

---

566 Ebenda S. 30.
567 Ebenda S. 36.

Cetinje als Hauptstadt Montenegros

Damir Agičić (Zagreb)

Der Begriff „Montenegro" (Crna Gora, Černa Gora) stammt aus dem 13. Jahrhundert. Anfangs bezog er sich nur auf einen Teil des mittelalterlichen Staates Zeta, am Fuße des Berges Lovćen, doch im Laufe der Zeit verbreitete er sich auf die umliegenden Gegenden: Ende des 18. Jahrhunderts auf einen Teil der montenegrinischen Berge (Brda), und zu Beginn des 20. Jahrhunderts auf das heutige Territorium.

Von der Mitte des 15. Jahrhunderts an häuften sich die türkischen Einfälle in die Zeta. Auf diese Weise wurde der Mittelpunkt dieses mittelalterlichen Staates allmählich aus dem Tal der Flüsse Zeta und Morača in das Berggebiet des Lovćen, d. h. nach Montenegro versetzt. Im Jahre 1496 floh der Herrscher der Zeta, Đurađ Crnojević, nach Venedig, und Montenegro wurde dem Sandschak (Verwaltungseinheit) von Skadar (Shkodra) angeschlossen. In der Folge wurden feudale Verhältnisse türkischer Prägung eingerichtet, doch widersetzte sich die Bevölkerung der Einführung des Timar(Spahilehen)-Systems. Es folgten zahlreiche Aufstände und die Abschaffung der Lehen, der Kopfsteuer und anderer feudaler Lasten. Daraufhin wurde die Verpflichtung zum Zahlen einer Geldsteuer in der Höhe von 55 Akçe[568] pro Haushalt eingeführt, was die rechtliche Lage der montenegrinischen Bevölkerung von Grund auf änderte. Montenegro wurde nun ein selbständiger Sandschak, dessen Führung der Skender Beg Crnojević, der islamisierte Sohn des Herrschers der Zeta Ivan Crnojević, übernahm. In den zwanziger Jahren des 16. Jahrhunderts bestand der montenegrinische Sandschak aus sieben Nahijen (Verwaltungsbezirke), in denen es 2000 Häuser gab. Nach dem Tod von Skender Beg wurde Montenegro unter die Verwaltung des Sandschak-Begs von Skadar zurückgestellt, blieb aber auch weiterhin außerhalb der Timarordnung. Nicht einmal die späteren Verwaltungsänderungen im Laufe des 16. Jahrhunderts (Sandschaks von Montenegro, Hercegovina und Đukadin) änderten die Verhältnisse in Montenegro, d. h. der Spahifeudalismus wurde nicht eingeführt.

Am Anfang des 17. Jahrhunderts wurde der Sonderstatus Montenegros (die Autonomie) vom Sultan anerkannt, die sich in einigen grundlegenden Richtlinien widerspiegelte. Zum einen hatten keine türkischen Beamten außer die vom Sultan geschickten ohne die Genehmigung der Bevölkerung das Recht ins Land zu kommen. Zum zweiten mußten die Montenegriner außerhalb der Grenzen ihres Staates keinen Krieg führen, außer wenn sie vom Sultan zum Militärdienst einberufen wurden. Dafür waren sie verpflichtet, in den Salinen des Sultans in Grbalj zu arbeiten und diese vor eventuellen Angriffen zu schützen. Der Sandschak-Beg und der Kadı hatten nur fiktive Macht (diese lebten auch nicht auf montenegrinischem Boden, sondern außerhalb der Grenzen).

---

568 Akçe (Asper) ist der Name für türkisches Geld.

Die wirkliche Macht lag in den Händen der montenegrinischen Spahi's, der Stammesoberhäupter und des Metropoliten (Vladika) im Kloster Cetinje.

Diese Autonomie wurde von den lokalen türkischen Machthabern aus den benachbarten Gebieten unterminiert. Zahlreiche, von den Montenegrinern an den Sultan gerichtete Beschwerden brachten keine Früchte, sodaß sich die Blicke der Montenegriner nach Venedig richteten. Der Vladika Mardarije ging 1640 auf die Union mit der katholischen Kirche ein und schwörte dem Papst Treue. Obwohl diese Union nicht lange dauerte, setzten die Montenegriner die Zusammenarbeit mit Venedig fort. Sie wurde besonders während der zwei großen Kriege auf Kreta (1645–1669) und auf der Peloponnes/Morea (1684–1699) intensiviert. 1688 faßten die Montenegriner sogar den Entschluß, die türkische Oberherrschaft überhaupt abzuwerfen und die venezianische anzunehmen. Daraufhin kam nach Cetinje eine venezianische Militärabteilung, und ein venezianischer „Gouverneur" für Montenegro wurde ernannt. All das forderte die Türken so sehr heraus, daß sie eine große Militärexpedition organisierten, Cetinje eroberten, die Venezianer aus Montenegro vertrieben, und ihre Herrschaft im Lande wiederherstellten.

Die Sonderentwicklung Montenegros im Rahmen des türkischen Reiches wurde im Laufe des 18. Jahrhunderts fortgesetzt. Die Montenegriner befreiten sich allmählich von der türkischen Macht und bauten bis zum Ende dieses Jahrhunderts ihre eigenen staatlichen Einrichtungen auf. Der Vladika Vasilije Petrović (1750–1766) begann daran zu arbeiten, die montenegrinischen Stämme untereinander fester zu verknüpfen, beseitigte weiters den Einfluß Venedigs und stärkte die Verbindung zu Rußland. Sein Tod hinterließ im Lande eine machtmäßige Leere, die sehr geschickt ein Abenteurer füllte, der sich Šćepan Mali (Stefan der Kleine) nannte. Dieser kam 1766 nach Montenegro, stellte sich als russischer Zar Peter III. vor (der ermordet worden war) und drängte sich den Landesbewohnern als Herrscher auf. Er begann mit dem Aufbau öffentlicher Gewalten und des Gerichtswesens. Da er sowohl für Venedig, als auch für die Türkei und für Rußland ein Hindernis darstellte, gab es mehrere Attentate, deren letztem er im September 1773 zum Opfer fiel.

Zwei glänzende Siege über das Heer von Skadar Paşa im Sommer 1796 bezeichneten das Ende der türkischen Macht in Montenegro. Seitdem war das Land nur mehr formell Teil des türkischen Reiches. Zu jener Zeit herrschte über dem Land der Vladika Petar I. Petrović (1782–1830). Er bemühte sich die Stämme zu vereinigen, die Blutrache abzuschaffen (eine Institution des Gewohnheitsrechtes, die die Vereinigung der Bruderschaften und Stämme lange erschwerte), das Gerichtswesen aufzubauen, die Beziehungen mit den Nachbarländern zu normalisieren und vieles andere. Nicht gelungen ist ihm hingegen, Steuern einzuführen, weil sich die Montenegriner dieses, ihrer Auffassung nach, Merkmals der Unselbständigkeit widersetzten.

In der Ära von Petar II. Petrović Njegoš (1830–1851) wurde das Gouvernement abgeschafft, und deren letzter Vertreter wurde aus dem Land vertrieben. Auf diese Weise verschwand ein starker Desintegrationsfaktor, um den sich einige Stämme versammelt hatten. Der Vladika blieb die stärkste politische Persönlichkeit im Lande und konnte die dem Aufbau der staatlichen Einrichtungen dienende Arbeit fortsetzen.

Sein Nachfolger Danilo Petrović (1851–1860) ging noch einen Schritt weiter und ernannte sich 1852 zum Fürsten von Montenegro. Er nahm Änderungen in der Armee vor, vergrößerte den Verwaltungsapparat und verabschiedete das Allgemeine Landesgesetzbuch. Nach der Schlacht bei Grahovo (1858), in der die Montenegriner das türkische Heer geschlagen hatten, wurde zwischen den kriegführenden Parteien eine neue Grenzziehung vorgenommen: Montenegro bekam auf diese Weise eine international anerkannte Grenze. Zur Anerkennung der vollen Unabhängigkeit fehlte nur noch ein Schritt.

Das geschah am Berliner Kongreß 1878. Über den Gewinn der Unabhängigkeit hinaus wurde das Territorium Montenegros auch verbreitert, indem es ein Stück Küste sowie die Städte Podgorica, Bar, Nikšić, Kolašin, Spuž und Žabljak, zwei Jahre später auch Ulcinj bekam. Dadurch erwarb das Land die Voraussetzungen für eine beschleunigte soziale und wirtschaftliche Entwicklung. In den Städten begann sich die Industrie zu entwickeln, und die ersten Fabriken in der Holz- und Nahrungsmittelindustrie wurden eröffnet. Ab Anfang des 20. Jahrhunderts, nachdem eine nationale Währung (Perper) eingeführt worden war, begannen auch die finanziellen Geschäfte zu wachsen.

Ebenso wurde ab 1878 der Aufbau der staatlichen Einrichtungen fortgesetzt. Gegen die autokratische Herrschaft des Fürsten Nikola Petrović entwickelte sich jedoch eine politische Opposition, die ihn 1905 zwang, eine Verfassung zu erlassen und Montenegro in eine konstitutionelle Monarchie zu verwandeln. Da der Fürst die Arbeit der Regierung kontrollierte und das Recht hatte, die Minister und andere Staatsbeamte zu ernennen und abzuberufen, hatte das Parlament kaum Einfluß auf die Staatsgeschäfte, sodaß sich die ersten politischen Parteien erst allmählich entfalten konnten: der Verein der Volkspartei (klubaši), der die demokratische Opposition um sich sammelte, und die eigentliche Volkspartei (pravaši), die die dem Fürsten Nikola treuen, konservativen politischen Elemente zusammenschloß. Wegen der tiefen inneren Krise erhob Fürst Nikola 1910 Montenegro zum Königreich und ernannte sich selbst zu dessen König. Damit bemühte er sich seine politische Position zu stärken, was ihm im ersten Augenblick auch gelang.

In den Balkankriegen (1912–1913) stand Montenegro auf Seiten der Sieger und bekam so Territorien im Sandschak von Novipazar und in Metohija, sowie einen Teil des Sees von Skadar. Die Grundfläche des Landes vergrößerte sich auf 14.443 km^2, seine Einwohnerzahl wuchs auf etwa 350.000 Personen.

Vom Vorstoß der Türken am Ende des 15. Jahrhunderts bis zur Vereinigung mit dem Königreich Serbien am Ende des Ersten Weltkrieges war der Mittelpunkt des montenegrinischen Staates Cetinje, eine inmitten des gleichnamigen Feldes etwa 600 m über dem Meer gelegene Siedlung[569], deren Fundament Ivan Crnojević legte. Indem er sich

---

569 Das Cetinjer Feld (Cetinjsko polje) ist ein Karstfeld am östlichen Fuße des Lovćen. Den Namen bekam es nach dem Fluß Cetinja, der bis zum 17. Jahrhundert durch das Feld floß und dann im Karst verschwand.

vor den türkischen Angriffen zurückzog, baute der Herrscher der Zeta 1482 im Cetinjer Feld eine Residenzburg, zwei Jahre später auch ein Kloster. Der Sitz der Metropolie Zeta wurde in das neu gebaute Kloster verlegt, und im Laufe der Zeit wurde dieses zum politischen, kulturellen und geistigen Zentrum Montenegros. Die geschichtliche Entwicklung von Cetinje bis 1918 läßt sich in mehrere Zeitabschnitte unterteilen. Vom Burg- und Klosterbau am Ende des 15. Jahrhunderts bis zur Errichtung des ersten privaten Hauses (1832) dauerte es etwa zweieinhalb Jahrhunderte. Der zweite Zeitabschnitt begann in den dreißiger Jahren des 19. Jahrhunderts und endete im Jahre 1878, als Montenegro die Unabhängigkeit erwarb. Danach begann der dritte Zeitabschnitt, der bis Ende des Ersten Weltkrieges dauerte.

Für die Zeit bis zum Anfang des 19. Jahrhunderts gibt es kaum Angaben über die Geschichte von Cetinje. Damals bestand außer dem Klostergebäude und der Residenz dort kein anderes Haus. Die Burg wurde in einem der vielen türkischen Angriffe auf das Cetinjer Feld zerstört. Wann und wie das geschah, ist unbekannt, dennoch läßt sich ein Zeitpunkt vor der Mitte des 17. Jahrhunderts annehmen.[570] Hinterher wurde der Herrschersitz nicht wiederaufgebaut. Sein Aussehen ist nach einer Gravüre aus dem „Oktoih Petoglasnik" bekannt. Das Kloster erlebte mehrfache Zerstörungen. Die schwerste Periode war Ende des 17. Jahrhunderts, als die Türken Cetinje 1692 angriffen, und der Befehlshaber der venezianischen Truppen die Klostermauern zu sprengen befahl. Der Vladika Danilo Petrović ließ das Kloster 1701–1704 erneuern, aber schon etwa zehn Jahre später rissen es die Türken wieder nieder. Ein neuerlicher Aufbau kam 1724 zustande. Zum dritten Mal wurde das Kloster 1785 zerstört und schon im nächsten Jahr wiederaufgebaut.

Ende des 16. Jahrhunderts schrieb ein Mönch, es gebe in Cetinje 44 Häuser, wogegen der venezianische Reisende Marijan Bolica Kotoranin (aus Cattaro) 1614 notierte, Cetinje habe 70 Häuser. Diese Angaben beziehen sich auf das größere Gebiet des Cetinjer Feldes. Zu jener Zeit hatte der Name „Cetinje" eine andere Bedeutung als im 19. Jahrhundert, als er zur Bezeichnung einer Stadtsiedlung wurde.[571] Nach den Angaben von Marijan Bolica lebten Anfang des 17. Jahrhunderts im Kloster 25 Mönche, 40 andere Geistliche und die Dienerschaft.

An der Wende zum 19. Jahrhundert ließ Vladika Petar I. Petrović ein Gebäude errichten, das dem montenegrinischen Senat diente. Es war ein ebenerdiges Haus, in drei Sektoren geteilt, und ist unter dem Namen „Sionica" bekannt. Anfang des 19. Jahrhunderts reiste Vialla de Sommiàres durch das Land und hielt fest, es gäbe in der Cetinjer Gemeinde 70 Häuser, und es lebten dort 170 Menschen unter Waffen.[572]

Im Jahre 1832 wurde von Pero Tomov, dem Bruder des Vladika Petar II. Petrović, und von dem Priester Lazo Popović Jabučanin das erste private Haus in Cetinje gebaut.

---

570 Dušan Martinović und Uroš Martinović: Cetinje — spomenici arhitekture. Cetinje 1980 S. 48.
571 Dušan Martinović: Cetinje — postanak, razvoj i turističke mogućnosti. Cetinje 1977 S. 5455.
572 Ebenda S. 56.

Letzterer hinterließ eine handgeschriebene Anmerkung, aus der hervorgeht, was für Reaktionen der Bau des Hauses neben dem Kloster bei den Montenegrinern hervorgerufen hat: „Wir arbeiteten, und die anderen verspotteten uns".[573] Es war ein mit Stroh bedecktes ebenerdiges Haus. Darin wurde die erste öffentliche Gastwirtschaft eröffnet.

Der Bau dieses Hauses bezeichnet den Anfang der zweiten Phase der Entwicklung von Cetinje. In den dreißiger Jahren des 19. Jahrhunderts wurden noch zwei öffentliche Gebäude errichtet: die „Tablja" und die „Biljarda". Beide ließ Vladika Petar II. errichten. Die „Tablja" war ein runder Turm, der 1833 als Fortifikationsgebäude oberhalb des Klosters gebaut wurde.[574] Darin sollten Geschütze und eine Besatzung von 24 Soldaten Platz finden. Dennoch gab man die ursprüngliche Bestimmung auf, und „Tablja" wurde jener Ort, von dem Ehrensalven der Artillerie abgefeuert und auf dem die abgerissenen Köpfe der Türken auf Pfähle gespießt wurden, was alle Reisende empörte, die Cetinje besuchten. Der Brauch, die Köpfe der feindlichen Soldaten vorzuzeigen, wurde in Montenegro erst 1850 abgeschafft.[575] Die Residenz des Vladika Petar II., unter dem Namen „Biljarda" bekannt, entstand 1838.[576] Der Bau dieses Gebäudes war eines der wichtigsten Ereignisse, die die weitere Entwicklung von Cetinje beeinflußten. Es wurde zum Ort, um den sich die Beamten der von Petar II. gegründeten Machtinstitutionen ansiedelten. Den Bauplan der „Biljarda" fertigte Jakov Ozerecki an, den größten Teil der Kosten trug die russische Regierung. Bis 1867 wurde das Gebäude als Hofresidenz genutzt, dann aber wurden darin verschiedene Ministerien, Staatseinrichtungen und die Mittelschule untergebracht.

Nach dem Bau der „Biljarda" begann in Cetinje der Hausbau, und der Ort nahm allmählich die Umrisse einer Stadtsiedlung an. Im selben Jahr wie die „Biljarda" (1838) wurde auch das Haus für den Französischlehrer von Njegoš gebaut. Einige Jahre später gab es in Cetinje etwa zehn Häuser, und um 1850 hatte sich ihre Zahl verdoppelt. Aus dieser Zeit wurden einige Reisebücher bewahrt, die das Aussehen der Siedlung malerisch beschreiben. Im Jahre 1839 reisten A. H. Layard und E. L. Mitford durch Montenegro. Ersterer notierte, die Hauptstadt des Landes sei damals nur ein Streudorf mit armseligen Hütten gewesen, die sich kaum von den umgebenden Felsen unterschieden, während der andere hervorhob, Cetinje sei weder eine Stadt noch ein Dorf, sondern einfach eine Ortschaft.[577] Im Jahre 1844 hielt sich C. Lamb in Montenegro auf. Er beschrieb die Lage von Cetinje und die Hauptgebäude (das Kloster, die „Biljarda" und „Tablja") und hob hervor, der Rest von Cetinje sei nicht der Rede wert, „sechs bis sieben einstöckige Häuser und vielleicht zweimal so viele Hütten". Nach seinen Anga-

---

573 Laza Popović: Cetinje (Istorijski pregled). In: Zbornik Cetinje i Crna Gora. Beograd 1927 S. 31.
574 Dieses Gebäude wurde nach dem arabisch-türkischen Wort „tabija" genannt, das „Artilleriebefestigung" oder „Beobachtungsstelle" bedeutet.
575 Martinović a. a. O. S. 58.
576 Diesen Namen bekam die Residenz nach dem Billard, das sich in einem der 25 Zimmer befand und das bei den damaligen Einwohnern Staunen erregte.
577 Ljubomir Durković-Jakšić: Englezi o Njegošu i Crnoj Gori. Titograd 1963 S. 34, 55.

ben lebten damals in Cetinje außer den Beamten und der Dienerschaft des Vladika etwa 100 Einwohner.[578] Andererseits gab es in Cetinje nach den Angaben G. Wilkinson's, der ebenfalls 1844 in Montenegro war, 1.200 Einwohner. In diese Zahl rechnete Wilkinson allerdings auch die Bevölkerung der weiteren Umgebung ein, da er bei der Beschreibung von Cetinje neben der „Biljarda" und dem Kloster nur etwa zwanzig Häuser erwähnte.[579] Von der Beziehung zwischen der Einwohnerzahl der Hauptstadt und Montenegros als Ganzes um die Mitte des 19. Jahrhunderts berichten die Daten derselben Reiseschriftsteller: im ganzen Land lebten demgemäß etwa 100.000 Einwohner (Layard), 120.000 (Lamb), bzw. zwischen 80.000 und 107.000 Einwohner (Wilkinson).

In den sechziger Jahren des 19. Jahrhunderts begann Cetinje die Konturen einer richtigen Siedlung zu bekommen. Nach einem, aus dem Jahre 1860 erhaltenen Plan waren in Cetinje außer dem Kloster, der „Biljarda" und „Tablja" noch zwei Straßen vorhanden – Katunska und Dvorska. Die Siedlung hatte 34 Häuser. Einige Jahre später hatte sich diese Zahl verdoppelt. Die Häuser waren hauptsächlich mit Stroh gedeckt, was eine potentielle Brandgefahr darstellte. Deswegen wurde 1870 die Strohdeckung verboten und die Verwendung von Dachziegeln begonnen. Die Straßen waren noch nicht gepflastert.

In jener Epoche entstanden die ersten öffentlichen Gebäude. Im Jahre 1864 wurde der Bau der Lokanda (Grand Hotel), des ersten modernen Hotels in Montenegro, beendet. Zu Beginn des 20. Jahrhunderts hatte das Hotel 20 Zimmer, einen großen Salon, zwei Restaurants mit französischer Küche, ein Café und eine Badeanstalt, und die Bedienung erfolgte in sechs Weltsprachen (französisch, deutsch, englisch, italienisch, russisch, griechisch).[580] Ein sehr eindrucksvolles Gebäude ist der Palast, den König Nikola zwischen 1863 und 1867 für sich errichten ließ. Nach mehreren Umbauten ist seit 1926 darin das Staatsmuseum Montenegros untergebracht. Anfang der siebziger Jahre des 19. Jahrhunderts wurden das Mädchenpensionat (das erste moderne Schulgebäude in Montenegro) und das Krankenhaus „Danilo I." gebaut, das bei der Versorgung der Verwundeten während des hercegovinischen Aufstandes und des montenegrinisch-türkischen Krieges 1875–78 eine wichtige Rolle spielte. Ab 1880 wurde daselbst ein moderner ärztlicher Dienst eingeführt.[581]

Die Zahl der Häuser in Cetinje wuchs bis 1872 auf 115, in der Stadt wohnten zu diesem Zeitpunkt etwa 500 Einwohner. Nach einer Beschreibung aus der Mitte der siebziger Jahre war die Hauptstadt *„ein kleines Örtchen mit 1000 Einwohnern und 170–200 Häusern, die bescheiden eines nach dem anderen aufgestellt sind, in einer breiten, langen, geraden Straße, aus der sich an einer Stelle wie zwei Ärmel noch zwei kleinere Nebenstraßen abzweigen".*[582] Ungefähr zur selben Zeit wurde Cetinje von Spi-

---

578 Ebenda S. 71.
579 Ebenda S. 157, 221.
580 Martinović-Martinović a. a. O. S. 67. Das Grand Hotel wurde 1979 im Erdbeben zestört.
581 Ebenda S. 71, 74.
582 Martinović a. a. O. S. 66.

ridon Gopčević beschrieben.[583] Nach seinen Angaben hatte die Stadt etwa 1.400 Einwohner, die in ungefähr 160 Häusern lebten.

Nachdem Montenegro 1878 ein international anerkannter, unabhängiger Staat geworden war, begann sich seine Hauptstadt rasch zu entwickeln. Zum Aufschwung trugen verschiedene Ursachen bei, wobei zwei besonders wichtig waren: der Ausbau von Straßen und die Erleichterung, sich in der Stadt anzusiedeln.

Bis zu den achtziger Jahren des 19. Jahrhunderts gab es in Montenegro keine richtigen Straßen. In der Zeit von Njegoš war ein Reitweg (Straßenschotter) gebaut worden, der Cetinje mit Njeguši verband und sich in der Fahrstraße Njeguši-Krstac-Kotor fortsetzte, die von den Österreichern nach dem Anschluß der Boka Kotorska (Bocche di Cattaro) am Beginn des Jahrhunderts gebaut worden war. Die Verkehrswege in Montenegro waren aus wenigstens zwei Gründen unentwickelt: wegen der ständigen Kriege gegen die Türken und wegen Geldmangels. Nach dem Gewinn der Unabhängigkeit bekam Montenegro als Hilfe von Österreich-Ungarn einen Betrag von 23.000 Forint, mit dem 1879 der Bau des ersten Fahrweges finanziert wurde, der Cetinje mit Njeguši und der Grenze zu Österreich-Ungarn verbinden sollte. Die Strecke betrug 25,5 km; der Bau wurde 1884 vollendet.[584] Zur selben Zeit (1882) legte man auch die Straße zwischen Cetinje und Rijeka Crnojevića an, die 1890 bis nach Podgorica Fortsetzung fand. Auf diese Weise wurde die Hauptstadt mit der größten Stadt und dem Handelszentrum Montenegros verbunden. Anfang des 20. Jahrhunderts erhielt Cetinje über Virpazar Anschluß zum Hafen Bar.

Darüber hinaus verlieh die Erklärung des Fürsten Nikola nach dem Bau des Schlosses für den Thronfolger 1895, Cetinje werde auch im Falle der Staatserweiterung die Hauptstadt Montenegros bleiben, der Stadt weiteren Auftrieb. Der Fürst rief seine Untertanen daraufhin auf in die Stadt zuzuziehen. Da Grundstücksschenkungen und die Steuerbefreiung für Baumaterial die Ansiedlung stimulierte[585], wuchs die Stadt von 1.800 Einwohnern im Jahre 1882 rasch auf 2.476 im Jahre 1890.[586]

Zu gleicher Zeit wurden einige bedeutende öffentliche Gebäude errichtet: das Theater „Zetski dom" (1884–88), das Schloß des Thronfolgers (1894–95) und die Kaserne „Vojni stan" (1896). Das architektonische Bild von Cetinje veränderte sich schnell. Anfang des 20. Jahrhunderts wurden die Botschaftsgebäude jener Länder gebaut, zu denen Montenegro diplomatische Beziehungen aufgenommen hatte. Im Bereich der Botschaft Österreich-Ungarns wurde eine kleine katholische Kapelle errichtet. Die Stadt entwickelte sich weiterhin entlang der Katunska-Straße, die Quergassen im rechten Winkel kreuzten: *„Die Straßen waren symmetrisch und gerade, relativ breit und mit Linden- und Akazienbäumen bepflanzt; sie waren äußerst sauber . . . und mit Laternen*

---

583 Spiridon Gopcevitch: Montenegro und die Montenegriner. Leipzig 1877.
584 Inž. Boucek: Putovi u Zetskoj oblasti. In: Zbornik Cetinje i Crna Gora. Beograd 1927 S. 364.
585 Martinović a. a. O. S. 69–70, 77.
586 Ebenda S. 70.

beleuchtet, so daß die Stadt mit ihrem äußeren Aussehen und Leben einen schönen Eindruck auf den Besucher machte".[587]

Zu Beginn des 20. Jahrhunderts kam es zu neuen Richtlinien über die städtebauliche Entwicklung. Im Jahre 1911 ordnete das Innenministerium besondere Anweisungen an, die jedoch nicht immer streng eingehalten wurden. Während Neubauten im Stadtgebiet ohne Bauerlaubnis der Stadtverwaltung bzw. der Gemeindebehörde drei Jahre später verboten wurden[588], begann der Ausbau der Infrastruktur: Man nahm die Kanalisation und ein Wasserwerk in Angriff, 1910 war das Elektrizitätswerk fertiggestellt.

Cetinje war von seinem Entstehen bis zum Ersten Weltkrieg das politische, administrative, gerichtliche, kulturelle, Bildungs-, Militär- und Kirchenzentrum Montenegros. Von Anfang an bis zum Ende des 15. Jahrhunderts fand die Allgemeine montenegrinische Versammlung daselbst statt, an der alle wichtigen Fragen des Stammeslebens entschieden wurden. Jeder zum Militärdienst taugliche Montenegriner hatte das Recht, an dieser Versammlung teilzunehmen. Sie wurde in der Regel zweimal jährlich gehalten, und mit der Zeit begannen die Vladiken des Cetinjer Klosters dabei das große Wort zu führen. Außer der Allgemeinen montenegrinischen Versammlung tagte in Cetinje auch die Versammlung der Oberhäupter, d. h. der Stammesvorsteher.

Im Jahre 1713 gründete Vladika Danilo in Cetinje das Allgemeine Stammesgericht mit den zwölf höchstangesehenen Oberhäuptern. Dieses Gericht war zeitweilig bis in die siebziger Jahren des 18. Jahrhunderts tätig, als es von Šćepan Mali in das ständige Gericht umgewandelt wurde. Das neue Gericht war ebenfalls aus den zwölf einflußreichsten Stammesoberhäuptern zusammengesetzt. Solange nicht die geschriebene Gesetzgebung und Rechtsordnung in Montenegro ihren ersten Anstoß erhielt (Ende des 18. Jahrhunderts), agierten beide Gerichte auf der Grundlage des Gewohnheitsrechtes. Die Allgemeine montenegrinische Versammlung verabschiedete 1798 das Allgemeine montenegrinische und Berggesetzbuch, das 1803 ergänzt wurde. Nach dem Gesetzbuch wurde die Verwaltung des montenegrinischen und Berggerichtes, das sog. „Kuluk", gegründet, an dem fünfzig Stammesvertreter teilnahmen und das die ehemalige Versammlung der Oberhäupter ersetzte. Zur selben Zeit gründete Vladika Petar I. das engere Gericht, das aus den zwölf höchstangesehenen Oberhäuptern bestand.

Eine Reform der Staatsverwaltung und des Gerichtswesens führte Petar II. durch, als er 1831 den Verwaltungssenat von Montenegro („Praviteljstvujušči Senat crnogorski i brdski") gründete. Diese Körperschaft entschied über alle wichtigen politischen, Militär- und Wirtschaftsprobleme und hatte zwischen zwölf und sechzehn Mitgliedern, die jeweils ihre Stämme vertraten. Mit ihrer Gründung gewann Cetinje an Bedeutung als jener Mittelpunkt, um den sich die Stammesoberhäupter aus allen Teilen Montenegro's versammelten. Geraume Zeit machten sich die Senatoren in Cetinje noch nicht ansässig, erst ab 1871 kam es zu ihrer ständigen Ansiedlung. Drei Jahre später wurde eine

---

587 Ebenda S. 70.
588 Ebenda S. 77.

Reform des Senates vollzogen, wonach diesem nur die Jurisprudenz verblieb. 1879 gab der Senat seine Tätigkeit ganz auf. Da Montenegro als international anerkannter, unabhängiger Staat aufstieg und um das Zweifache anwuchs,[589] wurden neue Körperschaften der Staatsverwaltung notwendig: der Staatsrat, das Große Gericht und fünf Ministerien. Indem Cetinje neue Verwaltungsinstitutionen erhielt, bekam die Stadt auch zahlreiche neue Einwohner. Im Jahre 1880 war Montenegro in „Kapitanate" (kapetanije) geteilt, die Hauptstadt erwarb den Status einer Stadtgemeinde.

Eine der wichtigsten Funktionen von Cetinje war zweifellos die militärische. Die geostrategische Lage des Cetinjer Feldes war sehr günstig, denn es ist von schwer zugänglichen Bergen umgeben und stellt eine wahrhaft natürliche Festung dar. Die Türken hatten das Cetinjer Kloster nur fünf Mal erreicht (1685, 1692, 1712, 1714 und 1785). Im 19. Jahrhundert stieg die Siedlung zum Zentrum der militärischen Ausbildung der montenegrinischen Armee auf, die bis dahin einen Guerillakrieg, d. h. Überfälle und Plünderungen kleiner Scharen auf türkischem Territorium ausgeführt hatte. Zu Ende des Jahrhunderts wurde die erste Kaserne gebaut (Vojni stan).

Cetinje war auch das wichtigste Kultur- und Bildungszentrum Montenegros. Ende des 15. Jahrhunderts gab es die sog. „Crnojevića štamparija" (Druckerei), in der 1493 bis 1496 fünf Bücher gedruckt wurden. Infolge des politischen Wandels (Eroberung Montenegros durch die Türken) hörte die Druckerei auf zu arbeiten, bis Petar II. 1834 eine neue gründete. In der neuen Druckerei ließ der Vladika seine ersten literarischen Werke herausgeben, und zwischen 1835 und 1839 erschien dort die erste Auflage von „Grlica" (Die Turteltaube), ein Literatur- und Wissenschaftsjahrbuch, das erste dieser Art in Montenegro. Unmittelbar vor dem Ersten Weltkrieg gab es in Cetinje schon vier Druckereien, und es erschienen täglich sechs Zeitungen. Im Lauf des 19. Jahrhunderts entstanden in der Hauptstadt eine Reihe kultureller Einrichtungen. Im Jahre 1868 wurde der Cetinjer Lesesaal gegründet, um den sich in den folgenden Jahren die Kultur- und Bildungsereignisse der Stadt und ganz Montenegros konzentrierten. Der Lesesaal half bei der Gründung und Arbeit des Sängervereins (1871), der Bibliothek (1879), der Theatergesellschaft der Freiwilligen (1883), des Museums (1893), des Archivs (1895) und anderer Einrichtungen und beeinflußte auch die Eröffnung von Lesesälen auch in anderen Orten des Landes. Die Theatergesellschaft der Freiwilligen initiierte im Februar 1884 den Bau des Theatergebäudes. Vier Jahre später, im Dezember 1888, wurde der „Zetski dom" mit der festlichen Aufführung des Bühnenstückes „Die balkanische Kaiserin" aus der Feder des Fürsten Nikola eröffnet. Außer der Theatergruppe zogen ins Gebäude der Lesesaal, die Bibliothek und das Museum ein, auch gastierten darin zahlreiche Theatergruppen aus südslavischen Ländern. In diesem Gebäude fanden auch die ersten Filmvorführungen statt. Vor dem Ersten Weltkrieg gab es in Cetinje schon mehrere Bibliotheken. Die älteste war die Bibliothek des Cetinjer Klosters. Nach dem Bücherkatalog aus dem Jahre 1593 verfügte diese Bibliothek über 42 Bücher. Mitte des

---

589 Es vergrößerte sich von 4.405 auf 9.475 km².

19. Jahrhunderts wurde die Hofbibliothek gegründet, von 1868 an waren weiters eine Stadtbibliothek und von 1893 an die Staatsbibliothek tätig.

Cetinje war auch der Mittelpunkt der montenegrinischen Bildung. Lange Zeit war im Kloster eine Abschreibschule tätig, da sich die Vladiken bemühten, unter ihren Untertanen die Schreibkunde zu verbreiten. Mitte des 18. Jahrhunderts versuchte Vasilije Petrović die „Slavische Schule" zu gründen und ersuchte die russische Zarin Elisabeth um Hilfe. Weitaus breitere Aufklärungsaktivitäten begann Petar I. an der Wende zum 19. Jahrhundert. Er beabsichtigte eine Schule zu gründen und die Druckerei zu erneuern, doch wurde er daran durch außenpolitische Umstände gehindert. Er versammelte um sich unter der Führung des Abtes Francesco Dolci und Simo Milutinović aus Sarajevo jedoch eine Gruppe gebildeter Ausländer. Die Entwicklung des Schulwesens begann in Cetinje und Montenegro 1834, als die erste Grundschule zustande kam. Zuerst wurde sie im Kloster und erst später in einem eigenen Schulgebäude untergebracht. Das Mittelschulwesen begann sich 1869 zu entwickeln, als das Mädchenpensionat und das Priesterseminar *„als wissenschaftliche und Erziehungsanstalt für den Priester- und Lehrerberuf"*[590] eröffnet wurden. Beide Schulen hatten ihren Sitz in der „Biljarda", und deren Tätigkeit fand bei der russischen Regierung bzw. bei der russischen Zarin finanzielle Unterstützung. Die Bedeutung des Priesterseminars und des Mädchenpensionats für Montenegro und die umliegenden Gegenden (Hercegovina, Dalmatien, Kosovo u. a.) war sehr groß, denn viele angesehene Persönlichkeiten Montenegros auf den Gebieten der Politik, Öffentlichkeit und Kultur erhielten hier ihre Ausbildung. Im Jahre 1880 wurde in Cetinje das Fürstliche Realgymnasium gegründet, das für die Entwicklung des Schulwesens in Montenegro einen großen Impuls bedeutete. Das Gymnasium wurde zum Sammelpunkt des Bildungs- und Kulturlebens des Fürstentums und erweiterte sich im Jahre 1902 zu einem achtjährigen Realgymnasium.

Schließlich war Cetinje auch das kirchliche Zentrum Montenegros. Von seiner Gründung an verfügte das Cetinjer Kloster über einen großen Grundbesitz, der ihm von Ivan Crnojević geschenkt worden war und der die Wirtschaftsgrundlage für die Macht der montenegrinischen Vladiken darstellte. Während bis zum 18. Jahrhundert die Allgemeine montenegrinische Versammlung die Vladiken wählte, konnte Danilo I. (1697–1735) die Erblichkeit des Vladika-Titels in der Familie Petrović durchsetzen. Mit ihm begann die Autokephalie der montenegrinischen orthodoxen Kirche, die bis 1919 andauerte, als alle orthodoxe Kirchen im Königreich der Serben, Kroaten und Slowenen der serbischen orthodoxen Kirche angeschlossen wurden. Die Verflechtung der kirchlichen und weltlichen Macht dauerte in Montenegro bis 1851. Mit der Trennung von Kirche und Staat begann eine neue Phase in der Entwicklung der montenegrinischen orthodoxen Kirche sowie des Cetinjer Klosters. In dem Maße, wie die Rolle der weltli-

---

590 Martinović a. a. O. S. 136. Im Jahre 1863 war in Cetinje das „provisorische Priesterseminar" tätig. Es wurde nach einigen Monaten wegen unzureichender Geldmittel geschlossen.

chen Einrichtungen gestiegen ist, hat dessen Bedeutung als Ort der Vereinigung der montenegrinischen Stämme und als Mittelpunkt des Staates abgenommen.

Im Wirtschaftsleben Montenegros hatte Cetinje bis zum Ende des letzten Jahrhunderts keine größere Bedeutung. Die Umgebung der Stadt war nicht reich an fruchtbarem Boden, also konnte auch die landwirtschaftliche Produktion nicht hoch entwickelt sein. Die Verkehrsisolierung und die spärliche Besiedlung des Cetinjer Feldes waren ebenfalls Gründe, wegen der die Stadt sich so lange nicht vergrößerte und entwickelte. Erst mit der Stärkung seiner politischen und administrativen Bedeutung begann sich Cetinje als anziehendes Wirtsschaftszentrum zu entfalten. Die ältesten Industriebranchen waren die graphische und die Nahrungsmittelindustrie. Für die Langsamkeit der industriellen Entwicklung von Cetinje und von Montenegro überhaupt spricht die Tatsache, daß die erste Dampfmaschine erst 1903 in der Cetinjer Dampfmühle aufgestellt wurde. In der Gewerbetätigkeit war die Lage nicht viel anders. Vor dem Erwerb der Unabhängigkeit gab es in Cetinje nur fünf Handwerker, und keiner war montenegrinischer Herkunft.[591] An der Jahrhundertwende wuchs das Interesse der Handwerker an der Eröffnung von Betrieben rasch, sodaß es 1914 in der Stadt 89 verschiedene Gewerbebetriebe gab. In Cetinje so wie in ganz Montenegro existierte das Handelsgewerbe bis zur zweiten Hälfte des 19. Jahrhunderts kaum. Die Lage verbesserte sich erst einigermaßen, nachdem Montenegro ein unabhängiger Staat und Cetinje seine Hauptstadt geworden war. Da zu jener Zeit sich vor allem Ausländer mit Handel abgaben, waren 1882 die 30 Kaufleute in der Stadt nichtmontenegrinischer Herkunft. Zur Jahrhundertwende erlebte die Handelstätigkeit in Cetinje ihr goldenes Zeitalter, sodaß es vor Ausbruch des Ersten Weltkrieges in der Stadt 170 eingetragene und 24 uneingetragene handelsgewerbliche Betriebe gab. Die Besitzer waren hauptsächlich montenegrinische Staatsbürger, wofür eine Änderung des Verhältnisses zum kaufmännischen Beruf spricht, den die Angehörigen der älteren Generationen *„des Kriegers unwürdig"* ansahen.[592]

Cetinje blieb zwischen den zwei Weltkriegen der Mittelpunkt des Bezirkes Zeta und der Banschaft (Banovina) Zeta. Nach dem Zweiten Weltkrieg blieb es bis 1946 die Hauptstadt der Volksrepublik Crna Gora (Montenegro), ehe man Titograd die Rolle des wichtigsten Zentrums der Republik übertrug.

Die Geschichte von Titograd, d. h. Podgorica ist sehr interessant und verdient kurz erwähnt zu werden. Schon zur Zeit der Antike existierte an der Stelle der heutigen Stadt eine Siedlung unter den Namen „Doklea" und „Birziminium". Nach dem Eintreffen der Slawen bekam sie den neuen Namen „Ribnica". Im Jahre 1326 jedoch tauchte zum ersten Mal der Name „Podgorica" auf.[593] Nach dem Zweiten Weltkrieg wurde die Stadt in „Titograd" umbenannt, um den Führer des Volksbefreiungskampfes und Generalse-

---

591 Ebenda S. 232.
592 Ebenda S. 242, 244.
593 In einem der Bücher des Archivs von Kotor wird in diesem Jahr der Kaufmann Johanes de Podgorize erwähnt, siehe Zdravko Ivanović: Gradovi — komunalni centri Crne Gore. Beograd 1979 S. 81.

kretär der Kommunistischen Partei Jugoslawiens, Josip Broz Tito, zu ehren. Nach dem Zerfall Jugoslawiens bekam die Stadt im Frühling 1992 den alten Namen Podgorica zurück.

In der zweiten Hälfte des 15. Jahrhunderts hatten die Türken Podgorica erobert und daselbst eine Festung erbaut, die als wichtige Militärbasis gegen Montenegro diente. Gleichzeitig behielt Podgorica seine Handelsbedeutung, die noch aus dem Mittelalter herrührte. Anfang des 17. Jahrhunderts hatte die Stadt etwa 900 Häuser; in der Mitte des 19. Jahrhunderts lebten daselbst etwa 6500 Einwohner[594], deren Mehrheit Moslems waren. Die Situation änderte sich jedoch, nachdem Montenegro ein unabhängiger Staat und Podgorica im Jahre 1879 Teil des montenegrinischen Staates geworden war. Während ein großer Teil der muslimischen Familien nun emigrierte, begann die Einwanderung der orthodoxen Bevölkerung aus den benachbarten Gebieten. 1921 lebten in der Stadt insgesamt 8.727 Einwohner, davon 6.813 Orthodoxe, 1.608 Moslems und 296 Katholiken.[595]

Da Podgorica eine Stadt mit entwickeltem Handel und Gewerbe war und eine günstigere geographische Lage und bessere Verkehrsverbindungen besaß als Cetinje, plante Fürst Nikola in der ersten Zeit nach der Unabhängigkeit, den Hof und die Staatsverwaltung dorthin umzuqartieren.[596] Da die Türken der Stadt jedoch noch zu nahe blieben, gab Nikola seine Absicht auf. Er blieb in Cetinje bis zum Anfang des Jahres 1916, als er vor der k.u.k. Armee fliehen mußte. Montenegro wurde besetzt und die österreichisch-ungarische Militärmacht eingeführt, die sich bis November 1918 behauptet hat. Einige Tage nach dem Rückzug der Besatzungsarmee wurde im Parlament von Podgorica (Podgorička skupština, 24.-26.XI 1918) die Vereinigung des Königreiches Montenegro mit dem Königreich Serbien verkündet.

---

594 Ivanović a. a. O. S. 84.
595 Stanoje Stanojević: Narodna enciklopedija t.III. Zagreb 1928 S. 503; Zdravko Ivanović: Urbano-geografske promjene u razvitku Titograda. Titograd 1973 S. 47.
596 Andrija Lainović: Kratak pogled na prošlost Titograda. Cetinje 1950 S. 64.

Cetinje als Hauptstadt Montenegros

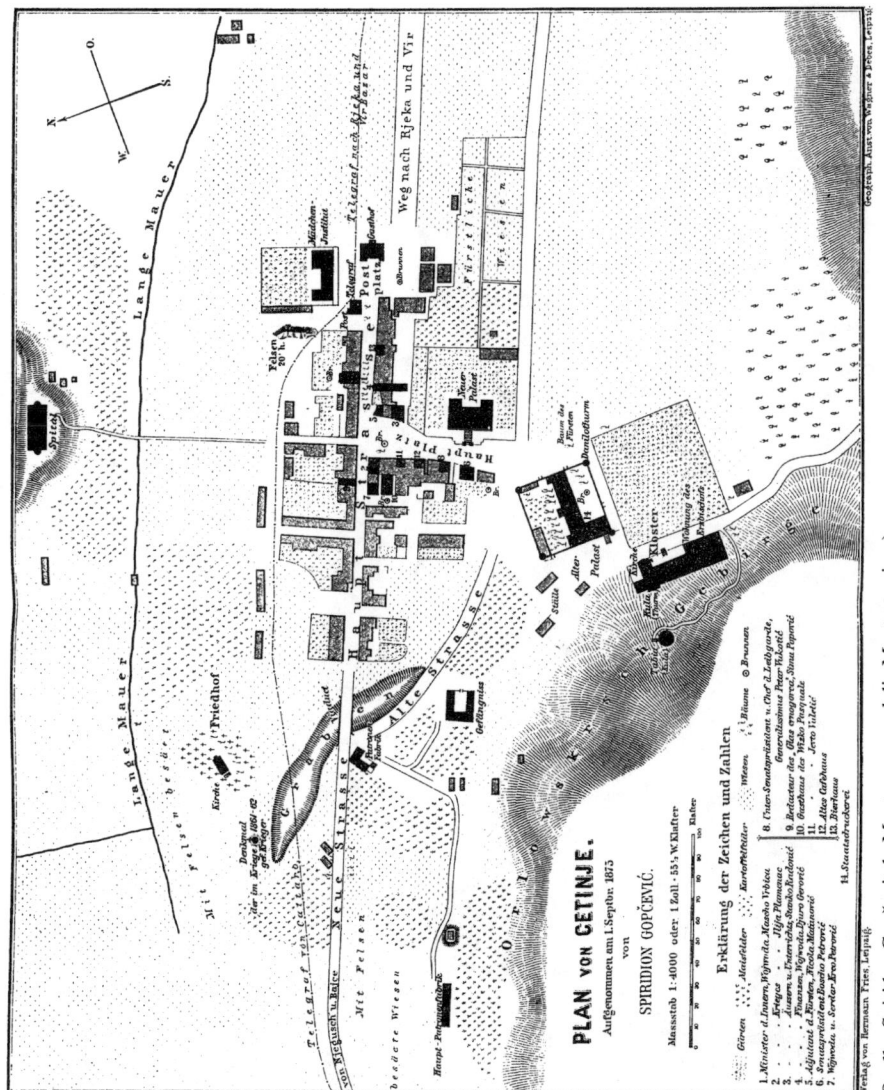

Quelle: Spiridon Gopčevitch, Montenegro und die Montenegriner

Der Aufstieg Belgrads zur Residenz- und Hauptstadt

Dejan Medaković (Beograd)

Die Frage über die Hauptstadt im mittelalterlichen serbischen Staat zu beantworten, ist nicht leicht, besonders wenn man diesen Begriff im Sinne des Vorhandenseins einer ständigen Staatsresidenz versteht. Das, was man aus den aufbewahrten Dokumenten, in erster Linie aus den Herrscherurkunden, erfahren kann, bestätigt die Meinung, daß im serbischen mittelalterlichen Staat, besonders zur Zeit der Herrschaft der Nemanjiden-Dynastie, keine beständige Residenzstadt vorhanden gewesen ist.[597] Wenn man überhaupt von einem solchen Zentrum sprechen kann, befand es sich dort, wo zu einem bestimmten Moment der Herrscher selbst verweilte, wo sich sein Hof aufhielt, wo Hofkanzleien wirkten. Davon zeugen viele Orte, in denen ein Herrscher seine Urkunden ausstellte oder Gesandschaften empfing. In den Quellen ist auch von Sommerresidenzen der Herrscher, besonders in Metohija, die Rede[598]; nach den serbischen Durchbrüchen nach Süden, zur Zeit König Milutins und besonders des Zaren Dušan, erscheinen die Städte Prizren und Skoplje als Mittelpunkte. Mit dem weiteren Vorstoß der Serben nach Nordgriechenland wurde auch die Stadt Seres unweit von Saloniki als Residenz erwähnt.[599] Nach dem Tod des letzten Nemanjiden, des Zaren Uroš V., wechselte das Zentrum des serbischen Staates seinen Standort nach Pomoravlje, und der Träger der staatlichen Legitimität wurde Fürst Lazar Hrebeljanović, dessen Residenz sich in Kruševac befand.[600] Sein Sohn, Despot Stefan Lazarević, versetzte am Anfang des 15. Jahrhunderts seine Residenzstadt nach Belgrad (Beograd), das auf diese Weise zum ersten Mal das Zentrum eines serbischen Staates wurde. Schriftliche Quellen beschreiben bis ins Kleinste alles, was der Despot in Belgrad hat bauen lassen. Konstantin der Philosoph, der Biograph des Despoten, berichtete ausdrücklich von den Kirchen und dem Hof mit den befestigten Türmen in der Oberstadt. Er erwähnte auch die Kettenbrücken, in der Unterstadt sogar einen kleinen Hafen. Nach den Worten des Biographen hat der Despot viele Kirchen und ein Krankenhaus bauen lassen. *„Man sollte noch eine solche Stadt anführen!"* meinte Konstantin der Philosoph begeistert.[601] Nach Despots Tod im Jahre 1427 fiel Belgrad in die Hände der Ungarn, die die Stadt bis zur türkischen Eroberung 1521 innehatten. Vor dem endgültigen Untergang im Jahre 1459 erhielt das serbische Despotat noch eine weitere Residenzstadt. In einer kurzen Zeitspan-

---

597 Über dieses Problem siehe Istorija srpskog naroda. Hrsg. Srpska književna zadruga. Bd. 1–2. Beograd 1981–1982 und die dort angegebene Literatur.
598 Darüber besonders Sima Ćirković: Vladarski dvori oko jezera na Kosovu. In: Zbornik za likovne umetnosti Matice Srpske 20, Novi Sad 1984 S. 67.
599 Georgije Ostrogorski: Serska oblast posle Dušanove smrti. Beograd 1965.
600 O knezu Lazaru. Beograd 1975.
601 Stare srpske biografije XV i XVII veka. Hrsg. Srpska književna zadruga. Beograd 1936 S. 83–86.

ne vom 1426 bis 1430 baute Despot Đurađ Branković, der Thronfolger des Despoten Stefan Lazarević, die große Festung Smederevo, wo er seinen Sitz aufschlug.[602]

Mit der Wiederherstellung des Patriarchats von Peć im Jahre 1557 haben die Serben unter der türkischen Herrschaft ihr geistliches Zentrum zurückerworben. Die Tatsache, daß diese kirchliche Institution die einzige Organisation war, die den Verfall des serbischen mittelalterlichen Staates überlebt hat, erklärt manche Prärogativen des Patriarchen auch in der Laienherrschaft, die ohne Zweifel zu dessen Wirkung und Bedeutung beigetragen haben. Für das Verständnis der Rolle des Patriarchats ist auch die Frage seiner jurisdiktionellen Grenzen sehr wichtig, die über den Rahmen des türkischen Imperiums hinausgegangen und erst später präziser festgelegt worden sind.[603]

Obwohl das serbische Volk im 16. Jahrhundert ein in seiner kirchlich-juristischen Gestalt sehr stark ausgebautes und einzigartiges Zentrum besaß, das der Fläche nach die Grenzen von Dušan's Reich übertroffen hat, ist für diese Zeit nicht zu leugnen, daß die serbische Gesellschaft unter den Türken infolge des Fehlens und Wirkens einer städtischen Bevölkerung schwer getroffen worden war. Andererseits zogen dauerndes Kriegführen auf dem Balkan und fast stets unruhige westliche Grenzen große Wanderungen serbischer und anderer Balkanbevölkerung nach sich, die teilweise auch zu einer Annäherung an die mittelalterliche mediterrane Kultur führten, eine Kultur, die unmittelbar von den alten Kommunen des adriatischen Küstenlandes ausging. Deshalb ist es, abgesehen vom Patriarchat von Peć, fast unmöglich, ein einzelnes serbisches geistliches Zentrum hervorzuheben, denn eine besondere Rolle ist den zahlreichen Klöstern zugefallen, in denen sich die Kontinuität der mittelalterlichen serbischen Kultur auf verschiedenartigste Weise erhalten hat.

Gegen Ende des 17. Jahrhunderts kam es, wie die Geschichte bezeugt, zu großen Zerstörungen serbischer Klöster. Dies war eine dramatische Periode, ein schicksalhafter Moment, bei dem das serbisch-türkische Gleichgewicht gestört worden ist, das von der serbischen Kirche seit 1557 erworben worden war. Deshalb hat die Historiographie die Tatsache, daß im Jahre 1690 der Patriarch Arsenije III. Čarnojević auf das österreichische Staatsterritorium geflohen ist, mit Recht als neuen Zeitabschnitt der serbischen Geschichte hervorgehoben. Neben anderen Folgen, die mit der Veränderung des Bildes über die gesamte serbische Gesellschaft, genauer gesagt, mit dem Prozeß der Gründung einer neuen bürgerlichen Klasse einher gingen, erhielten die Serben damals auch eine neue kirchliche Organisation, das sogenannte Erzbistum von Karlowitz (Sremski Karlovci), das alsbald zur Aufnahme der Barockkultur bei den Serben beitrug.[604] Bereits in der ersten Hälfte des 18. Jahrhunderts traten außer Sremski Karlovci, dem Zentrum des Erzbistums, eine Reihe von Städten auf dem Boden des Habsburgerreiches hervor, die

---

602 P. Popović: Spomenica petstogodišnjice Smederevskog grada. Beograd 1930–1931.
603 Dejan Medaković: Der große Serbenzug 1690 auf österreichisches Gebiet im kulturhistorischen Rückblick. In: Östereichische Osthefte 32, Wien 1990 S. 396.
604 Dejan Medaković: Die Nationalgeschichte der Serben im Lichte der neuzeitlichen sakralen Kunst. In: Kunst und Geschichte in Südosteuropa. Recklinghausen 1973 S. 145–156.

die Blüte der serbischen bürgerlichen Kultur widerspiegeln. Die Städte St.Andrä (Szentendre), Ofen (Buda), Neusatz (Novi Sad), Semlin (Zemun), Werschetz (Vršac), Temeschwar (Timişoara), Arad, Baja, Szombor (Sombor), Großbetschkerek (Zrenjanin), Pantschowa (Pančevo), Essek (Osijek) und Triest (Trieste)[605] ergänzten – jede auf ihre eigene Weise – das ungewöhnliche Bild der serbischen Gesellschaft, deren Nationalgefühl die durch Handel erworbene ökonomische Macht zweifellos unterstützt hat. Neben dem plötzlich stark gewordenen Kult für die serbischen Herrscher und Heiligen[606] zeugen davon auch zahlreiche literarische und historische Texte: Das Repertoire der Kirchen- und Schuldramen seit den dreißiger Jahren des 18. Jahrhunderts z. B. bestritten historische Inhalte wie die Lebensgeschichte des Zaren Uroš oder das heldenhafte Sterben des Fürsten Lazar auf dem Kosovo (Amselfeld). Übrigens hat man zu Recht gesagt, im Vielvölkerstaat Österreich habe jedes Volk seine politische Überzeugung verteidigt, indem es seine politischen Ziele mittels geschichtlicher und staatsrechtlicher Begründungen unterstützt hat. Daher ist es angesichts der Lage der serbischen Gesellschaft unmittelbar nach der großen Wanderung bis zur Mitte des 18. Jahrhunderts völlig verständlich, daß fast alle moralischen und geschichtlichen Beweise für die Bestätigung der serbischen Rechte und für die Verteidigung der nationalen Integrität im großen und ganzen aus kirchlichen Texten übernommen worden sind, in denen die Lebensläufe (Žitija) und Verdienste alter Herrscher erwähnt werden. Eine besondere Art des barokken Historismus stellen zahlreiche Abschriften des Gesetzbuches von Zar Dušan dar, die jeder praktischen Verwendbarkeit entbehren. Es überrascht daher nicht, daß zu jener Zeit, als neben den handschriftlichen Chroniken des Grafen Georg Branković repräsentative Werke wie Pavle Julinac' „Kurze Einführung in die Geschichte des slavisch-serbischen Volkes aus dem Jahre 1765" oder die "Geschichte verschiedener slavischen Völker..." (vier Bände, 1794/95 bei Stefan Novaković in Wien gedruckt) von Rajić erschienen sind, die neuere serbische Historiographie geboren worden ist. Auf diese Weise wurde in der Entwicklung der serbischen Kultur des 18. Jahrhunderts ein Bogen von Julinac, Rajić, Žefarović und Orfelin zu dem großen Reformator Dositej Obradović geschlagen, dem es gelang, von seinen zahllosen Reisen gegen Ende seines Lebens befruchtet und in das aufständische Serbien kommend, zwei Welten dauernd zu verbinden: Einerseits die westliche Aufklärung, die in den feudalen und bürgerlichen Kreisen in ganz Europa auflebte, andererseits die Vision des auferstandenen Nationalstaates, der in der serbischen Revolution von 1804 zur Welt kam.

Der Aufstieg des serbischen Fürstentums und sein allmählicher Wandel in einen bürgerlichen Staat zog viele und wesentliche Änderungen in der Entwicklung des serbischen Volkes nach sich. Seit der Mitte des 19. Jahrhunderts wurde das halbselbständige serbische Fürstentum ein Anziehungspunkt, das bereits genügend Kraft besaß, zahlrei-

---

605 D. Medaković, Đ. Milošević: Chronik der Serben in Triest. Belgrad 1987.
606 Dejan Medaković: Das Bild der serbischen Herrscher-Heiligen im 18. Jahrhundert. In: Südost-Forschungen XL, München 1981 S. 175–186.

che Ansiedler aus verschiedenen Gebieten anderer Staaten und gereifter Städte anzuziehen. Belgrad bekam damals sein Lyzeum und das Nationalmuseum.[607] Von besonderer Bedeutung ist die Gründung der Serbischen literarischen Gesellschaft im Jahre 1841, die die ersten Grundsätze organisierter wissenschaftlicher Arbeit aufgestellt hat und gleichzeitig an die ersten wissenschaftlichen Aufgaben herangetreten ist.[608] All dies ereignete sich im breiteren europäischen Rahmen der angewachsenen Romantik, die sich, wie überall, so auch in Serbien mit besonderer Empfindsamkeit der Vergangenheit des eigenen Volkes zuwandte, indem sie die Geschichte den schweren Bedingungen der Wirklichkeit, z. B. der politischen Unterordnung des jungen serbischen Staates, entgegengesetzt hat. Im Interesse der nationalen Entwicklung war es nötig, die unter dem türkischen Joch verbrachten, verlorenen Jahrhunderte sowie die unerbittlichen Folgen der Abtrennung von der europäischen Zivilisation möglichst bald durch die Aufklärung zu ersetzen. Der Abschied von den fremden, orientalischen Gewohnheiten war im Fürstentum Serbien weder leicht noch schmerzlos. Daher lag es nahe, die politischen Möglichkeiten nach dem ersten und zweiten serbischen Aufstand jenen großen Anforderungen anzugleichen, die die eigene Vergangenheit anzubieten schien. In erster Linie war das die glänzende Epoche des mittelalterlichen serbischen Staates, dessen Denkmäler, obwohl meistens schwer beschädigt oder sogar in Trümmern, an die Tage ehemaliger Größe gemahnt haben. Obwohl sich all das in einem zurückgebliebenen Staat entwickelt hat, in dem die orientalische Wirtschaft die Entwicklung des Kapitalismus hat verspäten lassen, führte die Anlehnung an die Vergangenheit jedoch nicht zu offenen Zusammenstößen und unheilvollen Auseinandersetzungen mit jenen gesellschaftlichen Kräften, die das Fürstentum Serbien seit der Mitte des 19. Jahrhunderts vorwärts drängten. Dieser Umstand offenbarte sich z. B. während der ungarischen Revolution im Jahre 1848, als die führenden ungarischen Schichten, die den Habsburgern Widerstand leisteten, die territoriale Einheit des alten ungarischen Staates erhalten wollten und für die bürgerlich-demokratischen Rechte der Nationalitäten weder Gehör noch Verständnis zeigten. Deswegen schlossen sich die Serben der Politik des Wiener Hofes an. So entstand die zweideutige Situation, daß der Kaiser die nationalen Bewegungen gegen die ungarischen Freiheitskämpfe zu richten gezwungen war. Von wesentlicher Bedeutung für den vorliegenden Zusammenhang ist das Verhalten des serbischen Fürstentums, das den Kampf des serbischen Volkes in Ungarn sowohl in moralischer, als auch in politischer und militärischer Hinsicht unterstützt hat. Diese Hilfe der fürstlichen Regierung hat für die weitere geistige Orientierung aller Serben dem Fürstentum gegenüber, das hiemit die Rolle eines regelrechten Piemont übernahm, wichtige Folgen gehabt.

Selbstverständlich spiegelte sich all das auch in der weiteren Entwicklung Belgrads wider. Ungeachtet dessen, innerhalb welcher staatlichen Grenzen damals Serben leb-

---

607 Dejan Medaković: Jovan Sterija Popović i srpska istorija umetnosti. In: Serta Slavica. Gedenkschrift für Alois Schmaus. München 1971 S. 478–483.
608 Branislav Miljković: Društvo srpske slovesnosti od 1841–1864.god. In: Članci i prilozi o srpskoj književnosti prve polovine XIX.veka. Novi Sad 1914 (Knjige Matice srpske 46).

ten, hat sich seit dem Jahr 1848 die Idee der politischen Gemeinschaft und geistigen Verbindung im Volke immer klarer verbreitet, weshalb seit der Mitte des 19. Jahrhunderts von allen Seiten Serben nach Belgrad strebten, die sich im jungen Nationalstaat niederlassen wollten. Es ist nicht unwichtig zu sagen, daß diese neue Bevölkerung ihre alten zivilisatorischen Gewohnheiten mitgebracht hat, die zwischen den vorgefundenen und den eigenen Sitten sehr interessante Symbiosen herbeigeführt haben. Die zum Teil unumgänglichen Zwiespalte wurden nicht mittels höherer Einsicht, sondern in dem Bewußtsein überbrückt, daß die von außerhalb Serbiens Kommenden niemanden gefährdeten und daß die neu entstehende Schichtung zweifellos sowohl politische als auch ökonomische Vorteile brächte. Daher kam es in Belgrad zur Herausbildung einer eigenartigen Stadtkultur, die zuerst von einer Mischung zwischen Ost und West, und danach, besonders seit der Zeit der zweiten Regierung des Fürsten Mihailo (1860), von einer beschleunigten Europäisierung geprägt war. Davon zeugt z. B. die mit der Herrschaft des launischen Königs Milan verbundene, bis heute sei es unerforschte, sei es unbemerkt gebliebene Hofkultur. Ohne sie kann man das Gesellschaftsleben des damaligen Belgrad kaum verstehen, das die Belgrader bürgerlichen Familien, Beamten- und Händlerschichten, Träger des Fremdkapitals, das künstlerische und wissenschaftliche Leben, der Journalismus und die Kommunalprobleme bestritten.[609] Schließlich trugen zur Kultur von Belgrad erheblich auch verschiedene Fremde bei, besonders die Juden, die als alt eingesessene Einwohner Belgrads mit der Abschottung auf ihren Dorćolraum ihre ursprünglichen Werte konserviert haben.

Auch in seinem äußeren Aussehen verlor Belgrad immer mehr das Kennzeichen einer orientalischen Stadt. Dieser Vorgang ging mit der raschen Entwicklung der serbischen Architektur und der Ankunft ausgebildeter Architekten einher, die die alten balkanischen Zimmerleute und Baumeister ersetzten. Völlig im Geiste der europäischen Romantik wurde die serbische Kunst von Impulsen des Historismus ergriffen, die besonders im kirchlichen Bauwesen mit dem Ziel zum Tragen kam, die mittelalterliche serbische Architektur zu vergegenwärtigen.[610] All diese Ideen hat Mihailo Valtrović am 30. Oktober 1888 bei seiner Antrittsrede in der Akademie unter dem Titel „Ein Blick auf die alte serbische Kirchenarchitektur" zusammengefaßt. Erst hiemit entstand das erste, schriftlich entwickelte Programm des Kunsthistorismus, ein Werk, das jene Ideen wiederholt hat, von denen Valtrović schon früher (1886) erfüllt war, und über die er mit Steva Todorović und Đorđe Maletić im Büchlein „Die Orthodoxie in der heutigen kirchlichen Malerei Serbiens" heftigen Polemiken geführt hatte. Auch im Büchlein „Ein Blick auf die alte serbische Kirchenarchitektur" wies Valtrović an mehreren Stellen auf sein tiefes Gefühl, den Glauben an die Kraft der Geschichte und auf die Wichtigkeit der alten kirchlichen Kunstdenkmäler hin, die *„treue Erzähler ihrer Zeit*

---

609 Dejan Medaković: Odgovori iz prošlosti Beograda. Beograd 1989 S. 41–50.
610 Dejan Medaković: Istorizam u srpskoj umetnosti XIX.veka. In: Istraživači srpskih starina. Beograd 1985 S. 9–22.

sind . . ., so daß man sie deshalb schätzen und als zuverlässige Quellen erforschen sollte".[611] Weiters schrieb Valtrović, daß es neben jenen Denkmälern, die *"schriftlich die Vergangenheit eines Volkes erzählen, auch andere Völker gibt, die es durch ihre äußerlichen Kennzeichen tun. Neben den literarischen Denkmälern, die als Quellen zum Kennenlernen der lange vergangenen Tage im Leben eines Volkes dienen, gibt es auch Monumentaldenkmäler, die durch ihren Baustoff, durch ihre Aussicht, Farbe sowie auch durch andere äußerlichen Kennzeichen über die verschiedenartigen Verhältnisse, Notwendigkeiten und Gefühle im Laufe der Entwicklung eines Volkes sprechen und auch davon Zeugnis ablegen"*. Valtrović glaubte sogar, daß in Monumentaldenkmälern *"dieselbe geistige Kraft eines Volkes liegt, die die Sprache und alle durch sie ausgedrückte Begriffe und Bilder über den Menschen und sein Inneres geschaffen hat . . ."* Darin liege dieselbe geistige Kraft, auf welcher sich die Basis und die Auffassungen der Wechselseitigkeit gründen und sich entwickelt haben, dadurch werde die Quelle für alle Tugenden im Gesellschafts- und Staatsleben des Volkes geschaffen, und hiemit würden dem Volke gleichzeitig zuverlässige Umstände und Tatsachen für allseitige Fortschritte und Stärkungen angeboten. Indem sich Valtrović für die gleichzeitige Erforschung aller Literatur- und Monumentaldenkmäler eingesetzt hat, wies er darauf hin, daß beide *"erwähnten Arten von Denkmälern derselben Wurzel entstammen und dann, wenn sie eine und dieselbe, nur auf verschiedene Weise durchgeführte Macht darstellen, sie nur gemeinsam Baustoff für die geschichtliche Darstellung des Volkslebens sein können"*. Mit anderen Worten, die Romantik hat den Grundsatz aufgenommen, das Historische in einem Kunstwerk bestimme nicht die Vergänglichkeit dieses Werkes, sondern die Potenz seiner Dauer. Nur das Historische sei kein Produkt der Natur, sondern einzig das Werk eines Menschen, und sei daher der Modernisierung zugänglich. Naturerzeugnisse seien tot, sobald sie entstanden seien, Menschenwerke erhielten erst dann Leben und wahrhafte Gegenwärtigkeit, wenn sie, in historischer Zeit beendet, im Geiste reproduziert würden.[612]

Diese Reproduktion des Kunstwerkes kam allem Anschein nach nicht früher als im 19. Jahrhundert zustande, und zwar vor allem in der Verbindung von Kunst und Geschichtswissenschaft. Diese Brücke hat auch im damaligen Serbien insofern eine erstklassige Rolle gespielt, indem sie Anregungen nach außen abgegeben hat. Auf diese Weise bildete sich im Serbien des Fürsten Miloš ein kreatives Klima für die Kunst und ein dualistischer Historismus, den zweierlei charakterisiert: Einerseits die demütige Übernahme vollendeter künstlerischer Lösungen Europas, das damals sowohl dem Mittelalter als auch späteren Kunstepochen zugewandt war, andererseits die Rückkehr zur eigenen Vergangenheit als unerschöpfliche Quelle für das Leben der serbischen Kunst. Ohne Zweifel ist Mihailo Valtrović das beste Beispiel dafür, wie die damaligen Ideen des europäischen Historismus den Bedürfnissen eines jungen und schwungvollen Bal-

---

611 Ebenda S. 17.
612 Ebenda S. 19.

kanstaates wie z. B. Serbien anzupassen waren. Man kann sagen, die herrschenden Ideen des Jahrhunderts stellen in ihrer künstlerischen Anwendung den sichtbarsten Teil der beschleunigten Europäisierung dar. Alte künstlerische Aussagen „*e smo carevali*" [wir waren einmal Kaiserstaat], wie Milan Milićević sagte, wurden unzweifelhaft ein deutlicher Beweis staatlichen Wollens.[613] Selbstverständlich ist bei dieser schöpferischen Welle unbedingt auch anzumerken, was die Geschichtswissenschaft damals in Serbien geschaffen hat, besonders das, was die Serbische literarische Gesellschaft in ihrer inhaltsreichen Reihe „Glasnik" aufgegriffen hat. Das gesamte Wirken dieser Gesellschaft wartet noch auf ein endgültiges Urteil in der Geschichtsschreibung, denn bislang sind nur mehr oder weniger marginale Bewertungen ausgesprochen worden.

Obwohl im serbischen Bauwesen bereits seit der Regierung der Fürsten Miloš und Mihailo der Rückgriff auf mittelalterliche Architekturformen sichtbar ist – man denke nur an die 1834 in Topčider errichtete Hofkirche oder an die 1863 beendete, fünftürmige Voznesenjska-Kirche in Belgrad – gab es im Fürstentum Serbien auch deutliche Spuren spätbarocker und klassischer Formen in der Kirchenarchitektur, die jenen im Donaugebiet gleichen. Einen wahrhaften Triumph solchen Einflusses stellt die Belgrader Synodalkirche dar, deren Bau im Jahre 1841, gerade am Vorabend des Dynastiewechsels, beendet war, während die Ikonostase und die sonstige innere Ausgestaltung auf das Jahr 1845 zurückgehen. Den eingehenden Untersuchungen von Nikola Nestorović, Miodrag Kolarić, Zoran Manević, Željko Škalamera, Branko Vujović und besonders der großen Synthese von Miodrag Jovanović[614] ist es zu verdanken, daß alle Entwicklungsstationen, Stilneuheiten, Schwankungen und schließlich zweifellos guten Erfolge der serbischen Baumeister bis zu den neuesten Bemühungen klar und dokumentarisch erläutert worden sind, die endlich die Verbindung zwischen den serbischen Eigenheiten und den traditionellen byzantinischen Bauformen aufzeigen. So wurden für das urbanistische Gesicht Belgrads und Gesamtserbiens wertvolle Bestandteile des künstlerischen Erbes festgehalten, wobei der Blick auf das gelenkt wurde, was im Lauf des 19. Jahrhunderts die serbische Residenzstadt umgestaltet hat.

Es ist klar, daß sich nicht nur die Architektur, sondern auch die serbische Malerei dieser Zeit stark verändert hat.[615] Auch für dieses Kunstgebiet ist seit der ersten Herrschaft des Fürsten Miloš ein allmählicher Übergang festzustellen, z. B. bei besseren und sogar ausgezeichneten Malern aus dem Donaugebiet, die gleich Pavel Đurković dem Fürsten nahe standen, weil sie eine Zeit lang die Rolle von Hofmalern in Kragujevac innehatten. Einmal begonnen, setzte sich auch in den späteren Jahrzehnten der Einfluß aus dem Donaugebiet nach Serbien mit verstärktem Schwung fort. Ehe schließlich Đura Jakšić auftrat, führte Dimitrije Avramović einen großen Wendepunkt in der serbischen Malerei herbei, denn er erhielt den Auftrag, die Ikonostase in der Belgrader

---

613 Ebenda.
614 Miodrag Jovanović: Srpsko crkveno graditeljstvo i srpsko slikarstvo novijeg doba. Beograd – Kragujevac 1987.
615 Medaković: Odgovori a. a. O. S. 46.

Synodalkirche zu beenden. Avramović's Werk ist für die serbische Malerei von ungewöhnlicher Bedeutung, weil dieser Schüler der Wiener Nazarener in die serbische Kirchenkunst jene neuen, in einem anderen Kultkreis entstandenen Ideen eingebracht hat, die in Europa, besonders im deutschen Raum, die Kirchenmalerei wiederherzustellen bestrebt waren.

Bei Avramović und seinen Nachfolgern (von Dimitrije Posniković, Steva Todorović, Milija Marković, Đorđe Krstić bis Uroš Predić) hingen die in der serbischen Kirchenmalerei sichtbaren Bestrebungen von der persönlichen Einstellung der Meister selbst ab. In dieser Zeit gab es wirklich aufrichtige Bemühungen, die Grundsätze der Orthodoxie zu entdecken und zu verwirklichen, und offensichtliche Gegensätze, wie z. B. der byzantinische und abendländische Standpunkt über das Wesen des Kirchen und Kultbildes, waren zu überbrücken. Alle Spuren solcher Probleme und verschiedenartiger Auffassungen verwandelten Belgrad in das künstlerische Zentrum der Serben. Mit noch größerem Schwung förderten diese Rolle jene serbischen Maler und Bildhauer, die am Anfang des 20. Jahrhunderts wirkten, als der berühmte Zeitabschnitt der serbischen Moderne begann. In einer Reihe glänzen Namen wie Nadežda Petrović, Borivoje Stevanović, Rista und Beta Vukanović, Leon Kojen, Milan Milovanović, Kosta Miličević, Ljuba Ivanović und Simeon Roksandić, um nur einige zu nennen, darunter manche, die sich von der Malerei des 19. Jahrhunderts noch nicht gelöst hatten. Es entstand in Belgrad damals ein besonderes künstlerisches Klima, das die Kultur in der serbischen Hauptstadt umwandelte. Im Jahre 1892 wurde die „Srpska književna zadruga" [Serbischer Literaturverband] gegründet, die auf dem Gebiet der schönen, sowohl einheimischen als auch fremden Literatur begann, ein sinnvolles Programm zu entfalten. Im Jahre 1901 kam der „Srpski književni glasnik" [Serbischer Literaturbote] hinzu, der mit seiner hohen Qualität bis zum Vorabend des Zweiten Weltkrieges die wichtigste Zeitschrift dieser Art in Serbien war. Im Jahre 1905 ging die „Velika Škola" [Hochschule] in die Belgrader Universität über, und schon die ersten Professoren waren von europäischem Format. Man erinnere sich der Namen wie Bogdan Gavrilović, Sima Lozanić, Stanoje Stanojević, Mihajlo Petrović-Alas, Brana Petronijević, Jovan Cvijić, Jovan Skerlić und Bogdan Popović und kann daraus den Schluß ziehen, die Eröffnung der Universität sei Ausdruck kluger und geduldiger Reifung gewesen. Fruchtbar trafen sich serbisches wissenschaftliches und politisches Denken, wodurch sich die moralischen Grundsätze verfeinerten, mit denen Serbien in seine siegreichen Kriege von 1912, 1913, 1914 bis 1918 eintreten sollte. Gerade in Belgrad entfalteten sich wesentliche geistige Kräfte, die das Königreich Serbien, besonders seit 1903, in einen modernen europäischen Staat mit deutlich demokratischer Prägung verwandelt haben. Für diese Behauptung reicht es, an das Wirken der serbischen bürgerlichen, radikalen, republikanischen, demokratischen und sozialdemokratischen Parteien zu erinnern. Ungeachtet der Unterschiede in den Auffassungen und Methoden hatten sie ein gemeinsames Ziel: Freiheitstraditionen des serbischen Volkes aufzubewahren, zu entwickeln und zu verteidigen, und den Staat als etwas Eigenes zu bewerten und zu erleben, unter Bewahrung von Pietät gegenüber den Ahnen, die den Staat für ihre Nachkommen mit Qualen errungen haben.

Belgrad und seine geistigen Werte haben damals dominant nicht nur auf Serbien, sondern auch auf den ganzen südslawischen Raum ausgestrahlt. Schon vor den Politikern haben die Künstler damals zwar allmählich, aber sehr sicher jene Wege gebahnt, die zur Gründung des jugoslawischen Staates geführt haben. Zwei von vier Ausstellungen, die in diesem Sinn im Zeitraum zwischen 1908 und 1914 veranstaltet wurden, fanden in Belgrad statt (1904 und 1912). 1913 kam es für die künstlerischen Angelegenheiten Serbiens und des Jugoslawentums zu einem Ausschuß, dem Marko Murat als Präsident vorstand, während Nadežda Petrović und Kosta Strajnić als Sekretäre fungierten.[616] Die Grundsätze und das Programm dieses Ausschusses zeugen von der Breite, Weisheit und Weitsichtigkeit der Verfasser. So kam die Initiative aus Belgrad, als Aussteller im Pavillon des Königreiches Serbien bei der Weltausstellung in Rom 1911 auch die Mitglieder der kroatischen Gruppe „Medulić" aufzunehmen, an deren Spitze Ivan Meštrović stand, der als Zeichen des Protestes gegen die österreichische Politik abgelehnt hatte, seine Werke im ungarischen Pavillon auszustellen. Die Gruppe „Medulić" trat mit ihrem Protest auch unverhohlen für ein integrales Jugoslawentum auf, was in Europa damals als wahre Sensation empfunden worden ist.

Indem sie – konkret seit dem 25. April 1841, als Belgrad zur offiziellen Residenz des Fürstentums proklamiert worden war[617] – ihre orientalische Zurückgebliebenheit abstreifte, hat die serbische Hauptstadt ihr Antlitz einerseits stark gewandelt. Andererseits entwickelten sich aber auch gesellschaftliche Bemühungen, die der Aufmerksamkeit der serbischen Wissenschaftler entgangen sind. Ein solches Beispiel ist die Institution „Građanska kasina" [Stadtkasino], die am 22. Juni 1869 aus der Aktiengesellschaft „Sloga" [Eintracht] hervorgegangen ist und das Ziel verfolgte, *„den Belgrader Einwohnern die Gelegenheit zu bieten, daß sie zusammentreffen und sich vereinigen können, wobei die Händlerwelt neben den gewöhnlichen Unterhaltungen und Sitzungen ihre Interessen näher kennenlernen und besprechen könnte"*. Die Gesellschaft „Sloga" hatte weiters vor, neben dem Kasino auch eine Börse, und zwar in ihren Räumen zu eröffnen, was damals jedoch nicht zustande kam, sodaß allein das Stadtkasino die Erwartungen der Einwohner erfüllen konnte. Im Vergleich zur ehemaligen „čitalište beogradsko" [Belgrader Lesesaal] stellte das Stadtkasino einen unzweifelhaften Fortschritt und eine modernere Form bürgerlichen Vereinswesens dar, wovon zahlreiche öffentliche Veranstaltungen dieser Organisation zeugen.[618]

Weiter oben war von der großen sozialen und politischen Rolle, die die südslawische Kunst in Belgrad im Zeitraum von 1901 bis 1914 gespielt hat, die Rede. Belgrad hat jedoch auch andere Initiativen übernommen, die zur Stärkung der südslawischen Soli-

---

616 Dejan Medaković: Principi i program „Odbora za organizovanje umetničkih poslova Srbije i jugoslovenstva" iz 1913.godine. In: Zbornik Filozofskog fakulteta u Beogradu XI/1, Beograd 1970 S. 671–682.
617 Radosav Marković: Pitanje prestonice u Srbiji kneza Miloša. Beograd 1938.
618 Medaković: Odgovori a. a. O. S. 48–49.

darität und auch zur politischen Verbreitung der Grundsätze der jugoslawischen Vereinigung geführt haben. Aus diesen Gründen ist auf den zehnten slawischen, in Belgrad 1911 abgehaltenen Journalistenkongreß zu verweisen. Zu dieser Gelegenheit veröffentlichte Jovan Skerlić sein berühmtes Buch „Geschichtliche Übersicht über die serbische Presse (1791–1911)", das der serbische Journalistenverband veröffentlicht hat. Die Motive für die Herausgabe dieses Buches hat Skerlić in seiner kurzen, aber gehaltvollen Einführung sehr gut begründet: *„Wenn man in dieser Übersicht manche Einzelheiten trifft, die einem vielleicht außerhalb des Gegenstandes liegend scheinen könnten, sollte man vor Augen halten, daß in dieser Übersicht über die Presse deren breitere Bedeutung, größere nationale und kulturelle, ja sogar auch literarische Mission angegeben wurde. Die Presse wurde dabei als Ausdruck geistiger Strömungen begriffen, die in der serbischen Gesellschaft erschienen. Sie gab den Serben etwas mehr als tägliche Neuigkeiten und gewöhnliches Vergnügen; sie war bei uns, nach den Worten eines der ersten serbischen Journalisten Dimitrije Frušić, das erste, leichteste, passendste Mittel, das einen zum Lesen, Nachdenken und zu Fortschritt in der Zivilisation und Literatur anspornt."* Diese Worte Skerlić's wurden in einem Augenblick geschrieben, als in Belgrad 15 politische Tagesblätter, 6 politische und satyrische Wochenblätter, 15 literarisch-wissenschaftliche und politische Zeitschriften, 44 Fachblätter oder Organe von Gesellschaften, Institutionen und Korporationen herausgegeben wurden. Es erschienen somit 89 Zeitungen und Zeitschriften. Selbstverständlich steckt hinter diesen trockenen statistischen Angaben ein reich gegliedertes politisches, kulturelles und wirtschaftliches Leben, d. h. ein Zeugnis über den gestiegenen Fortschritt und die beschleunigte Entwicklung Belgrads.[619] Die Behauptung bestätigt auch der rasche Aufstieg des Musiklebens in Beograd im Zeitabschnitt von 1840–1941, über den wir im Buch von Slobodan Tuzlakov „Letopis muzičkog živosta u Beogrudu 1840–1941"[620] informiert werden.

Diesen unaufhörlichen Aufschwung haben die tragischen Jahre des Ersten Weltkrieges unterbrochen, dessen sowohl geistige als auch materielle Trümmer in der Folge neue Anstrengungen und Opfer vom erschöpften und dezimierten serbischen Volk verlangt haben. Damals begann das Leben im neu gegründeten, gemeinsamen Staat der Serben, Kroaten und Slowenen. Belgrad war nun Hauptstadt eines ganz anderen Staates geworden, sah sich aber schon zu Beginn dieser Ära bis dahin unbekannten nationalen und sozialen Problemen gegenübergestellt.

---

619 Ebenda S. 50.
620 Beograd 1994.

Zagrebs Aufstieg zur kroatischen Hauptstadt

Božena Vranješ-Šoljan (Zagreb)

Das Entstehen und der Werdegang von Zagreb (Agram)[620] ist langwierig verlaufen, denn diese Stadt entstand ähnlich den übrigen Städten im Slawonien des frühen Mittelalters infolge von Sammlung und Ansiedlung Einheimischer und Fremder um eine Befestigung (castrum) am Boden des heutigen Hügels Kaptol. Im Jahre 1094 Sitz des Bistums geworden, begann sich die Ortschaft räumlich auszubreiten. Neben dem Bischofssitz entstand eine Ansiedlung von Händlern und Handwerkern, vicus Latinorum genannt (Podgrađe), deren Name darauf hindeutet, daß sie von Fremden vorwiegend italienischer Herkunft kolonisiert worden sein muß.

Infolge der Gründung des Bistums wurde Zagreb (Kaptol) zum Sitz der königlichen Gespanschaft (Komitat) und zum wichtigsten Zentrum im mittelalterlichen Slawonien erhoben. Das Bistum übte auf das politische Geschehen einen sehr starken Einfluß aus, denn seine Diözesangrenzen bildeten den politischen Rahmen für Herzöge und Bane. Es wurde auch ein kultureller Brennpunkt, denn außer dem Bischof kamen als die ersten Mönche die Chorherrn. Als Wohnstätte erhielten diese das Gelände nördlich der Kathedrale, als Lebensunterhalt einen Besitz mit Lehnsbauern und Wald auf der Medvednica (Zagrebačka gora). Die Geistlichen und der Bischof bildeten das Kloster des Hl.Stefan, wie das Zagreber Bistum noch im Jahre 1267 in Urkunden hieß. Neben dem Bischof wurde auch ein vom König bestellter Gespan (Župan) ansässig; er hatte Soldaten unter sich, übte Gerichtshoheit aus und trieb verschiedene Abgaben ein.[621]

Zahlreiche Besitzschenkungen und sonstige Einkünfte stärkten die materielle Lage des Zagreber Bistums. Aus seinen Besitzungen, aber auch aus anderen Schenkungen im 12. und 13. Jahrhundert (darunter auch vereinzelter Zagreber Chorherrn) wuchs schließlich das Kaptol zusammen. Am Platz der heutigen Stefanskathedrale befand sich das erste Kirchlein, das zwischen dem 9. und 11. Jahrhundert erbaut worden ist. Es wurde von italienischen Meistern errichtet, der Stein stammte von der Medvednica. Es ist nicht bekannt, ob es abgerissen worden oder verfallen ist, doch entstand an seiner

---

621 I. Kampuš: Prilog pitanju postanka varoši Gradeca kraj Zagreba. In: Historijski zbornik XVIII, Zagreb 1965 S. 129–140; N. Klaić: Neki problemi najstarije povijesti biskupskokaptolskog Zagreba i kraljevskog Gradeca. In: Iz starog i novog Zagreba IV, Zagreb 1968 S. 7–23; I. Kampuš-I. Karaman: Tisućljetni Zagreb. Zagreb 1975; Enciklopedija hrvatske povijesti i kulture. Zagreb 1980 S. 748–758; J. Adamček: Agrarni odnosi u Hrvatskoj od sredine XV do kraja XVII stoljeća. Zagreb 1980 S. 162–191, 396–407; S. Krivošić: Zagreb i njegovo stanovništvo od najstarijih vremena do sredine XIX stoljeća. Zagreb 1981; N. Klaić: O strukturi gradske jezgre zagrebačkog Gradeca u drugoj polovici XIV stoljeća. In: Iz starog i novog Zagreba VI, Zagreb 1984 S. 33–70; L. Margetić: Bilješke o starijoj povijesti Zagreba. In: Historijski zbornik XXXIX, Zagreb 1986 S. 243252; L. Dobronić: Zagrebački kaptol i Gornji grad nekad i danas. Zagreb 1986, N. Klaić: Povijest Hrvata u srednjem vijeku. Zagreb 1990; L. Dobronić: Biskupski i kaptolski Zagreb. Zagreb 1991.
622 Siehe Dobronić: Biskupski i kaptolski Zagreb S. 21 und Kampuš-Karaman S. 23.

Stelle eine neue und größere Kirche, die König Andreas II. anläßlich des Aufbruchs zum Kreuzzug im Jahre 1271 als knapp vollendete Kathedrale weihen ließ. Während der Regentschaft Bischof Stefans II. (1225–1247), der zuvor Kanzler dieses Königs gewesen war, kamen Dominikanermönche in die Stadt und erbauten hier ein Kloster. Die nun abermals wachsenden Lebensbedürfnisse bestritten Handwerker und Händler, die es zuvor nicht gegeben hatte. Dies führte zu einer räumlichen und bevölkerungsmäßigen Zunahme der Siedlung, sodaß das bischöfliche Zagreb gegen Ende des 13. Jahrhunderts eine Fläche von etwa 4,5 ha bedeckte.[622]

Zur Zeit der Regierung König Bela's IV. traf das Kaptol der Einbruch der Tataren. Als die Stadt geplündert und niedergebrannt und die Kathedrale zerstört wurde, rettete die Mehrzahl der Bewohner ihr Leben durch die Flucht in die umliegenden Wälder der Zagrebačka gora. Nach dem Rückzug der Tataren suchte ein Teil der überlebenden Einwohner aus Furcht vor möglichen neuerlichen Einfällen größere Sicherheit am Hügel Gradec, an dessen Fuß auf königlichem Territorium schon früher eine Ansiedlung entstanden war. Da sich dessen Bollwerke zur Zeit des Tatareneinfalls größtenteils als nützlich erwiesen hatten, beschlossen die Zagreber Bürger, ihre neue Ansiedlung am benachbarten, höheren Hügel Gradec zu befestigen, den der Bach Medveščak vom bischöflichen Zagreb trennte.[623]

Im Jahre 1242 erteilte König Bela IV. den Hospites, den neuen Bewohnern am Hügel Gradec, Sonderrechte, die unter dem Namen „Goldene Bulle" bekannt geworden sind.[624] Für das Versprechen baldmöglichster Befestigung wurde der Gradec zur königlichen Freistadt erhoben, d. h. von der Obrigkeit des Bans oder Gespans ausgenommen und unmittelbar dem König unterstellt. Dieses Privileg ermöglichte den weiteren Aufschwung der Siedlung, die sich alsbald in ein regelrechtes Zentrum verwandelte. Da die Landesherrn ausreichend Gründe besaßen, die Bürger zu schützen und nicht zuzulassen, daß slawonische Magnaten diese unter ihre Gewalt stellten, unterstützten sie jene Entwicklung am Gradec: Indem die Könige den Bürgern das Recht zuerkannten, jährlich eine vierzehntägige Messe abzuhalten, den Kaufleuten die Zahlung jeglicher Marktgebühren abließen und die Bürger vom Zahlen sämtlicher Abgaben verschonten. Zwecks wirtschaftlicher Erstarkung schenkte Bela IV. den Bürgern zum Lebensunterhalt auch größeren Grundbesitz. Da bereits nach einigen Jahren die Verpflichtung zum Bau fester Mauern erfüllt war, ist die Siedlung in zeitgenössischen Quellen (1257) zum ersten Mal als „Festung Gradec"[625] erwähnt. Obwohl die nun ummauerte Stadt allem Anschein nach von Anfang an einen Turm hatte, erhielten die Chorherrn die Genehmigung, am nördlichen Ende eine eigene Befestigung zu errichten – den späteren „Pfaffenturm". In der urbanen Gestaltung des Gradec im 14. Jahrhundert dominierten neun

---

622 Krivošić S. 24.
623 Kampuš S. 137.
624 Klaić: Povijest Hrvata S. 263–265.
625 Kampuš-Karaman S. 27.

Häuserreihen, die sog. insulae.[626] In die Stadt gelangte man durch vier Tore: im Osten die „Kamena vrata", im Westen die „Mesnička vrata", im Norden die „Nova vrata" und im Süden die „Poljska vratašca". Die Bewohner organisierten den Wachdienst und die Wartung der Stadttore selbst. Wegen der zweckmäßigen Lage wickelte sich der Hauptverkehr durch die Kamena vrata ab und führte über die Hauptstraße ins Stadtzentrum, den heutigen Markusplatz.[627]

Trotz der bestehenden Quellen, von denen die Verzeichnisse der Steuerpflichtigen am wichtigsten sind, ist es schwer, eine genaue Vorstellung über Raum und Einwohnerzahl zu bekommen. Nach realistischer Schätzung ist anzunehmen, daß der Gradec damals eine Fläche von etwa 13 ha gehabt und um 3.000 Einwohner beherbergt hat.[628] In den erhaltenen Dokumenten finden sich Hinweise über die Erwerbstätigkeit und die Herkunft der Einwohner; oft erwähnt sind Schuster, Weber, Weißwarenhändler, Hutmacher, weiters Bäcker, Müller, Schmiede, Hafner u. a. Eine besonders zahlreiche Gruppe bildeten die „Ligonisten" (Taglöhner bzw. Landarbeiter). Unter den Handwerkern am häufigsten genannt werden die Schuster und Fleischer, nach denen bestimmte Stadtteile benannt sind: „Šoštarska ves" und „Mesarska (Mesnička) ulica". Hinsichtlich der Herkunft sprechen die erwähnten Quellen von einer Mehrheit kroatischer Bevölkerung, daneben sind aber auch *Sclavi, Hungari, Teutonici* und *Latini* erwähnt.[629]

Unterhalb der befestigten Königsstadt, an der südlichen Seite, entstand ein weiteres Stadtviertel – Nova ves, das man zu Beginn des 15. Jahrhunderts „Lončarska ulica" oder nach dem Bächlein „Ilica" zu nennen begann. Über den Bach Medveščak, der die Stadtteile Gradec und Kaptol trennte, führten zwei Brücken. Wegen ihrer roten Farbe ist die sog. „Pisani-Brücke" besonders bekannt geworden, die wegen häufiger Zusammenstöße und Überfälle auch den Namen „Krvavi most" erhielt. Auch das bischöfliche Zagreb (Kaptol) dehnte sich räumlich aus. Bereits ab der Mitte des 15. Jahrhunderts (1469–1521) begann man das Kaptol wegen der drohenden Türkengefahr zu befestigen. Um die Mauern durch eine Besatzung zu sichern, gestattete man weltlichen Personen den Zuzug. So entstand die Siedlung Kaptolska ves oder Opatovina[630], und die Bewohner errangen ähnliche Rechte wie jene in Nova ves.

Bis Ende des 15. Jahrhunderts erlebte der königliche Gradec einen wirtschaftlichen und sozialen Aufschwung. Dann kam es für längere Zeit zu Stagnation und Rückgang, da sich die Wirtschaft verminderte und die Einwohnerschaft verringerte. Die Ursachen hiefür traten jedoch schon im 14. Jahrhundert zutage. In erster Linie waren es die blutigen Auseinandersetzungen der Bürger des Gradec und des Kaptol um die Vorherrschaft, dann Pestepidemien, mehrere Brände, dynastische Streitigkeiten, Einschränkungen der städtischen Freiheiten besonders während der Herrschaft der Grafen von Cilli, die die

---

626 Klaić: O strukturi S. 52–53.
627 Krivošić S. 55.
628 Ebenda S. 56–61.
629 Ebenda S. 59.
630 Dobronić: Zagrebački kaptol S. 4.

Feste Medvedgrad beherrschten, Zunftbeschränkung und -ausschließung und schließlich die Verlagerung des Handels in das bischöfliche Zagreb. Auch die vielen inneren Spannungen im ungarisch-kroatischen Staat spiegelten sich im Zwiespalt zwischen dem bischöflichen Kaptol und dem königlichen Gradec kontinuierlich wider. So fanden sich beide nach der Schlacht bei Mohács im Jahre 1526 politisch auf entgegengesetzten Seiten. Bischof Šimun Erdödy und das Kaptol nahmen Partei für Ivan Zapolja, der Gradec hingegen für Ferdinand I. von Habsburg. Im Lauf des Bürgerkrieges wurden sowohl der Gradec als auch das Kaptol mehrere Male von Seiten der jeweiligen gegnerischen Heere belagert und verwüstet.

Nach der Wahl des Habsburgers zum ungarisch-kroatischen König regelte der neue Herrscher die finanziellen Pflichten der Bürger des Gradec. Anfänglich zwar von der Zahlung einer außerordentlichen Kriegsauflage befreit, hatte der Gradec ab dem Jahr 1538 die Verpflichtung, 400 Gulden für die Landesverteidigung und später sogar noch 1.000 Gulden Kriegsabgaben zu zahlen. Da diese finanziellen Lasten die städtischen Gesamterträge um das Vierfache überstiegen, entsandten die Bürger ihre angesehensten Vertreter mit der Bitte nach Wien, der König möge sie entweder davon befreien oder diese Steuern wenigstens herabzusetzen. Trotz der Steuerminderung ab dem Jahr 1570 beglich der Gradec seit der zweiten Hälfte des 16. Jahrhunderts wegen ständiger finanzieller Schwierigkeiten dem Landesherrn einzig die Kriegssteuer, die die Assessoren eintrieben und die die Gemeinde je nach den Vermögensverhältnissen auf die Bürger umlegte. Laut den Dokumenten betrug die Steuerbelastung der Einwohner des Gradec im Jahre 1553 zwischen 5 und 275 Denaren. Deshalb kämpften die Bürger im Lauf des 16. Jahrhunderts um die Bewahrung des aus dem 13. Jahrhundert stammenden Sonderrechts, den Dreißigst-Zoll nicht zahlen zu müssen. Bestätigungen hiefür erfolgten schließlich im Jahr 1595 und nochmals im Jahr 1625.[631]

Einen negativen Einfluß auf die Entwicklung der Zagreber Stadtteile übten die Kriege mit den Türken aus. Obwohl der Feind von den Befestigungen von Sisak und Karlovac (Karlstadt)[632] aufgehalten worden war, drohte weiterhin die Gefahr kriegerischer Auseinandersetzungen. Wegen solcher unsicherer Verhältnisse wanderten viele Bewohner ab. Geldmangel und Besatzung, aber auch die demographische Krise besonders zu Ende des 16. Jahrhunderts, als der Druck der türkischen Kräfte aus dem benachbarten Bosnien wieder zunahm, schufen der königlichen Freistadt Gradec mannigfache Entbehrungen. Die Einwohnerschaft des Gradec flüchtete nun panisch in sicherere Gegenden, allen voran die Mönche. Nachdem im Jahre 1606 jedoch der Friede von Zsitvatorok geschlossen war, wandte sich das Blatt und die soziale und wirtschaftliche Entwicklung nahm einen neuen Aufstieg.

Von seinem Rückgang begann sich der Gradec Anfang des 17. Jahrhunderts zu erholen, zunächst in demographischer Hinsicht. In die Stadt zogen zahlreiche Handwerker,

---

631 Kampuš-Karaman S. 68–70.
632 Ebenda S. 84.

dann ländliche Gewerbetreibende und Mönche zu, die die alten Klöster und Kirchen restaurierten oder neue Anlagen errichteten. So kam es zur Umformung Zagrebs von einer mittelalterlichen zu einer barocken Stadt.[633] Außer auf das Ende der türkischen Gefahr, außer der Anwesenheit zahlreicher Feudalherrn, Kirchen, Orden und außer auf den Anstieg des Handels und Gewerbes ging die Erneuerung auf Brände zurück, die dreimal während des 17. Jahrhunderts und einmal im Jahre 1706 die Stadt verwüsteten. Mit der allmählichen Verwendung von Ziegeln wurde die zerstörerische Gewalt des Feuers eingeschränkt, wodurch die urbane Ausgestaltung, auch wenn sie sich über Jahrzehnte hinzog, belebt wurde. Um den Häuserbau zu erleichtern und zu beschleunigen, hat man an der südlichen Peripherie des Gradec eine städtische Ziegelei errichtet, die Mauer- und Dachziegel herstellte. Auch das Kaptol hatte eine eigene Ziegelei, oberhalb des Parks Ribnjak. Zu dieser Zeit sind die Stadtmauern abgetragen und auf deren Fundamenten neue repräsentative Magnatenhäuser, später auch Stadtpalais erbaut worden. Das Leben der Stadt verlagerte sich folglich aus den alten, einst befestigten Teilen in die Unterstadt, in den Bereich des heutigen Donji grad; dennoch ging die Entwicklung der Unterstadt im ganzen 18. Jahrhundert nur langsam voran. Gleichzeitig erweiterte sich mittels neuer Klöster, Kirchen und Bürgerhäuser auch das Gebiet des Kaptol. Dies betraf die Bereiche Opatovina, Dolac, Tkalčić-Straße, Nova ves und Vlaška-Gasse. Auch das Aussehen der Harmica (zentraler Marktplatz) änderte sich infolge der neuen Ziegelbauten. Einige dieser gemauerten Häuser aus dem 18. Jahrhundert, besonders jene an der nördlichen und östlichen Seite, standen bis ins 19. Jahrhundert, einige sogar bis ins 20. Jahrhundert.[634]

Dem urbanistischen Wandel der Zagreber Siedlungen folgte ein Zuwachs an Einwohnern. In der Visitation des Kanonikus Pepelko aus dem Jahre 1742[635] wird die Zahl der Häuser, der Einwohner (Bevölkerung) und deren Gliederung erwähnt. Obwohl sie nicht ganz verläßlich ist, weist diese Aufzeichnung darauf hin, daß die einzelnen Stadtteile damals zusammen an die 560 Häuser und rund 5000 Einwohner ausmachten. Dies betraf den Boden jener vier Pfarren, die 1850 das Gebiet des einheitlichen Zagreb bilden sollten.

Da infolge der Vorschriften aus der Regierungszeit Maria Theresia's neue Magistrate eingerichtet worden sind, erfuhr Zagreb eine Gleichstellung mit allen anderen Freistädten auf kroatischem Boden. Hiemit wurde die Stadt, nachdem der kroatische Sabor (Landtag) schon seit dem 17. Jahrhundert hier getagt hatte, Zentrum des politisch-administrativen Lebens. Die politischen, sozialen und kulturellen Institutionen zogen neue Bewohner aus allen gesellschaftlichen Schichten herbei: Handwerker, Kaufleute, Freiberufler, Angehörige des Adels- und Magnatenstandes; Letztere band vor allem die

---

[633] F. Buntak: Izgled i razvitak središta Zagreba u dva barokna stoljeća. In: Iz starog i novog Zagreba V, Zagreb 1974 S. 27.
[634] N. Kraus: Prilog istraživanju građevnog razvoja zagrebačkog Gradeca u 18.stoljeću. In: Iz starog i novog Zagreba IV, Zagreb 1968 S. 111.
[635] Krivošić S. 85.

politische Verwaltung an Zagreb. Während es anfangs noch wenige adelige Stadtbewohner gab, stieg deren Zahl gegen Ende des 18. Jahrhunderts vor allem am Gradec beträchtlich. Dazu gehörten Mitglieder aus den Adelsfamilien Drašković, Erdödy, Kulmer, Oršić, Patačić, Rauch, Sermage, Vojković usw. Diese besaßen Herrenhöfe im kroatischen Zagorje und bauten für ihren Aufenthalt in Zagreb nun neue Paläste in der Oberstadt.[636]

Es hob sich die Zahl der in Zünften vereinigten Handwerker, desgleichen jene der Kaufleute, Beamten und Offiziere. Durch den Aufschwung des Handwerks differenzierten sich die Zunftorganisationen zwar, blieben bis zur Vereinigung der Stadtteile im Jahre 1850 jedoch voneinander getrennt.[637] Ansonsten besaßen die Gewerbezünfte am Gradec zum Unterschied vom Kaptol, wo die Zünfte erst gegen Ende des 16. Jahrhunderts auftraten, eine Jahrhunderte ältere Tradition. Mit dem Wandel der gesellschaftlichen Verhältnisse gingen sie allerdings ihrem Untergang entgegen.

Obwohl die Produktion der Stadt zum größten Teil die Zünfte bestritten, gab es in der Mitte des 18. Jahrhunderts erste Versuche zur Errichtung von Manufakturen, die nicht auf bürgerliche Unternehmer, sondern auf das Kaptol, die Staatsverwaltung oder einzelne Adelige zurückgingen.[638] Die ersten Niederlassungen befanden sich wegen der Wassernutzung längs des Baches Medveščak (Papier, Tuche, Seide) unweit der seit altersher bestehenden, zahlreichen Mühlen des Kaptol. Die Tatsache, daß es bei Versuchen, Manufakturen zu gründen, blieb, weist darauf hin, daß Handwerk und Gewerbe bis zur Mitte des 19. Jahrhunderts die Produktion in Zagreb im wesentlichen in ihren Händen behielten. Die Manufaktur- bzw. Fabriksunternehmen setzten sich erst später durch.

Der Aufschwung der Wirtschaft ging auf die geänderten Handelsbedingungen nach dem zwischen Österreich und den Türken geschlossenen Frieden von Karlovci (Karlowitz) im Jahre 1699 zurück. Kraft dessen Bestimmungen wurden die ganze ungarische Tiefebene sowie Slawonien und Syrmien von der türkischen Herrschaft befreit. Die bäuerliche und adelige Landwirtschaft produzierte Marktüberschüsse, die man längs der Flüsse Donau, Save und Kupa mittels Transportunternehmer bis zu den Häfen der nördlichen Adria exportierte. Indem sich Zagreb an der Kreuzung der erwähnten Straßen befand und zum Warenaustausch zwischen dem Donauraum und den Adriahäfen erheblich beitrug, entstand daselbst eine Bürgerschicht, die nicht nur im Wirtschafts-, sondern auch im gesellschaftlichen Leben eine bedeutende Rolle übernahm: Diese einheimische Berufsgruppe wurde gemeinsam mit der Intelligenz und einem Teil des Adels später zum Kern des nationalen Bürgerstandes und der Wiedergeburtsbewegung.[639]

---

636 I. Karaman: Kako je nastajao moderni Zagreb. Biblioteka časopisa KAJ. Zagreb 1975 S. 6.
637 Ebenda S. 9.
638 Ebenda S. 12.
639 Ebenda S. 12.

Der Umsatz der gewerblichen und landwirtschaftlichen Erzeugnisse wickelte sich durch Jahrhunderte hindurch einerseits auf dem zentralen Markt neben der Markuskirche, andererseits unter den Mauern der Domkirche ab. An deren Wänden waren Geschäfte, die die Gemeinde an die Kaufleute verpachtete. Im Lauf des 18. Jahrhunderts änderte sich das Aussehen des zentralen Marktes der Stadt jedoch. Westlich der Markuskirche wurden Barockpaläste gebaut, und die Geschäfte wanderten in die Unterstadt, an den heutigen Jelačić-Platz, wo sich ein neues Zentrum des Alltagshandels entwickelte. Der zentrale Markt bekam den Namen „Harmica", weil sich dort das Dreißigst-Zollamt befand. Bis zum 17. Jahrhundert hatten innerhalb der ethnischen Struktur der Zagreber Kaufleute die Zuwanderer aus westlichen Ländern einen beachtlichen Anteil. Nachher kamen die Unternehmer vom Osten her, hauptsächlich aus den Gebieten unter türkischer Herrschaft. Sie fanden im Handelsstand Aufnahme, bewirkten in dessen Reihen jedoch keine großen Verschiebungen.[640] Gegen Ende des 18. Jahrhunderts siedelten sich in Zagreb insbesondere zahlreiche Kaufleute orthodoxen Bekenntnisses aus Slawonien und anderen östlichen Provinzen an – eine Möglichkeit, die auf das Toleranzpatent von 1781 zurückging. Einige Jahre danach, im Jahre 1806, entstand in Zagreb eine jüdische Gemeinde[641], doch erfolgte deren Niederlassung nicht ohne Widerstand von Seiten der christlichen Handwerker und Kaufleute, die in den Juden Konkurrenten sahen. Obwohl sie selbst dann keine Liegenschaft erwerben konnten, besserte sich die Lage der Juden in der Mitte des 19. Jahrhunderts.[642]

Diejenigen, die die Grundlagen des Erziehungs- und Schulsystems in Zagreb geschaffen haben, waren die am Anfang des 17. Jahrhunderts an den Gradec gekommenen Jesuiten. 1607[643] hatten sie den ersten Kurs im Gymnasium eröffnet, das im Laufe einiger Jahre bereits von mehreren hundert Personen besucht wurde. Ihr Streben, entsprechende Räumlichkeiten zum Unterricht der Zöglinge aufzutreiben, war erfolgreich gewesen, da sie neben einigen Magnaten und Adeligen auch der kroatische Sabor unterstützte. Schon in der Mitte des 17. Jahrhunderts hatten die Jesuiten im südöstlichen Teil des Gradec daher über einen großen Komplex von Bauten verfügt: ein Kloster, die Kirche der hl. Katharina, ein Gymnasium und ein Internat. Vor Ankunft der Jesuiten hatte der Gradec nur eine von der Stadtverwaltung betriebene Volksschule gehabt, doch wurde mit dem sechsklassigen Jesuitengymnasium nun eine regelrechte humanistische Ausbildung möglich. Während die ärmeren Schüler im Internat untergebracht waren, wohnten die reicheren in Privathäusern der Stadt. Hervorzuheben ist, daß der Unterricht der Jesuiten von Anfang an ausgesprochen weltlichen Charakter hatte und Schülern sowohl bürgerlicher als auch adeliger und bäuerlicher Herkunft zugute kam. Das Diplom Kaiser Leopolds I. von 1669 hatte das philosophische Studium bei den Jesuiten

---

640 Kampuš-Karaman S. 126.
641 M. Gross: Položaj i uloga židova na početku modernizacije. In: Počeci moderne Hrvatske. Zagreb 1985 S. 363.
642 Ebenda S. 360–369.
643 Kampuš-Karaman S. 120.

zwar zur „Academia Zagrabiensis" erhoben, doch waren die Rechte wegen des Widerstandes in der Jesuitenobrigkeit nicht zum Durchbruch gekommen. Im Jahre 1776 wurde die Jesuitenakademie einer Unterrichtsreform unterzogen, denn ab dann figurierte sie als höhere staatliche Schulorganisation mit dem Namen „Königliche Akademie der Wissenschaften" und war mit einer philosophischen, einer theologischen und einer juridischen Fakultät ausgestattet. Die Schenkung einer reichen Bücher- und Handschriftensammlung im Jahre 1777 bedeutete den Grundstein der späteren National- und Universitätsbibliothek.[644] In vier Jahrzehnten (1790–1830) haben in der Akademie 2.191 Studenten ihr philosophische Ausbildung abgeschlossen, von denen zwei Drittel bürgerlicher Abstammung waren. Aus der Akademie sind viele Angehörige der Wiedergeburtsbewegung hervorgegangen – von Antun Mihanović bis Ivan Mažuranić.[645]

Obwohl innerhalb der spätfeudalen Gesellschaft Kroatiens die Bürger noch keine große Rolle spielten, waren die Ideen der fortschrittlichen französischen Denker nicht unbekannt geblieben. So entstand im kleinen Kreis der Intelligenz Widerstand gegen die konservative österreichische Politik. Da die Gruppe der Gegner, deren verschwörerischer Kern die organisatorische Grundlage schuf, auch in Zagreb Anhänger hatte, fand auch die französische Revolution dort ihren Widerhall. Obwohl die gerichtliche Untersuchung keine Beweise finden konnte, zählte anscheinend auch der Zagreber Bischof Maksimilijan Vrhovac[646] zu den Sympathisanten der Verschwörung. Der Beweis für die Tätigkeit der Jakobiner in Zagreb ist ein kajkavisches Lied, das in Zagreb damals Verbreitung fand und dessen Text zu Ostern 1794 am „Baum der Freiheit" angeheftet war. Dieses Lied verurteilte den Krieg gegen die Revolution („. . . *Wozu sollten die Kroaten gegen die Franzosen kämpfen? . . .*). Zwei Jahre später, 1796, tauchte ein weiteres Lied auf, das sich gegen die feudalen Verhältnisse wandte, und Bischof Vrhovac war Anfeindungen ausgesetzt, weil er in Zagreb eine Druckerei einrichten hatte lassen, die zum Ziel hatte, die Ehre der „illyrischen Sprache" zu fördern. Aus dieser Druckerei gingen verschiedene, grundlegende Werke der Literatur, Grammatik, Politik und Wirtschaft hervor. Eines der Büchlein mit dem Titel „Katechismus der Reformatoren", in dem der Wunsch nach gesellschaftlichen und wirtschaftlichen Reformen zur Sprache kam, vertrat revolutionäre Auffassungen.[647]

Die lange Epoche der Kriege, die die Habsburgermonarchie gegen das napoleonische Frankreich führte, hinterließ in den kroatischen Ländern tiefe Spuren. Die ökonomische Basis der Entwicklung wurde durch den Kriegsverlauf, durch Unwetter, Mißernten, Hunger und den staatlichen Finanzbankrott im Jahre 1811 erschüttert. Die Niederlagen gegen Napoleon zog den Verlust des Küstenbereiches von Istrien bis zu den südlichen Ausläufern Dalmatiens und des ganzen Territoriums Zivilkroatiens und der

---
644 Ebenda S. 99.
645 Ebenda S. 120.
646 J. Šidak: Hrvatske zemlje u Vrhovčevo doba 1790–1827. In: M. Vrhovac: Dnevnik-Diarium. Teil 1:18011809. Zagreb 1987 S. XVI.
647 Kampuš-Karaman S. 121.

kroatischen Militärgrenze südlich der Save nach sich. Diese Gebiete fielen an die sog. „Illyrischen Provinzen", während sich Zagreb an der Dreiländerecke Österreich – Frankreich – Türkei befand. Obwohl die französische Verwaltung relativ kurz dauerte, blieben die Folgen der neuen Staatsgrenzen im wirtschaftlichen Leben spürbar, denn der Transithandel zwischen dem Donau- und dem Adriaraum war unterbrochen. Die Lage besserte sich erst im Jahre 1822[648], als die Gebiete jenseits der Save unter die Macht des kroatischen Banus zurückkamen und die Zagreber Geschäftsleute den traditionellen Vermittlungshandel wieder aufnehmen konnten.

Als der Herrscher infolge der Reklamation des ungarischen Adels die Landesverfassung wiederherstellte, bekam Zagreb als Sitzungsort des kroatischen Sabors und als Residenz des Banus wachsende Bedeutung; außerdem war die Stadt Verwaltungs- und Gerichtssitz des Zagreber Komitats (Župa). Indes, das Streben des ungarischen Nationalismus, die slawonischen Komitate und das kroatische Küstenland an Ungarn anzuschließen, führte innerhalb der führenden politischen Kreise zu einer Polarisation. Der konservative Teil des Adels bestand auf der Beibehaltung der traditionellen ungarisch-kroatischen Einheit, weshalb der Sabor bis zu den dreißiger Jahren des 19. Jahrhunderts dem Druck der ungarischen Kreise nachgegeben hat, die magyarische Sprache in den Schulen Kroatiens einzuführen. Die bürgerlichen Kreise und der liberale Teil des Adels hingegen hatten die Notwendigkeit erfaßt, die kroatische Gesellschaft zu modernisieren. Der politische Kampf zwischen den Anhängern der engen Einheit mit Ungarn und den Illyrisch-Nationalen entbrannte daraufhin nicht nur auf institutioneller Ebene, sondern auch im Alltagsleben, und es entstanden in dieser Zeit der sog. Wiedergeburtsbewegung in Zagreb zahlreiche kulturelle Einrichtungen und Organisationen. Die Volkssprache drang in das Zeitungswesen, in Theater und Schule ein und fand auch in den politischen Institutionen Verwendung.

Als Sitz der obersten Landesbehörden erhielt Zagreb viele Gebäude und Räume für die Verwaltung des Banus und des Sabors, für die Gerichtsbehörden und für die Verwahrung der Archivalien, die aus der Tätigkeit dieser Institutionen erwuchsen. Bis zur Mitte des 19. Jahrhunderts baute oder kaufte man um den mittleren Marktplatz von einzelnen Magnaten viele Paläste, in welchen die wichtigsten politischen Institutionen Zagrebs und Banalkroatiens untergebracht waren (Banushof, Landearchiv, Zagreber Komitatssitz, Rathaus usw.). Unter ihnen fielen vor allem jene im damals modernen klassizistischen Stil besonders auf. Der Gradec-Hügel wurde für seine Bewohner derart eng, daß er sich gegen die Unterstadt ausweitete. Die Unterstadt stieg so immer mehr zum Zentrum des alltäglichen Handels- und Geschäftslebens auf, besonders im Bereich des Marktplatzes Harmica (heutiger Jelačić-Platz) und im Bereich Ilica. In jenem Raum wurden Gasthäuser- und höfe sowie Geschäfte eröffnet und Bürgerhäuser erbaut. Harmica war der Marktplatz, an dessen Ecke zur Ilica das erste Krankenhaus der Barmher-

---

648 Šidak S. XL.

zigen Brüder entstand. Zu gleicher Zeit gab es auch einige private Bade- und Heilanstalten im nördlichen Teil der Stadt.

Der engere Stadtkern, der sich aus dem Gradec, dem Kaptol mit Nova ves und Vlaška ves sowie dem Unterstadtviertel zusammensetzte, verbreitete sich an den Abhängen der Medvednica nach Norden, nach Osten, nach Süden bis an die Save und nach Westen. Während es im nördlichen Stadtteil nur verstreut Landhäuser gab, hatten die südlichen und westlichen Teile ausgesprochen ländlichen Charakter. Seit Jahrhunderten lebten hier Fronbauern der Königlichen Freistadt, die nun zur Peripherie der Stadt gehörten. Den Namen „Vorstadt" (predgrad) erhielt zuerst der der Save zu gelegene Bereich, wo Flößer, Transportführer und Händler wohnten. Diese kleinen, ländlichen Wohngemeinschaften hatten ein bescheidenes Ausmaß, lediglich Črnomerec im Westen hatte an die zweihundert Einwohner.[649]

In der Mitte des 19. Jahrhunderts beschleunigte sich in allen Kronländern der Habsburgermonarchie – und so auch in Zagreb – die Entwicklung zur kapitalistischen Wirtschaft und bürgerlichen Gesellschaft. Obwohl nach wie vor das Handwerk vorherrschte, gingen die veralteten wirtschaftlichen Einrichtungen, dem Geist der Zeit folgend, ihrem Untergang entgegen. Einige Manufakturen waren schon in der ersten Hälfte des 19. Jahrhunderts erfolgreich gewesen, z. B. die Seidenweberei, die Papier- und Steinwarenfabrik und die Seidenspinnerei im Maksimir-Park, für die der Zagreber Bischof Haulik mehrere Hundert Maulbeerbäume hatte setzen lassen, um Seidenraupen zu züchten.[650]

Eine große Rolle im wirtschaftlichen Leben Zagreb's spielten Verkehr und Handel. Viele Unternehmer gewannen an dem Vermittlungshandel mit Agrarprodukten zwischen dem Donauraum und den nordadriatischen Häfen. Zahlreiche Kaufleute importierten aus den slowenischen und österreichischen Ländern oder aus dem Ausland für die adeligen und reicheren bürgerlichen Familien industrielle Waren. Hieraus erwuchs ein 1835 gegründetes „Gremium", der Vorläufer der späteren Handels- und Gewerbekammer.[651] Aus demselben Unternehmerkreis ging im Jahre 1846 das erste Geldinstitut in Kroatien hervor, die sog. „Erste kroatische Sparkasse", zu deren Begründern und Eigentümern nicht nur führende Geschäftsleute, sondern auch viele Persönlichkeiten des politischen und kulturellen Lebens gehörten. Es ist hervorzuheben, daß diese Bank binnen zweier Jahrzehnte in Zagreb die einzige blieb, ihren Geschäftsbetrieb erheblich erweiterte und im Wirtschaftsleben Zagreb's eine herausragende Rolle spielte.

Die erwähnten wirtschaftlichen Bemühungen hingen auch mit der Entwicklung des Postwesens zusammen. Während im Jahre 1825 der Postverkehr noch in privater Hand war, erhielt Zagreb 1830 einen regulären Postdienst zweimal in der Woche nach Wien (über Wien in alle europäische Länder), Buda (Ofen), Ljubljana (Laibach), Trieste

---

649 Kampuš-Karaman S. 127.
650 Ebenda S. 131.
651 Ebenda S. 138.

(Triest), Rijeka (Fiume) und Dalmatien; mit Karlovac stand Zagreb in viermaliger Postverbindung pro Woche. Für den steigenden Bedarf der Kauf- und Fuhrleute sowie der Reisenden kam es zur Errichtung zahlreicher Gasthäuser- und höfe, zu Herbergen und Kaffeehäusern. Weiters bekam Zagreb auch eine „Schießstätte", eine Art Volkshaus für Unterhaltung, Versammlungen und Veranstaltungen adeliger und bürgerlicher Kreise im Zeitalter der „Illyrischen" Bewegung.

Zu den zahlreichen kulturellen Folgen der Wiedergeburtsbewegung gehörten u. a. Druckereien und Verlage. Schon am Ende des 18. Jahrhunderts hatte der Wiener Verleger Trattner in Zagreb die erste Zeitung gedruckt. Als der Zagreber Bischof Maximilijan Vrhovac diese Druckerei kaufte, blühte dieser, sich einem breiteren Publikum öffnende Verlag sichtlich auf. Bald kam es zur regelmäßigen Herausgabe der „Agramer Zeitung".[652] Im Jahre 1830 begann Dr. Ljudevit Gaj mit der Herausgabe einer Zeitung in kroatischer Sprache, die in kultureller und nationaler Hinsicht eine große Rolle spielte.

Auch die Musik bekam neue Impulse, denn 1827 wurde der Musikverein und 1829 eine dreijährige Musikschule gegründet. Im Jahre 1847 wurde aus dem Musikverein das Musikinstitut, und aus der Schule gegen Ende des 19. Jahrhunderts das Konservatorium. Das Theater hatte in Zagreb eine reiche Tradition. Die ersten Vorführungen fanden seit 1839 am Gradec (Grič) und in deutscher Sprache statt, da es noch keine einheimischen Schauspieler gab. Bald kam es jedoch zur ersten kroatischsprachigen Aufführung des Schauspiels „Juran und Sofia" von Kukuljević.

Diese Epoche der Stadt Zagreb brachte im Bereich der Gesellschaft und Kultur mehrere Institutionen hervor. Am wichtigsten waren die 1838 gegründete „Čitaonica" (Lesehalle) und dann 1842, als Herausgeberin kroatischer Bücher, die „Matica Hrvatska". Wichtig war auch das Volksmuseum (Narodni Muzej), aus dem später viele museale Gattungen entsprungen sind. 1841 gründete man, um den Ackerbau und die Agrartechnik zu fördern, die kroatisch-slawonische Wirtschaftsgesellschaft (Hrvatsko-slavonsko gospodarsko društvo).

Das Revolutionsjahr 1848 war für Zagreb politisch sehr reich an Ereignissen, denn das neue Parlament (Sabor) wurde nun tätig und beseitigte das feudale System. Mit Hilfe der Stimmen der Bürger, die neben dem Adel jetzt bestimmend wurden, hörte die vielhundertjährige Macht der Kirche über die alteingesessene Bevölkerung des Kaptol und seiner Umgebung (Vlaška ulica, Nova ves) auf und war die Grundlage zur Vereinigung der einzelnen Stadtteile in eine urbane Einheit gegeben. Mit kaiserlichem Erlaß von 1850 entstand so die eigentliche Stadt Zagreb.[653] Infolge der 1850–1851 in Angriff genommenen Volkszählung hatte die vereinigte Stadt 14.258 Einwohner.

Trotz des Neoabsolutismus ab 1850 und trotz der territorialen Zersplitterung Kroa-

---

652 Ebenda S. 140–141.
653 I. Karaman: Razvitak zagrebačkih naselja do njihovnog sjedinjenja (1850). In: Privredni život banske Hrvatske od 1700. do 1980. Zagreb 1989 S. 247–248.

tiens bis zum Ersten Weltkrieg eröffnete sich für die Stadt die Möglichkeit, einen wirtschaftlichen und kulturellen Aufschwung zu erfahren und zur Metropole des Landes aufzusteigen. Einheimischen Kräften gelang es nämlich, die Grenzen der Provinzen zu überwinden, sodaß sich der Einfluß der Zagreber Institutionen auf einen breiten Raum auswirken konnte. Bereits mit der Ausstrahlung der illyrischen Bewegung war Zagreb ein Zentrum in kultureller, politischer und wirtschaftlicher Hinsicht geworden. Während der revolutionären Ereignisse waren die Blicke aller Stände auf die die Schlüsselfragen betreffenden Signale aus Zagreb gerichtet. Weiters war die Stadt der Sitz des Banalrates, d. h. der Sitz der ersten selbständigen Regierung geworden, sodaß sich hieraus der Entschluß ergab, Zagreb zur Hauptstadt zu erheben.[654]

Für den Neoabsolutismus war die Verwandlung des gesellschaftlichen Lebens eine Voraussetzung, um die finanziellen Grundlagen für ein einheitliches zentralisiertes Kaiserreich sicherzustellen. Die Modernisierung ging also von oben, d. h. von der Wiener Zentrale aus. In dieser Periode bedeutete der Begriff „Hauptstadt" hauptsächlich die Möglichkeit, mittels der vorhandenen Ämter die Kontrolle über die Kronländer auszuüben, doch hatte die Modernisierung für die Urbanisierung auch positive Aspekte. Die Bürokratie brauchte Wohnungen, kaufmännische und handwerkliche Dienstleistungen und ein Unterhaltungsangebot.[655]

Die liberalen Kreise appellierten an die Zagreber Bürger, ihre Stadt auszubauen und eine Vergrößerung Richtung Save zu forcieren, zumal die Kreuzung dreier wichtiger Verkehrslinien (West – Ost, Nord – Süd, Anschluß an die Südbahn Wien – Triest) eine günstige Grundlage verhieß. Die Vorreiterrolle übernahm die Presse, die die Bürger zur Straßenreinigung aufrief und den Wunsch guthieß, die Stadt auf das Niveau der europäischen Zivilisation zu heben.[656]

Zagreb fügte sich sehr schwer in das von Wien aufgedrängte, neue Steuergesetz, konnte in den fünfziger Jahren nicht einmal die eigene Finanzlage bewältigen. Die einzig sicheren Einnahmen waren jene aus der Brauerei und aus der Verpachtung stadteigenen Bodens. Da innerhalb der städtischen Einnahmen auf die indirekten Steuern bezogene Auflagen und Einkünfte aus feudalen Rechten das Übergewicht hatten, worauf der Bischof und das Kaptol nicht verzichten wollten[657], kamen erst später, nach einer Konsolidierung, größere Investitionen in Gang. Das sture System, der Mißerfolg auf außenpolitischer Ebene und die Krise der Staatsfinanzen brachten den Absolutismus am Ende der fünfziger Jahre zu Fall. In Zagreb demonstrierte man gegen deutsche Aufschriften, und die verhaßten „Bach'schen Husaren" verschwanden aus der Stadt. Der neue Banus Josip Šokčević führte die kroatische Sprache ins öffentliche Leben ein und kündigte in der Politik einen liberalen Kurs an.

---

654 Gross S. 91–99.
655 Ebenda S. 96.
656 Ebenda.
657 Ebenda S. 97–98.

Zagreb wurde zum integrativen Mittelpunkt für viele politische, ökonomische und kulturelle Institutionen, die sich bis zum Jahr 1881 auf das engere, zivile Kroatien bezogen; mit der Aufhebung der Militärgrenze kam es dann zur Vereinigung aller nordkroatischen Gebiete. Aus dem Ausgleich mit Ungarn (1868) gingen neue Organisationen des politischen Systems hervor, z. B. ab 1869 die Landesregierung, an deren Spitze der Banus stand.[658] Die innere Verwaltung, die Rechtsprechung, das Unterrichtswesen und das Glaubensleben waren die einzigen Bereiche mit etwas Autonomie. Die wichtigeren Zweige im wirtschaftlichen Leben hingegen wurden in die „gemeinsamen Angelegenheiten" einbezogen, sodaß die wirtschaftliche Lage vom ungarischen Reichstag und der ungarischen Regierung abhing, ein Umstand, der die Tätigkeit der einheimischen Unternehmer erschwerte. Unter dem Begriff „gemeinsame Angelegenheiten" fielen die Industrie, das Gewerbe, das Bankwesen, Außen und Innenhandel, der Verkehr, Post und Eisenbahn. Nur die Landwirtschaft war autonom, war aber an die Finanzierungsmöglichkeiten gebunden, über die die Landesregierung verfügte.

In dieser Zeit versuchte die Stadt Zagreb im Bereich des wirtschaftlichen, politischen und kulturellen Lebens aktiv zu wirken und ihre zentrale Position zu festigen. Mittels gemeinsamen Auftretens konnten die einheimischen Kräfte die Kroatien trennenden Landesgrenzen überwinden, insbesondere die Industrie, das Gewerbe und das Bankwesen. Die bürgerlichen Unternehmer riefen im Jahre 1852 in Zagreb die Handels- und Gewerbekammer ins Leben und gaben hiemit eine beachtlichen wirtschaftlichen Anstoß. Großen Erfolg erzielten zwei Wirtschaftsausstellungen in den Jahren 1864 und 1891, brachten sie doch den Aufschwung in den kroatischen Gebieten zum Ausdruck. Die ersten wichtigen Industrien entstanden in den siebziger Jahren des 19. Jahrhunderts. Mit fremdem und einheimischem Kapital gründete man die Dampfmühle, die Tabakfabrik, zwei Lederfabriken, ein Dampfsägewerk und das städtische Gaswerk. Kreditinstitute öffneten ihre Pforten, um das einheimische Kapital zu binden und um das Interesse auswärtiger Finanzkreise an der Industrie und dem Verkehr zu wecken. Zwei Jahrzehnte nach der Gründung der Ersten kroatischen Sparkasse wurden etliche Banken und weitere Sparkassen mit einem Gesamtkapital von über 1 Million Forint eingerichtet. 1873 kam es innerhalb der Monarchie jedoch zum Finanzkrach, sodaß viele Projekte unverwirklicht geblieben sind.[659]

Die Eröffnung der Eisenbahnlinie Sisak – Zagreb – Zidani Most (Steinbrück) als Abzweigung der Südbahn Wien – Triest belebte auch die kroatische Wirtschaftsentwicklung. Der Bau der Eisenbahnlinie Budapest – Rijeka (Fiume) im Jahre 1873 machte Zagreb schließlich zu einem wichtigen Verkehrsknotenpunkt.[660]

Infolge des Staatsbankrotts trat die untergeordnete Lage der kroatischen Länder, die weit hinter den westlichen Ländern der Monarchie zurückgeblieben waren, deutlich

---

658 Kampuš-Karaman S. 153.
659 M. Despot: Industrija Zagreba u drugoj polovici XIX stoljeća. In: Iz starog i novog Zagreba V, Zagreb 1974 S. 165.
660 B. Vranješ-Šoljan: Stanovništvo gradova banske Hrvatske na prijelazu stoljeća. Zagreb 1991 S. 146.

hervor, denn die Industrieentwicklung ging langsamer als in der Nachbarschaft voran, und die finanzstarken Unternehmer steckten ihr Geld mehr in jene Betriebe, die viel Profit versprachen. Angesichts dieser Erschwernisse gelang es allein Zagreb und Osijek, einen Zuwachs an Bevölkerung zu verzeichnen. Im Jahre 1857 hatte Zagreb 16.657 Einwohner, 1869 20.402, 1880 29.218, 1910 immerhin schon 79.038 Einwohner.[661]

Indem das Handwerk durch die Fabriksverarbeitung ersetzt wurde, bekam Zagreb zu Beginn des 20. Jahrhunderts erste Merkmale einer Industriestadt. Dank der Kreditinstitute und ihrer Möglichkeiten breitete sich das Fabrikswesen aus, sodaß in Zagreb im Jahre 1900 bereits 41 Betriebe mit mehr als 20 Arbeitern vorhanden waren, zehn Jahre später jedoch schon doppelt soviel Betriebe mit 6.000 Beschäftigten, wovon 15 Betriebe zur Großindustrie zählten.[662] Während die alten Handwerksbetriebe entlang des Baches Medveščak gelegen waren, befanden sich die neuen Unternehmen am südlichen Stadtrand unweit der Eisenbahnlinie Ljubljana – Budapest.

Die sozioökonomische Struktur der Zagreber Bewohner spiegelte die vielfältige Rolle dieser Stadt innerhalb des Landes in wirtschaftlicher, politischer und kultureller Hinsicht wider. Im Jahre 1910 lebten nur 6,85% der Stadtbevölkerung von der Landwirtschaft, 35% hingegen von gewerblich-industrieller Tätigkeit. Die Existenz von rund einem Fünftel der Bewohner hing von Handel, Verkehr und den Banken ab, was soviel bedeutet, daß in den Jahren des Ersten Weltkriegs die Hauptbereiche des Wirtschaftskapitals mehr als der Hälfte der Bewohner die Existenz gesichert haben.[663]

Wenn man die Funktion der Stadt Zagreb insgesamt betrachtet, ist ihre Bedeutung nicht zu übersehen. Trotz der allgemein ungünstigen Lage Kroatiens im Gefüge der Monarchie ließen sich hier zentrale kulturelle Institutionen nieder, um die sich das Bildungsbürgertum geschart haben. Unzweifelhaft gehört hiezu die 1874 eröffnete Universität, die 1867 gegründete Südslawische (heute: Kroatische) Akademie der Wissenschaften und Künste, zahlreiche Schulen, Museen, Archive, die Universitäts-, Akademie- und Stadtbibliothek sowie viele andere Fachschulen.

---

661 Ebenda S. 146.
662 Ebenda S. 147.
663 Ebenda S. 147–148.

Zeittafel

10. Jht.v.Chr.	Athen/Athinai wird erstmals ein politisches Zentrum.
8.–7. Jht.v.Chr.	Erste Hinweise auf die thrakische Siedlung Serdika [später: Sofia].
2. Jht.v.Chr.	Die Römer gründen in Makedonien die Siedlung Scupi [Skopje].
1. Jht.n.Chr.	Erstmals taucht der Name der illyrisch-römischen Siedlung Theranda [Tirana] auf.
8. Jht.	Pliska wird Residenz der bulgarischen Chane.
Anfang 9. Jht.	Serdika erhält den bulgarisch-slawischen Namen Sredec [später: Sofia].
9. Jht.	Belgrad/Beograd geht aus einer slawisch-bulgarischen Ansiedlung hervor.
Ende 9. Jht.	Preslav wird zum Mittelpunkt des christlich gewordenen Ersten Bulgarischen Reiches.
Ende 10. Jht.–1018	Ochrid/Ohrid übernimmt die Rolle des Mittelpunktes im Ersten Bulgarischen Reich.
1094	Mit der Gründung eines Bistums bildet sich der Kern (Kaptol) des späteren Agram/Zagreb.
Mitte 12. Jht.	Die mittelalterliche Kernsiedlung von Laibach/Ljubljana wird urkundlich nachweisbar; sie steigt zum Mittelpunkt des Herzogtums Krain auf.
1185	Als Zentrum des entstehenden Zweiten Bulgarischen Reiches wählt die Asenidendynastie Tirnovo/Tărnovo.
1242	Der ungarische König Bela IV. erhebt Gradec (auch Grič, Stadtteil von Agram/Zagreb) zur königlichen Freistadt.
Mitte 13. Jht.	Ofen/Buda wird nach dem Mongoleneinfall vom ungarischen König auf- und ausgebaut.
1282 ff.	Skopje dient zeitweilig als Residenz und Krönungsort der serbischen Herrscher.
Anfang 14. Jht.	In Cîmpulung und Curtea de Argeş befinden sich die ersten Residenzen der Fürsten der Walachei.

1326	Podgorica (Montenegro) wird erstmals urkundlich genannt.
Mitte 14. Jht.	Erste Zentren des Fürstentums Moldau sind zuerst Baia, dann Siret.
1393	Mit der Eroberung des Zweiten Bulgarischen Reiches durch die Osmanen verliert Tirnovo/Tărnovo seine Bedeutung.
Ende 14. Jht.	Suceava wird Residenz der moldauischen Fürsten.
Anfang 15. Jht.	Nach Curtea de Argeş wird Tîrgovişte hauptsächliche Residenz der walachischen Fürsten.
1408	Czernowitz/Černivci/Cernăuţi ist erstmals urkundlich nachweisbar.
1418	Tirana wird erstmals unter diesem Namen in osmanischen Quellen erwähnt.
1426–1459	Smederevo, auf der Grundlage des antiken Semendria, dient als Sitz der letzten serbischen Herrscher.
Mitte 15. Jht.	Bukarest/Bucureşti wird neben Tîrgovişte Residenz der Fürsten der Walachei.
2. Hälfte 15. Jht	Der Sitz des osmanischen Paschas in Bosnien bekommt den Namen Sarajevo.
1466	Chişinău/Kišinëv wird erstmals urkundlich erwähnt.
1482	Ivan Crnojević gründet Cetinje (Montenegro).
1541–1686	Ofen/Buda wird Sitz eines türkischen Paschas.
2. Hälfte 16. Jht.	Jassy/Iaşi wird endgültig Residenz der Fürsten der Moldau.
1659	Bukarest/Bucureşti wird endgültig Residenz der Fürsten der Walachei.
1699	Der osmanische Statthalter in Bosnien verlegt seinen Sitz nach Travnik.
1774/75	Czernowitz/Černivci/Cernăuţi wird Zentrum der neuen habsburgischen Provinz Bukowina.
1783/84	Ungarische Verwaltungsämter werden von Preßburg/Bratislava/Pozsony nach Ofen/Buda verlegt.
1815	Zara/Zadar wird Verwaltungszentrum des habsburgischen Dalmatien.

Zeittafel

1. Hälfte 19. Jht.	Cetinje wird als Hauptstadt Montenegros ausgebaut. Agram/Zagreb steigt zum Mittelpunkt des kroatischen Kultur- und Geisteslebens auf. Buda und Pest bzw. Bukarest/București werden geistigkulturelle und politische Zentren der nationalen Bestrebungen bei den Magyaren bzw. Rumänen.
1828	Kišinëv/Chișinău wird zur Hauptstadt der russischen Provinz Bessarabien erhoben.
1830	Belgrad/Beograd wird – nach Kragujevac – Sitz des serbischen Fürsten.
1834	Athen/Athinai wird – nach Nafplio auf der Peloponnes – Hauptstadt des neuen griechischen Nationalstaates.
1848	Czernowitz/Černivci/Cernăuți wird Hauptstadt eines eigenen Kronlandes – der Bukowina.
1850	Die einzelnen Teile der Stadt Agram/Zagreb werden formell zusammengeschlossen. Sarajevo wird – nach Travnik – wieder Sitz des osmanischen Statthalters.
1861	Bukarest/București wird Hauptstadt des aus der Union (1859) der beiden rumänischen Fürstentümer Walachei und Moldau hervorgehenden Rumänien; das bisherige Zentrum des Fürstentums Moldau Jassy/Iași verliert seine Bedeutung.
1868/69	Infolge des kroatisch-ungarischen Ausgleichs wird Agram/Zagreb politisches und organisatorisches Zentrum des Kroatentums.
1873	Die Stadtteile Buda, Óbuda und Pest werden zu Budapest zusammengelegt.
1878	Sofia/Sofija wird Hauptstadt des autonomen Fürstentums Bulgarien, Plovdiv die Zentrale der autonomen osmanisch-bulgarischen Provinz Ostrumelien. Sarajevo wird Mittelpunkt der von Österreich-Ungarn besetzten, 1908 annektierten Provinz Bosnien-Hercegovina.
1885	Mit der Fusion Bulgariens und Ostrumeliens verliert Plovdiv seine Rolle.
1918 ff.	Infolge der politisch-territorialen Neuordnung verlieren ihre formelle Hauptstadtfunktion: Czernowitz/Černivci/Cernăuți für die Bukowina, Kišinëv/Chișinău für Bessarabien; Bukarest/București hingegen steigt zur Hauptstadt Großrumäniens auf. Belgrad/Beograd wird Hauptstadt des Staates der Serben, Kroaten und Slowe-

nen (SHS-Staat, später „Jugoslawien"), wodurch Cetinje wegen der Eingliederung Montenegros seinen Hauptstadtstatus verliert. Zara/Zadar, das bisherige Zentrum des habsburgischen Kronlandes Dalmatien, fällt Italien zu.

1920 Tirana wird offizielle Hauptstadt Albaniens.

1929 Die neu eingeführte Territorialgliederung in Jugoslawien (Banschaften) weist den Städten Laibach/Ljubljana, Agram/Zagreb, Banja Luka, Neusatz/Novi Sad/Ujvidék, Niš, Skopje, Cetinje, Sarajevo und Split/ Spalato eine gewisse zentrale Bedeutung zu.

1940 Kišinëv/Chişinău wird Hauptstadt der nach der Annexion Bessarabiens durch die Sowjetunion gebildeten Moldauischen Sozialistischen Sowjetrepublik.

1941 Belgrad/Beograd verliert infolge des deutschen Angriffes auf Jugoslawien und dessen Zerstückelung seine Hauptstadtrolle, Agram/Zagreb wird Hauptstadt des „Unabhängigen Staates Kroatien". Skopje wird von den Bulgaren besetzt. Kišinëv/Chişinău verliert infolge der Annexion Bessarabiens durch Rumänien seine Hauptstadtfunktion wieder.

1944 Kišinëv/Chişinău wird neuerlich Hauptstadt der wiedererrichteten Moldauischen Sozialistischen Sowjetrepublik, Belgrad/Beograd hingegen Hauptstadt des befreiten, sozialistischen Jugoslawien.

1945 Die föderative Verfassung Jugoslawiens erhebt Belgrad/Beograd zur Bundeshauptstadt bzw. folgende Städte zu Hauptstädten der Teilrepubliken: Laibach/Ljubljana für Slowenien, Agram/Zagreb für Kroatien, Belgrad/Beograd für Serbien, Skopje für Makedonien, Titograd (früher „Podgorica") für Montenegro, Sarajevo für Bosnien-Hercegovina.

1991/92 Infolge des Zerfalls Jugoslawiens bzw. der Sowjetunion werden mehrere Städte formell Hauptstädte selbständiger und unabhängiger Staaten: Laibach/Ljubljana für Slowenien, Agram/Zagreb für Kroatien, Sarajevo für Bosnien-Hercegovina, Chişinău/Kišinëv für Moldawien.

1992 Rückbenennung der montenegrinischen Hauptstadt Titograd in „Podgorica".

1993 Skopje wird Hauptstadt der „Ehemaligen Jugoslawischen Republik Makedonien".

Liste der Autoren

Univ. Prof. Dr. Fikret Adanır, Geschichte Südosteuropas/Osmanisch-türkische Geschichte, Fakultät für Geschichtswissenschaft, Ruhr-Universität Bochum (Bundesrepublik Deutschland)

Damir Agičić, Institut für Geschichte, Universität Zagreb (Kroatien)

Univ. Prof. Dr. Dan Berindei, Rumänische Akademie, Bucureşti (Rumänien)

Univ. Doz. Dr. Harald Heppner, Institut für Geschichte, Abteilung für Südosteuropäische Geschichte, Universität Graz (Österreich)

Univ. Prof. Dr. Gunnar Hering, Institut für Byzantinistik und Neogräzistik, Universität Wien (Österreich)

Univ. Prof. Dr. Dejan Medaković, Serbische Akademie der Wissenschaften und Künste, Beograd (Jugoslawien)

Univ. Prof. Dr. Vasile Neamţu, Institut für Geschichte und Archäologie, Iaşi (Rumänien)

Univ. Prof. Dr. Zija Shkodra, Albanische Akademie der Wissenschaften, Tirana (Albanien)

Dr. Éva Somogyi, Institut für Geschichte, Ungarische Akademie der Wissenschaften, Budapest (Ungarn)

Univ. Prof. Dr. Emanuel Turczynski, München (Bundesrepublik Deutschland)

Univ. Doz.Dr. Božena Vranješ-Šoljan, Institut für Geschichte, Universität Zagreb (Kroatien)

BÖHLAU BÜCHER AKTUELL

Mirjana Gross
Die Anfänge des modernen Kroatien
Gesellschaft, Politik und Kultur in Zivil-Kroatien und -Slawonien
in den ersten dreißig Jahren nach 1848
(Anton Gindely-Reihe zur Geschichte der Donaumonarchie und Mitteleuropas,
Band 1, hg. v. Gerald Stourzh)
1993. 311 S. m. 4 SW-Abb. Geb. ISBN 3-205-98045-X

Otto Urban
Die tschechische Gesellschaft 1848–1918
(Anton Gindely-Reihe zur Geschichte der Donaumonarchie und Mitteleuropas,
Band 2, hg. v. Gerald Stourzh)
1994. 932 u. 224 S. in 2 Bänden, 20 S. SW-Abb. Geb. ISBN 3-205-05485-7

Maria Kłańska
Aus dem Schtetl in die Welt 1772–1938
Ostjüdische Autobiographien in deutscher Sprache
(Literatur und Leben. Neue Folge. Bd. 45)
1993. 472 S. Br. ISBN 3-205-98024-7

Walter Lukan / Josef Vogel (Hg.)
Handbuch der Osteuropaforschung
Institutionen und Forscher der westlichen Welt
1995. Ca. 1.504 S. Geb. ISBN 3-205-98309-2

Dejan Medaković
Serbischer Barock
Sakrale Kunst im Donauraum
1991. 371 S. m. 16 Farb- u. 80 SW-Abb. Geb. ISBN 3-205-05401-6

BÖHLAU VERLAG   WIEN KÖLN WEIMAR

BÖHLAU BÜCHER AKTUELL

Vassil Gjuzelev
Bulgarien zwischen Orient und Okzident
Die Grundlagen seiner geistigen Kultur vom 13. bis zum 15. Jahrhundert
1993. 311 S. m. 88 Farb- u. SW-Abb. Geb. ISBN 3-205-98027-1

Péter Hanák (Hg.)
Bürgerliche Wohnkultur des Fin de siècle in Ungarn
(Geschichte des Bürgertums in der Habsburgermonarchie, Bd. 3,
hg. v. H. Stekl, P. Urbanitsch u.a.)
1994. 310 S., 71 SW-Abb. Geb. ISBN 3-205-98240-1

Péter Hanák / Waltraud Heindl/Stefan Malfèr / Éva Somogyi
Kultur und Politik in Österreich und Ungarn
Begegnungen an der Donau
1994. 177 S. Br. ISBN 3-205-98282-7

Klaus Hödl
Als Bettler in die Leopoldstadt
Galizische Juden auf dem Weg nach Wien
(Böhlaus Zeitgeschichtliche Bibliothek, Bd. 27, hg. v. Helmut Konrad)
2., unv. Aufl. 1994. 321 S., 32 SW-Abb. Br. ISBn 3-205-98151-0

Karl Kaser
Südosteuropäische Geschichte und Geschichtswissenschaft
Eine Einführung
1990. 412 S., 36 Graf. Br. ISBN 3-205-05340-0

Österreichische Osthefte
Hg. vom Österreichischen Ost- und Südosteuropa-Institut
Erscheint viermal jährlich. Br. ISSN 0029-9375.

BÖHLAU VERLAG   WIEN KÖLN WEIMAR

1 Konstantinopel, Handzeichnung aus dem 15. Jhd. (aus Hegyi-Zimány: Muslime und Christen. Budapest 1988)

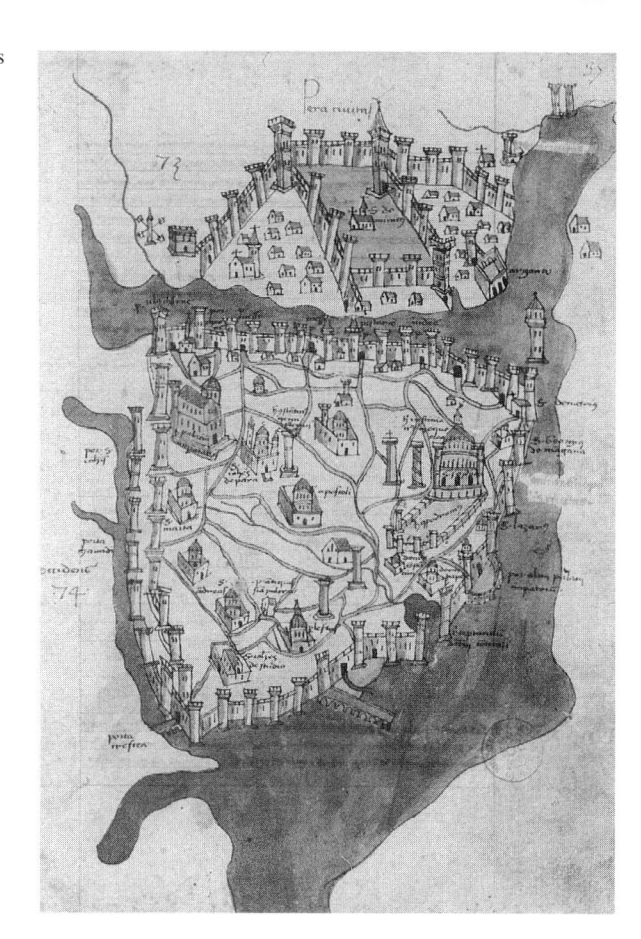

2 Czernowitz, Stadttheater (Emanuel Turczynski)

3 Czernowitz, Kathedrale (Emanuel Turczynski)

4 Kišinëv/Chişinău, Ansichtskarte, um 1910

5 Kišinëv/Chişinău, Ansichtskarte, 1924

5 Iaşi, Ansichtskarte, 1900

7 Bukarest, Universität (aus: Franz Thierfelder: Schicksalsstunden des Balkans, Wien, 1940)

8 Bukarest, Ansichtskarte, um 1910

9 Sofia, Stadtzentrum mit Universität (aus: Franz Thierfelder: Schicksalsstunden des Balkans, Wien, 1940)

10 Sofia, KP-Gebäude in stalinistischem Stil (aus: Erich Rinka: Bulgarien, Dresden, 1956)

11 Plovdiv, Stadtansicht (aus: Erich Rinka: Bulgarien, Dresden, 1956)

12 Nafplion, Ankunft König Ottos, 1833 (aus: Istoria tou ellenikou ethnous (1833–1881), Athen, 1980)

13 Athen, Stadtansicht um 1860 (aus: Istoria tou ellenikou ethnous (1833–1881), Athen, 1980)

14 Athen, Akademie der Wissenschaften (aus: Franz Thierfelder: Schicksalsstunden des Balkans, Wien, 1940)

15 Tirana, Stadtausbau (30er Jahre) (aus: Erich von Luckwald: Albanien; München, 1942)

16 Tirana, Stadtzentrum (Zija Shkodra)

17 Skopje, Gegensatz von Alt und Neu (aus: Enciklopedija Jugoslavinje Bd. 7, Zagreb. 1968)

18 Skopje, Gegensatz von Alt und Neu (Fikret Adanir)

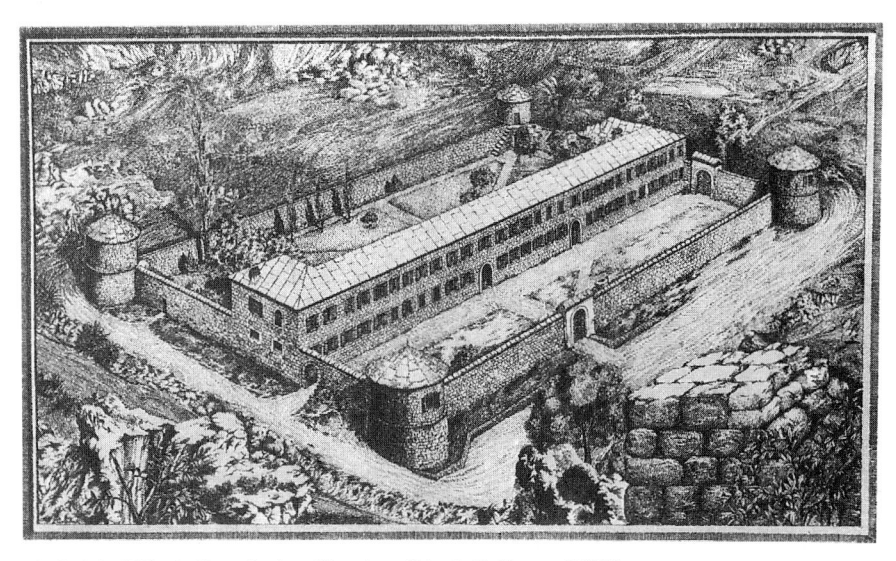

19 Cetinje, Biljarda (Jugoslawien; Illustrierte Zeitschrift, Beograd 1952)

20 Cetinje, Fürstliche Residenz (aus: Enciklopedija Jugoslavije Bd. 7, Zagreb, 1968)

21 Podgorica/Titograd, Photo-Ansichtskarte, 1918

22 Belgrad, Altes Stadtviertel (Dejan Medaković)

23 Belgrad, Königliches Schloß (1882) (Dejan Medaković)

24 Sarajevo, Zentrum am Miljackafluß (aus: Enciklopedija Jugoslavije Bd. 7, Zagreb, 1968)

25 Sarajevo, Bazarviertel (Enciklopedija Jugoslavije Bd. 7, Zagreb, 1968)

26 Zadar, Altstadt (Touristisches Werbematerial)

27 Agram, Siedlungsteile um 1639 (aus: Enciklopedija hrvatske povijesti i kulture, Zagreb, 1980)

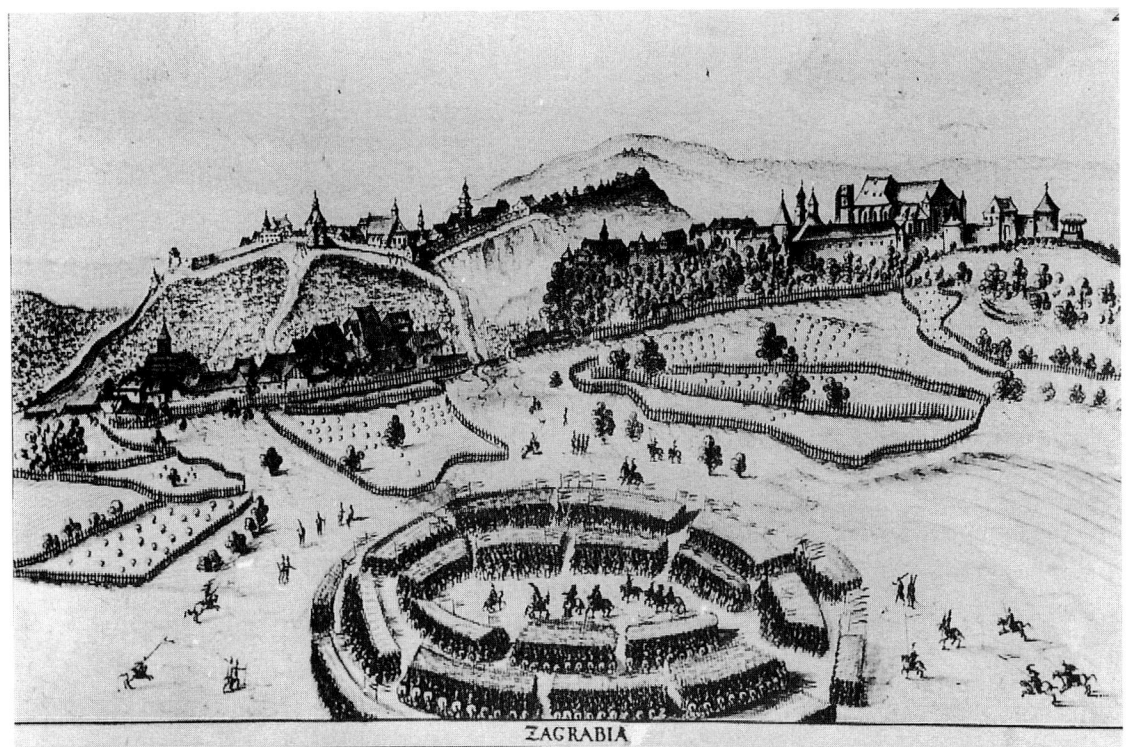

28 Agram, Altstadt (Enciklopedija Jugoslavije Bd. 8, Zagreb, 1971)

29 Laibach, Ansichtskarte 1902

LAIBACH — Rathausplatz October 1906 LJUBLJANA — Mestni trg

30 Laibach, Ansichtskarte um 1903

31 Budapest, Altstadt auf der Budaer Seite (John Lukacs: Budapest um 1900, Wien, 1990)

32 Budapest, Parlament auf der Pester Seite (István Lázár: Illustrierte Geschichte Ungarns, Budapest, 1992)

33 Budapest, Schlangenplatz, Ansichtskarte, 1914